Mapa de viagem de uma coleção etnográfica

CONSELHO EDITORIAL
Ana Paula Torres Megiani
Eunice Ostrensky
Haroldo Ceravolo Sereza
Joana Monteleone
Maria Luiza Ferreira de Oliveira
Ruy Braga

Mapa de viagem de uma coleção etnográfica

A aldeia bororo nos museus salesianos
e o museu salesiano na aldeia bororo

Aramis Luis Silva

Copyright © 2018 Aramis Luis Silva

Grafia atualizada segundo o Acordo Ortográfico da Língua Portuguesa de 1990, que entrou em vigor no Brasil em 2009.

Edição: Joana Monteleone/Haroldo Ceravolo Sereza
Editora assistente: Danielly de Jesus Teles
Assistente acadêmica: Bruna Marques
Assistentes de produção: Jean R. Freitas
Projeto gráfico, diagramação e capa: Gabriel Siqueira
Revisão: Andressa Neves
Editora de projetos digitais: Marilia Chaves

Este livro foi publicado com o apoio da Fapesp/ Número do processo: 2014/12149-1

CIP-BRASIL. CATALOGAÇÃO NA PUBLICAÇÃO
SINDICATO NACIONAL DOS EDITORES DE LIVROS, RJ
S578M

Silva, Aramis Luis
Mapa de viagem de uma coleção etnográfica : a aldeia bororo nos museus salesianos e o museu salesiano na aldeia bororo
Aramis Luis Silva. - 1. ed.
São Paulo : Alameda.
336 p. : il. ; 23 cm.

Inclui bibliografia

1. Antropologia social. 2. Brasil - Museus e coleções etnológicas. I. Título.

| 15-25887 | CDD: 069.0981 |
| | CDU: 069.1(81) |

ALAMEDA CASA EDITORIAL
Rua Treze de Maio, 353 – Bela Vista
CEP 01327-000 – São Paulo – SP
Tel. (11) 3012-2403
www.alamedaeditorial.com.br

À Marina Silva

Sumário

Nota explicativa	9
Prefácio	11
Prólogo	13
Introdução	23
PARTE I – Reflexões sobre um campo de pesquisa	45
Capítulo 1 – Coleções etnográficas como código de comunicação intercultural	47
Entreato – Coleção Bororo na rede	59
PARTE II – Rumo à Itália – Coleções etnográficas como prova da eficiência civilizatória da religião	75
Introdução	77
Capítulo 1 – Uma obra para ser comemorada: o sonho civilizatório de Dom Bosco	83
"O zeitgeist católico"	87
O homem: educação dos sentidos pelo espetáculo e pelo rito	91
Educação para a civilidade cristã	96
Capítulo 2 – Uma rede salesiana trançada sobre um território de missão	115
Rede em escala planetária	121
Capítulo 3 – As exposições missionárias	131
Um império colonial a ser divulgado	139
Os preparativos: a rede salesiana entra em ação	144
Tradição expositiva	147
As diretrizes vaticanas e o resultado final	160
O palco etnográfico salesiano e sua lógica expositiva	176

Capítulo 4 – Cartografia de uma obra e um museu como símbolo 195

A mística salesiana coreografa no espaço 197

Museu do Colle: a encarnação das exposições missionárias católicas 205

Uma nova rede científica e uma nova conexão biográfica 212

PARTE III – Retorno para o Brasil – Coleções etnográficas como peças de uma máquina cultural 215

Introdução 217

Capítulo 1 – O Processo museal de Meruri como um fenômeno em rede 229

Local 230

Global 235

A escrita hieroglífica dos objetos e o deciframento antropológico capturado 236

Uma paixão mediada por objetos e o conceito semiótico de cultura a serviço do reencantamento do mundo 244

Do projeto à prática: construindo redes diacrônicas e sincrônicas 249

Rede em diacronia 251

Rede em sincronia 259

A inauguração 270

Processo museal como "objeto" de exposição 272

Capítulo 2 – Da etnografia ao museu de história natural e do museu de ciência ao museu das culturas 283

Considerações finais 309

Bibliografia 313

Agradecimentos 333

Nota explicativa

Este livro surge como uma versão revisada e mais enxuta de tese defendida em dezembro de 2011 no Programa de Pós-Graduação de Antropologia Social da Universidade de São Paulo. Adaptações estilísticas foram realizadas, alguns argumentos, mais bem esclarecidos e cortes efetuados.

Após o término do período de produção da tese, voltei minhas atenções para o processo museal salesiano para além do território brasileiro. Esse foco que me levou em 2013 e 2014 a museus do Chile, Argentina e Espanha. Também em 2014, revisitei o Museu das Culturas Dom Bosco, agora sob nova direção, e, no momento em que escrevo essa nota, me preparo para voltar a Meruri dos Bororo depois de um longo e indesejado afastamento.

Frente a essa viagem, a primeira intenção foi adiar a publicação deste livro a fim de agregar informações ou até mesmo inserir nele um novo capítulo. Todavia, um novo mergulho no conjunto de informações trabalhadas atestou que a melhor opção é entregar essa produção às leituras. Elas dizem respeito a um certo tempo de observação, marcado por maturidades, diálogos e limites bem específicos.

Desejo também que novas viagens à aldeia de Meruri aconteçam. Depois dessa de 2015, espero ali regressar não só com um livro que registra um momento importante do seu processo cultural e social, como também com um novo trabalho que ponha este livro em diálogo com tudo o que tenha transcorrido de relevante após esses anos de distância.

Prefácio

É com grande alegria que vejo este trabalho de Aramis vir, finalmente, a público. Defendido como tese de doutorado em 2011, já apresentava, então, as qualidades subversivas dos bons textos: bem escrito, instigante, provocador, original. Apresentado agora no formato livro, certamente poderá ser apreciado por um universo maior de leitores.

A fluidez da escrita de Aramis encanta e seduz, ocultando a grande complexidade da estrutura analítica sobre a qual ela está apoiada. Usar museus para observar relações não é tarefa trivial. Exigiu da parte do pesquisador vários tipos de descentramentos: dos índios para seus artefatos, dos artefatos para seus deslocamentos, dos deslocamentos para as redes, das redes para as suas materializações. Exigiu também produzir uma etnografia que trabalhasse concomitantemente em diferentes dimensões: no plano das interações, no plano dos objetos, no plano discursivo, no plano das lógicas institucionais, no plano dos contextos. Pode-se inferir que a metáfora "mapa de viagem" pretendeu condensar em uma só imagem, aparentemente clara e transparente, toda a complexidade desses movimentos, ao mesmo tempo físicos, representacionais e analíticos. Mas a simplicidade dessa figura de linguagem é ardilosa. Como sugere Richard Sennett, a metáfora, mais do que um adorno retórico dispensável, deve ser tratada como um "instrumento do pensar". É exatamente isso que nos propõe Aramis neste livro. "Mapa de viagem" é mais do que a simples tradução imagética de um trajeto de pesquisa desenhado pelo deslocamento de objetos. Essa metáfora reúne significados dissonantes: remete, ao mesmo tempo, à Geografia (espaço) e à História (tempo), ao território e às redes de pessoas e saberes, aos objetos e às pessoas. E ao reuni-los em uma só expressão modifica o sentido dos termos colocados em relação, produzindo geografias históricas, territórios imaginários e objetos que produzem pessoas.

Não é pouco dizer o quanto essa etnografia dos olhares recíprocos entre indígenas, salesianos, antropólogos e público dissolve nossas certezas a respeito de como as coisas são. Os objetos etnográficos cuja trajetória se percorre analiticamente não direcionam o autor para a confecção de mapas culturais, simbólicos ou cosmológicos. Ao contrário, citando como inspiração o antropólogo suíço Jacques Rainard, Aramis assume, provocativamente, a posição de que os objetos não são testemunho de nada, mas constituem uma resistência material à espera de olhares. Para o autor, mais do que olhares, os objetos dão acesso a processos de comunicação e aos filtros, repertórios e gramáticas que colocam em circulação.

Essa é mais uma das virtudes do trabalho de Aramis que, com a argúcia de exímio observador, consegue ler a imaginação socioantropológica investida nos objetos e que sua circulação põe a nu. Colocar no centro de nossa atenção esses objetos-fetiche que são as coleções etnográficas é, pois, parte do jogo de sedução-provocação deste livro, e sublinha a sua contribuição para a compreensão da contemporaneidade. Com efeito, a produção de objetos-fetiche é um dos fenômenos mais importantes dos processos comunicacionais do presente. Mais do que os discursos pedagógicos da escola, da família ou da igreja, são os objetos que fazem ver e fazem fazer. Por esta razão, a arte de produzir objetos enquanto códigos de comunicação parece ser tão estratégica em sociedades como as nossas. Com efeito, essa é, no entender do autor, uma das tarefas primordiais daquilo que fazem essas "máquinas-museus". O trabalho museográfico/museólogico escolhe, singulariza, classifica, descreve e, finalmente, sacraliza, via exposições-espetáculo determinados objetos destinados a circularem, serem reconhecidos e admirados. Desvendar os caminhos por meio dos quais essas máquinas fazem isso é parte das tarefas nas quais o autor se empenhou nesta obra.

Tendo acompanhado por vários anos a construção desses trajetos, posso asseverar ao leitor que vale a pena embarcar nesta fascinante viagem para a qual Aramis tão gentilmente nos convida.

Paula Montero

Prólogo

Quem chegou, ainda que apenas em certa medida, à liberdade da razão, não pode sentir-se sobre a terra senão como andarilho – embora não como viajante em direção a um alvo último: pois este não há. Mas bem que ele quer ver e ter os olhos abertos para tudo que propriamente se passa no mundo; por isso não pode prender seu coração com demasiada firmeza a nada de singular; tem de haver nele próprio algo de errante, que encontra sua alegria na mudança e na transitoriedade.

Nietzsche – Humano Demasiado Humano

Não uso roupa de algodão cru, não tenho anel de tucum nem levo Jesus Cristo crucificado no pescoço. Mesmo assim, estudo museus etnográficos missionários. Ser de fora nunca foi um inconveniente para um antropólogo. Ao contrário. Foi nessa condição que executei minha pesquisa, interessado em compreender o funcionamento de museus mantidos por padres para exibir "coisas de índios".

Colegas me imputam maliciosamente a especialidade de observador de "museus de penas e palhas animados pela crença em Jesus". Preferi acreditar que esses museus me permitem perseguir ideias em movimento espelhadas em objetos; observar processos que fabricam, simultaneamente, coisas, pessoas e instituições.

Percorri durante os anos de pesquisa vários lugares do país e passei uma temporada na Itália mantendo o foco em uma instituição em especial: o Museu Comunitário de Meruri, centro cultural inaugurado em 2001 na aldeia indígena Bororo, Estado do Mato Grosso.

Estive lá pela primeira vez em 2004, na época da minha pesquisa de mestrado, quando tive a oportunidade de conhecer as instalações do espaço cultural e observar sua vida cotidiana. Já em fase de doutoramento, voltei outras vezes para acompanhar algumas de suas agendas locais, como o I Seminário de História Bororo para Bororo, promovido em 2006, e a participação de parte de sua coleção em um funeral bororo realizado no mesmo ano na aldeia vizinha do Garças. Por publicações e jornais, conferi sua passagem pelo Museu das Culturas do Mundo – Castelo D' Albertis, de Gênova, na Itália, país para qual viajei mais tarde em busca de pistas para entender suas conexões históricas com esse e outros centros de cultura italianos.

Estive em Brasília para compreender como a experiência cultural de Meruri estaria sendo compreendida por burocratas especializados em cultura. Viajei com a então equipe gestora do museu comunitário – uma grande gentileza deles pela qual serei sempre grato – para assistir em 2006 ao Quarup no Parque Indígena do Xingu, cruzando de carona numa Land Rover verde Rondonópolis, Jarudore, Barra do Garças, Nova Xavantina e Canarana. O grupo que estava sob minha observação havia sido convidado ao Xingu por lideranças Kalapalo, que sondavam a possibilidade de se unir a eles na abertura de um museu xinguano. O museu local não vingou, mas rendeu a aquisição de novas peças para a experiência museológica posta em curso pelo Museu Comunitário de Meruri.

Para o Rio de Janeiro embarquei para assistir ao lado do grupo do museu de Meruri à grande final da primeira edição do significativo Prêmio Cultura Viva, iniciativa promovida em 2006 pelo Ministério da Cultura da qual o centro participou como finalista. Também os acompanhei em alguns fóruns nacionais para os quais foram convidados, como o II Fórum Nacional de Museus, no mesmo ano, em Ouro Preto, Minas Gerais. Em busca de informações históricas, enfurnei-me nos arquivos públicos e bibliotecas de Campo Grande, Mato Grosso do Sul e Cuiabá, Mato Grosso, e também arquivos dos padres salesianos de São Paulo; Barbacena, Minas Gerais; Campo Grande; e Manaus, Estado do Amazonas. Essas ocasiões, vale destacar, se constituíram boas oportunidades para observar cenas do cotidiano desses religiosos e, com eles, realizar inúmeras entrevistas e travar interessantes e elucidativas conversas.

Somados aos três anos do mestrado, nos quais o centro de cultura de Meruri também esteve sob minha atenção, foram quase oito anos dedicados ao acompanhamento de uma instituição que nasceu numa simples salinha em um prédio velho de missão com ambição de "resgatar a memória e a cultura", local para se tornar uma das experiências museais mais instigantes do cenário museológico nacional: um museu da técnica – usina de artefatos que podem ser retirados da instituição para uso ritual – criado pela convergência de atores e projetos que não se reduzem um ao outro nem se confundem.

Ali, juntos estavam até então missionários salesianos vinculados a um projeto de evangelização que se reconfigura há mais de cem anos; membros de um grupo indígena comprometido com sua ideia própria do que é ser Bororo no século XXI numa aldeia que nasceu de uma missão religiosa; e intelectuais leigos engajados em construir carreiras profissionais em sintonia com seus compromissos sociais e convicções pessoais. Ocupando posições diferenciadas em uma rede de relações em contínua expansão, cada um ao seu modo vem desempenhando seu papel de artífice de uma experiência museal comprometida com a "autenticidade" de um povo. Juntos, buscam a melhor forma de representá-lo em cena pública.

Durante esse tempo todo me ocupei não de outra coisa senão usar museus para observar pessoas com diferentes trajetórias e bagagens em interação. Meu foco não foi, portanto, o das culturas nem religiões ou ciências em contato ou confronto. O que me propus examinar foi um problema que pode ser formulado do seguinte modo: como determinados atores, inseridos em um processo de autoconstituição enquanto agentes museais, se apropriam de diversos repertórios simbólicos à disposição para se manter em relação. Dito de outro modo, dediquei-me a observar a construção de uma rede na qual posicionar-se dentro dela interessava de algum modo a cada um desses personagens.

No final de 2007, minha posição ambígua nessa rede em construção me obrigou a procurar um novo lugar de análise; e quando eu e meus agentes sob observação concordamos que seria mais conveniente um afastamento, tentei mudar de rumo. Resolvi ir para a Amazônia para conhecer outras paisagens, outros grupos indígenas, outros salesianos e, quiçá, outros parceiros do seu projeto missionário regional. O pretexto, novamente, foram coleções e os museus.

Numa primeira ocasião, conheci o Museu do Índio de Manaus, mantido pelas Filhas de Nossa Senhora Auxiliadora, o braço feminino do exército missionário salesiano. Noutra, pude acompanhar o processo de escolha das peças que seriam repatriadas do Museu de Manaus para Iauaretê, a cidade indígena estendida à beira do Uaupés. Com mediação de profissionais do Instituto Socioambiental (ISA) e do Instituto do Patrimônio Histórico e Artístico Nacional (IPHAN), as freiras atendiam à época a solicitação de algumas lideranças indígenas locais para reaverem peças que estavam sob a guarda das missionárias. Iauaretê também queria seu museu.

Diante do Uaupés, tive a certeza de que eleger museus, suas coleções e a movimentação social em seu entorno eram um bom caminho para um pesquisador que entrou na universidade nos meados dos anos 90 interessado em estudar os desafios colocados pelos processos da "globalização". Para além de serem campos de interações sociais e simbólicas, museus também se impõem como lugares privilegiados para se observar os possíveis usos políticos de categorias ditas antropológicas como cultura e identidade. Estando esses termos situados numa zona cinzenta, isto é, entre o plano analítico (discurso da autoridade científica) e o plano prático (discurso da atuação política), dedicar atenção para verificar os usos e efeitos dessas categorias pode nos fazer ver quais são os lugares que este saber disciplinar almeja conquistar nesse novo mundo, onde "tudo se metamorfoseia no seu termo inverso para sobreviver na sua forma expurgada", como impiedosamente definiu Jean Baudrillard (1991, p. 29).

De volta a são Paulo, dirigi meus esforços ao meu já tão familiar centro de cultura de Meruri, aos missionários de Mato Grosso, aos Bororos de Meruri e aos intelectuais engajados daquele campo. E, embora já não pudesse seguir essa rede merurense de perto, ela já era tão densa e extensa que pude acompanhá-la pela rede mundial de computadores.

Foi pela internet que soube das novas viagens internacionais realizadas pela equipe do Museu Comunitário de Meruri, como as realizadas à Universidade Autônoma de Barcelona, Espanha, e ao Smithsonian Institution, em Washington D.C., Estados Unidos. Em pesquisa on-line, também fiquei sabendo de suas contribuições para a "exposição de longa duração" do Museu de História do Pantanal, em Corumbá (MS), uma parceria do Ministério da Cultura com a iniciativa privada para contar a história da região pantaneira. E foi conectado à rede que monitorei as inúmeras manchetes que produziram. A mais inquietante, sem dúvida, dizia respeito sobre seu efeito sobre outra instituição salesiana: em um projeto milionário, o pequeno museu da aldeia reinventou o velho Museu Salesiano de História Natural – Museu Dom Bosco, inaugurado oficialmente em 1951 em Campo Grande. Criado a partir de reproduções fotográficas de objetos bororo e de uma pequena coleção expatriada do Museu Salesiano do Colle, na Itália, para onde foram levados no início da década de 20 do século passado, o Museu Comunitário de Meruri finalmente colocava alguns dos museus salesianos em rede.

Para contar essa história, descobri que se eu não podia mais acompanhar de perto os agentes dessa rede emaranhada em torno de museus, poderia retraçar a trajetória desses objetos que circulam pelas mãos desses agentes em relação por territórios geográficos e imaginários. Fazer dessas peças um meio de acesso à observação das relações, desse modo, transformando esse caminho na minha principal estratégia metodológica. Assim nasceu a ideia deste trabalho: oferecer ao leitor um mapa de viagem das coleções bororo sob guarda salesiana. Perseguir sua trajetória física, temporal e conceitual.

A estratégia de pesquisa me conferiu também um excelente álibi que tornou possível encontrar uma posição convincente que fez verossímil minha forma de observar relações – apresentei-me como um antropólogo interessado na relação entre missionários salesianos e índios Bororo no que diz respeito ao processo de produção de coleções de museus. Revelar essa posição, creio eu, muito mais do que um exercício ético, pode ser uma contribuição imprevista deste trabalho: explicitar alguns campos de força que informam e delimitam contemporaneamente posições epistemológicas de pesquisa.

Museus parecem lugares pacíficos. Mas não o são, ainda mais quando se pretende vê-los como espaços de mediação, conceito que exploraremos adiante. Elegê-los como tema de pesquisa exige atenção para desarmar uma armadilha sufocante de um "senso comum antropológico", para o qual a observação de um campo de relações significa automaticamente tomar um partido. Esse museu é ruim ou bom? Serve para ele ou para aquele? Qual sua verdade? Pergunta o senso comum disciplinar. Pesquisar tornou-se sinônimo de se engajar em uma causa. Estuda-se para legitimar um objeto. Assumir que não se tem uma posição nesse campo (minado) de relações significa, automaticamente, aos olhos alheios, ter uma. O que seria engraçado, se não fosse embaraçoso, é que isto significa se complicar de todos os lados.

Optei por assumir a posição de antropólogo não engajado por não abrir mão de focar a atenção nas redes de interações e nos processos de mediação intercultural. O fiz para superar de outro modo os dilemas do dualismo "nós/outros" em um momento em que a noção de simetria é chamada para alargar o campo de visão da disciplina antropológica e superar categorias dicotômicas empregadas pelas ciências humanas para demarcar territórios conceituais entre "modernos" e "não-modernos" (sujeito x objeto, indivíduo x sociedade, natureza x cultura, tradicional x moderno...). Dito isso, nos parece que essa perspectiva é capaz de propor um deslocamento ao problema do dualismo suposto na pergunta frequente e de certo modo bem "moderna": a análise é feita da perspectiva de quem? Dos Bororo ou dos missionários?

Assumi como foco da pesquisa a circulação de objetos bororo por uma rede social organizada em torno de museus fundados, supervisionados e financiados por padres salesianos. É fato. Obviamente, paira sobre essa pesquisa sombras institucionais seculares (Congregação Salesiana) e milenares (Igreja Católica Apostólica Romana) que arregimentam, hierarquizam, legitimam e põem em circulação discursos oficiais sobre a prática missionária e sua relação com as práticas museais. Inegavelmente, disponho de um eixo articulador de uma atividade missionária de longa duração. Porém, quando se adota como estratégia metodológica observar a interação entre determinados agentes no interior de uma rede de relações articuladas em torno de instituições, somos obrigados a sair das macronomenclaturas para enxergarmos uma realidade mais sutil e complexa. A rede é composta por fios de relações que não são todas de dimensões empíricas diretamente observáveis. É preciso, portanto, construir um modelo analítico para dotá-la de uma forma de apreensão.

Um reitor de universidade especialista em Guimarães Rosa, um filho de lavradores nascido na Colômbia residente há mais de 40 anos em uma aldeia indígena, um jovem que trocou a militância dos movimentos sociais agrários do interior paulista pela causa indigenista católica, e um piemontês formado em Belas Artes em Florença e História no Brasil engajado em oficinas de arte plumária como tática de intervenção social comunitária partilham certamente repertórios simbólicos e foram, de algum modo, informados pelo mesmo cabedal discursivo da congregação e da igreja das quais fazem parte. Mas não resta dúvida de que suas trajetórias impõem dificuldades extras para resumi-los com o simples título de "missionários". O que dizer se juntarmos a eles o padre Justino Sarmento Rezende Tuyuka, salesiano indígena, então diretor da missão de Iauaretê, formado em Teologia em Manaus e pós-graduado em Missiologia em São Paulo e Educação em Campo Grande? A leitura do seu texto *Aventura de um índio* (2006), artigo sobre os dilemas de um índio-padre ou padre-índio, ajuda a tornar mais complexa essa dança de possibilidades identitárias no interior de uma categoria que parece tão nitidamente delimitada, "missionários".

O universo da pesquisa foi direcionado sobre um conjunto museal missionário do ponto de vista institucional e jurídico. Mas, ao observar os museus salesianos enquanto tramas de relações, notaremos que nos últimos anos eles vêm sendo animados e transformados por um grupo de intelectuais leigos oriundos de campos de relações independentes desses religiosos. Desse modo, os museus são espaços para uma parceria organizada acerca de determinados saberes disciplinares. E, se missionários e intelectuais engajados na causa museal bororo mantinham à época da análise uma relação mediada por um contrato de trabalho – desdobramento das conexões aqui sob análise –, é tarefa desta etnografia apontar quais são as bases que sustentam esse diálogo entre esses agentes situados originalmente em campos diversos e quais as forças que os mantêm em conexão. Dito isso, fica claro que o primeiro risco a evitar é confundir tais personagens ou reduzi-los um ao outro. Afinal, Michelangelo Merisi da Caravaggio era católico, pintou anjos e santos nas igrejas de Roma, Nápoles e Malta, mas tampouco sua obra se confunde com a do cardeal Francesco Maria Bourbon Del Monte, para o qual trabalhou.

Meu terceiro problema diz respeito ao que convencionalmente foi formulado como ponto de vista dos Bororo, algo que deveria perseguir, como já me foi sugerido diversas vezes. Acompanhem o dilema, teórico e metodológico: Transformei em campo de pesquisa uma instituição que trabalha para produzir e divulgar o que seria "o ponto de vista dos Bororo". Num primeiro grau de complicação, tenho em foco uma instituição que faz uso de uma série de categorias analíticas e informações produzidas pelo campo etnológico (especializado em nos fazer ver o ponto de vistas dos outros) ao mesmo tempo em que visa ganhar legitimidade nesse mesmo campo, do qual, como observei acima, não faço parte, pelo menos enquanto agente produtor de conhecimento etnológico. Embora tenha sido instado a fazê-lo por diversas vezes, não assumi a função do fiel da balança nesse jogo de produção de definições legitimadas do objeto. Se não tomei para mim a versão produzida pelos museus missionários como a legítima representação da perspectiva bororo, também não esperei que outros agentes em disputa pela legitimidade de poderem informar o que seria a tal perspectiva bororo me digam o que ela seja.

Talvez, intuitivamente, concordasse com as leituras de alguns de meus colegas etnólogos que ao olharmos museus salesianos não enxergamos "a perspectiva dos Bororo". Mas, do ponto de vista teórico, meu interesse aqui foi compreender uma específica engenharia social para a produção e circulação de tais perspectivas e quais seus usos sociais. Mecanismos, é bom lembrar, que pressupõem certa adesão do grupo nativo para sua legitimação pública, como demonstraremos neste trabalho. Assim, posso dizer que estou propondo fazer uma etnografia de um processo social do qual o saber disciplinar antropológico faz parte como elemento da empiria. Sendo mais direto, uma etnografia na qual antropólogos, etnólogos e afins também são nativos. Agentes situados em posições diferenciadas de poder e status dentro dessa rede formada também por missionários e Bororos, mas, na ótica desta pesquisa, igualmente nativos.

Chego aqui a um novo nível de complicação. Nesta posição de pesquisa, as lamparinas acesas para delinearmos os museus missionários e os inúmeros processos de mediação que neles transcorrem lançam luzes também sobre os legitimados museus indígenas, referenciados a outras redes de relações. Missionário ou não, o segredo do poder de convencimento público desses museus depende, em parte, do ocultamento das mediações empreendidas em seu interior para produzir a representação autorizada desse "outro", ou nos termos de uma nova etnomuseologia, de um "nós autêntico". Ironicamente, padres e intelectuais (próximos ou distantes dos padres), sentados em torno da mesa da cultura jogam suas cartas, embora não admitam, fascinados por uma certa ideia de pureza, mesmo quando é necessário reinventá-la em outros termos.

Mas, querer compreender a lógica de funcionamento de museus erguidos em nome de "culturas" sem se valer do arsenal culturalista que lhe dá sustentação, ou teimar em focar um processo de mediação sem eleger essa ou aquela perspectiva, por entender que elas fazem parte do jogo cujas regras gostaria de apreender não significam espécie de alheamento à vida vivida pelos homens e mulheres bororo de Meruri. Reconheço que se tivesse sido permitido mais presença de campo, ter ouvido mais vozes merurenses e realizado acompanhamento mais minucioso de determinadas trajetórias indígenas, eu poderia ter multiplicado a potência deste trabalho. Não por ser o caminho para se chegar a tal "perspectiva dos Bororo", mas por afinar minha análise dos processos de mediação cultural. Ou seja, etnografar com mais evidências empíricas a interação contextual e prática de diversos agentes, referenciados a distintos repertórios simbólicos, e igualmente engajados em conectar um grupo local a uma rede global de relações valendo-se de museus.

Se assim não o fiz, não foi por conta de uma espécie de má vontade teórica ou miopia metodológica. Mas por ação dessas forças que organizam as possíveis e legitimadas posições epistemológicas de pesquisa do campo antropológico contemporâneo. E isto é importante também registrar. No meu caso merurense, como em outros campos de pesquisa em seus próprios termos, vetores de forças que relacionam missionários, intelectuais leigos e Bororo determinam os critérios para que esses agentes decidam se vale a pena contribuir com uma pesquisa que lhes diz respeito, mas tampouco lhes interessam do ponto de vista prático.

Esses obstáculos produziram certamente angústia e certo desgosto ao longo do trabalho. Pois, para superá-los, meu campo me impunha uma exigência que não me condizia e da qual tentei escapar até onde pude. Estar no Meruri significava comprometer-se com esse ou aquele projeto engajado em fazer ver uma dada perspectiva bororo. Formulado nos termos corrente do meu campo, fazer ver o que seria a autêntica e legítima cultura bororo.

Até onde pude me equilibrar, tentei manter uma postura interessada e equidistante entre dois projetos culturais (e culturalistas) que estavam em curso na aldeia de Meruri enquanto formulava a embocadura que esta pesquisa de doutorado assumiu. De um lado, o Museu Comunitário de Meruri, a experiência museal desenvolvida por intelectuais, com respaldo dos missionários, e apoio da maioria esmagadora da população da aldeia. De outro, uma liderança bororo comprometida em levantar quase solitariamente uma aldeia independente dos projetos missionários, com apoio de uma organização indígena e do Ministério da Cultura, tentando vencer a resistência de sua gente "acostumada a viver numa vila de padres", como essa liderança uma vez havia formulado. Enquanto uma rede executava seus planos de revitalização cultural respaldada por saberes cientificamente acumulados em etnografias escritas pelos religiosos salesianos, a outra tentava se rearticular, reivindicando para si a autoridade em nome de uma pureza, acima de tudo genética.

Ao invés de me posicionar no interior dessa disputa silenciosa, talvez ingenuamente acreditei que meu fascínio pela configuração do campo não seria lida por ambos os lados como uma tendência a aderir ao outro. E quando meus colegas acadêmicos me perguntavam sobre a perspectiva dos Bororo, o meu campo só me permitia pensar: os Bororo que seguem juntos com os missionários ou os Bororo que procuram se distanciar deles? Esquivando-me da tarefa de legitimar esse ou aquele grupo, ou, de outro modo, reconstituí-lo em nome de uma unidade primeira, o que

MAPA DE VIAGEM DE UMA COLEÇÃO ETNOGRÁFICA

poderia ser uma alternativa, preferi manter minha atenção sobre um processo e não sobre uma identidade. E, desse modo, tracei uma pesquisa sobre museus missionários, que não podem existir sem seus missionados.

Museus missionários permanecem praticamente ignorados pela bibliografia acadêmica antropológica. Mas, olhando para essa máquina-museu encantada, instrumento de fazer ver alteridades e lhes atribuir sentido, podemos colocar perguntas interessantes para Meruri e para as suas redes de relações. Por que elas precisam de museus? Quais segredos portam contemporaneamente essas máquinas discursivas multimídias? Qual "encanto" a antropologia exerce frente a essas máquinas?

Invisto na etnografia dessa específica experiência museal comunitária — vale insistir, vivida por múltiplos agentes e inserida em uma rede de relações translocais e transtemporais — como caminho para responder a essas perguntas. E mesmo que a minha posição de pesquisa não convença os nativos (indígenas, religiosos e intelectuais localmente engajados), espero realizar a contento a eficiente documentação de uma realidade que merece ser bem descrita, de modo que possa ser matéria-prima para novas interpretações. Mesmo porque, tratando-se de Meruri, novas configurações, com seus novos agentes, identidades e interações, não darão trégua aos analistas.

Neste exato momento, uma coleção repatriada da Itália repousa enigmaticamente em uma vitrine de museu que parece, à primeira vista, perdida no meio da sonolenta aldeia indígena surgida há mais de cem anos sob a sombra de uma missão religiosa católica. Aldeia que se transfigura aceleradamente numa mancha remanescente de cerrado no Centro-Oeste brasileiro, cercada por um mar de soja e bois, valiosas *commodities* do *agrobusiness* nacional. Assim, sitiadas pela desafiadora e violenta (pós-) modernidade rural brasileira, a coleção e seu museu comprovam: o debate iniciado na aldeia no começo do século passado sobre o que fazer com a "tradição bororo" continua na agenda teórico-política contemporânea.

Introdução

Roteiro de viagem

Convidamos os leitores a se debruçarem nas próximas páginas sobre uma coleção de objetos bororo que foram levados para a Itália na década de 20 do século passado para serem exibidos em exposições missionárias e, no ano 2001, repatriados ao Brasil para serem expostos no então recém-inaugurado Museu da Aldeia Indígena de Meruri, Estado do Mato Grosso, Brasil[1]. Colocamos essa coleção em foco para observarmos, em um só tempo, os processos sociais que a constituiu, assim como as transformações nas trajetórias de pessoas, coletividades e instituições que gravitam em seu entorno.

Na ordem da sincronia, vislumbraremos em primeiro plano três espaços museais cujo acervos foram (e são) formados concomitantemente à ação missionária da Congregação Salesiana (ou Pia Sociedade de São Francisco de Sales, como é

---

1   Vizinha ao morro Meruri, a aldeia está situada em Terra Indígena homônima de 82.031 hectares. Além dela, na T.I. existem três outras aldeias menores: Garças, a segunda mais antiga, Nabureau e Koge Kureu. No total, são seis Terras Indígenas (T.I.) demarcadas em áreas descontínuas no Estado do Mato Grosso. Segundo informações do Instituto Socioambiental (ISA), as T.I.s de Meruri, Perigara, Sangradouro/Volta Grande e Tadarimana estão registradas e homologadas. A T.I de Jarudori, apesar de ter sido reservada no passado à população indígena pelo Serviço de Proteção ao Índio (SPI), foi progressivamente invadida, tendo hoje em seu território um vilarejo instalado. Tal processo culminou na expulsão dos Bororo da região. Todavia, atualmente, um grupo retornou à T.I. e luta pela sua reintegração. A T.I. Teresa Cristina está sob júdice, informa ainda o ISA, por sua delimitação ter sido abolida por decreto presidencial. Trata-se de multiplicidades geográficas e ecológicas que se sobrepõem a diferentes histórias de contato com as frentes de colonização nacional, seja por ação missionária, seja por intervenção estatal via SPI ou empreendimentos particulares. Para um balanço histórico sobre a interação dos Bororo com a sociedade e Estado Brasileiro, ver Viertler (1990), Bordignon (1986), Novaes (1993) e Montero (2012). Para uma história da formação da missão entre os Bororo em Mato Grosso em Meruri, ver Castilho (2000).

oficialmente intitulada)[2] junto às populações ameríndias localizadas em território do Estado brasileiro, especificamente na região do Centro-Oeste e Noroeste Amazônico. Tendo a entidade – uma das maiores e mais ricas congregações católicas do mundo – museus e casas de cultura espalhados pela Europa, América do Sul e Ásia[3], centraremos nossa atenção naquilo que estamos considerando como um conjunto comunicacional sistêmico, formado por três instituições historicamente vinculadas e, atualmente, utilizadas como mídias direcionadas a três públicos distintos, social e geograficamente. São elas:

1) Museu Comunitário de Meruri, localizado na aldeia indígena homônima e instalado no complexo arquitetônico da Missão Sagrado Coração de Jesus, obra religiosa criada e dirigida pela Missão Salesiana do Mato Grosso. O museu é destinado, segundo seus organizadores, à preservação e à revitalização da cultura dos índios Bororo da Terra Indígena de Meruri, Mato Grosso (MT).

---

2   A Congregação Salesiana foi fundada na Itália, no dia18 de dezembro de 1859, pelo Padre João Bosco (*16/08/1815 +31/01/1888), canonizado como São João Bosco por Pio XI em 1934. O contexto de fundação da instituição – e sua posterior consolidação e expansão pelo mundo – está relacionado a um projeto global de reforma ultramontana da Igreja Católica. Segundo informações institucionais, são três os seus principais focos de atuação: educação da juventude, pastoral popular e as missões entre populações não-cristãs, estando hoje seus membros presentes em mais de uma centena de países. Os primeiros trabalhos missionários entre populações não-europeias datam de 1875, tendo sido iniciados na América do Sul (Argentina). Para uma síntese historiográfica sobre atuação salesiana na região ver: SDB (1944), Massa (1945), Azzi (1982a, 1982b, 2000, 2002 e 2003) e Silva Ferreira (1993).

3   Identificamos 12 espaços museológicos salesianos espalhados pelo mundo: Museu Regional Missão de Fortín Mercedes, na Argentina; Museu das Culturas Dom Bosco, Mato Grosso do Sul, Brasil; Abya Yala, Equador; Casa Salesianos das Missões, Espanha; Shillong Meghalayam Don Bosco Center for Indigenous Cultures, Índia; Museu Etnológico Missionário Colle D. Bosco, Castelnuovo, Itália; Instituto Histórico Sales, Itália; Camerette Di Don Bosco, Turim, Itália; Museu do Mons. Vincenzo Cimatti, Japão; Museu Missionário Salesiano, Polônia; Museu Etnológico Mons. Enzo Ceccarelli, Puerto Ayacucho, Venezuela; Museu Salesiano Maggiorino Borgatelho, Puta Arenas, Chile. Nesta lista não consta o centro de cultura de Meruri, institucionalmente vinculado ao Museu das Culturas Dom Bosco. As instituições arroladas acima estão diretamente subordinadas às províncias salesianas, unidades administrativas da congregação que divide o território por onde estão espalhados seus missionários e pelos cinco continentes. Os museus gozam de completa independência entre si.

Imagem 1: Vista parcial do conjunto arquitetônico onde está instalado o centro de cultura.

Imagem 2: Centro expositivo de Meruri.

2) O Museu das Culturas Dom Bosco, antigo Museu Salesiano de História Natural Dom Bosco, ou como era popularmente conhecido, Museu do Índio de Campo Grande, Mato Grosso do Sul (MS). Vinculada à Universidade Católica Dom Bosco (da Missão Salesiana do Mato Grosso) enquanto um órgão da Pró--Reitoria de Pesquisa e Pós-Graduação, a instituição é destinada à conservação, exposição e pesquisa científica dos acervos sob sua guarda. O museu é também um dos principais endereços do circuito turístico de Campo Grande.

Imagem 3: Vista parcial do Museu das Culturas Dom Bosco.

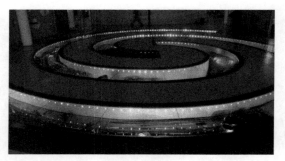

Imagem 4: Pavilhão da exposição permanente.

3) O Museu Missionário Etnológico Colle Dom Bosco, em Castelnuovo de Asti, a cerca de 20 quilômetros de Turim, Piemonte, Itália. Sendo um dos 12 pontos de visitação do parque histórico-arquitetônico do Colle Dom Bosco, o museu está instalado no centro simbólico da congregação salesiana, localidade integrante do roteiro europeu de romarias religiosas. O Museu do Collle é também um dos seis museus missionários italianos listados e apresentados pelo Pontifício Instituto Missões Exteriores (Pime), entidade fundada em 1850 em Milão para estimular a ação missionária italiana.

Imagem 5 e 6: Entrada do Museu do Colle, instalado no complexo arquitetônico salesiano. Fotos: ALS.

Já na diacronia, os objetos nos levarão a uma viagem no tempo e no espaço a fim de retraçar suas trajetórias entre os mais diversos contextos sociais e históricos e identificar suas sucessivas significações. Antes de tomá-los de partida como elementos de uma determinada "coleção etnográfica bororo", interessa-nos compreender sua produção enquanto tal. Distante de uma perspectiva que as referenciam a uma escala cultural fixa, nossa viagem transforma tal coleção em um fio condutor para adentrarmos em um emaranhado de relações sociais e simbólicas, das quais essas peças emergem como signos moventes entre variados sistemas de significação.

Composta por exemplares de peças conhecidas pela etnografia bororo como *aigo buregi, baragara, powari mori, bokodori inogi, ae, ba, baragara orogu e adugo ika*,[4] a coleção exposta em Meruri integra um conjunto de milhares de objetos que foram coletados pelos religiosos salesianos ao redor do mundo nas primeiras décadas do século passado para integrarem a célebre Exposição Missionária do Vaticano, de 1925, celeiro do atual Museu Missionário-Etnológico do Vaticano. Ao fim da exposição, a maior parte do acervo reunido pelos religiosos da congregação foi transferida para o quartel general salesiano de Valdocco, bairro de Turim, para participar da exposição Geral das Missões Salesianas, de 1926. A mostra foi realizada na então sede administrativa da organização religiosa como parte das festividades do aniversário dos 50 anos da primeira expedição missionária salesiana no além-mar. Apesar de o grupo de 10 religiosos ter embarcado no navio Savoia em direção à argentina no dia 11 de novembro de 1925, os salesianos atenderam ao pedido papal e transferiram suas comemorações para o ano seguinte. Ambrogio Damiano Achille Ratti, o papa Pio XI, temia a dispersão de atenções e capital devido à sobreposição dos calendários comemorativos.

Em Turim, a célebre cidade fabril de Lingotto, distrito da maior fábrica de automóveis europeia da época,[5] e do audacioso prédio Mole Antonelliana, símbolo arquitetônico da pujança urbana que equiparava a localidade às grandes metrópoles de seu tempo, as peças permaneceram até a II Guerra Mundial guardadas em um depósito, do qual saíam apenas para participarem de mostras missionárias temporárias ou exposições coloniais promovidas nas cidades europeias. Instalado a poucas quadras da Capela Sacra do Palácio Real, local que abriga o Santo Sudário, o acervo fora transferido durante o conflito bélico internacional para a vila camponesa Colle dos Becchi, Castelnuovo de Asti, também no Piemonte. Temia-se que ele fosse destruído pelos bombardeios dos aliados que faziam de alvo as grandes construções religiosas por desconfiarem que ali, além de relíquias religiosas, peças de arte e coleções etnomuseológicas, também estivessem escondidas tropas nazistas ou pelotões facistas de Benito Amilcare Andrea Mussolini, um ex-aluno de uma escola salesiana.

Em uma antiga fazenda sediada nos Becchi, local onde está instalado hoje o Colle Dom Bosco, ponto central do circuito de romarias religiosas salesianas, a poucos metros da casa onde nasceu e foi criado Giovanni Bosco, o fundador da congregação canonizado em 1934 como São João Bosco, um conjunto reduzido de peças da coleção missionária foi novamente mobilizado em uma exposição permanente, seguindo o modelo das sucessivas mostras missionárias anteriores, como veremos adiante. Reproduzindo a estrutura arquitetônica das sedes das organizações religiosas italianas, o

---

4   Identificação das peças e nomenclatura segue tese de Carvalho (2003), a organizadora da coleção.

5   A fábrica da Fiat foi inaugurada no distrito de Linngotto, Turim, em 23 de maio de 1923.

processo de transformação da localidade em um santuário por meio da construção de um complexo de dispositivos ritualísticos reservou um espaço especial para coleções etnográficas missionárias representarem a "vida e o sacrifício dos missionários no além--mar" e "as regiões e os povos atendidos pela caridade das missões".

Tal mostra permaneceu organizada praticamente sem grandes modificações até 1984, quando foi iniciada a construção de um espaço especialmente dedicado à conservação e exposição do acervo de objetos coletados pelas missões salesianas espalhadas pelos cinco continentes (CARVALHO, 2003). Definitivamente integrada à vida cerimonial e pública da congregação, as peças coletadas pelos missionários voltaram a ser orquestradas para formar nova exposição em 1988, ano em que foi inaugurado o Museu Etnológico Missionário Colle Dom Bosco em homenagem ao centenário da morte do padre fundador da congregação.

As coleções sob guarda salesiana na Itália voltaram a ser alvo de novas intervenções a partir de 1997, por conta da renovação museológica do Colle (*Ibidem*). E foi na sua novíssima reserva técnica, um dos frutos da reformulação da instituição, que as peças repatriadas ao Brasil no ano 2001 foram localizadas e selecionadas para serem trazidas à aldeia de Meruri, Mato Grosso, no bojo de um projeto de "revitalização cultural" empreendido por acadêmicos brasileiros, com apoio de missionários salesianos do Brasil e, principalmente, da Itália.

Juntos, intelectuais e religiosos transformaram parte do acervo dos Becchi em ferramentas de um projeto para a "revitalização da memória mítica dos índios Bororo de Meruri e fortalecimento da identidade étnica local", como eles próprios formularam. Em uma frente, reproduções fotográficas de exemplares que permaneceram na Itália foram usadas como peças didáticas em oficinas promovidas na Escola Indígena de Meruri para ensino de técnicas de fabricação de artefatos e rememoração dos seus usos tradicionais (rituais). Em outra, a pequena coleção de objetos repatriados da Itália foi entronizada em um discurso expográfico que, a um só tempo, outorgou o status museal ao recém-inaugurado centro cultural e atestou que os artefatos trazidos do Museu Colle, há anos em uma longa viagem, dali em diante, seguiriam por uma nova rota.

Composta por peças associadas às cerimônias fúnebres bororo, a coleção foi colocada em destaque no Centro de Cultura de Meruri para evocar o ciclo ritualístico funerário nativo, tido consensualmente pela etnologia leiga e missionária como o ponto nevrálgico da vida sócio-simbólica nativa e pedra de resistência da identidade cultural do grupo. Assim, como semióforos (POMIAN, 1984) revitaliziados e resemantizados, esses objetos parecem estar à altura da sacralidade produzida por uma dada vertente científica a qual as peças vieram representar. Distintas pelas suas trajetórias (e antiguidade), mas similares a outros exemplares que permaneceram no

Museu do Colle, os objetos escolhidos para formar a coleção histórica de Meruri agora são especiais em dupla dimensão: além de serem exemplares materiais de um específico processo de repatriação museológica internacional envolvendo uma instituição museológica instalada em aldeia indígena, são peças simbólicas indissociáveis de uma engenharia de produção de memórias e identidades.

Em 2006 – durante o Ano Nacional dos Museus –, a 1.ª edição do Prêmio Cultura Viva, ação de fomento à diversidade cultural brasileira empreendida pelo Ministério da Cultura do Brasil, concedeu a premiação máxima ao Museu de Meruri na categoria tecnologia sociocultural, legitimando publicamente seu projeto de intervenção social, que estaria vinculado à preservação do patrimônio imaterial nativo por meio de ações de preservação de seu patrimônio material. Escolhida como experiência modelo entre centenas de iniciativas desenvolvidas em diversas comunidades espalhadas pelo território brasileiro e sendo destacada sua suposta capacidade de transformar a cultura em um meio para fazer política, a máquina-museu construída em Meruri em torno da sua coleção etnográfica foi ali chancelada pelo Estado e inserida em uma rede culturalista nacional em formação.

A experiência, ao mesmo tempo que impulsionou ainda mais o museu de Meruri e sua coleção-símbolo a viajar por um circuito para além da trama de relações missionárias (convites para participações em fóruns nacionais e internacionais, parcerias institucionais etc.), também impactou outros museus salesianos. Especialmente o antigo museu de História Natural Dom Bosco, conhecido pela população local como museu do Índio de Campo Grande. Vinculado a uma iniciativa inicialmente independente do grande museu regional, o museu de Meruri e suas coleções – a histórica e as produzidas nas contemporâneas oficinas culturais – foram na época incorporados *ad doc* como um projeto de extensão universitária do museu, à época subordinado à Universidade Católica Dom Bosco.[6] Em um efeito museológico interessantíssimo, para que o pequeno e experimental museu de aldeia coubesse na grande instituição até então baseada nos moldes dos antigos museus de história natural, o velho museu precisou ser reinventado em novos termos, como demonstraremos nas páginas seguintes.

Desse modo, para retraçar o caminho percorrido por esses artefatos bororo sob guarda salesiana, a pesquisa estabelece como ponto de partida os preparativos para a coleta associada às duas grandes exposições missionárias de 1925 e 1926, e encerra o percurso com a inauguração em 2009 do novíssimo (e inacabado) Museu das Culturas Dom Bosco, hoje instalado no Parque das Nações Indígenas, de Campo

---

6   Desde 2013 o museu está vinculado à UCBB como um departamento da Pró-Reitoria de Pesquisa e Pós-Graduação.

Grande. Assim, de vetores de relações contextuais entre padres e índios em campo missionário, passando por espécimes etnográficos usados em sucessivas exposições europeias inspiradas pelos cânones científicos da época, até serem transformadas em símbolos étnicos de um projeto de intervenção social local que circula por redes transnacionais, as peças de Meruri demonstram que também são objetos apropriados para uma pesquisa interessada em compreender contemporâneos processos de comunicação intercultural. Afinal, traçar o mapa de viagem das peças que integram a coleção etnográfica exposta em Meruri significa, antes de tudo, produzir um mapa de relações sociossimbólicas mediadas por coisas, aqui compreendidas, como "mecanismos de reprodução das relações entre pessoas", como sugerem autores como Appadurai (2008) e Kopytoff (2008).

A partir dessa perspectiva, os museus salesianos, instituições gemelares às coleções, serão enquadrados em dois planos: a) como privilegiados *campos de relações* onde índios Bororo, missionários salesianos e intelectuais leigos interagem baseados em seus respectivos repertórios, motivações e projetos; e b) como *dispositivos espetaculares*, ou seja, mídias para produção e veiculação de discursos orientados a representar em imagens essas mesmas relações para seus respectivos públicos.[7] Frente a tais eixos, ao produzirmos o mapa de viagem das coleções bororo sob guarda salesiana, nossa meta será revelar qual modelo de museu está associado a determinadas configurações de redes, como essas redes se articulam para sustentar essas instituições – sempre escalonadas em distintas posições de poder – e quais discursos científicos e expográficos emergem em cada um desses contextos.

Bagagem Teórica & Metodológica

Nosso roteiro de viagem será composto por duas partes, percurso entremeado por paradas nos museus e centros culturais salesianos do Colle (Piemonte, Itália), Campo Grande (MS, Brasil) e Meruri (MT, Brasil). Como já foi dito, serão os objetos que integram a coleção bororo repatriada da Itália para o Brasil que nos servirão de guias pelo tempo e pelos respectivos espaços museais; instituições que seguem junto com esses artefatos em transformações no curso dessa mesma história.

Mas antes de partimos para nossa viagem propriamente dita, faremos na Parte I desta obra uma incursão em torno do conceito de coleção etnográfica e suas implicações político-museológicas, a fim de explicitarmos de que modo estamos nos

---

7   Os leitores de Guy Debord reconhecerão nessa formulação os ecos da inspiração de *A sociedade do espetáculo* (1997). Como bem postula o autor, o espetáculo não é uma coleção de imagens, mas uma relação societária midiatizada por imagens. Agradeço à professora Sylvia Cauby Novaes pela referência à obra.

apropriando de alguns argumentos já desenvolvidos por uma farta e heterogênea bibliografia para a montagem de um específico problema de comunicação intercultural. Questão que será articulada por outros dois conceitos-chave: código e rede, este último tomado neste trabalho como conceito analítico (uma estrutura morfológica socioinformacional) e ferramenta metodológica (para mapear a relação entre pessoas, objetos e conceitos).

Na Parte I, no capítulo *Coleções etnográficas como códigos de comunicação intercultural* – partiremos de uma específica acepção de código consolidada pela teoria da *comunicação* e disseminada nos estudos antropológicos de cultura material para explorarmos outros rendimentos analíticos do termo quando entendido como uma estrutura de comunicação intercultural, como possibilita uma específica leitura dos argumentos desenvolvidos pela teoria da mediação cultural.[8]

Como veremos, código será entendido como um construto material e simbólico, observável no plano da empiria, resultante da interação contextual empírica entre diferentes agentes sociais motivados – cada um a partir de sua igualmente contextual posição e perspectiva – em se manter dentro de um jogo de comunicação, articulado por meio de específicas redes sociais. Vinculados a essas zonas contextuais de interação sociossimbólica, ou seja, subordinados aos processos de ajuste pragmático de uma vivência partilhada do real e de significação e expressão dessa experiência comum (MONTERO, 2006, p. 26), os códigos de comunicação intercultural surgem como elementos de referência do qual se valem os agentes em interação e comunicação, mas cujos sentidos só podem ser descritos pontual e contextualmente.

A fecundidade desta abordagem, inspirada pela tratativa lógica da filosofia da linguagem de Ludwig Wittgenstein, é oferecer uma alternativa a uma filosofia da consciência (intelectualista e representacionista) subjacente em algumas frentes antropológicas dedicadas a pensar processos de comunicação intercultural, que pressupõe um verdadeiro ou falso fora do jogo de linguagem que os constituem. Na produção acadêmica contemporânea, por exemplo, são múltiplas as variações de formulações como "mal-entendido cultural", todas elas ancoradas na crença da existência de uma "boa" ou "má" tradução de um termo vinculado a um contexto cultural para outro.

Em *Investigações Filosóficas* (1989), Wittgenstein estabelece jogos de linguagem como a conjunção da linguagem e das atividades com as quais está interligada. Ou seja, uma combinação entre palavras, ações, reações comportamentais associadas que garante aos agentes em comunicação a compreensão do uso da linguagem. Em

---

8   O sumo do conteúdo programático do que foi convencionado como teoria da mediação cultural pode ser encontrado no livro *Deus na aldeia*, organizado por Paula Montero (2006). Ver especificamente a introdução "Missionários, índios e mediação cultural" e o primeiro capítulo "Índios e missionários no Brasil: para uma teoria da mediação cultural".

vez de aprender significados de palavras, os agentes aprendem, interagindo, a usar palavras. Eis o jogo de linguagem.

Para o filósofo austríaco, não existe linguagem sem um campo de experiências compartilhadas. Desse modo, linguagem deixa de ser uma espécie de película autônoma com a qual os agentes em interlocução nomeiam e descrevem o mundo para se tornar uma ferramenta social intercambiável entre os agentes, um meio para eles agirem em conjunto neste mesmo mundo. Assim arremata o Wittgenstein:

> Pode-se, para uma grande classe de casos de utilização da palavra 'significação' – se não para 'todos' os casos de sua utilização –, explicá-la assim: a significação de uma palavra é seu uso na linguagem. E a 'significação' de um nome elucida-se muitas vezes apontando para o portador (*Ibidem*, p. 28).

Paula Montero adapta as proposições wittgensteinianas para o universo de pesquisa da teoria da mediação cultural: as missões cristãs entre as populações indígenas brasileiras e seus resultados históricos. Segundo a autora, a análise etnográfica dos jogos de linguagem estabelecidos entre índios missionados e religiosos missionários nos permite discernir analiticamente elementos observáveis na empiria dos elementos tornados normas no interior do processo de comunicação. Esses últimos, Montero os trata como *códigos de comunicação intercultural*, isto é, estruturas de linguagem que foram contextualmente transformadas em veículos de significação. Segundo a antropóloga, esses elementos codificados retêm apenas algumas propriedades do elemento empírico "e estes, pragmaticamente, se tornam condutores relevantes de entendimento" (MONTERO, 2006, p. 27) ou, como formula mais adiante, "construtos de referência para a constituição de identidades significativas em torno das potencialidades da força mágica, das relações com a sobrenatureza, do controle da violência e da morte etc." (*Ibidem*, p. 27-28). A autora cita como exemplos de códigos de comunicação os cerimoniais da missa, rituais funerários e os de possessões xamânica, passíveis de serem inscritos enquanto modelos etnográficos.

Derivados de experiências vivenciadas pontual e empiricamente nas missões a partir de específicos pontos de vistas de determinados sujeitos situados historicamente, tais elementos são codificados e generalizados para se tornar "a missa", "o funeral bororo"; "as práticas do xamã" etc... e serem utilizados como estruturas de comunicação dentro desse mesmo campo missionário. Ao estarem reunidos padres missionários e índios missionados em torno da realização de uma missa dominical, por exemplo, os sentidos que cada agente extrairia do evento seriam próprios e específicos, certamente. Todavia, o desenvolvimento do evento estaria assegurado pelo compartilhamento das regras básicas que informariam e delimitariam as múltiplas possibilidades de ações. Esse compartilhar, importante destacar mais uma vez, enquanto algo derivado da interação prática e cotidiana, enfim, da convivência. Ao assistirmos ao padre oferecer aos seus fiéis a hóstia feita de farinha e água, por exemplo, não saberemos de antemão se até o mais devoto dos catecistas indígena estaria certo de estar ou não abocanhando o corpo de cristo. Nem mesmo em relação ao padre estaríamos certos disso. Todavia, a cena oferecida pela missa nos garantiria observar agentes distribuídos em posições bem marcadas e articulados por um ritual cuja solenidade e potência seriam reconhecidas por todos os seus participantes, independentemente dos específicos e variados sentidos dados ao evento. Enfim, o que a observação do código em ação nos garante é a possibilidade de etnografarmos de que modo múltiplos agentes se valem dele para se vincular e agir numa rede de relações sociais tão móvel e intercambiável quanto o conjunto de significações que ela mobiliza, filtra e transforma.

Desse modo, levando a cabo a proposta da teoria da mediação cultural, o foco de pesquisa volta-se para o processo sócio-histórico de produção e uso desses códigos de comunicação intercultural para a produção de novas realidades sociais e de seus novos produtos culturais. Em linha com o debate pós-colonial articulado em torno de autores como Stuart Hall (2003), Arjun Appadurai (2004) e os Comaroff (1991), essa vertente teórica propõe que o foco antropológico recaia sobre a construção empírica dessas zonas de interculturalidade aos quais estão referidos os códigos de comunicação, mediante a constatação da inviabilidade de atingir a especificidade nativa separada e anterior ao sistema colonial. Deste modo, bem argumenta Montero em profícuo diálogo com Hall:

> Todo discurso sobre o outro se organiza necessariamente em condições de justaposições ou conjunção de universos culturais distintos. Desse modo, não é possível capturar o outro antes e independentemente da consolidação de suas relações com aquele que o inscreve. Trata-se, ao contrário, de dar visibilidade às interconexões operantes no jogo das interações e compreender como elas constroem a posição do outro em um sistema de posições no qual as diferenças são constantemente reformuladas dentro de uma cadeia discursiva (2012, p. 19).

Seguimos com a autora quando ela considera que essa perspectiva ultrapassa o paradigma colonial do contato, que se reatualiza no campo disciplinar antropológico, recriando continuamente fronteiras indissolúveis entre "nós" e "eles" imaginados.[9] De forma cabal, Montero destaca que podemos colocar o problema da alteridade "não como uma forma distinta de ser, mas enquanto forma historicamente situada de estabelecer as diferenças como posições no interior de um sistema discursivo" (*Ibidem*). A partir dessa perspectiva, ao se assumir o desafio de etnografar determinados processos de comunicação intercultural, seria analiticamente mais produtivo "trazer para o centro do problema o modo pelo qual as diferentes visões de mundo entram em comunicação e disputam os sentidos a respeito do mundo social e subjetivo" (MONTERO, 2006).

Tal abordagem, além de situar a problemática da alteridade no campo das interações sociais sem pressupor ancoragens ontológicas exteriores às relações, despotencializa aquelas armadilhas lógicas sustentadas por premissas culturalistas acima citadas ("mal entendido cultural"), comumente associadas às análises da comunicação. Podemos evidenciar o alcance do argumento até aqui reproduzido recorrendo a outras fontes teóricas, provocando um diálogo produtivo entre perspectivas que se revelam convergentes. Vejamos diante dos nossos objetos de pesquisa – as ditas coleções bororo e os museus etnográficos salesianos – assumimos que seja possível retomar o sistema da teoria da informação como eixo para a montagem do nosso problema antropológico. Porém, como já havíamos sugerido em trabalho anterior, sob a condição de redefinirmos o valor do termo contexto na montagem da nossa problemática, trilhando caminhos sugeridos por autores como Pierre Lévy (SILVA, 2009). Para esse teórico, falando da perspectiva de uma microssociologia da comunicação explicitamente afinada às proposições wittgensteinianas, atores sociais se comunicam para, a partir de suas interações, gerarem contextos partilhados que lhes assegurem a manutenção dessas relações.

> O jogo da comunicação consiste em, através de mensagens, precisar, ajustar, transformar o contexto partilhado pelos parceiros. Ao dizer que o sentido de uma mensagem é uma 'função' do contexto, não se define nada, já que o contexto, longe de ser um dado estável, é algo que está em jogo, um objeto perpetuamente reconstruído e negociado. (LÉVY, 1993, p. 22)

Lembrando que o termo "contexto" vem sendo usado em larga escala pelos linguistas modernos na busca de uma base ou matriz relacional para o emprego das palavras significadas, Roy Wagner, em *A invenção da cultura*, usa o conceito como ponte

---

9   Uma interessante revisão crítica das abordagens construídas para pensar o fenômeno formulado nos termos do "contato" pode ser encontrada em Montero (2006) e Montero & Arruti & Pompa (2012).

lógica para demonstrar as equivalências entre "empreendimento humano de comunicação", "comunidade" e "cultura". A partir de sua crítica ao culturalismo clássico antropológico, o autor traça uma via alternativa para uma reabilitação do conceito cultura, vinculando-o a um processo sociossimbólico comunicativo. Para Wagner, se cultura poderia ser entendida como uma trama circunstancial de contextos convencionalizados e partilhados entre membros de uma determinada comunidade capaz de se comunicar, contexto, especificamente, seria uma parte da experiência compartilhada entre agentes em comunicação "– e também algo que nossa experiência constrói; é um ambiente no interior do qual elementos simbólicos se relacionam entre si, e é formado pelo ato de relacioná-los" (p. 78). Entendida como ato inventivo (e comunicativo), cultura, enquanto conjunto de construções expressivas relacionadas, derivaria de um processo de comunicação entre agentes em interação.

> A comunicação e a expressão significativa são mantidas por meio do uso de elementos simbólicos – palavras, imagens, gestos – ou de sequências des- tes. Quando isolados e vistos como 'coisas' em si mesmos, esses elementos aparentam ser meros ruídos, padrões de luz ou movimentos arbitrários [...]. Esses elementos só têm significado para nós mediante associações, que eles adquirem ao ser associados ou opostos uns aos outros em toda sorte de contextos. O significado, portanto, é uma função das maneiras pelas quais criamos e experienciamos contextos. (WAGNER, 2010, p. 77)

A argumentação wagneriana está associada a uma perspectiva que privilegia o que chamamos de comunicação endogâmica, ou seja, um processo que acontece no grupo e para o grupo. Mesmo que seus argumentos façam parte de um arcabouço crítico orientado a inserir a acepção antropológica de cultura em um quadro conceitual processual e interacionista, o autor, a partir dos compromissos epistemológicos que estabelece com seu objeto etnológico, reitera fronteiras societárias ao restringir a produção social de significados a uma espécie de comunidade natural de sentidos. Todavia, para construí-la, se vale de proposições extensíveis para qualquer tipo de processo comunicativo. A partir de uma leitura interessada de sua tese, dela retemos um ponto central convergente: relação social produz sentidos, que geram novas relações.

Ao pensar as similitudes e distâncias entre a micro-história praticada por autores como Carlos Ginzburg e o trabalho etnográfico, Alban Bensa também nos lembra que os contextos aos quais estão referidas determinadas práticas simbólicas devem ser sempre compreendidos como algo imanente às práticas sociais, e o conceito jamais pode estabelecer sinonímia direta com a palavra cultura, sem mediações. "É, portanto, impossível pensá-lo (o conceito contexto) em termos de estrutura estática. Como a troca de informações, a aprendizagem ou a mobilização de memória, ele não é contínuo nem coerente na duração, mas habitado por múltiplas contradições e fraturas internas" (1998, p. 46), sentencia o autor, defendendo uma antropologia que seja capaz de apreender comportamentos simbólicos referenciados a específicas problemáticas sociais e livre de modelos abstratos transcendentes. Segundo Bensa, conceitos (bourdianos) como estratégia e trajetória seriam fundamentais para recolocar no centro das análises antropológicas o papel singular desempenhado pelos agentes sociais no interior dos processos de mudança social e de produção e reprodução de sentidos. Sentidos, esses, sempre referidos a específicos quadros de interações sociais, dos quais eles são indissociáveis.

Tais perspectivas que redefinem o valor do conceito contexto possibilitam outro enquadramento para analisarmos os processos de comunicação no qual cultura deixa de operar enquanto uma espécie de entidade durkeiminiana que paira anterior e posterior a qualquer processo de interação social. Mais do que isso: cultura deixa de ser um marcador de fronteiras, um sistema fechado de significados aos quais determinados grupos estariam referidos e encapsulados. Assim, se aceitarmos que a antropologia contemporânea tem diante de si o desafio de buscar "compreender a *produção* de mundos coletivos – a dialética, no espaço e no tempo, das sociedades e dos seres particulares, das pessoas e dos lugares, das ordens e dos eventos –" (COMAROFF, J & COMAROFF, J, 2010), poderemos ir além se suplantarmos o culturalismo enraizado em nossa disciplina. Livrando-nos dessa espécie de mito fundador de uma identidade intelectual – a dos especialistas da cultura X ou Y –, será possível observar de que modo miríades de mundos coletivos estariam emergindo ou se reconfigurando a partir da interação entre esses mundos coexistentes em contínua produção.

Isso nos parece convergente com o modo de compreender os processos de comunicação intercultural proposto pela teoria da mediação, arsenal teórico e metodológico particularmente fecundo para investigarmos processos de codificação e representação de conhecimentos e práticas culturais, fenômenos determinadamente associados à contemporânea interação intersocietária. Desse modo, transpondo a forma construída por essa vertente teórica para enquadrar a relação entre missionários e missionados para o nosso universo de pesquisa, observar as práticas e significações relacionadas às coleções etnográficas bororo sob guarda dos museus salesianos implica igualmente em compreender como múltiplos pontos de vistas interagem num jogo de comunicação mediado por códigos produzidos no interior dessas mesmas relações interculturais.

No nosso caso, o código a ser investigado é "a coleção etnográfica bororo" e o jogo de comunicação está articulado em torno de uma específica missão empreendida pelos salesianos, que, atuando junto a segmentos dessa população indígena, há mais de um século reatualiza seu projeto de definir o que é ser "bororo" a partir da produção de uma alteridade cultural particular. É uma tarefa sociológica que está vinculada à criação e distribuição de saberes demográficos, geográficos e etnológicos – "instrumentos de ordenação do mundo nativo para incorporá-lo progressivamente à órbita do Estado" (MONTERO, 2006, p. 25) – e implica na reordenação contínua de posições entre missionários e missionados, cada uma dessas partes mobilizadas para a fabricação e uso desse código. Afinal, como bem lembra Montero "embora os missionários desenvolvam constantemente mecanismos de controle das interpretações possíveis e aceitáveis, eles não podem nomear sozinhos". Acrescenta a autora: "Para que se torne convincente e verossímil, todo sentido depende de um acordo sobre o sentido dos signos, e, portanto, ele é necessariamente intersubjetivo" (*Ibidem*).

Trabalhos que elegeram o problema das interações históricas e políticas entre missionários cristãos e populações indígenas para pensar a produção material e simbólica da alteridade cultural (MONTERO 2006, 2007, 2012; ARAÚJO 2006a, 2006b; POMPA, 2003, 2006; AGNOLIN, 2006, 2007; GASBARRO, 2006; ARRUTI, 2006) demonstram que a atividade missionária cristã sempre esteve em relação com o projeto de estabelecer conexões entre um "outro" tido como irredutível em suas diferenças definidoras e um "outro" universalizável (da particularização, o "Outro", à generalização, o "Humano"). Como bem ilustraram esses autores, essa jornada está associada à produção de esquematizações de interpretação e classificação de pessoas, seres e coisas (algo bem próprio para os museus missionários de base naturalista, como veremos a seguir); e, como enfatiza Montero (*Ibidem*), implica a geração de novas realidades etnográficas – dois momentos de um mesmo processo que demonstram a eficácia do poder simbólico associado ao fenômeno "missões", nos termos de Pierre Bourdieu (2006).[10]

Os trabalhos vinculados à teoria da mediação cultural também nos interessam por privilegiar a interação entre agentes como núcleo metodológico de análise e oferecer uma perspectiva teórico-metodológica processualista, na qual a política não

---

10 Ver especialmente capítulo 1, "Sobre o poder simbólico". Na primeira síntese, Pierre Bourdieu define tal poder como "um poder de construção da realidade que tende a estabelecer uma ordem gnoseológica: o sentido imediato do mundo (e, em particular, do mundo social) supõe aquilo a que Durkheim chama de o conformismo lógico [...]. Durkheim – ou, depois dele, Radcliffe-Brown, que faz assentar a 'solidariedade social' no facto de participar num sistema simbólico – tem o mérito de designar explicitamente a função social (no sentido do estruturo-funcionalismo) do simbolismo, autêntica função política que não se reduz à função de comunicação dos estruturalistas".

está formatada em um domínio da vida social substantivada. Desse modo, a análise da trama de poderes não se esgota na associação entre posições de poder e tipologias classificatórias de identidade (branco dominador x nativo colonizado; missionário cristão x índio bororo missionado etc.). Tendo a mediação como alvo, o foco está dirigido para um específico tipo de interação intersocietária, ou seja, para um processo político comunicacional historicamente situado e articulado sobre determinados códigos de comunicação intercultural.

Assim, oriundos de campos de relações estabelecidos em torno das missões salesianas, os códigos de comunicação intercultural, ou seja, os construtos (materiais e simbólicos) históricos particulares que emergem dessas relações podem ser entendidos como efeitos de poder de um específico quadro conjuntural de relações. Paula Montero, por exemplo, demonstra de que modo as monografias etnológicas salesianas – ferramentas intelectuais para codificação e publicização da realidade nativa, isto é, instrumentos precursores dos museus missionários – são em grande parte produto das interações práticas que os etnógrafos-missionários estabeleceram, sobretudo com seus principais informantes indígenas, extraindo as monografias "do nível de abstração mais comum em nossa disciplina que os enquadra no marco de uma relação de mão única entre observador e observado" (MONTERO, 2012).[11]

Segundo a autora, para compreender a trama dessas monografias é preciso posicionar todos os personagens envolvidos no espaço social (mapear o campo de possibilidades das relações entre os missionários escritores e os nativos coautores) para compreender como interesses e categorias de compreensão dos missionários e dos informantes nativos se articulam no texto (*Ibidem*). O desafio é identificar as condições de enunciação e interlocução dentro desse específico jogo de comunicação travado dentro do espaço social oferecido pelas missões. Da parte dos informantes missionados, destaca a autora, ser ou não xamã e/ou chefe; ter vivido ou não nas missões por muito tempo; dominar ou não o português; ter relações com o domínio dos não índios para além dos missionários e ser ou não detentor de outros atributos definidores de posições sociais nativas delimitariam as condições do que poderiam ter dito ou do que disseram esses específicos informantes indígenas. Em relação aos missionários escritores, a formação escolar, nacionalidade, inserção na hierarquia na instituição religiosa e no campo intelectual para além dos limites da Igreja, suas atividades nas missões e o grau de conhecimento com a vida indígena influiriam em

---

11 A autora direciona seu foco de análise para as obras de Antonio Colbacchini & César Albisetti, *Os Bororo Orientais* (1925); César Albisetti & Jaime Venturelli, *Enciclopédia Bororo* (1962); Alcionílio Alves Bruzzi da Silva, *A Civilização Indígena do Uaupés* (1958); e Bartolomeu Giaccaria & Adalberto Heide, *Xavante, Auwe Uptabi, Povo Autêntico* (1984).

seus interesses e esquemas de interpretações, moldando as questões que dirigiram aos seus informantes. Arremata a antropóloga:

> Nesse sentido, podemos considerar que as representações examinadas nas monografias são o produto da correlação de forças que se situam, no plano histórico, nos conteúdos de longa duração que circulam em diversas esferas – missionações anteriores fixadas em catecismos ou outras formas de memórias, leis, literatura de viagem e formas variadas de publicidade – e, no plano antropológico, nos tipos de interação definidas pelas posições. (*Ibidem, p. 19*)

Ao nos depararmos com os museus salesianos, perceberemos que estamos diante de produtos culturais construídos de forma muito semelhante. Assim como as monografias missionárias – algumas com estreitas relações com esses museus, como demonstraremos adiante –, as instituições expositivas religiosas nasceram, foram estruturadas e reconfiguradas a partir de determinados quadros relacionais entre específicos agentes que se põem em interação no campo missionário. Contudo, vale retomar, se os construtos materiais e simbólicos que emergem dessas relações entre missionários e missionados devem ser entendidos como efeitos de poder de um específico quadro conjuntural de relações contextualizadas no marco de uma missão historicamente em desenvolvimento, os museus missionários embutem na análise da mediação cultural um elemento especial: são aparelhos que surgem para representar, com seus próprios termos e linguagens, esses quadros de relações em que o significado e o valor da diferença flutuam em função das reconfigurações desses quadros de relações.

Assim, se como defende Montero, são as formas de construção da diferença e suas encenações contextuais em sistemas discursivos geradores de novas realidades etnográficas que interessam a uma antropologia das mediações culturais – "e não o impacto das relações de poder sobre as culturas, nem simplesmente a forma de resistência ou acomodação nativa frente a ela" –, este trabalho segue em consonância com essa abordagem teórica ao assumir como objeto de estudo um código de comunicação específico, sempre associado a mídias expositivas (exposições e museus) destinadas a fazê-lo circular enquanto informação junto a um número crescente de pessoas. Ou seja, mídias usadas como ferramentas tecnológicas para generalização e circulação de códigos, visando conquistar progressivamente um público mais amplo.

Desse modo, é importante dizer de modo enfático, antes de pretender decifrar qualquer significação atrelada a um código específico (vale relembrar nossa posição: significações são sempre contextuais e transitórias), nossa tarefa é observar como um determinado código de comunicação é processualmente fabricado e re-fabricado, concomitantemente à sua circulação por uma rede de comunicação em expansão. Em termos foucaultianos, colocamos a semiologia em primeiro plano em relação à hermenêutica.[12]

Diante dessa perspectiva, torna-se óbvio, o código de comunicação intercultural, mesmo que situado dentro de um específico arranjo de produção e circulação assimétrico, jamais pode estar referido a sistemas de significação fechados. Conflituoso, multifocal, indeterminado e contextual, ele conserva em si a capacidade de ser lido e manipulado situacionalmente por todos os envolvidos nessas tramas relacionais a partir de suas específicas perspectivas e repertórios. Para citar exemplos para além do universo das missões salesianas, o grafismo assurini impresso nas sandálias da marca Grandene publicizados pela modelo Gisele Bündchen em campanha publicitária gravada na aldeia indígena; as telas acrílicas do artista plástico aborígene Emily Kamedo que reproduzem em imagens os territórios mágicos traçados sobre o território australiano, como as expostas no Museu do Quai Branly, em Paris; o Quarup exibido na série especial sobre esportes tradicionais da BBC, que justapôs medalhões do esporte internacional com "atletas do Xingu"; a *coiffure Kwakwaka'wakw*, que deixou o ateliê de André Breton para voltar à América do Norte como um ícone de uma política de identidade praticada entre as trincheiras de um museu indígena; os colares de conchas do alto Xingu comercializados ora para o mercado de *souvenirs* turísticos ora para museus.

Trazendo exemplos de um mundo aparentemente mais próximo, as pichações de ruas expostas nas paredes de bienais de arte; as perucas loiras e peitos de silicones das travestis exibidos nos programas humorísticos; a suástica tatuada sobre a pele morena que circula pelo bairro remediado do Grande ABC paulista...

Prova da sua eficácia enquanto código compartilhado – não dessa ou daquela significação – é sua circulação por uma rede de comunicação, ou seja, "estruturas abertas capazes de se expandir de forma ilimitada integrando novos nós desde que consigam comunicar-se dentro da rede, ou seja, desde que compartilhem os mesmos códigos de comunicações" (CASTELLS, 1999, p. 566). Inseridos dentro de específicos jogos de comunicação, os códigos são constrangidos pelas regras de tais jogos, mas carregam em si a potência para modificá-las, como demonstraremos neste trabalho. Agentes em relação produzem códigos. Concomitantemente ao seu grau de generalização, códigos produzem novas relações, que produzem novos agentes, que, por sua vez, reconfiguram

---

12   Define Michel Foucault: "Denominemos hermenêutica o conjunto dos conhecimentos e das técnicas que permitem fazer falar os signos e descobrir o seu sentido; chamemos semiologia o conjunto dos conhecimentos e das técnicas que permite distinguir onde se encontram os signos, definir o que os institui como signos, conhecer os seus limites e as leis de suas conexões" (FOUCAULT, 1966, p. 50).

esses códigos ou os utilizam como base para a criação de novos instrumentos para novas significações. Todos, agentes e códigos, estão interligados em redes de comunicação que se reconfiguram continuamente.

Redes como as que interligam *marchands* Saint-Germain-des-Près, de Paris, consumidores metropolitanos de "arte não ocidental" e artesãos fabricantes das "autênticas" obras indígenas; a estrutura em torno da produção audiovisual da rede de televisão BBC a congregar atletas internacionais, índios kalapalos e assessores antropológicos para levar a milhares de lares pelo mundo uma "prática tradicional esportiva original sem interferências ocidentais"; o circuito das conchas recolhidas nas areias das praias baianas pelos comerciantes pataxó para serem transformadas no Xingu em colares a serem vendidos para museus ou lojas de *souvernirs*... Redes que podem ser entendidas como efeitos performáticos dos códigos em ação. Códigos, enfim, que só existem como efeitos de comunicação.

Considerações sobre a escrita e método de pesquisa

Mapas são fascinantes. Quanto mais antigos e assim valiosos, mais suas deformações são transformadas em adornos e curiosidades de uma obra de arte. Ao contrário, quanto mais contemporâneos e tecnológicos, mais a pretensão da não imperfeição implica em transmutar tais mapas em perigosas armadilhas da representação. Afinal, em tempos de Google Maps, a pior ilusão é acreditar que eles sim podem fazer ver o real. Antigos ou modernos, mapas só nos ajudam a pensar sobre o real.

Precisamos ter em mente que mapas são antes de tudo instrumentos que dão prazer àqueles que gostam de poder. O poder de fazer ver o mundo, pretensão que alinha num mesmo horizonte militares, cientistas, artistas e também padres e xamãs.

Numa entrevista realizada em Iauaretê, povoado indígena multiétnico na fronteira Brasil-Colômbia onde perduram algumas atividades daquela que foi uma das maiores missões salesianas em escala internacional, um índio tucano contou que o velho missionário Casimiro Beksta havia ficado surdo quando tentou desastrosamente imitar os xamãs amazônicos, que subiam no alto do mundo para de lá enxergar tudo o que havia no planeta. Quanto mais alto se sobe e mais se enxerga, mais poderoso seria o xamã, sabia Beksta, que bebera o alucinógeno dos índios para saber o que havia de verdade nas visões desse mundo.

Na hora que chegou a vez de sua entrevista, Beksta, respeitado produtor de conhecimentos etnológicos no Estado do Amazonas que mal escuta com a ajuda de um aparelho auricular, regozijou-se com a versão dos fatos. Interessado e comprometido com aquilo que ele concebe como ciência, tomou a explicação como expressão anedótica de uma cultura. Para Beksta, elas (as culturas) faziam ver sim mundos.

Mas seria a ciência que faria ver o real. O padre, um velho lituano que explica seu engajamento na causa das "línguas e das culturas indígenas" por ter sobrevivido às perseguições que Hitler e Stalin impingiram a sua "cultura lituana", assim executava com maestria um programa missionário previsto nos fins do século XIX por Dom Bosco, o fundador da congregação salesiana: fazer das missões uma oportunidade para fazer ciência.

Mas, anedótica parece ser a trama da história, pois Beksta só chegaria naquelas paragens, como registra a hagiografia católica, porque um dia a Virgem Maria teria vindo num sonho para levar Dom Bosco ao alto dos céus para de lá o santo aficionado em ciência poder identificar no mapa do mundo feito pelas alturas onde ficariam as suas missões. Era assim que a Amazônia, a futura casa do velho Casimiro Beksta, assim como vários outros cantos do planeta, entrava no mapa místico das missões salesianas.

Conseguir fazer ver o mundo e as coisas que nele estão parece ser mesmo uma experiência sedutora. Mas acreditamos que pode ser ainda mais quando se abandona a pretensão "da verdade". Assim, é preciso encarar os mapas como uma versão parcial daquilo que é observado. Reconhecer que eles fornecem uma imagem que tanto revela o que só pode ser visto pelas lentes da técnica que o captura como esconde aquilo que fica fora de sua escala. Libertos da promessa mentirosa que os geram – fazer ver o real –, os mapas tornam-se um poderoso registro de um percurso realizado por olhares interessados sobre aquilo que seria o mundo.

Dito isso, é preciso ter em mente que traçar um mapa nesta pesquisa significa colocar deliberadamente em evidência relações entre determinados elementos. Por meio desse instrumento, por exemplo, só poderíamos conhecer o missionário Casimiro Beksta quando iluminado pelos reflexos das luzes dirigidas aos voos do xamã amazônico e do santo europeu, como também pelos ecos de sua memória das tiranias Hitler e Stalin. No nosso mapa, a inteligibilidade de um elemento existe em função das inteligibilidades dos outros com os quais ele mantém relação.

Porém, o desafio da tarefa é executá-la levando-se em conta que nenhum elemento preexiste a essas mesmas relações. Trata-se de produzir o mapa de um processo. De iluminar os caminhos que levam um objeto a outro no instante que, em contraste, eles definem suas formas passageiras no mesmo momento em que são ficcionadas as suas essências. É essa condição que impõe para a escrita do livro o esforço exaustivo de descrições e de apontamentos para uma série de conexões, pois, desenha-se um mapa quando se evidencia a posição que cada elemento assume em relação aos demais. Dessa forma, neste trabalho, a escrita se realiza enquanto um meta-método.

Os trajetos

Mas quando se anuncia a pretensão de traçar o mapa de viagem de uma coleção de artefatos indígenas, se pensa logo que o trajeto deve ser iniciado do seu "ponto de origem". Ou seja, mostrar esses objetos de antemão dentro daquilo que é formulado como "contextos nativos". Todavia, de outra maneira, essa pesquisa parte em outra direção: tentar mostrar que "os tais contextos" também podem ser cartografados como fenômenos resultantes desse mesmo trajeto. Aqui, é importante frisar: em nosso mapa de viagem "tais contextos" surgem apenas em função metalinguística. Isto implica reconhecer que as peças só poderão ser analisadas dentro dos seus contextos expositivos. Indo além, que essas análises jamais prescindem daquilo que os expositores posto aqui em observação consideram ou consideravam ser os contextos originais dessas peças.

A esta altura, uma ressalva fundamental: do nosso ponto de vista, índios, missionários e intelectuais, "os especialistas em contextos originais", são todos nativos. Sendo assim, partimos em nossa viagem observando de que modo os objetos foram colocados em trânsito pelos missionários para revelar aos olhos europeus aquilo que era entendido como "os contextos nativos". Na sequência, ao invés de encarar a viagem de volta dessas peças ao seu local de origem como um processo (científico) de devolvê-las aos seus contextos originais, observaremos o trabalho (político) dos intelectuais engajados em processos museais de produzir em parceria com agentes indígenas um futuro baseado num passado que só pode existir quando imaginado, cientificamente. No nosso caso, o mais interessante, "ciência" e "política" sobre a sombra do "sagrado".

Para empreender essa jornada foi necessário realizar a etnografia de um processo museal em longa duração, tarefa orientada em identificar as conexões que construíram e reconstroem a rede sociossimbólica por onde circulam as peças sob análise. Como estratégia adotada, privilegiou-se reconstruir tais contextos expositivos, passados ou contemporâneos, como fatos sociais totais. Numa direção, encarar um conjunto de produções expográficas distantes no tempo e no espaço como discursos sociais a serem lidos. Noutra, considerar essas produções como materializações dessa rede sociossimbólica em processamento, que amalgam pessoas, objetos e ideias.

Em outra dimensão, uma nova combinação metodológica. Numa chave, levar adiante (até onde foi permitido) a empreitada iniciada na fase do mestrado de observar relações empíricas entre os agentes situados em torno de um processo museal específico. Nesta etapa, o trabalho consistiu em viagens de campo de curta duração para acompanhar agendas locais (Meruri, MT; Campo Grande, MS; e Missões do Rio Negro, AM) relacionadas às atividades do processo museal em análise e promover uma série de entrevistas.

Interessante destacar que viagens de campo ocorreram no seu sentido clássico, no qual o antropólogo se desloca até o local de observação, como também ocorreram viagens de campo nas quais pudemos embarcar junto com esses agentes para observá-los em interações sociais durante seu trânsito para além de suas áreas de pertencimento. Entre elas estão a ida à aldeia xinguana Kalapalo, para a qual os agentes museais do Meruri foram convidados para participar de um Quarup, e a viagem para assistir à cerimônia de premiação do Prêmio Cultura Viva, no Rio de Janeiro.

Complementarmente, foi necessário pesquisa de arquivo para encontrarmos os lastro históricos dessas relações, bem como para garimpar documentos que possibilitariam reconstruir antigas cenas museológicas. Ao longo deste trabalho foram realizadas pesquisas nos arquivos salesianos das cidades de São Paulo (SP), Barbacena (MG), Manaus (AM), São Gabriel da Cachoeira (AM) e Roma, Itália, onde está instalado o Arquivo Salesiano Central. Em busca de documentos e outras referências foram feitas consultas nos acervos das Secretarias Estadual e Municipal da Cultura do Estado do Mato Grosso do Sul e nas bibliotecas da Universidade de São Paulo, Universidade Federal do Rio de Janeiro, Universidade Federal do Amazonas, Universidade Federal do Pará, Universidade Federal do Rio Grande do Sul, Pontifícia Universidade Católica de São Paulo, Universidade Estadual de Campinas, Pontifícia Universidade Gregoriana, Pontifícia Universidade Urbaniana, Universidade La Sapienza de Roma, Universidade de Turim e Biblioteca Nacional Central de Roma.

Nos museus, o trabalho de pesquisa se deu em relação à visitação dos seus acervos e, em alguns casos, das suas bibliotecas. Entre as bibliotecas museais consultadas, destaque para os acervos do Museu Emilio Goeldi (PA), Museu do Índio (RJ), Museu de Arqueologia e Etnologia (SP), Museu Nacional Pré-Histórico Etnográfico Luigi Pigorini, de Roma e o Museu do Quai Branly, Paris, que me serviu de acesso para o banco nacional de pesquisa francês.

PARTE I

Reflexões sobre um campo de pesquisa

Capítulo 1

Coleções etnográficas como código de comunicação intercultural

Já é uma tradição consolidada entre os estudos antropológicos de cultura material tomar coleções etnográficas como fatos sociais totais. Para os pesquisadores, com filiação maussiana declarada ou não, essa seria uma abordagem teórico-metodológica propícia para transformar os objetos em acessos para um real constituído a um só tempo pela interação de múltiplas dimensões. Em um fraseado inspirado por Marcel Mauss, o que o espírito analítico separa, os objetos condensam.

Na produção acadêmica brasileira, por exemplo, não é pequena a lista de formulações relacionadas a coleções etnográficas que gravitam em torno desse eixo inaugurado pelo simbolismo maussiano e enriquecido e/ou amadurecido pela imaginação teórica de autores como Franz Boas e Claude Lévi-Strauss.[1] Berta Ribeiro edificou uma obra articulada em torno da ideia de que os objetos poderiam remeter os pesquisadores a aspectos adaptativos, tecnológicos e simbólicos de um determinado povo. Autores como Van Velthem (1984) perseguiram homologias estruturais entre produções materiais e conceituais. Em outro esforço para a afirmação desse específico campo de pesquisa antropológica, Vidal e Lopes da Silva postularam que os objetos estariam "impregnados das marcas deixadas pela cultura daqueles que o fabricaram" (1995). Todos, cada um ao seu modo, parecem revisitar e sofisticar os

---

1   Dorothea Voegeli Passetti nos faz ver Claude Lévi-Strauss como o herdeiro mais sofisticado de Mauss. Segundo ela, o autor "nos ensina a pensar o objeto, a mergulhar em seu interior, como faz o artista com seu modelo (empírico e lembrado), e a explodir o pensamento para todos os lados, buscando articulações teóricas e empíricas, históricas e mitológicas, plásticas e semânticas, naturais e culturais"(PASSETTI, 2004, p. 126). Como lê Passetti, tal perspectiva desafia o pesquisador a se aproximar tanto dos objetos como resultantes de um processo de criação, como dos próprios artistas, sujeitos imersos nesses processos. "Como materialização de estruturas de pensamento, o objeto nos incita a invadir o vasto campo intelectual que comporta as formas possíveis de pensamento organizado, da estética aos mitos" (*Ibidem*).

ensinamentos dados por Dina Lévi-Strauss em suas instruções Práticas para Pesquisa de Antropologia Física e Cultural, durante o Curso de Etnografia e Folclore, ministrado em 1936 no Departamento de Cultura do Município de São Paulo. "Segundo o conceito de Mauss, quase todos os fenômenos da vida são traduzíveis pelos objetos materiais, por causa da suscetibilidade do homem de deixar seus traços sobre as coisas que fabrica", escreveu a autora (Lévi-Strauss *apud* VIAL, 2009).

Longe de subestimar os efeitos particularizantes dos acentos teóricos e temáticos de uma gama variada de formulações que os exemplos acima apenas aludem, interessa-nos registrar uma reverberação comum presente nos estudos antropológicos de cultura material: objetos, não reificados, surgem como provas materiais de uma totalidade superior e abstrata que lhes daria sentido. Seriam o elo entre o concreto e o imaterial; signos de um texto sem o qual eles perderiam seus sentidos e inteligibilidade. Nos termos recentes defendidos por Lacerda Campos, materializações de pensamentos e de significados culturais (2007, p. 134). Na perspectiva convergente e precedente de Berta Ribeiro, elementos de cultura "cujos procedimentos e iconicidades identificam a dita cultura não apenas por sua concepção formal, mas também pelo código de seus significados simbólicos" (1989, p. 16). Van Velthem arremata: são documentos de uma vivência cultural, testemunhas de técnicas manufatureiras, modalidades econômicas, formas de organização social, atividades sociais ou rituais, "de formas de pensar o mundo e estruturar cosmologias" (2004, p. 123).

Desse modo, peças ou coleções etnográficas inteiras transfiguram-se em fios de Ariadne com os quais os pesquisadores podem penetrar em um labirinto de relações e significações a serem decompostas e rearticuladas em múltiplos planos analíticos (ambiental, sociológico, cosmológico etc.). Pelas máscaras timbira, por exemplo, enxergaram-se princípios de sociabilidade nativa impressos em técnicas de confecção (LIMA, 2003). Trançados wayana serviram de acesso a um conjunto semântico a espelhar em tranças de palhas referências cosmológicas (VAN VELTHEM, 1984). Os grafismos ameríndios são lidos como uma "quase-linguagem", sistemas de significação a serem desvendados que expressam filosofias nativas, que se repetem nas ideologias e mitologias (VIDAL 2000, p. 114). Pela combinação do colorido de penas pode-se ler, ainda, a escritura cromática das categorias lógicas nativas em artefatos plumários bororo (DORTA, 1978) e a plumária Urubu-Kaapor, por sua vez, foi suporte para conjugar as análises técnicas de fabricação e um determinado conjunto ritual-mitológico (RIBEIRO e RIBEIRO, 1952).

Em suma, pelas coleções, pode-se ver como uma série de relações são cosmologizadas por povos/culturas. Nos termos aproximados de Hodder, Berta Ribeiro e Vidal, os objetos que as constituem são partes de um código, ou seja, de um sistema de significação, e as investigações acadêmicas sobre cultura material transformam essas peças em caminhos para decifrá-los.

Inspirada em uma sociologia da arte aos moldes de Pierre Bourdieu, de *Economia das trocas simbólicas*, e Erwin Panofski, de *Significados nas artes visuais*, Berta Ribeiro inclusive ofereceu à antropologia brasileira uma metodologia de pesquisa para se chegar a um discurso visual articulado por meio das criações indígenas:

> No caso da abordagem antropológica (fazendo referência à dita sociologia da arte), exige-se o levantamento do mesmo contexto (de produção do obje- to): a época do estudo e do colecionamento, o grupo indígena, a área cultural em que está inserido, o campo prioritário da arte a que se dedica, que deve ser analisado com mais rigor, e, finalmente, o produto. (1989, p. 23)

Também reconhecendo que os objetos vivem em sistemas de significações próprios, uma nova geração de trabalhos empreende contemporaneamente uma renovação dessa tradição de estudo com a promessa de se poder ir além do mundo visual oferecido pela cultura material nativa e chegar às teorias sociocosmológicas ameríndias que lhe dariam sentido. Numa profícua parceria, Fabíola A. Silva e Cesar Gordon, por exemplo, transformaram a curadoria do acervo coletado pela antropóloga Lux Boelitz Vidal entre os índios Xikrin-Kayapó, a partir da década de 70, e doada ao Museu de Arqueologia e Etnologia da Universidade de São Paulo (MAE/USP) em uma pesquisa etnológica interessada na agência dos objetos Xikrin. Tomando-os como elementos constitutivos da trama sociossimbólica nativa e reconhecendo neles aquilo que os autores chamaram de "função mediadora", os ditos objetos etnográficos sob guarda do museu serviram como elos para análises dos "mecanismos de personificação e subjetivação ritual" e da constituição dos valores xikrin (2005, p. 94).

Outro nome forte dessa vertente é Aristóteles Barcelos Neto. Ao lado de Els Lagrou, ele é o autor brasileiro que vem modernizando de maneira mais cabal o programa levistraussiano traçado para a cultura material: torná-la um meio para analisar as "expressões visuais" de determinados agrupamentos humanos como específicos modos de reflexão cosmo e ontológica. É assim que faz Barcelos quando, já no seu mestrado, toma como alvo de estudo os desenhos criados pelos xamãs-artistas Wauja do Parque Indígena do Xingu, no qual figuram na maioria deles os *apapaatai* ou *yerupoho*, seres sobrenaturais antropomórficos ou zoomórficos. Fazendo desses desenhos os motes das conversas travadas com seus informantes e apoiado, de um lado, pela revisão bibliográfica wauja, e por outro, de observações de campo, Barcelos se esmera para fazer ver aos leitores aquilo que ele chama de "ontologia e cosmologia plástica wauja" (2002, p. 116). Os desenhos, enfim, ofereceram ao autor pistas para ele identificar como os Wauja se posicionariam no mundo e frente aos seres sobrenaturais que dele fariam parte.

Em outro momento, Barcelos aplica também esse programa de identificação e deciframento das redes cosmológicas as quais estariam referidos os objetos etnográficos numa perspectiva comparativa. Justapondo objetos rituais andinos e amazônicos, o autor evidencia de que modo certas significações simbólicas estariam sustentadas por determinadas qualidades sensíveis de objetos imageticamente significativos, capazes de proporcionar elos lógicos entre os ciclos biográficos, biológicos e astronômicos que atravessariam as experiências humanas e modelariam os ciclos ritualísticos locais, sendo, segundo o autor, a própria teoria nativa em ação (2008).

Do seu percurso analítico podemos extrair uma premissa fundamental: o entendimento de qualquer elemento estético-expressivo étnico vincula-se menos nele próprio (a obra em si) do que na relação que estabelece com a agência dos seus criadores (naturais e sobrenaturais). Constituindo-se como índices materiais de relações cosmológicas, os objetos etnográficos vistos sob esse prisma pressuporiam uma nova direção das pesquisas etnomuseológicas: do arquivo das reversas técnicas ao campo etnográfico; ou seja, fertilizar o primeiro com o segundo, livrando este da simples tarefa de contextualização exterior ao objeto.

Desse modo, o etnólogo e museólogo traça seu próprio modelo de mapa de viagem para localizar e compreender coleções etnográficas, no qual o museu, no caso dos objetos wauja, torna-se ponto de chegada interessado naquilo que ele chamou de "cadeia operatória conceitual", processo desencadeado no universo original desses objetos por um complexo ritual animado por homens e espíritos mediados por coisas. Assim, podemos interpretar que qualquer estética etnologicamente apreendida nos museus por meio dos objetos etnográficos só faria sentido se sua gramática cosmológica fosse ali revelada. Barcelos nos oferece aqui lugar museal instigante que podemos assim definir: espaço para o encontro e articulação de ordens cosmológicas independentes. Condição que, em nosso entendimento, delegaria aos intelectuais dedicados aos museus a tarefa de mediação, operação que Barcelos explicitou em seu trabalho ao seu modo.

Ao assumirmos as práticas sociais e significações relacionadas às coleções bororo sob guarda salesiana como foco de pesquisa, esperamos tanto usufruir desse mesmo poder "de fazer ver" das peças-signos como nos interessa o trabalho de mediação que determinados agentes executam ao torná-las peças de um sistema de comunicação. Porém, a construção de uma nova posição de pesquisa abre outras perspectivas para essa visão mediada pelos objetos e nos confere novos modos de colocar problemas em torno desse processo de mediação. Indo além, altera significativamente o valor heurístico do conceito "código". Explicitemos.

A maior parte desses estudos voltados às análises de coleções etnográficas fez dessas peças pontos de partida para serem traçados o que chamaremos aqui de mapas limpos.[2] Isto é, a partir dessas peças, buscou-se identificar conexões entre elementos heterogêneos, subordinando-os a uma plataforma de representação comum. Mapas de algo que foi traduzido conceitualmente pelas tradições antropológicas referidas acima como culturas, cosmologias ou sistemas de significação específicos de um determinado agrupamento humano ou de um coletivo social com fronteiras culturais minimamente delineadas e distinguíveis.

Mapas nos interessam, pois eles implicam na ideia de relação. Neles, um elemento torna-se compreensível a partir da posição que ocupa em interação com os demais. Um ponto menor ao lado da linha azul que sobe a página torna-se a cidade de Barra do Garças, por exemplo, quando localizo a Leste um ponto maior chamado Brasília e a Oeste uma mancha colorida que sinaliza uma cordilheira. Assim, mundos representados tornam-se inteligíveis por serem colocadas deliberadamente em evidência determinadas relações que os constituem. Sendo assim, mapas são úteis como grades de leitura para o real, não por hipostasiá-lo, por situar substâncias primeiras em determinadas posições de um sistema causal, mas por oferecer – interessadamente – uma imagem que estabiliza a interação de múltiplas potências, criadas, recriadas e aniquiladas ininterruptamente.

De partida, esta pesquisa segue em concordância com a tradição dos estudos antropológicos de cultura material ao eleger um dado conjunto de artefatos como estratégia para focar e perseguir relações. Trata-se de fazer dessas peças a ponta da linha que o gato captura com suas patas para ir desmanchando um intrincado desenho criado com o que parece ser uma infinidade de outras linhas. Contudo, este trabalho toma caminho diferente das pesquisas orientadas a produzir mapas limpos por não pretender chegar a um específico "texto cultural" que engloba e dá sentido a essas relações, no nosso entender, o objetivo último desses mapas.

---

2 Formulação inspirada na discussão de Deleuze e Guattari em torno da oposição tipológica entre "mapas" e "decalques", imagens alusivas a específicas modalidades cognitivas. Ao contrário do compromisso com a exatidão unívoca dos decalques derivados do pensamento axial, os mapas são resultantes da observação incessante e parcial das conexões entre elementos heterogêneos, livres de leis causais predefinidas. Expressão do trabalho intelectual de compreensão do real manifesto em sua dimensão rizomática, um mapa, segundo os autores, deve ser "produzido, construído, sempre desmontável, conectável, reversível, modificável, com múltiplas entradas e saídas, com suas linhas de fuga" (DELEUZE & GUATTARI, 2004, p. 32-33).

Os objetos certamente trazem consigo fragmentos de histórias dos grupos sociais aos quais estão ou estavam referidos antes de chegarem aos museus, como fartamente demonstra Susan Pearce (1994). Representam tempos e ambientes capturados de outros contextos, que estarão sempre impregnados nos tais signos museais, evocando, como diria Clifford Geertz, "o sentido que as coisas têm para a vida a seu redor" (2006, p.181). Mas, se reconhecemos o potencial de comunicação inerente a esses objetos, sabemos também que eles podem contar outras histórias para além de suas eventuais trajetórias nesses mundos autocontidos e autoengrendrados, reconstruídos bibliograficamente enquanto modelos teóricos.

Com amadurecimento das discussões museológicas e demais contribuições das reflexões acadêmicas acerca das práticas do colecionismo (BAUDRILLARD, 1968; PEARCE, 1994; BELK, 1994 e 1995), a condição híbrida de um objeto capturado no mundo vivido para ser transmutado em objeto de ciência ou de memória é consensual. Rende inclusive notas ou parágrafos introdutórios em pesquisas interessadas no que estamos chamando aqui de mapas limpos. Ao assumir o status museal e/ou patrimonial, ao mesmo tempo em que essas peças passam a servir de ponte cognitiva a um tempo-espaço, alhures, elas são condenadas à eterna presentificação e dialogia. Indo além, para sempre também estarão aprisionadas pelo "estatuto de inalienabilidade das coleções" (DEBRAY, 2010, p. 29), condição que garantirá o prolongamento dessa sua "segunda vida como patrimônio" e da sua longa espera por uma nova significação (KIRSHENBLATT-GIMBLETT, 1998 *apud* DEBRAY, 2010).

Diante desse caráter palimpséstico dos objetos e/ou coleções museais, engenhosamente capturado pela metáfora de Michael Ames (1994),[3] encrudescem os argumentos em favor de abordagens que privilegiam o potencial inventivo de uma comunicação contextual com os artefatos musealizados em detrimento de um valor documental intrínseco a eles. A radicalidade de Jacques Hainard ilustra:

> Eu digo sempre que o objeto era testemunha de absolutamente nada... Eu prefiro essa definição, que me agrada bastante: o objeto é, finalmente, uma resistência material, que espera um olhar ou olhares.[4]

---

3   Palimpsestos eram pergaminhos apagados ou raspados para serem escritos novos textos sobre eles. Segundo leitura de Marie Mauzé, a metáfora de objetos-palimpsestos proposta por Michael Ames "rend compte de la complexité des reseaux de relations qui se développent autour d'um objet en fonction du type de regard qui se pose sur lui: une même chose sera successivement objet sacré, objet d'échange ou marchandise, spécimen ethnographique, ouvre d'art, objet patrimonial" (200, p. 101). Ames defende que nenhuma inscrição adicional sobre um objeto é capaz de apagar partes de sua história.

4   "J'ai toujours dit que l'objet était le témoin de rien du tout... J'aime mieux cette définition qui

Indiscutivelmente, objetos estão sob guarda dos museus para preservar ou evocar determinados códigos (ou pelo menos fragmentos deles). Mas estes, por sua vez, para serem novamente ressemantizados, são recodificados em uma linguagem articulada pelas coleções reunidas e pelas formas de exibi-las. É um trabalho, enfim, comum aos tradutores: escrever um texto a partir de outro. Se pensarmos nos termos propostos por Roy Wagner (2010), é uma prática por excelência para se inventar (dialeticamente) culturas. Mais que isso: inventar e provar sua existência exibindo-as.

Pearce (1994) e Belk (1994) aproximam-se dessa problemática ao apontar para a falácia de pensar coleções como mera somatória de peças ou justaposições de séries preexistentes com potenciais de nos remeter a outros tempos e espaços sem mediações. A força significativa das coleções não derivaria unicamente de sentidos originais incrustados em tais objetos. Afinal, as letras de um alfabeto perdido não comporiam novos salmos ou elegias eróticas simplesmente por terem sido descobertas. Retomando os argumentos dos autores acima citados, a leitura dos significados veiculados em coleções exige também o conhecimento das categorias de percepção e dos valores dos coletores de objetos e/ou mantenedores e organizadores de coleções. Aliás, essa condição estaria na base do argumento de Clifford (1985), quando o autor demonstra que as coleções dos museus etnográficos não contêm meras "representações indígenas", mas, sobretudo, das colônias e das metrópoles que as transformaram em patrimônio museológico. Essa operação foi bem exemplificada por Nuno Porto (2009), quando toma as coleções do Museu do Dundo, de Angola, como um modo de analisar o que ele chama de modos de objectificação da dominação colonial do Terceiro Império Português.

Comparando a forma de apresentação dos objetos das coleções elaboradas pelo general Pitt Rivers e por Franz Boas, Stocking (1985), por sua vez, consegue apontar para o evolucionista conservador estruturante das mensagens etnocêntricas da primeira coleção e o "relativismo cultural liberal" expresso na organização contextual das peças acessadas por Boas.

> Com efeito, o artefato neutro, asséptico, é ilusão, pelas múltiplas malhas de mediações internas e externas que o envolvem no museu desde os processos, sistemas e motivos de seleção (na coleta, nas diversificadas utilizações), passando pelas classificações, arranjos, combinações e disposições que tecem a exposição, até o caldo de cultura, as expectativas e valores dos

---

me plaît beaucoup: l'objet, c'est finalement une résistance matérielle, que attend un regard ou des regards" (Hainard *apud* Segalen, 2008).

visitantes e os referenciais dos meios de comunicação de massa, a *doxa* e os critérios epistemológicos na moda, sem esquecer aqueles das instituições que atuam na área, etc. (MENESES, 1998, p. 98).

Assim arremata Ulpiano Bezerra de Meneses, oferecendo-nos um fortíssimo argumento em favor da nossa escolha de assumir as ditas coleções etnográficas bororo sob guarda salesiana como objeto privilegiado para observar específicos e contemporâneos processos de comunicação travados em seu entorno.

Uma vez vislumbrado o potencial analítico adquirido com o reconhecimento dessa condição híbrida dos objetos museais, podemos avançar nos modos de colocar nossa questão de fundo: o processo de comunicação intercultural, ou seja, entre agentes sociais referidos a distintos repertórios simbólicos. O primeiro procedimento a ser observado é evitar simplesmente virar a página dos clássicos mapas limpos dos estudos de cultura material para fazer noutra folha um novo mapa limpo. Afinal, também não nos interessa por ora analisar essas coleções para produzir modelos que representem específicos sistemas simbólicos de quem as produziu (enquanto coleções de museus) e/ou daqueles que as usufruem nos espaços museais (ao melhor estilo dos estudos de recepção)[5].

Como foi bem formulado por Benoît de L' Estoile, colocar coleções etnográficas, coletores, colecionadores e expositores no foco das análises antropológicas é certamente um bom caminho para se pesquisar representações ocidentais e determinados modos de gerir a herança colonial (L'ESTOILE, 2008, p. 668). Tal programa, força motriz de uma determinada Antropologia dos Museus, já rendeu trabalhos seminais de autores como James Clifford (1988) e do próprio L'Estoile (2007), em esforço precedente. No âmbito da academia brasileira – e em franco diálogo com essa pesquisa –, temos o exemplo de Claudia Mura, que, na sua dissertação de mestrado defendida em 2007 no Museu Nacional, usou o Museu dos Índios da Amazônia, de Assis, Itália, como um documento para analisar os discursos e práticas dos capuchinhos e leigos da Úmbria engajados em torno das missões empreendidas pela ordem religiosa no Alto Solimões, Estado do Amazonas. Em trabalho mais recente, Mariana de Campos Françozo (2014) reconstituiu a trajetória de parte da coleção brasileira do conde João Maurício de Nassau-Siegen, como um meio para acessar representações de época.

Em linhas gerais, quando nos voltamos para o nosso horizonte de pesquisa, essa antropologia dos museus e das coleções nos estimula a identificar os filtros mobilizados para compor coleções e exposições etnográficas. Sendo mais específicos em

---

5   Sugestivo programa teórico-metodológico para estudos de recepção aplicados a museus pode ser encontrado em Xavier (2005).

relação ao nosso caso, nos sugerem observar como os religiosos falam dos indígenas para, no final das contas, falarem de si próprios, de suas crenças e convicções sobre o mundo, Deus e os homens, como bem formula e demonstra Mura. Mas, apesar de inspiradora, seguiremos nessa trilha até determinado ponto. Vistas pelas vitrines dos museus salesianos, as coleções bororo tornam-se de fato poderosas plataformas para apreendermos discursos missionários indubitavelmente. Porém, podemos extrair mais dessas coleções e dos discursos que elas compõem quando trazemos para as nossas reflexões a respeito dos museus etnográficos e de suas coleções os aportes teóricos e metodológicos desenvolvidos pelo que foi convencionado como antropologia da mediação cultural. É sob sua ótica que os museus salesianos passam a ser vistos como campos de relações sociossimbólicas e as suas coleções etnográficas como códigos de comunicação intercultural articulados em textos museais que emergem dessas relações, especificamente, relações de mediação cultural. Vejamos o que isso implica.

Na abertura do livro que resume o conteúdo programático dessa linha de pesquisa, Paula Montero argumenta que se formos capazes de colocar as produções intelectuais forjadas no campo missionário em seu contexto de produção,[6] definindo as posições dos diversos agentes envolvidos com a sua criação e identificando seus interesses e conflitos, elas podem nos fornecer algo além das grades conceituais missionárias. Contudo, transpondo a advertência da autora para o nosso campo de pesquisa, não se trata então de buscar nos museus salesianos os vestígios da autenticidade indígena que os missionários pretenderam e pretendem representar. "Os textos nos dirão algo não sobre a 'originalidade' irremediavelmente perdida e impossível de reconstituir, mas sobre o processo da relação (intercultural) que é a matéria que aqui nos interessa" (MONTERO, 2006, p. 13). Isto é, enquanto documentos que emergem de um dado conjunto de relações sociais, eles nos dão acesso a mundos etnográficos onde a interação entre agentes e repertórios tornam-se a usina de geração de novas realidades culturais e de novos sujeitos históricos; agentes que tomam para si os códigos de comunicação que emergem dessas relações para escreverem em seus próprios termos suas histórias e dotá-las com os seus sentidos. Enfim, sentidos produzidos em relação e na história.

Originada da interação entre índios e missionários e pedra mestra para uma série de textos museais, a coleção bororo sob guarda dos museus salesianos nos seduz por sua condição inescapável de dobradiça. Só está nos museus porque é socialmente reconhecida como autenticamente Bororo e com capacidade de representá-los. E, ao realizar seu trabalho, "contamina-se" por significados alheios ao universo

---

6   A autora faz referência direta às etnografias missionárias, catecismos e cartilhas bilíngues, gramáticas e dicionários.

simbólico que visa representar, em uma operação que, a um só tempo, lhe objetiva enquanto elemento de uma cultura e lhe confere uma hiper-realidade bororo.

Diante dessa perspectiva, não interessa buscar "o sentido" que a coleção tem para estes (Bororo) ou para aqueles (padres salesianos e/ou intelectuais leigos) como se qualquer sentido pudesse ser encontrado autônomo e estabilizado fora da história que os inter-relacionam. Não podemos esquecer que a constituição de todos os agentes desse campo de pesquisa está implicada com os mesmos processos sociossimbólicos que produziram esse conjunto de objetos enquanto "coleção etnográfica bororo sob guarda salesiana". Na Meruri do século 21, obviamente, as perspectivas dos padres missionários e dos índios Bororo missionados não se confundem. Todavia, na mesma aldeia e neste mesmo tempo, uma não existiria sem a outra, como de certo modo demonstrou Sylvia Caiuby Novaes com o seu jogo de espelhos (1993). Para reforçar o argumento, buscar essa ou aquela significação é, nos termos de Bruno Latour (2000), trocar uma caixa-preta etnográfica por outra. Ou seja, é optar por uma verdade científica fabricada em detrimento de outra versão, perdendo a oportunidade de partir de uma caixa-preta específica já constituída, "a coleção etnográfica bororo sob guarda salesiana", para desmontá-la e observar de que maneira ela emerge da interação dessas inúmeras agências, para além de sua aparente autoevidência... autoexplicativa.

A partir de perspectivas teóricas distintas, outros autores já seguiram por caminhos semelhantes ao que aqui está sendo proposto. Nanette Jacomijn Snoep, por exemplo, reconhecendo os fetiches de prego do Baixo Congo ("fetiche à clous") como ícones por excelência da obsessiva fascinação do Ocidente pela África, demonstra como a constituição dessas peças enquanto objetos-categorias deriva de uma sobreposição de relações sociossimbólicas que se desdobram no tempo e no espaço. Sobejamente descritos nos registros de viagens a partir do fim do século XVI – enquanto que a idolatria entrava no centro do debate da reforma –, a autora nos conta que artefatos do gênero somente apareceriam fisicamente sobre o território europeu três séculos mais tarde, trazidos aos milhares ao continente pelas mãos de exploradores, missionários, militares e homens de negócios.

Snoep sugere que uma pré-imagem do fetiche foi forjada no interregno dessa ausência física no interior de debates intelectuais, que gradualmente passavam a se valer de um vocabulário especializado na descrição do "outro" em detrimento de termos judaicos-cristãos mobilizados para descrever e traduzir os cultos africanos. O fetiche ganhava não só um jeito de ser descrito e compreendido, como também uma estrutura formal para ser fisicamente reconhecido. Segundo a autora, esse processo está associado a um movimento de exotização das práticas africanas, "que revela na realidade uma lógica de fetichização do fetiche" (SNOEP, 2006, p. 237).

Com seus contornos formais sendo codificados na velocidade das frentes de expansão colonizadoras, novos sentidos possíveis relacionados às peças multiplicaram-se na mesma proporção do ímpeto dos saberes coloniais.[7] Como pontua Snoep, a cada nova região africana conquistada pelas metrópoles europeias, novas teorias sobre o fetichismo eram publicadas, e suas imagens gráficas se espalhavam no mesmo ritmo pela Europa e suas colônias por meio de relatórios de viagem, imprensa, revistas de museus, boletins de sociedades missionárias e, também, de cartões postais ("isolados ou associados a outros elementos como o enigmático cartão postal onde ele está justaposto a um chimpanzé e a um bebê congolês") (*Ibidem*, p. 238).[8] Pouco a pouco, demonstra a autora, foi sendo instituída uma norma dita etnográfica para reconhecer o fetiche ideal.

> ...deve de preferência ser antropomórfico ou zoomórfico, ornado com um ou vários espelhos e furados de pregos e lâminas. Os fetiches não figurativos, mais frequentes no solo congolês, ou aqueles que trazem elementos europeus (capacetes coloniais, sinais cristãos...), atraem muito menos os colecionadores.[9]

O fetiche valorizado e almejado durante as coletas era aquele que não lembrava de modo algum a presença europeia no continente nem detonava influências exteriores. A intenção, interpreta Snoep, era afastar o risco de comprometer uma aura de alteridade e autenticidade radical, elementos essenciais que um legítimo fetiche africano deveria portar.[10] Na proporção em que os museus metropolitanos

---

7   Segundo a autora, o termo fetichismo é elaborado por Charles de Brosses, na obra do culto dos deuses fetiche (*du culte des dieux fétiche*), sendo apresentado como uma primeira forma de religião universal (os africanos como representação genérica do homem selvagem universal). A ideia é retomada por Georg Hegel, que identifica o fetiche como a expressão máxima da alteridade e da ausência de história. No século XIX, Auguste Comte reconduziria o fetiche à história, precisamente, ao começo dela: o ponto de partida da evolução da humanidade.

8   "isolés ou associés à d'autres éléments comme l'enigmatique carte postale où il est juxtaposé à un chimpanzé et un bébé congolais".

9   "...il doit de préference être antropomorphe ou zoomorphe, orné d'un ou plusieurs miroirs et percé de clous et lames. Les fétiches non figuratifs, plus fréquents sur le sol congolais, ou ceux portant des éléments européens (casque colonial, signes chrétiens...) attirent nettement moins les collecteurs".

10   Contemporaneamente, o mercado ainda recorre a códigos para marcação desses elementos. O texto de apresentação da galeria de arte L'oeil et la main, instalada em Paris informa: "objects the true passion for african art must in certain cases respect the object in its integrity, which thus means for example to accept the existence – without being impressed – of a layer

se enriqueciam dessas peças-símbolos, um mercado se formava na embocadura do Rio Congo, alimentando também um nascente e promissor mercado consumidor de *"art noir"* nas metrópoles. Se a Europa desejava "fetiches", a África se encarregaria de fabricá-los e fornecê-los, demonstra a autora.

Um intercâmbio de objetos-signos foi organizado por critérios cada vez mais precisos, conformando a circulação dessas peças no interior de uma específica rede a interconectar produtores nativos e consumidores de signos interculturais, transformados em obras de arte quando deslocados para os seus novos contextos de circulação social.

Em nossa leitura, Snoep, ao reconstituir de que modo os fetiches de prego do Baixo Congo foram fabricados como símbolos da alteridade máxima africana por múltiplas mãos e em vários tempos, acaba retraçando um mapa de relações, no qual tais peças etnográficas emergem enquanto códigos de comunicação intercultural. E, sendo tais coleções etnográficas expressões materiais da sedimentação de múltiplos fragmentos de sentidos historicamente sobrepostos, entendemos que o desafio da autora não foi outro, senão, por meio do mapeamento da trajetória desses objetos em uma rede de relações em expansão, compreender determinados mecanismos sociais e históricos para a rearticulação desses sentidos no interior de um jogo de comunicação intercultural. De maneira semelhante, tomamos a coleção histórica bororo repatriada do museu salesiano italiano para o centro de cultura instalado no prédio da missão de Meruri como o nosso código intercultural a ser observado. São estruturas de comunicação que dão vida a textos museais ininterruptamente reescritos e reinterpretados, conferindo constantemente novos lugares sociais a esses objetos. Desse modo, nas páginas seguintes, nossa tarefa será traçar um mapa que represente suas sucessivas posições e significações a elas associadas.

---

of dried blood (sacrificial crust) collected during the ritual sacrifices". Confira texto na íntegra na página http://www.african-paris.com/.

ENTREATO

Coleção Bororo na rede

Cena 1. Dia 06 de junho de 2006. O auditório do Circo Voador,[11] espaço cultural construído embaixo dos Arcos da Lapa, na cidade do Rio de Janeiro, está cheio. Tido como palco por excelência para a expressão cênica e musical da vanguarda artística nacional,[1] neste dia o endereço foi deliberadamente transformado em espaço-símbolo para a cerimônia de premiação da 1ª edição do Prêmio Cultura Viva, ação de fomento à diversidade cultural brasileira. O evento foi gerado no bojo do Programa Nacional de Cultura, Educação e Cidadania – Cultura Viva, iniciativa do Ministério da Cultura (MinC) que visava implementar, difundir e apoiar o desenvolvimento de uma rede de pontos de cultura.[12]

Sentados frente ao palco em cadeiras de plástico branco, ou na arquibancada do circo de aço e concreto armado, um público diversificado se aglomera: quilombolas, jovens atores de teatro popular, índios guarani, moradores de complexos habitacionais populares, músicos de maracatu, foliões de reis, lideranças afrorreligiosas, cantores de samba de roda, secretários estaduais de cultura, integrantes de associações indígenas etc., numa espécie de convenção informal dos tradicionais objetos de estudo da antropologia

---

11   Sediado na Rua dos Arcos, no boêmio bairro da Lapa, o espaço cultural foi criado em 1982, tendo surgido de um festival de verão realizado na praia do Arpoador, zona sul da cidade do Rio de Janeiro. Despontando como espaço de lazer carioca junto com o nascimento do rock brasileiro, lá foram lançadas e/ou divulgadas bandas como Blitz, Barão Vermelho, Paralamas do Sucesso e Legião Urbana. Além de ter se tornado palco para expoentes midiáticos da música brasileira, como Tim maia, Raul Seixas, Jorge Benjor, Cazuza, Gilberto Gil, Caetano Veloso, Chico Buarque e Nana Caymmi, o Circo Voador sediou manifestações públicas que se tornaram emblemáticas na história da cidade e do país, como as campanhas em prol do voto aos 16 anos, das Diretas Já, e das campanhas civis contra a AIDS, encarnando, modelarmente, a versão contemporânea das arenas públicas, conjugando realização de eventos simbólicos, multiplicados por meio da difusão midiática.

12   Idealizado pelo Ministério da Cultura sob gestão do então Ministro Gilberto Gil, e com coordenação técnica do Centro de Estudos e Pesquisas em Educação, Cultura e Ação Comunitária (Cenpec), o Prêmio Cultura Viva foi lançado em 2005 para "identificar, dar visibilidade e fortalecer as iniciativas que têm a cultura como meio de construção da cidadania e inclusão social de comunidades". De acordo com informações do site oficial do MinC, o prêmio deu origem a um banco de dados com informações sistematizadas de todas as iniciativas inscritas, "contendo toda a riqueza de metodologias, recursos, soluções e um inédito panorama da cartografia cultural brasileira". A primeira edição contou com 1.559 inscrições, abrangendo mais de 500 municípios brasileiros em todos os estados brasileiros (desse total, o Mato Grosso, Estado onde está instalada a aldeia de Meruri, participou com 1,43% das inscrições, e Sudeste e Sul foram as regiões que se sobressaíram com o maior número de inscrições). Para visão geral do projeto, consultar o livro *Prêmio Cultura Viva: um prêmio à cidadania*, coordenado por Ana Regina Carrara e organizado por Mariana Garcia. PDF disponível em http://www.premioculturaviva.org.br/download/1edicao/livro_1edicao.pdf.

brasileira, todos estão ali aguardando o início oficial da cerimônia, que promete ser a festa da cultura popular nacional.

Imagem 7: Parte interna do Circo-Voador, palco do 1º Prêmio Cultura Viva. Foto: ALS.

Entre os presentes, atenção especial para os representantes de nove projetos finalistas das três categorias do Prêmio Cultura Viva – Tecnologia Sociocultural, Manifestação Tradicional e Gestão Pública. De um total de 1.559 projetos inscritos para participar da premiação, e de 1.185 inscrições julgadas compatíveis com os requisitos definidos pelo regulamento do prêmio, 100 projetos foram pré-selecionadas pelo crivo de avaliadores técnicos, que se valeram do apoio do *Manual de Avaliação de Iniciativas Culturais do Prêmio Cultura Viva* para ler as fichas de inscrição e os demais materiais complementares enviados pelos concorrentes. Cada uma das três macrorregiões (Sul/Sudeste, Nordeste e Centro Oeste/Norte) estabelecidas pelo programa contou com uma equipe específica de avaliadores que teve de respeitar o critério da proporcionalidade, ou seja, o número de selecionados das regionais teve de ser proporcional ao respectivo número de inscrições em cada categoria.

As fichas de inscrições e os materiais complementares enviados por esses 100 semifinalistas foram avaliados por um Comitê Técnico composto por representantes de institutos, fundações, universidades, organizações governamentais e da sociedade civil, além de, segundo os organizadores do programa, profissionais de reconhecida atuação indicados pelo MinC e pelo Centro de Estudos e Pesquisas em Educação, Cultura e Ação Comunitária (Cenpec), entidade coordenadora do evento. O trabalho de seleção desse Comitê resultou na indicação de 30 finalistas distribuídos nas três categorias.

Esse grupo recebeu em suas localidades visitas técnicas para a coleta de informações em campo, verificação *in loco* dos itens registrados nas fichas de inscrições e atestar a qualidade dos pareceres dos avaliadores.[13] As visitas geraram relatórios utilizados para subsidiar a escolha da Comissão Julgadora. A ela coube definir quem seriam os três grandes finalistas das três categorias a serem anunciados durante a solenidade.

Para os três primeiros colocados das três categorias seriam destinados prêmios de reconhecimento e incentivo para novas ações que somavam R$ 250 mil. Na categoria Tecnologia Sociocultural, o primeiro colocado ficaria com R$ 80 mil, o segundo R$ 50 mil e o terceiro, R$ 30 mil. Para as demais, os primeiros colocados receberiam R$ 20 mil, os segundos R$ 15 mil e os terceiros R$ 10 mil.[14]

Dos três grandes finalistas da categoria Tecnologia Sociocultural, direcionada a projetos de preservação do patrimônio material e imaterial, economia da cultura e comunicação social e arte, estão representantes dos projetos *Grupo Teatro da Laje*, iniciativa criada a partir de uma experiência educativa de uma escola pública da favela de Vila Cruzeiro, do Rio de Janeiro (RJ); *Museu da Maré*, experiência museológica do Centro de Estudo e Ações Solidárias da Maré, também no Rio de Janeiro (RJ); e *Museu na Aldeia: Comunicação e Transculturalismo*, do então Museu Dom Bosco, iniciativa desenvolvida na aldeia Bororo de Meruri (MT), projeto para o qual nossa atenção está dirigida. Segundo os organizadores da premiação, concorrem nessa categoria, segundo informações divulgadas na internet pelos organizadores do evento, iniciativas culturais que resultaram em intervenções sociais e propiciaram "formas democráticas de tomada de decisão, a partir de estratégias de mobilização e de participação da população, envolvendo apropriação e aprendizagem por parte da população e de outros atores e gerando modelos que servem de referência para novas experiências naquela ou em outras comunidades".[15] Enfim, categoria direcionada para contemplar iniciativas nas quais "a cultura é usada para se atingir um fim social".

---

13 Segundo funcionários do Cenpec, a visita técnica realizada em Meruri ficou a cargo de Jurandir Xavier Duque Junior. Tentamos na época da pesquisa diversos contatos com Jurandir para confirmar essa informação e realizar entrevista. Infelizmente, não obtivemos sucesso.

14 Das 1.185 inscrições julgadas compatíveis com os requisitos definidos pelo regulamento do programa, 59% concorreram na categoria Tecnologia Sociocultural, 31% em Manifestação Tradicional e 10% em Gestão Pública.

15 Ver referências em: http://www.premioculturaviva.org.br/. Formulações institucionais sobre o evento e suas categorias foram reproduzidas a exaustão em diversos canais de comunicação na internet.

Da categoria manifestações tradicionais, eixo direcionado ao reconhecimento das iniciativas que valorizam as tradições culturais locais e que "buscam traçar uma continuidade com o passado, contribuindo para sua renovação e valorização", estão os representantes dos projetos *Pelos Caminhos do Jongo*, de Angra dos Reis (RJ); *Guarda de Moçambique e Congo Treze de Maio*, da Guarda de Moçambique e Congo 13 de Maio de Nossa Senhora do Rosário, de Belo Horizonte (MG); e *Maracatu Leão Coroado*, do grupo homônimo de Olinda (PE).

Completando o trio das categorias, representantes dos projetos de Gestão Pública: *Programa de Valorização das Culturas Regionais – Cultura em Movimento*, da Secretaria da Cultura do Ceará; *MoVa Caparaó – Mostra de Vídeos Ambientais na Região de Caparaó*, da Secretaria de Estado da Cultura do Espírito Santo; e *Centro de Pesquisas Museológicas: Museu Sacaca*, do Instituto de Pesquisas Científicas e Tecnológicas do Estado do Amapá.

Os representantes dos projetos finalistas se misturam aos demais convidados e aguardam a abertura oficial do evento. Parte da comitiva do museu de Meruri está em um dos camarins, instalado em um prédio anexo à famosa arena carioca de espetáculos. O grupo é formado por Agostinho Eibajiwu e Leonida Akiri Kurireudo, moradores da aldeia e curadores do centro de cultura; Lourencinho, cacique eleito pelo voto popular dos índios de Meruri e catecista da paróquia da Missão do Sagrado Coração de Jesus; pelo índio Bororo Ailton Meri Ekureu, outro morador de Meruri e até então diretor de artes cênicas do museu; e pela professora Aivone Carvalho Brandão,[16] filha de fazendeiros de Goiás formada em letras no Vale do Paraíba (SP) e pós-graduada em semiótica pela Universidade Pontifícia Católica de São Paulo (PUC-SP), e mais tarde diretora do Museu das Culturas Dom Bosco. Sérgio Sato, responsável pelo departamento audiovisual do museu, e Valdeli Forte Ferreira, então secretário municipal da cultura de General Carneiro (MT), um dos municípios por onde se estende a Terra Indígena de Meruri, completam o grupo.

Valdeli e Sérgio não sobem ao camarim junto à comitiva merurense, que se prepara para a festa. O secretário permanece com os demais convidados na arena, observando a cena. Máquina fotográfica em mãos, ele está pronto para registrar imagens que serão publicadas em jornais locais ou para produzir as lembranças pessoais do encontro com os "famosos" que marcam presença na festa. Sérgio Sato volta para a Land Rover verde da professora para buscar a caixa de papelão com os exemplares de *O museu na aldeia: comunicação e transculturalismo*, tese de doutorado da professora Aivone apresentada na PUC-SP em 2003. A produção acadêmica foi providencial-

---

16   A professora doutora Aivone Carvalho Brandão é a fundadora do Museu Comunitário de Meruri e um dos principais agentes sob observação nesta análise.

mente editada pela editora da Universidade Católica Dom Bosco neste mesmo ano, garantindo que a sua experiência museal desenvolvida em Meruri fosse colocada sob a mira da opinião pública graças à premiação.

A obra serve como registro e análise da experiência museológica de Aivone iniciada em 1999 junto aos índios Bororo de Meruri. Nessa data, ela visitou pela primeira vez a aldeia portando múltiplas imagens fotográficas de todos os exemplares da cultura material bororo pertencente ao acervo do Museu Etnológico Colle Dom Bosco, instituição salesiana que herdou as coleções bororo formadas para a Exposição Missionária Vaticana de 1925 e a Exposição Missionária Salesiana de Turim do ano seguinte. Com a anuência dos missionários, a intenção da professora era testar o potencial dessas coleções para, como ela definiria mais tarde, "revitalizar a cultura bororo", que estaria seriamente comprometida pelos anos de contato com o mundo branco, segundo sua visão da época.

Inicialmente, as fotos foram aplicadas como instrumentos pedagógicos na Escola Indígena do Meruri em aulas especiais direcionadas à identificação dos contextos funcionais e míticos das peças reproduzidas pelas fotografias. Posteriormente, as mesmas imagens serviram de base e estímulo para uma série de oficinas de confecção de artefatos, abrangendo um público além do escolar e desencadeando novos processos sociais, como a realização de batizados coletivos paramentados com os ornamentos tradicionais bororo fabricados e a criação de um centro de cultura em Meruri, espaço que proclamado enquanto um museu vivo criado para abrigar as novas coleções produzidas pelas oficinas. Coleções etnográficas históricas, coleções fotográficas e coleções de oficinas culturais desdobram-se em cascata como resultado de um trabalho acadêmico que pretendia analisar o mesmo processo do qual é partícipe.

Mas os livros que contam essa história ficarão por pouco tempo em uma pequena mesa de plástico cedida pelos administradores do circo voador. Por ordem da organização do evento, foi proibida a comercialização de qualquer produto durante a festa de premiação e logo os exemplares serão recolhidos. Só escaparão da determinação oficial alguns indígenas, incluindo Leonida, que conseguirão vender para alguns convidados o artesanato bororo trazido de sua aldeia. Numa caixinha de papelão, os Bororo trouxeram pulseiras confeccionadas com cascas de vegetais e brincos e colares enfeitados de penas para serem vendidos durante o evento.

No camarim, os Bororo dão sequência aos preparativos. Leonida, Agostinho, Ailton e o cacique sabem que representarão a um só tempo durante o evento a população indígena existente em território nacional, a etnia Bororo, os moradores da Aldeia de Meruri e o centro de cultura da aldeia, instituição responsável pelo projeto finalista da categoria mais importante da premiação, como atestam os valores e a ordem de entrega dos prêmios. No amplo camarim de paredes brancas decoradas com reproduções de obras de Kandinsky, os membros do quarteto de Meruri conferem a toda hora suas imagens refletidas em enormes espelhos para conferir o resultado da coprodução. Pintam-se uns aos outros com as tintas guaches e carvões retirados das frasqueiras transportadas no bagageiro do carro da professora, que ajuda os Bororo com os últimos preparativos antes de voltarem à cena pública.

O clima é de orgulho e tensão. Antes da cerimônia de premiação, a chamado dos organizadores do Prêmio, a comitiva de Meruri se reuniu pela manhã com os outros representantes de projetos finalistas no Palácio Capanema, na Rua Araújo Porto Alegre, centro do Rio de Janeiro. Na antiga sede do Ministério da Educação e Saúde transformada em patrimônio cultural nacional – e cercados por ícones do modernismo brasileiro transcritos em fotografias, esculturas e croquis – eles souberam antecipadamente que ficariam com um dos três primeiros lugares da sua categoria e receberiam a honraria pública diante dos demais convidados da festa.

Enquanto o microfone permanece mudo aguardando o mestre-de-cerimônia que vai abrir a festa da cultura popular brasileira, funcionários do Circo Voador gravam em audiovisual entrevistas com personalidades convidadas. O material irá para o banco de dados do espaço cultural, que será anunciado em breve como um dos "pontões de cultura" modelo do Programa Nacional de Cultura, Educação e Cidadania – Cultura Viva, ou seja, um dos pontos responsáveis por estimular a interconexão entre produtores e produções culturais locais, organizados em torno de outros pontos de cultura regionais.

As entrevistas gravadas se sucedem. Representantes dos projetos finalistas avaliam o impacto que o fomento governamental terá sobre as "comunidades" aos quais eles estão referidos. Intelectuais burocratas analisam a importância da iniciativa que estaria evidenciado ao País de que modo a cultura poderia ser uma ferramenta para o desenvolvimento das comunidades locais, seja por meio do fortalecimento de identidades locais, seja como elementos dinamizadores de novos processos culturais. Explicam que os pontos de cultura podem ser compreendidos como arenas comunicativas habermasianas, onde uma nova forma de se fazer política estaria sendo travada. Seriam pontos de cultura originados por forças locais e agora interconectados por um projeto político interessado em vitalizar e multiplicar essas forças com a constituição de uma rede nacional de cultura popular. As entrevistas prosseguem. Chega a vez dos representantes de empresas patrocinadoras do programa que parabenizam a iniciativa e reafirmam o compromisso das corporações com "a cultura do povo brasileiro".

A comitiva merurense já está devidamente pintada e paramentada com peças-adornos tradicionais bororo, sinais diacríticos da indianidade produzidos pelas oficinas culturais do Centro de Cultura de Meruri. Algumas peças, aliás, exibem ain-

MAPA DE VIAGEM DE UMA COLEÇÃO ETNOGRÁFICA

da seus números de catálogo afixados em etiquetas. São exibições não intencionais que servem de provas da eficácia do projeto. Afinal, são peças de um museu vivo, ou seja, peças que foram feitas para serem usadas para exibir a vitalidade de uma cultura, assim como formulam seus idealizadores e principais colaboradores. Mas antes de o grupo descer para se juntar aos demais convidados e finalistas, ele precisa ainda acertar detalhes finais – e essenciais. Quem vai falar em nome do Centro de Cultura na hora em que for anunciada a sua colocação na grande finalíssima?

Agostinho, filho de um grande chefe da aldeia bororo de Tadarimana e um dos curadores do museu? Leonida, sua parceira na curadoria e nora de Antônio Canajó, a maior referência em assuntos culturais de Meruri na época ainda vivo?[17] Ailton, o jovem que se destacara pela qualidade dos artefatos produzidos nas oficinas culturais e por colaborar na criação e execução das coreografias encenadas nos ritos ecumênicos promovidos pela Missão? A professora Aivone, a idealizadora do projeto? A tarefa fica para Lourencinho, o cacique da aldeia, aquele que, aos olhos gerais, teria legitimidade para falar em nome do povo Bororo. Polifônico, o termo cacique seria repleto de sentido para toda plateia. Leonida, bilíngue, seria chamada para fazer um breve pronunciamento na língua nativa, prestando sua homenagem a uma língua falada hoje cada vez menos envergonhadamente diante dos brancos.

Lourecinho, o cacique e catecista de tom suave e manso, está nervoso. Aivone, após escrever em um pequeno papel poucas frases, repassa com ele o que deve ser dito na hora do anúncio do prêmio. A professora tenta acalmá-lo, mas ela está igualmente ansiosa. Pede para o cacique falar grosso como fala um cacique. Como os grandes chefes do passado, Lourecinho coloca no pescoço uma das peças da coleção do museu: um *bokorodi*, tradicional colar feito a partir das unhas do tatu-canastra. A atenção dos olhos de Lourencinho atravessa as lentes grossas dos seus óculos "fundo de garrafa" e os fincam sobre o papel escrito pela professora. A respiração apertada do líder que assumiu o cacicado de Meruri tendo como um dos principais desafios enfrentar o alcoolismo que assola a aldeia[18] faz parecer que ele tem medo de que o esquecimento de uma ou outra palavra o faça perder todo o texto.

---

17   Antônio Canajó, tido como o último grande líder cultural Bororo de Meruri, faleceu em 2007.

18   Segundo pesquisa de Renate Viertler mimeografada encontrada no arquivo do centro de cultura, "O alcoolismo e o Povo Indígena Bororo", 36,7% dos adultos das aldeias de Meruri e Garças eram declaradamente dependentes de álcool. A temática é estudada detalhadamente por Manuel Ignácio Quiles em *Um Estudo Etnopsicológico do Comportamento Alcoólico Entre os Índios Bororo de Meruri*, dissertação apresentada em 2000 ao Programa de Pós-graduação em saúde e ambiente, do Instituto de Saúde Coletiva da Universidade Federal do Mato Grosso.

Então morador de uma das poucas casas de madeira sobre o chão batido de Meruri que não foram substituídas pelas construções de alvenaria durante a grande reforma iniciada com um teste da pesquisa de doutorado da professora Aivone, Lourencinho está acostumado a falar em público. Afinal, foi bem treinado graças aos anos como catecista ou nas colaborações em diversas ações locais que exigem a interação junto à comunidade, como as campanhas promovidas pela Pastoral do Menor na aldeia, na qual passa os informes à aldeia via os autofalantes instalados no pátio da Missão Salesiana. Um dos 14 filhos de Ana Preta, como é conhecida a senhora negra de mais de 60 anos que chegou aos 8 anos de idade na aldeia para morar com um índio Bororo[19], Lourecinho já teve oportunidades para representar os Bororo em outras arenas. Inclusive como o cacique de Meruri. Em uma viagem para a gravação de um funeral bororo junto com a equipe do museu comunitário em Tadarimana – tida em Meruri como uma das mais tradicionais aldeias Bororo –, foi Lourencinho que levantou a voz em nome dos merurenses quando, frente aos demais Bororo presentes, foi questionada a autenticidade de Meruri "que mais parecia uma vila de padres". Quando os "parentes" de Tadarimana exigiram que o Centro de Cultura pagasse para gravar o ritual, foi o filho de Ana Preta que lembrou aosdemais que o sangue que ia correr pelos braços escarificados das mulheres de Meruri durante o choro ritual do funeral seria o mesmo sangue bororo que circulava no corpo dos demais.

Mas, ali no Circo Voador, Lourencinho sabe que a cena é diferente. Quando for chamado para representar tudo e todos, o fará diante das câmeras de vídeo e TV:

---

19   Ana Preta gerou 47 descendentes, espalhados em cinco casas merurenses. Sua trajetória de vida oferece uma interessante entrada para reflexões acerca dos regimes classificatórios locais, que se veem confrontados pelas línguas das identidades raciais e étnicas. Segundo alguns filhos de Ana, a condição de serem seus descendentes os fazem vítimas de preconceitos por parte de outros moradores indígenas de Meruri. Pertencentes a um grupo social matrilinear, em teoria, os filhos de Ana Preta não seriam reconhecidos como Bororo, por não serem filhos de uma mãe Bororo. Porém, interessante observar que em nenhum momento essa dimensão (matrilinhagem) tenha sido problematizada em nossas conversas. Toda formulação a respeito de um tratamento diferenciado e discriminatório que julgassem terem sido vítimas na aldeia, eram expressos na chave do "racismo". Inclusive os netos de Ana Preta fazem referência ao tratamento desigual que teriam observado nas escolas públicas fora da aldeia, não em relação aos índios, mas aos "pretos". Em nossa interpretação, o tratamento do assunto enquanto racismo funcionava como uma forma subliminar de abordar o problema de pertencimento étnico, sem, contudo, torná-lo explícito. Tangenciava-se uma questão problemática, ocultando partes de seus termos. Paulo Meriekureu, idealizador da aldeia/centro de cultura Meri Ore Eda, tornou a questão mais evidente. "Pretos" não poderiam morar em sua aldeia. "Eles podem nos ajudar, mas morar lá não". Não por uma questão de racismo, mas por eles não serem filho de uma mãe Bororo, justificou-se o líder bororo, pai de três filhos com uma índia Rikbaktsá. Paulo temia a miscigenação.

"os parentes" serão minoria na plateia e, à sua frente, estará o Ministro da Cultura, Gilberto Gil, aquele cantor negro famoso que ele já vira tantas vezes na televisão, inclusive, pessoalmente, lá em Meruri, na época do lançamento do projeto da aldeia cultura Meri Ore Eda, iniciativa liderada por Paulo Meriekureu (SILVA, 2009).

Chegada a hora, a comitiva merurense volta à arena e se junta aos demais convidados. No portão do circo, uma pequena aglomeração e um certo *frisson* se forma com a chegada do ministro Gilberto Gil, homem que encena em um só corpo o poder do Estado e das personalidades midiáticas pop. Para compensar o atraso, o ministro logo é chamado a compor a mesa. Junta-se a ele Eliane Costa, gerente de patrocínios da Petrobras; Maria do Carmo Brant, coordenadora do Cenpec; Juca Ferreira, então secretário-executivo do Ministério e mais tarde sucessor de Gilberto Gil; e Célio Torino, então secretário de Programas e Projetos Culturais do MinC. Quando a atriz e apresentadora Regina Casé chega acompanhada pelo antropólogo Hermano Vianna, seu parceiro em programas exibidos na Rede Globo de Televisão como o *Programa Legal* e *Brasil Legal*, a dupla é convidada por Juca Ferreira a sentar--se à mesa. Segundo o futuro ministro, é uma prova de reconhecimento ao importante trabalho prestado pela dupla à cultura popular brasileira.

Marcando oficialmente a abertura do evento, o Hino Nacional é executado pela Escola de Música da Rocinha. Em seguida, um vídeo institucional apresenta aos convidados o Programa Cultura Viva e, na sequencia, um repentista vem à cena homenagear em versos o ministro-compositor. Chamam ao palco a trupe do Teatro da Laje, da Favela Vila Cruzeiro, no Complexo da Penha, que arranca aplausos repletos de sentidos morais ao exibir o triste fim do amor de Romeu e Julieta vivido e sofrido em uma favela do Rio de Janeiro. Antes de começar o anúncio dos vencedores das três categorias do prêmio, a palavra vai à mesa.

Célio Torino, secretário ministerial responsável pelo Programa Cultura Viva, faz referência a um Estado que passa a funcionar como "uma centrífuga que concentra as energias criativas do povo brasileiro". Um Estado que, por meio de ações como o Cultura Viva, "se dilui e vive junto ao seu povo", diz. Juca Ferreira endossa o discurso lembrando que "a cultura é um direito dos brasileiros". Brant, do Cenpec, acrescenta: "O Brasil é cultura". O ministro Gilberto Gil toma a palavra anunciando que "o Brasil precisa se libertar das revoluções anteriores, se libertar da Revolução Francesa". O Estado brasileiro, prossegue o ministro, estaria tendo a oportunidade de aprender com seu povo a fecundidade "de uma teia do circuito de trocas, de partilha", fazendo uma espécie de elogio à reverência que o Estado de direito estaria prestando à Lei da Reciprocidade. Gilberto Gil, enfim, felicitava todos por estarem participando do processo de construção de uma rede de cultura popular brasileira, "a teia-espaço para as interações interativas". A edição do Cultura Viva marcava simbolicamente as primeiras conexões dessa rede. E chega a hora do público conhecer os grandes vencedores que inscreveriam suas trajetórias na história dessa mesma rede, que, como descreveria mais tarde o ministro em livro comemorativo ao evento, marcaria "o ponto de ebulição da identidade nacional que precisa se afirmar em outros campos da política e soberania nacional" (GIL, 2007, p. 05).

O anúncio começa pelos projetos de Gestão Pública, representados por burocratas das secretarias estaduais e municipais de diversos Estados brasileiros. A apresentação segue. Chega a hora do anúncio dos vencedores da categoria Manifestações Tradicionais. Breve descritivo de cada um dos projetos vencedores e o tempo para os agradecimentos dos representantes funcionam como tempo teatral para produzir o suspense vivido pelo grupo merurense, que aguarda angustiado.

A categoria Tecnologia Social será a última a ser anunciada, evidenciando o seu grau de importância na escala de valores dos organizadores do evento. Quando chega a vez e anunciam o terceiro lugar da categoria, a comitiva merurense não consegue conter o susto. O mestre-de-cerimônia chama o *Grupo Teatro da Laje*, a trupe que encenou a história de amor de Romeu e Julieta estraçalhada pelo conflito entre gangues do tráfico carioca. A professora Aivone sorri nervosa e incrédula. Para ela, chegar à segunda colocação já parecia um feito extraordinário. Leonida aperta as mãos e olha para os lados. Quando percebe que está sendo observada, sorri timidamente e exclama por Deus. Os homens bororo respiram apertado e permanecem o tempo todo em silêncio. A organização do evento anuncia o segundo colocado: O *Museu da Maré*! Novo susto merurense e uma alegria exultante e inesperada. O grupo mal pôde prestar atenção nas palavras de agradecimento de Cláudia Rose Ribeiro da Silva, diretora do primeiro museu criado em uma favela brasileira com o objetivo de registrar a memória comunitária local.

Quando o projeto *Museu na Aldeia: Comunicação e Transculturalismo* é finalmente aclamado como o grande vencedor da 1ª edição do Prêmio Cultura Viva, Aivone, fileiras à frente dos Bororo, levanta-se e chama o restante da comitiva para juntar-se a ela lá na dianteira. No mesmo momento, o ministro, incumbido de entregar o prêmio principal do evento, levanta-se com o troféu na mão e segue em direção a um pedestal, ponto de encontro com os vencedores. Os Bororo, pintados, paramentados e radiantes de orgulho e felicidade, seguem para alcançar a professora, que vai à frente. Quando o ministro Gilberto Gil chega ao local e encontra diante de si a professora do museu salesiano pronta para receber o troféu, o ministro a olha surpreso. A professora devolve o olhar, como se estivesse indagando o que se passaria pela cabeça do ministro. Em segundos, ele hesita entregar o prêmio como se estivesse com medo de entregá-lo à pessoa errada. Um lampejo sombrio esconde em instantes o sorriso de ambos, mas a chegada do resto do grupo merurense devolveu a ambos a certeza de não estarem na festa errada. A festa pôde continuar. Foram apenas brevíssimos segundos, que talvez tenham passado despercebidos para a maior parte da plateia, mas o pequeno hiato revela um curto-circuito na rede.

Imagem 8: Entrega do Troféu da 1ª edição do Prêmio Cultura Viva. Foto: ALS.

Imersa nessa rede culturalista, se fazendo presente contraditoriamente oculta e indispensável, a coleção bororo repatriada do museu salesiano e italiano Colle Dom Bosco para a aldeia de Meruri tornou-se "peça" de uma específica "tecnologia sociocultural" comprometida com a valorização e a revitalização da cultura bororo. Concretizada por meio de um museu comunitário, tal tecnologia seria um instrumento para que a população indígena da aldeia pudesse redefinir "sua própria cultura para resistir social e politicamente aos impactos sofridos do contato interétnico", como define a professora Aivone em sua tese de doutorado *O museu na aldeia: comunicação e transculturalismo – O Museo Missionario Etnologico Colle Don Bosco e a aldeia Bororo de Meruri em diálogo* (2003, p. 12).

Tecnologia sociocultural agora nomeada enquanto tal, reconhecida e chancelada por uma administração de Estado que se declara interessada em efetivar novos modelos de política pública para a "cultura nacional". Como sintetizou o então ministro da cultura Gilberto Gil, em artigo publicado no livro *Prêmio Cultura Viva: um prêmio à cidadania* (GIL, 2007, p. 05), uma gestão "capaz de colaborar para o empoderamento e a emancipação das comunidades culturais usualmente excluídas". O caminho para isto, explica o ministro, seria "dar voz e vez ao Brasil ativo, vivo, que aos poucos vai se desocultando" e apostar no "potencial econômico da cultura". Jornada avessa "à discriminação de ideais, de estéticas, de linguagens, de expressões de meio ou modos de usar ferramentas políticas ou ideológicas", e que alinharia o Ministério da Cultura às vozes das "tribos, quilombos, guetos, asfaltos, ribeirinhos, sertões, favelas, periferias [...]" etc, as verdadeiras unidades produtoras da "cultura viva, feita de tradição, memória e invenção" (*Ibidem*).

O projeto governamental estaria empenhado, na ótica dos seus burocratas e intelectuais atrelados ao governo, em revelar uma nação que seria composta por um mosaico multicultural, patrimônio nacional a ser descoberto, apoiado e explorado graças à implementação de uma nova política cultural, que faz da criatividade popular sua fonte inesgotável de recursos. Um mosaico multicultural a ser transformado em fator de desenvolvimento local, articulado por uma rede nacional de cultura, esta última, entendida do modo expresso no Regulamento e Ficha de Inscrição do Prêmio Cultura viva, como: "(1) meio de construção de identidade e cidadania de setores sociais em situação de risco e excluídos do exercício pleno de direitos assegurados pela constituição Brasileira; (2) como meio pedagógico, de inovação e difusão de uma cultura da paz; e (3) como prática de valorização das tradições culturais e de memória relacionadas à comunidade na qual está inserida". O diálogo com o universo conceitual e ideológico da arte-educação está patente.

Integrado ao Programa Nacional de Cultura, Educação e Cidadania – Cultura Viva, a premiação havia sido instaurada para identificar e dar visibilidade a essa multiplicidade de expressões culturais que estariam sendo transformadas em "instrumentos de qualificação das relações humanas e produzindo vivências de cidadania", assim concebidas pelo sociólogo Juca Ferreira, que então ocupava a cadeira de secretário-executivo do MinC (2007, p. 68). Definindo como alvo estatal expressões artísticas e culturais situadas fora de um mercado de bens simbólicos e culturais já instituídos, a ação colocava em sua mira grupos sociais que estariam organizados em torno da dança, teatro, capoeira, do cinema e audiovisual, do hip hop, e das ditas "manifestações tradicionais", entre outros. Se o governo reconhecia as práticas sociais desses grupos como ações culturais vinculadas à sociedade civil que "constroem sentimento de pertencimento societário e senso crítico em relação às mazelas sociais vigentes" (*Ibidem*, 68), ele assumia o compromisso de apoiá-las visando multiplicar seus efeitos, fechando, por meio de políticas públicas, uma parceria entre comunidades, movimentos sociais e estado.

É significativo que os processos de patrimonialização em curso em Meruri (criação do museu na aldeia, repatriação de peças do museu italiano, produção de acervo a partir de oficinas comunitárias, disponibilização de acervo para uso ritual) tenham ganhado destaque no programa governamental direcionado a divulgar uma nova gestão cultural estatal. Mas qual seria o lugar que esses processos assumem nessa nova imaginação socioantropológica outorgada pelo Estado e endossada pela retórica (poética) ministerial que se reproduz em múltiplos documentos? Por que a premiação havia transformado a experiência museológica e patrimonial desenvolvida na Missão Salesiana do Sagrado Coração de Jesus em um modelo nacional de intervenção comunitária? Qual significação que a coleção bororo repatriada entre os museus salesianos assume enquanto código de comunicação operante nesse emaranhado de relações sociossimbólicas?

Coleções etnográficas, como bem sabemos, são criadas em função de uma relação metonímica que são capazes de manter com os grupos aos quais elas estariam referidas. Integrada a uma específica tecnologia sociocultural direcionada a revitalizar o que seria "a cultura bororo", a coleção histórica incorporada como um "patrimônio museológico" da aldeia serviria como núcleo de uma autenticidade cultural a ser constantemente reinventada e atualizada por uma instituição *comunitária*. Eis o nosso conceito crítico, elemento que nos dará pistas para interpretarmos o sutil episódio transcorrido ao término da cerimônia de premiação do Prêmio Cultura Viva.

Demonstraremos nas páginas seguintes que os processos culturais em curso no Meruri – museológicos, da perspectiva da museologia, ou processos de objetivação cultural, como preferem os antropólogos, imprimem suas feições próprias ao fenômeno que parodiamos aqui como a nova era dos museus etnológicos. O Museu Comunitário de Meruri, assim como qualquer outro museu contemporâneo que se reinventa e encontra sua nova força expressiva e persuasiva ao assumir deliberadamente seu status de arena de mediação cultural, precisa ser compreendido antes de tudo como uma *experiência coletiva* (de múltiplos agentes situados em rede, referidos a distintas posições sociais e repertórios simbólicos) de se produzir e se representar enquanto uma *experiência comunitária*.

Indubitavelmente, *Museu na Aldeia: Comunicação e Transculturalismo* sagrou-se vencedor da 1ª edição do Prêmio Vivo pela sua inventividade conceitual (museu da técnica), capacidade de transformar conhecimentos acadêmicos em recursos para a melhoria das condições de vida das pessoas (os testes para observação da existência ou não de uma dada reciprocidade clânica renderam a reforma de mais de 500 casas da aldeia, por exemplo) e pelo seu modelo de gestão participativa (o projeto patrocinou a formação de curadores indígenas). Mas, para além disso, a cena final da cerimônia de premiação indica que o Museu Comunitário de Meruri conseguiu ocultar sua inescapável condição de instituição híbrida. Instituição integrada a um sistema global no qual "tradição" só pode figurar enquanto um elemento de modernidade, contrariando um imaginário do senso comum no qual as comunidades empoderadas surgem como entidades monádicas que servem de enclaves de resistência a essa mesma modernidade posta em crítica. O centro de cultura de Meruri, que em determinadas apresentações públicas preferiria aparecer sem fazer referência ao nome do Padre Rodolfo Lunkenbein, para não ser confundido como um projeto religioso, havia conseguido ali ser reconhecido como o Museu Comunitário dos Índios Bororo.

Mas, em descompasso com a imaginação socioantropológica ministerial, na qual "cultura" surgiria como uma espécie de expressão de uma alma coletiva pura referida a uma específica comunidade, a energia e viabilidade dessa dita instituição cultural está vinculada à sua não pureza, à condição de estar edificada sobre a convergência de compromissos e interesses de agentes que ocupam diferentes posições dentro dessa rede multi social. Neste caso, agentes engajados em colocar em cena na arena pública um conjunto de ideias a respeito do que seria a "cultura bororo". Enfim, trabalho de, em conjunto, produzi-la, enquanto se pensa que é possível apreendê-la como uma objetividade ontológica e representá-la. Tarefa realizada no mesmo instante em que esses agentes – intelectuais laicos, religiosos missionários e lideranças culturais indígenas – também se produzem socialmente, modificando suas trajetórias de vida, galgando novas posições sociais e enriquecendo seus repertórios simbólicos.

A coleção etnográfica bororo está instalada no coração do Museu Comunitário de Meruri para fazer referência a uma espécie de essência nativa. Mas, ironicamente, a elucidação da história de sua formação e circulação social ajudaria a prevenir qualquer susto ministerial relacionado ao fato de que a conquista do primeiro lugar do Prêmio Cultura Viva diz respeito a uma rede que se estende para além das "fronteiras indígenas e comunitárias". Ao conhecermos essa história, saberemos de que modo essas significativas "peças" da tecnologia sociocultural premiada só puderam se tornar autenticamente bororo quando ao mesmo tempo se tornaram autenticamente salesianas. Iniciemos nossa viagem para reconstruir a trajetória desses objetos pelo tempo e pelo espaço, de modo que esse percurso possa demonstrar como suas várias significações estão relacionadas, necessariamente, à produção de determinados agentes e instituições e à constante reordenação das quatro chaves semânticas que organizam seus sentidos: religião, ciência, cultura e política.

PARTE II

Rumo à Itália – Coleções etnográficas como prova da eficiência civilizatória da religião

Introdução

Quero contar-lhes um sonho. É verdade que quem sonha não raciocina, todavia, eu, que lhes contaria até mesmo os meus pecados, se não tivesse medo de fazer que vocês todos fugissem e fazer cair a casa, lhes conto isso para utilidade espiritual de vocês. (Dom Bosco, in Memória Biográfica)

As peças repatriadas em 2001 do Museu Etnológico Missionário Colle Dom Bosco, Piemonte, Itália, para o então recém-inaugurado museu da aldeia indígena de Meruri, no Estado de Mato Grosso, Brasil, integram um conjunto de cerca de 600 objetos bororo, dentro de um universo de 10 mil artefatos coletados pelos religiosos salesianos nas várias partes do globo onde mantinham suas missões. Uma miscelânea de artefatos que foi exibida em duas grandes mostras missionárias promovidas na Europa: a Exposição Missionária do Vaticano, de 1925, e a Exposição Geral das Missões Salesianas, realizada em 1926, em Turim, a então cidade-sede da Pia Sociedade de São Francisco Sales, como foi intitulada a organização religiosa fundada em 1859 pelo padre piemontês João Melchior Bosco, popularmente conhecido como Dom Bosco ou São João Bosco.

Da perspectiva da congregação religiosa, essas exposições faziam parte de duas agendas cerimoniais convergentes e complementares, sinalizando sentidos místicos, sociais e institucionais a serem celebrados: o cinquentenário das missões salesianas, aniversário da partida dos seus primeiros missionários em direção às terras de missão, numa "feliz e providencial coincidência",[1] seria comemorado num ano considerado santo pela Igreja Católica Apostólica Romana, o Jubileu de 1925. Essas datas seriam publicamente homenageadas com a promoção das duas exposições missionárias independentes. Na primeira, os salesianos participariam como expositores

---

1 *Boletim salesiano*, n. 3, mai./jun. 1924, p. 68.

convidados, e, na segunda, como organizadores protagonistas. Ambas as realizações, porém, igualmente compromissadas em exibir a extensão e o poderio civilizacional do "império espiritual católico". Apropriando-nos da metáfora eclesiástica, o caminho para isso seria fazer ver as multidões não os grandes centros católicos imperiais e seus faustosos patrimônios, mas justamente aquilo que seria o seu avesso: suas "colônias espirituais" espalhadas por vastos "territórios de missão", ou seja, pelas "localidades nas quais a Igreja não estava plenamente organizada (ARGAÑARAZ, 2006). Acossado pela concorrência religiosa protestante e pelo descrédito racionalista progressivo, o Vaticano, em sua, época esquadrinhava o mundo a fim de distinguir seus territórios já sob guarda de suas dioceses daqueles que estariam à espera de religiosos católicos incumbidos de organizar igrejas locais.

A Igreja e a Pia Sociedade de São Francisco Sales foram contemporâneas, participantes e críticas das grandes exposições universais e coloniais, espetáculos com os quais as então potências industriais do Atlântico Norte celebraram a ciência, a técnica, o trabalho, a velocidade, a comunicação de massa, a imagem e o consumo, numa homenagem eloquente à modernidade e numa reafirmação veemente da crença na superioridade do dito homem ocidental frente às populações que estavam sendo anexadas aos seus territórios imperiais (PASAVENTO, 1997). Em contrapartida, as duas organizações criaram suas próprias exposições internacionais para ir à cena pública, agora já sob a ressaca da mortífera e tecnológica Primeira Grande Guerra, para exibir os seus específicos projetos para o moderno. Afinal, se o mundo já podia ser condensado em mostras universais que reuniam invenções, máquinas, plantas, minerais, obras de arte e tudo aquilo que fosse capaz de representar o domínio do homem branco sobre a natureza e demais sociedades humanas, eventos similares podiam ser empreendidos para recolocar Deus no centro desse mundo e garantir a Ele os créditos dessa conquista.

E assim fizeram o Vaticano e a Congregação Salesiana quando promoveram sequencialmente suas duas exposições missionárias em nome da concórdia entre os povos e da instrução e entretenimento de um então novo personagem do mundo moderno: as multidões. Num tempo, como nos lembra James Clifford (2008) e Pasavento (1997), em que um modo de comunicação assentado em narrativas contínuas e gráficas estava sendo substituído pela pulverização de informações propulsionada por novas mídias, a estratégia católica também seria usar exposições como instrumentos para seduzir e convencer por argumentos, sentidos e emoções. Tomando a divindade como um mínimo denominador comum do mundo e das coisas em que nele existem, dos povos e das suas mais diversas formas de manifestação, as mostras missionárias pretendiam evidenciar que, apesar de a Igreja e os Estados nacionais comungarem do mesmo "anseio colonial", haveria uma diferença ética substancial entre seus projetos civilizatórios, ou seja, um plano de incluir toda a humanidade naquilo que era percebido como um único arcabouço jurídico e moral possível.

Raça, mentalidade, tecnologia ou qualquer outro critério então cientificamente em voga usado para identificar e explicar as diferenças entre os homens, também faziam parte do cabedal ideológico do projeto missionário católico, como veremos a seguir. Porém, seu programa de integração e subordinação da humanidade a uma ordem unívoca ganhava contornos bem específicos ao estar alicerçado sobre a ideia de uma religião natural como marca universal dos homens. Mesmo que percebido como "selvagem", "bárbaro", "inculto", "atrasado", "infantilizado", "pobre", "inferior", "decaído", "corrompido", "vitimizado" ou outro item qualquer da lista de qualificativos depreciativos utilizados na época das exposições para descrever os povos missionados, o mundo extra-europeu marcava presença nas grandes exposições salesiana e vaticana não só por aquilo que era percebido como falta ou exotismo. Enquanto que as exposições leigas da Europa e Estados Unidos abriam sua programação para aquilo que foi chamado pelos historiadores como zoo humano – espécie de prenúncio dos *realitys shows*, nos quais representantes de grupos étnicos eram transportados dos seus locais de origem para simularem em pequenos cercados ou jaulas seus modos de vida "selvagens e bárbaros" para entreterem as multidões que faziam das exposições seus programas de lazer (BLANCEL *et al.*, 2002; BÁEZ & MASON, 2006) –, nas mostras missionárias italianas eles lá estavam também como provas públicas da existência das múltiplas facetas do *homo religiosus*, ou seja, daquele que "crê" naturalmente. Um argumento teológico e científico de época com profundas implicações políticas.

Numa primeira dimensão, seria a tese basilar do projeto proselitista católico e também núcleo de um argumento científico em desenvolvimento para comprovar a universalidade da ideia de Deus (referência ao monoteísmo primitivo do padre Wilhelm Schmidt, que se tornaria o curador da exposição vaticana). Noutra, esse índice de igualdade serviria de atestado de integração a um só coletivo humano que conferia a esses povos direitos naturais que deveriam assegurar a eles posições diversas daquelas que até então lhes estavam sendo construídas pela ordem colonial laica. Respaldados por esse cabedal conceitual, a Igreja e seus missionários se anunciavam publicamente como tutores das populações extra-europeias. Se cabia a esse mundo que iria se descobrir multicultural, a metáfora de uma orquestra em busca de afinação, a Igreja e seu "exército missionário" encontrariam nessas exposições oportunidade para reivindicar o papel da regência. Visando angariar fundos, despertar simpatia do público e arregimentar novos missionários para atuarem nos seus territórios de missão, as mostras serviram de propaganda para divulgar os projetos evangelizadores da congregação e da Santa Fé e convencer os visitantes, prioritariamente europeus, sobre a eficácia e legitimidade dessas iniciativas.

Nessas demonstrações públicas da obra missionária católica e salesiana – ópera espetacular modulada por objetos, plantas, animais, peças mineralógicas, resquícios arqueológicos ou paleontológicos, mapas, livros, quadros estatísticos, desenhos, dioramas, maquetes e fotografias –, os índios Bororo do Mato Grosso vão se tornar personagens em destaque. Para os eventos, sua imagem modelada para encarnar o protótipo ideal do missionado em terra de missão, ou seja, seriam capazes de dar vida à tríade sígnica "do índio como 'selvagem', 'pacificado' e 'integrado/civilizado'" (TACCA, 2002). Tomando então 23 anos de vivência entre os Bororo como modelo de atuação missionária, os salesianos fariam desse povo uma peça comprobatória da eficácia do seu projeto civilizatório.

Mesmo ausentes fisicamente, eles seriam representados por meio dessa extensa coleção de artefatos postos então em trânsito, para serem transformados, pelas mãos missionárias, em "objetos etnográficos". Naquele contexto, "peças científicas" que iriam transmutar os Bororo em "objeto de conhecimento" e os salesianos como os sujeitos que os produziram. Porém, além de simplesmente oferecer nessas exposições uma representação pretensamente objetiva sobre o que seria esse "grupo nativo brasileiro", ao tomarem para si aquele conjunto de objetos e os inscreverem na sua história congregacional, os salesianos acabariam por transformar os Bororo em "peças" do seu próprio imaginário e mito religioso.

Vejamos nas próximas páginas por que e de que modo essa empreitada simbólica foi realizada e quais os diversos lugares que os Bororo ocuparam na prática durante essa operação. Mas, para tanto, antes será necessário fornecermos subsídios que possibilitem o leitor entender qual o lugar das exposições e, por consequência, dessas peças, no interior do projeto missionário da Congregação Salesiana. Como evidenciaremos a seguir, é preciso levar em conta que tal plano de missão é apenas uma parte de um programa sociocosmológico católico mais amplo. Essa condição nos possibilita enxergar as exposições de quatro perspectivas combinadas: exposições como pedagogia, como produção de saberes, como ação civilizatória e, enfim, como propaganda desses três primeiros eixos. Em cada uma delas, as peças ditas etnográficas são transformadas em um léxico de um discurso que extrapola o âmbito etnológico.

Assim, visando evidenciar relações entre essas quatro frentes, as informações apresentadas a seguir estarão articuladas em torno de quatro argumentos analíticos axiais: as exposições metaforizam a expansão geográfica da obra salesiana pelo mundo; a prática expositiva da congregação explicita uma maneira de comunicar prefigurada por uma pedagogia dos sentidos e emoções, na qual os espetáculos públicos veiculam e dão significados a imagens e ideias; as peças nativas reunidas e expostas contam com um valor metonímico que as associam tanto com aqueles os quais visam representar como com aqueles que se ocupam da operação de representação; e o deslocamento dessas peças dos seus contextos de origem para servirem nessas exposições de ilustração desses tais mundos originais (em escala um por um) instaura um terceiro nível de realidade etnográfica a ser observado, na qual todo enunciado etnológico sobre os Bororo só pode ser compreendido enquanto expressão desse mesmo processo.

Capítulo 1

Uma obra para ser comemorada: o sonho civilizatório de Dom Bosco

No calendário histórico (e mitológico) salesiano, o dia 11 de novembro de 1875 é lembrado como a data que Dom Bosco "começou a enviar os seus intrépidos filhos para levarem a luz do Evangelho pelo mundo".[1] Nesse dia, zarpando do Porto de Gênova, Itália, em direção a Buenos Aires, Argentina, os quatro padres e seis irmãos coadjutores,[2] comandados por Giovanni Cagliero, – os primeiros missionários salesianos que o futuro santo do Piemonte lançava "à conquista das almas através do oceano" –[3] deram início ao projeto de expansão da obra salesiana para além do continente europeu, inaugurando sua fase propriamente missionária e global.

---

1   *Boletim salesiano*, n.º 3, mai./jun. 1924, p. 37.

2   Os religiosos salesianos estão organizados em duas categorias, hierarquicamente diferenciadas: os padres e os irmãos coadjutores. Ambos fazem igualmente os votos de pobreza, castidade e obediência, porém só os primeiros podem ministrar os sacramentos. Historicamente, a divisão estaria sustentada por uma diferença de formação, sendo os coadjutores aqueles que teriam ingressado na congregação tendo em vista o sacerdócio, mas que não teriam, por um motivo ou outro, concluído sua formação (AZZI, 2000). Nas missões e escolas salesianas, o coadjutor ocupava a função de bedel, servente, encarregado de serviços gerais (o *factotum*), das oficinas profissionais (mestre de ofício), assistentes de professores e, em alguns casos, professores. Atualmente, padres e coadjutores possuem o mesmo nível educacional formal. A diferenciação persiste por conveniência frente a uma organização do trabalho interno. Liberados das obrigações sacerdotais, como professar missas, batizar, promover casamentos etc., os coadjutores teriam mais tempo para se ocupar das questões práticas.

3   *Revista Santa Cruz*, Ano XXV, fasc. 2, fev. 1926, p. 49.

Imagem 9: Integrantes da primeira expedição missionária junto a Dom Bosco (sentado segundo à esq.). Foto: Arquivo Salesiano.

A memória documental da congregação retoma o evento da partida desses religiosos seguindo o *modus faciendi* católico de articular mito e historicidade, a fim de demonstrar de que maneira específicas configurações sociotemporais estariam sendo definidas pela ação de determinadas personalidades, cujas trajetórias místicas particulares estariam sendo sobrepostas sobre o mundo dos homens. É desse modo que opera a memória do padre Paolo Albera, segundo sucessor de Dom Bosco na direção da congregação, quando ele relembra, às vésperas das comemorações dos 50 anos de Missão Salesiana, o momento da despedida do grupo que embarcava no navio Savoia em direção à América. Testemunha ocular dos fatos, postado ao lado do homem que seria em 1934 alçado à categoria de santo, Albera coloca o mito no centro da história ao contar que ouvira Dom Bosco, ao observar que o olhar dos missionários que partiam em missão "traduzia toda a alegria dos seus corações, a alegria de soffrer em nome do Senhor", exclamar: "como os meus sonhos se realizam todos, ó senhor, todos...".[4]

Dom Bosco, aclamado cerca de um século depois pelo Papa João Paulo II como "Pai e Mestre da Juventude", estaria ali fazendo referência ao seu célebre sonho de 1871. Estando toda a mística expansionista salesiana associada a um percurso oniricamente traçado por ele, naquele em especial, o padre e famoso taumaturgo europeu do século XIX teria visto os filhos de São Francisco Sales "em uma imensa planície toda "inculta com um fundo de escabrosas montanhas que se alinhavam no horizonte".[5] Nessa paisagem curiosamente descrita com minúcias geográficas, seus missionários estavam entre homens altos de cabelos longos, de pele bronzeada e escura, quase nus, cobertos apenas por peles de feras e armados de lanças e fundas. Os "bárbaros" e "selvagens", que momentos antes haviam trucidado "soldados vestido à europeia" e missionários de outras "ordens" católicas, teriam abaixado suas armas e recebido os salesianos com alegria quando os viram chegar. Conta o sonho, que os

---

4 Ibidem.
5 *Boletim Salesiano*, nov./dez. 1925, p. 172.

missionários italianos caminhavam entre aquela "horda de selvagens; instruíam-nos e eles escutavam de bom grado". Quando os religiosos se ajoelharam entre a multidão, que os seguiram, todos se puseram a entoar Louvemos Maria e, a uma só voz, continuaram o canto "tão em uníssono e com voz tão forte" a ponto de fazer o padre acordar assustado.[6]

Contumaz leitor dos *Anais da Propaganda Fide*,[7] Dom Bosco primeiro teria aventado a possibilidade desses "selvagens" serem povos da Etiópia, dos arredores de Hong Kong ou ainda da Índia. Somente dois anos mais tarde, quando recebera o pedido do cônsul italiano na Argentina Giovanni Gazzolo para assumir a direção de um colégio em San Nicolas de Los Arroyos, naquele país, Dom Bosco chegaria à conclusão de que havia sonhado com os povos patagões, populações nativas situadas ao sul de San Nicolas, que estariam à espera da futura missão salesiana. Para a tradição da congregação católica, mais um dos sonhos proféticos do santo padre. Mas esse, especialmente, seria aquele que determinaria o início da fase missionária da Pia Sociedade pelo mundo.

A narrativa histórica salesiana registra uma série de sonhos de Dom Bosco relacionados ao desenvolvimento de sua missão religiosa, impregnados de sentidos sociológicos. Compreendidos como revelações sobrenaturais e proféticas, os sonhos, contados como parábolas, foram usados por Dom Bosco como recursos pedagógicos e doutrinários para, a partir deles, interpretar fatos reais e identificar neles sentidos morais ocultos. Pelos sonhos, Dom Bosco lia a ordem do mundo escrita por Deus.

Grande parte dessas narrativas oníricas foi anotada pelo Padre Giovanni Battista di Genova Lemoyne, diretor do Boletim Salesiano e considerado pelos membros da congregação como o principal biógrafo de Dom Bosco. Os relatos, alguns revisados pelo próprio fundador da organização religiosa, foram organizados na monumental obra Memorie Biografiche, dividida em 19 volumes, que servem como fonte para inúmeras publicações salesianas. A própria descoberta da vocação religiosa de Dom Bosco fora associada a um sonho que tivera aos 9 anos, no qual vira uma matilha de lobos e outras feras se transformarem em ovelhas na presença de Jesus Cristo e da Virgem Maria, que teriam revelado a ele a sua missão futura no mundo: socorrer a juventude.

A predestinação de que essa obra se tornaria global vincula-se ao sonho de 1856. Nele, viu-se numa praça, onde havia uma roda, interpretada como um ora-

---

6   Para leitura na íntegra de uma das versões desse sonho, consultar site salesiano de Portugal: http://www.salesianos.pt/public/UserFiles/Downloads/1sonhomissionario.pdf. Em três fontes consultadas a data do sonho diverge em 1869, 1871 e 1872.

7   Veículo oficial da Igreja Católica para a divulgação das suas obras missionárias pelo mundo. Sobre Propaganda Fide, ver a nota seguinte.

tório festivo, espaço dedicado aos encontros de jovens promovidos pelo padre para doutrinação religiosa. Um personagem que segurava uma manivela vem à cena. Pede para Dom Bosco prestar a atenção e faz girar a roda. Ele ouve apenas um pequeno barulho. O homem pergunta se ouvira e explica que o ruído representava dez anos do seu oratório. Faz a roda girar mais quatro vezes, repetindo a pergunta. O barulho aumentava a cada volta. Da segunda vez, o som já podia ser ouvido por toda Turim e Piemonte. Na terceira, em toda a Itália. Na quarta, na Europa, e, no quinto, em todo o mundo.

Em outro sonho, o mundo metaforizado é substituído por uma representação cartográfica. Conta o padre que Nossa Senhora o fez ver do alto do mundo as principais cidades onde seriam instaladas suas missões. "Maria disse: Bem! Traça agora uma linha de uma extremidade à outra, de Pequim a Santiago, faz dela um centro no meio da África e terás uma ideia exata do quanto os salesianos devem fazer" (LEMOYNE, 1905, p. 72-74). A geografia brasileira também fora contemplada pela rota premonitória de Dom Bosco em outra ocasião.

> Entre os graus 15 e 20, existia um seio de terra bastante largo e longo, que partia de um ponto onde se formava um lago. E então uma voz me disse, repetidamente: 'Quando vierem escavar os minerais ocultos no meio destes montes, surgirá aqui a Terra da Promissão, fluente de leite e mel. Será uma riqueza inconcebível. (*Ibidem*)

Com o seu sonho de 1883, o padre fundava o mito de Brasília, cidade da qual é padroeiro. Tornado nacionalmente conhecido ao ser transformado em peça retórica do então presidente Juscelino Kubitschek, aluno dos padres lazaristas de Diamantina e amigo pessoal dos salesianos de Minas Gerais, o sonho foi recentemente rememorado e reatualizado pelo presidente norte-americano Barak Obama. Em 2011, durante a sua primeira visita ao Brasil, em passagem pela capital do país, Obama proferiu:

> Brasília é uma cidade jovem, de 50 anos, que começou em 1883 com Dom Bosco, que teve a visão de que a capital de um grande país seria construída entre o quinto e o vigésimo paralelo e seria um modelo para o futuro. ela existe agora, mostrando que a democracia é o melhor parceiro do progresso. (Correio Braziliense, 2011)

Valiosos pelo simbolismo, os sonhos de Dom Bosco tornam-se materiais de análises significativos quando, a partir deles, podemos perguntar: o que esses sonhos modelam? Se eles são capazes de traduzir em imagens o mesmo processo de globalização em curso que os suscitaram, quais seriam os significados atribuídos ao projeto civilizatório global salesiano que tais sonhos visam metaforizar? Quais contextos viabilizam a realização desse projeto?

"O zeitgeist católico"

O início da obra salesiana data de 1859. Todavia, é o envio dos primeiros missionários para a América, a partir de 1875, que possibilitou que a organização religiosa de Dom Bosco definisse claramente seus contornos institucionais e congregacionais. É a partir daí, como demonstra Paula Montero (2012), que o projeto religioso salesiano encontra seu eixo de expansão territorial global, após ter ficado inicialmente de fora da partilha missionária da África e Ásia, então destinada às ordens e congregações vinculadas aos impérios coloniais detentores desses territórios. Se o padre sonhava com o mundo além da Europa, ele só podia começar pela América, continente, como veremos a seguir, que ocupará posição de destaque na história da expansão geográfica salesiana pelo mundo.

Segundo o historiador Francis Desmaraut (1996), o contato de Dom Bosco com o cônsul Giovanni Gazzolo de fato daria início ao delineamento do projeto missionário salesiano. Mas, tomando o caminho inverso de Albera, ou seja, indo agora do mito para a história, o autor nos fornece elementos para entender de que modo o sonho salesiano conectava-se à geopolítica missionária católica novecentista em plena fase de reformulação. Essa conexão delimitaria internamente os novos contornos institucionais da congregação (transformar-se efetivamente em uma organização missionária) e, externamente, definiria seu lugar privilegiado dentro do corpo de uma igreja em franco processo de reorganização política. Da perspectiva salesiana, são processos de autoconstituição interna e de demarcações de posições institucionais externas exemplarmente metaforizados nas duas exposições missionárias autônomas e complementares, como veremos a seguir.

Fundada em 1859 como uma organização civil não vinculada oficialmente à Santa Sé e direcionada à assistência educacional de jovens camponeses que estavam sendo transformados em operários pelo acelerado processo de industrialização do norte da Itália, Dom Bosco teria compreendido o envio de religiosos salesianos à Patagônia como uma oportunidade de transformar sua sociedade civil numa modelar congregação missionária católica, que passaria ao comando da congregação Propaganda Fide[8] e do pontífice romano. Até aquela oportunidade, a sociedade se desenvolvera

---

8   Atualmente conhecida como Congregação para Evangelização dos Povos, a Congregatio de

equilibrando-se entre os desafios de modelar seu projeto espiritual adequando-se aos ditames institucionais de uma igreja católica em plena reforma ultramontana e às exigências legais da novíssima Itália unificada, cada vez mais anticlerical.

Recorrendo também a Desmaraut para identificar quais foram os marcos legais a partir dos quais Dom Bosco escrevera as Constituições da Sociedade de São Francisco de Sales, documento congregacional no qual constam as regras as quais estão submetidos os seus membros e é definida a estrutura organizacional da entidade,[9] a antropóloga Paula Montero (2012) destaca que a sociedade, desde a sua fundação, teve de se adequar "às exigências impostas pela Restauração Italiana",[10] que, a partir de 1848, liquidara os tribunais eclesiásticos, interditara as corporações religiosas e leigas de possuir propriedades ou receberem bens sem autorização do Estado e incluíram aos religiosos as obrigações do serviço militar (2012, p. 67). Além das imposições advindas com a instauração das ditas Leis Sccardi, a autora lembra que a Lei Rattazzi, criada pelo jurista Urbano Rattazzi, em 1855, definiria que apenas as instituições religiosas

---

Propaganda Fide foi criada em 1622 pelo Papa Gregório XV com a missão de coordenar e supervisionar o trabalho missionário já em curso ao redor do mundo, retirando-o da tutela imediata de príncipes, outras autoridades eclesiásticas ou das tradicionais ordens missionárias. A concentração de poder outorgava prestígio ao prefeito da congregação. Chamado de "o Papa Vermelho", tal autoridade possuía controle sobre os vastos territórios de missão, que se estendiam pela África, Ásia e América. Mas, além de unidade administrativa, a Propaganda Fide foi um centro de formação missionária, cuja biblioteca e sua coleção de "objetos de arte" e de documentos referentes a várias partes do globo ganharam notoriedade. Parte desse acervo compõe hoje o museu missionário da Propaganda Fide, inaugurado em 2010, no pavimento principal da sede da congregação, na Piazza Di Spanga, em Roma.

9 Escritas entre 1858 e 1859, as Constituições foram oficialmente aceitas por 26 religiosos salesianos no dia 12 de junho de 1860. Todavia, o documento somente foi aprovado pelo estado italiano em 1969 (NAKATA, 2008) e reconhecido oficialmente pelo Vaticano em 1874.

10 Restauração ou Risorgimento nomeia o processo de formação do estado nacional italiano. Após a reconfiguração político-territorial imposta pelo Congresso de Viena (1814-1815), que redesenhou o mapa europeu pós-Napoleão, a península itálica se viu dividida em oito estados independentes, boa parte deles, como o Trento, controlada pela Áustria. Nesse momento, afloraram pela península movimentos nacionalistas de diversas matizes (de republicanismos a monarquismos), abarcando múltiplos segmentos sociais, como trabalhadores rurais, urbanos e burgueses. Datam dessa época inúmeras revoltas, como aquela liderada pelo carbonário comunista Filippo Buonarotti, no Sul da Itália; a deflagração do levante de 1931, comandado por Giuseppe Mazzini; e a luta contra as monarquias sulistas combatidas pelos "camisas verdes" liderados por Giuseppe Garibaldi. Todavia, o projeto de unificação italiana acabou sendo controlado pelo reino do Piemonte e Sardenha, a partir de uma aliança local entre a burguesia industrial liberal e a Casa de Savoia, que fariam Vittorio Emanuelle II o rei da nova monarquia constitucional europeia, inicialmente apoiada pela França.

orientadas à educação e à assistência dos doentes teriam permissão de funcionamento. Em outra frente, o movimento anticlerical que se alastrava por múltiplos segmentos sociais locais exigia a estatização dos bens eclesiásticos e atacava contundentemente as ordens mendicantes e contemplativas católicas, sendo elas acusadas de estarem em descompasso "com a moderna ética do trabalho". Acrescenta Montero:

> Quando esboça o desenho que pretende dar à sua instituição, dom João Bosco tem em mente que uma era de perseguições e intolerância estava apenas começando. O processo de unificação italiana continuava a anexar sucessivas partes dos estados Pontifícios, os membros do episcopado que não davam apoio declarado a garibaldi eram perseguidos. em agosto de 1860 o exército pontifício é derrotado [pelo exército piemontês]. (2012, p. 67)

A temática também fora alvo da tratativa onírica de Dom Bosco. Padre Lemoyne registra no volume VII da Memorie Biografiche o significativo relato conhecido como sonho das duas colunas e o navio, de 1862. Expressando o alinhamento da Pia Sociedade com a Santa Fé, nessa parábola Dom Bosco se vê junto aos seus congregados ilhado ao mar, onde se encontram inúmeros navios em posição de batalha. Carregados de canhões, fuzis e – livros –, as embarcações inimigas avançavam sobre um navio maior na tentativa de incendiá-lo. A nau mais importante, adornada e comandada pelo pontífice romano, era escoltada por outras embarcações a fim de protegê-la da frota inimiga. Em meio à agitação marítima e bélica, emergem duas grandes colunas. Sobre uma delas, havia a estátua da Virgem Imaculada, que levava sob os seus pés um longo cartaz com a inscrição: *Auxilium Christianorum* (auxílio dos cristãos). Sobre a outra, a mais alta, uma hóstia proporcional ao tamanho da coluna. Abaixo outro cartaz com os dizeres: *Salus Credentium* (Salvação dos que creem). Na sequência, o Papa se reuniu com todos os comandantes das naves menores. Manda-os voltar aos postos. Permanecendo no timão do navio, o líder religioso se esforça para colocar a grande embarcação no meio das duas colunas. Enquanto isso, a frota adversária encrudesce a luta para fazer afundar o grande navio. Mas a grande embarcação papel não se abatia. Isso redobrava a violência dos inimigos que então conseguem matar o papa. Quando eles acham que enfim afundariam o grande barco com o assassinato do pontífice, logo um novo papa é eleito pelos pilotos das embarcações menores e o colocam em seu lugar a fim de que ele continuasse a manter o navio entre as colunas. Assim, os adversários perdem o ânimo. Aproveitando-se da calmaria, o novo papa pode finalmente atar seu navio junto às duas colunas, a que simbolizava a Maria Santíssima e a que remetia ao santíssimo sacramento da eucaristia. As embarcações inimigas que lutavam contra o grande navio que representava a Santa Fé se puseram em disparada e, na fuga, chocaram-se e afundaram. Indagado pelos outros padres sobre o que significava aquela batalha, Dom Bosco advertiu que todos precisavam estar preparados para os gravíssimos sofrimentos que afligiriam a Santa Igreja. Para atravessar a tormenta, recomendava a devoção a Maria Santíssima e a frequência à comunhão.

No dia 19 de março do ano anterior ao seu sonho, Vittorio Emanuele II, primogênito da Casa de Savoia, aliado do imperador francês Napoleão III e combatente da causa da unificação italiana, era transformado no rei da Itália. Sua capital seria Turim, a cidade que Dom Bosco escolherá para edificar sua obra. Giovanni Maria Mastai-Ferretti, o então Papa Pio IX, líder espiritual para o qual o padre devia obediência, agora era um rei sem territórios, protegido por tropas estrangeiras numa Roma sitiada. Enquanto o primeiro era apoiado pelos quadros liberais e progressistas e aclamado nas ruas pelas forças revolucionárias que se mobilizaram numa verdadeira cruzada para expulsar as forças austríacas da península itálica, o segundo tornava-se alvo de desconfiança. Tendo sido cogitado como possível líder que libertaria as populações itálicas do julgo da Áustria, o papa anti-iluminista e absolutista não só declarou em abril de 1848 que não poderia participar de uma guerra contra um Estado católico, como condenou publicamente a ideia de uma Itália unificada, conclamando os católicos a permanecerem fiéis a seus príncipes. Tendo sido as casas monárquicas europeias erguidas e até então mantidas pelo "poder sagrado e absoluto de Deus", o papa se recusava a desmentir uma obra divina e, em contrapartida, exigia a mesma fidelidade dos príncipes europeus. Assim formulou o papa na encíclica *Qui pluribus* (Sobre erros contemporâneos e o modo de os combater), divulgada em 9 de novembro de 1846: "alimentamos também a esperança de que nossos amadíssimos filhos em Cristo, os Príncipes, lembrados em sua piedade e religião[…], favorecerão com seu apoio e autoridade nossos votos comuns e defenderão a liberdade e incolumidade da mesma Igreja".

O contexto exigia de Dom Bosco prudência, maleabilidade e senso diplomático. Características sempre destacadas na biografia do santo, que soube habilidosamente articular e fazer convergir múltiplos interesses ao transitar pelos mais distintos círculos sociais. Entre as relações cultivadas ao longo de sua trajetória biográfica, ressaltam-se a amizade com políticos liberais que tiveram destacada atuação no processo de unificação italiana, como o primeiro-ministro Camillo Benso, o Conde de Cavour, ferrenho defensor das Leis Siccardi (aquelas orientadas a diminuir os privilégios do clero), e o segundo sucessor de Cavour, Urbano Rattazzi, que teria sugerido pessoalmente alternativas institucionais para Dom Bosco adaptar-se ao novo ambiente legal que estava sendo instituído naquela época. Entre os principais apoiadores de suas obras, estão

Mapa de viagem de uma coleção etnográfica

representantes da nobreza piemontesa, como Julieta Frances Colbert de Maulévrier, conhecida como a marquesa Barolo. No âmbito institucional católico, ou seja, do lado do front antiliberal, a rede de relações do padre piemontês chegava até o mais alto posto da Santa Fé, fato que incomodava a arquidiocese de Turim, por desconfiar da heterogeneidade dessa rede de relações. A contragosto do arcebispo piemontês Dom Lorenzo Gastaldi, que compreendia o projeto autônomo salesiano como uma ameaça e uma afronta à hierarquia da Igreja, Dom Bosco gozava de foro privilegiado com os Papas Leão XIII (1878-1903) e seu antecessor, Pio IX (1846-1878). Com este último, para o qual fizera a primeira visita em 1858, os laços de fidelidade renderam a Dom Bosco o apelido de "o Garibaldi do Papa".

O Homem: educação dos sentidos pelo espetáculo e pelo rito

Filho dos camponeses Francisco Bosco e Margarida Occhiena, João Melchior Bosco nasceu no dia 16 de agosto de 1815, "havia pouco mais de dois meses (9 de junho) de concluído em Viena o Congresso do qual decorreu uma diferente configuração da Europa depois da experiência revolucionária e napoleônica" (GIUSEPPE, 2004, p. 15). No casebre do Colle dos Becchi,[11] vilarejo de uma fazenda na pequena localidade de Murialdo, pertencente à vila de Castelnuovo D'Asti (atualmente chamado Castelnuovo Dom Bosco), na região de Alto Monferrato, no Piemonte, o futuro padre passou a sua primeira infância, marcada pela escassez, experiência posteriormente incorporada e valorizada numa dita espiritualidade salesiana, na qual a pobreza, alegria e a castidade assumem valores fundamentais. Órfão de pai aos dois anos e filho caçula de três irmãos, teve de trabalhar como confeiteiro, açougueiro, alfaiate e sapateiro para poder realizar seus estudos em escola pública até finalmente ingressar, em 25 de outubro de 1835, no seminário de Chieri, cidade situada entre a Vila de Castelnuovo e Turim.

João Bosco, jovem de constituição atlética e reconhecido pela sua simpatia, foi levado ao seminário pelas mãos do então seminarista José Cafasso, hoje conhecido pela igreja católica como São José Cafasso.[12] Num encontro fortuito durante uma

---

11   Construção atualmente conhecida como "Casetta de Dom Bosco" foi restaurada e museologizada. A casa integra o mesmo roteiro de peregrinações do qual também está referido o museu etnológico missionário Colle Dom Bosco.

12   José cafasso nasceu em 1811 em Castelnuovo d'asti (hoje Castelnuovo Dom Bosco) e faleceu no dia 23 de junho de 1860, aos 49 anos de idade. Foi beatificado por Pio XI em 3 de maio do ano jubilar de 1925, o mesmo da Exposição Missionária do Vaticano, e canonizado por Pio XII em 22 de junho de 1947.
    Cafasso também está relacionado com a trajetória de outro santo italiano, formando aqui

quermesse, o futuro santo reconhecera no outro mais jovem uma vocação religiosa em estado bruto a ser lapidada. Dom Bosco registra em suas memórias o momento que conhecera o homem que se tornaria seu orientador espiritual e o acompanharia por boa parte de sua trajetória. Vale notar a vinculação entre espetáculo, entretenimento e religiosidade, elementos basilares para compreendermos adiante a importância das exposições missionárias enquanto instrumentos pedagógicos e civilizadores:

> [José Cafasso] fez-me um sinal para eu me aproximar, e começou a perguntar-me minha idade, meus estudos; se havia já recebido a Primeira comunhão; com que frequência me confessava; aonde ia ao catecismo, e coisas semelhantes. Fiquei como encantado ante aquela maneira edificante de falar; respondi com gosto a todas as suas perguntas; depois, quase como para agradecer sua afabilidade, repeti meu oferecimento de acompanhá-lo a visitar qualquer espetáculo ou novidade.
>
> — Querido amigo — disse ele —, os espetáculos dos sacerdotes são as fun- ções da igreja; quanto mais devotamente se celebrem, tanto mais se tornam agradáveis. nossas novidades são as práticas da religião, que são sempre novas, e por isso é necessário frequentá-las com assiduidade; eu só estou esperando que abram a igreja para poder entrar. Animei-me a seguir a conversação, e acrescentei:
>
> — É verdade o que o Sr. diz; mas há tempo para tudo: tempo para a igreja e tempo para divertir-se.
>
> Ele pôs-se a rir, e terminou com estas memoráveis palavras, que foram como o programa das ações de toda sua vida:
>
> — Quem abraça o estado eclesiástico entrega-se ao senhor, e nada de quanto teve no mundo deve preocupá-lo, mas sim aquilo que pode servir para a glória de Deus e proveito das almas. (FIERRO e BOSCO, 1955, p. 971 *apud* SOLIMEO).

Segundo Desmaraut (1996), num momento que o estado monárquico ainda assegurava à igreja a responsabilidade da educação e do cuidado sobre a moralidade dos cidadãos piemonteses, Dom Bosco fora introduzido num ambiente clerical e monástico (franciscano) marcado pela rígida disciplina e pela vigilância minuciosa

---

uma espécie de rede de santos italianos: ele era tio de São José Alamano, fundador da comunidade dos Padres da Consolata, outra importante congregação missionária do fim do século XIX e XX. Sobre a consolata, ver Araújo (2006).

do tempo dos seminaristas e de seus padrões de conduta em sala de aula, na igreja, na rua e à mesa. Lendo o autor, Montero destaca que essas eram "regras direcionadas à gente pobre e rústica, que, ao contrário das pessoas de famílias mais abastadas que frequentavam os seminários antes da restauração italiana, "estavam pouco habituadas ao sabão", e ignoravam as regras de polidez em sociedade" (2012, p. 72). Mais adiante, acrescenta a autora que esse manual do bem viver, incluía uma disciplina corporal, observada pelo silêncio, gravidade dos gestos e que as pausas na fala eram interpretadas como sinais de dignidade e educação. Concordando com Desmaraut, Montero conclui que, para Dom Bosco, o seminário fora a porta de entrada para uma classe social instruída, polida e devota.

Após quase seis anos de formação religiosa em Chieri, João Bosco foi ordenado padre em 5 de junho de 1841, mesmo ano, destaca Manuel Isaú (1976), que Karl Marx terminava seus estudos em Berlim. Nesse mesmo período, inicia o seu apostolado sacerdotal em Turim, a rica capital do reino de Savoia. Transformada em um polo industrial, a cidade do vale do Rio Pó recebia um contingente crescente de trabalhadores infanto-juvenis submetidos a precárias condições de sobrevivência. Desempregados ou vinculados a regimes de exploração laboral, os jovens ex-camponeses que afluíam para cidade se viam sem suas referências comunitárias rurais e mergulhados em um contexto de carências e violências de todos os gêneros. Assim, o tratamento à juventude e aos pobres torna-se questão crucial para a manutenção da ordem social, e a prevenção da delinquência e o controle moral das massas se impunham como desafios para uma engenharia social de uma ordem liberal piemontesa nascente. Arremata Montero:

> A organização de trabalho na qual esses jovens se inseriam passava por uma fase de transição. O liberalismo, que advogava liberdade para os contratos entre patrões e empregados, desmontava rapidamente a antiga ordem de corporações de ofícios sem que uma legislação civil correspondente ordenasse de modo novo a proteção. Sem o amparo das antigas corporações, o pagamento, as horas trabalhadas, o tipo de ocupação e o tratamento dispensado ao trabalhador dependiam soberanamente do arbítrio do patrão. A obra de Dom Bosco se desenvolve nos espaços de desordem e violência que esse sistema em transição deixava em aberto. (2012, p. 69)

O religioso registra em suas memórias que a caótica e insalubre realidade turinense começou a lhe ser apresentada nas visitas às cadeias e prisões da cidade que fazia em companhia do padre José Cafasso, o homem que, além de tê-lo levado ao seminário de Chieri, o acompanharia durante toda formação religiosa.[13] Relembra Dom Bosco em suas memórias que a prisão foi uma janela para observar a juventude da sua época e verificar a "grande malícia e miséria dos homens". Via, conta o padre, jovens, de 12 a 18 anos, robustos e "de vivo engenho", mas ociosos, picados por insetos e à míngua espiritual. Para ele, a sua grande surpresa foi perceber que muitos deles saíam das prisões com firmes propósitos de uma vida melhor, mas, em pouco tempo, voltavam logo "para trás das grades".

As vivências nesse campo pastoral e prisional foram fundamentais para o jovem padre João Bosco começar a delinear seu projeto catequético. Naquela altura, ele já havia definido o alvo da sua missão evangelizadora: a juventude. Em torno dela, ergueria um projeto místico, social e político com uma assinatura muito particular, levando-se em conta a sua estrutura organizacional diferenciada, como veremos a seguir, entretanto, extremamente afinado com o pensamento social católico de seu tempo, em seus princípios e valores.

Assombrada pelo espectro não só do comunismo, como também do liberalismo, racionalismo e protestantismo, a Igreja Católica se colocava no período em cena pública para reafirmar em novos termos o primado do teocentrismo e da revelação divina, em relação à qual reafirmava ser a única e verdadeira representante. Erigindo uma crítica à modernidade alternativa às versões acima consideradas heréticas – e propondo paralelamente um modelo de sociedade e indivíduo idealizado –, a Igreja viraria o século XIX reivindicando a centralidade da religião católica para o ordenamento de todas as relações humanas, fossem elas íntimas, sociais, econômicas, políticas ou internacionais. Afinal, defenderia Pio IX, o papa que conduziu o Vaticano I, "quando na sociedade civil é desterrada a religião e ainda repudiada a doutrina e autoridade da mesma revelação, também se obscurece e até se perde a verdadeira ideia da justiça e do direito, em qual lugar triunfam a força e a violência".

---

13   "Quando são João Bosco estava ainda no seminário e não podia prosseguir seus estudos por falta de recursos, o Pe. cafasso pagou-lhe meia bolsa e obteve dos dirigentes do seminário facilitar-lhe a outra metade, servindo o jovem seminarista como sacristão, remendão e barbeiro. e quando ele se ordenou, custeou-lhe o curso no convitto para sua pós-graduação. depois ajudou-o em seu apostolado com os meninos, e, mesmo quando todos abandonaram Dom Bosco, continuou seu acérrimo defensor. ajudou-o também na recém-fundada sociedade salesiana, sendo considerado pelos salesianos um dos seus maiores benfeitores" (SOLIMEO). Segundo a hagiografia católica, as prisões se constituíram um dos campos de apostolado preferenciais de São José Cafasso, também conhecido como o padre da forca. Lá entregava, entre outras coisas, roupas e materiais higiênicos para os presos, alguns deles condenados à morte. "Ia visitá-los, e com paciência e doçura acabava fazendo com que muitos se con- fessassem e começassem a levar uma vida mais decente" (*Ibidem*).

Na mesma carta encíclica *Quanta Cura* (Sobre os princípios e erros da época), de 8 de dezembro de 1864, o papa que conduziu a mão de ferro a reforma ultramontana durantes os 32 anos do seu pontificado indica sua visão sobre o que seria justiça social: "Mas, quem não vê e não sente claramente que uma sociedade, subtraída as leis da religião e da verdadeira justiça, não pode ter outro ideal que acumular riquezas, nem seguir mais lei, em todos seus actos, que um insaciável desejo de satisfazer a concupiscência indomável do espírito servindo tão somente a seus próprios prazeres e interesses?". Acossada pelo comunismo e acuada pela racionalidade capitalista, a igreja se colocava como a "terceira via" alternativa.

Todo o período de formação e consolidação da obra salesiana é atravessado pela publicação de uma série de documentos pontifícios, na qual a Igreja traça avaliações conjunturais contundentes da época, elencando os "erros", "vícios" e "depravações" impetrados pelos inimigos da Santa Sé. Segundo ela, para os tais "mais facilmente se rirem dos povos, enganar os incautos e arrastá-los juntamente ao erro, pensando possuir somente eles o segredo da prosperidade, arrogam-se o título de filósofos, como se a filosofia, que se compreende toda na investigação da verdade natural, devesse repelir tudo aquilo que o supremo e clementíssimo autor da natureza – deus – se dignou manifestar aos homens por singular benefício e misericórdia, a fim de que consigam a verdadeira felicidade", como formulou Pio IX em *Qui pluribus* (sobre os erros contemporâneos e o modo de os combater), em sua encíclica de 9 de novembro de 1846, documento anterior a *Quanta Cura*.

Legitimidade da opinião pública (democracia), comunicação de massa, comunismo, ateísmo, racionalismo e deísmo estavam no centro do debate pontifício, afinal, "desde os tempos em que certas classes de eruditos pretenderam libertar a civilização e cultura humanística dos laços da religião e da moral, os Nossos Predecessores julgaram que era seu dever chamar a atenção do mundo, em termos bem explícitos, para as consequências da descristianização da sociedade humana", como retoma em 1937, agora Pio XI, em sua *Divini redemptoris*, carta encíclica sobre o comunismo ateu, este definido décadas anteriores por Leão XIII como a "peste mortífera que invade a medula da sociedade humana e a conduz a um perigo extremo" (*Quod Apostolici muneris*, encíclica de 28 de dezembro de 1878).

Numa "época em que tanto se exaltavam os progressos da técnica" e da razão (Divini redemptoris) para contrapô-los "temerária e sacrilegamente à religião católica, como se a religião não fosse obra de deus, mas sim dos homens ou então fosse algum invento filosófico que se pode aperfeiçoar por vias humanas" (*Qui pluribus*), a Igreja Católica exigia posições e reações do seu exército sacerdotal para que ela se reafirmasse em tempos modernos. E vista por essa ótica, a obra salesiana pode ser compreendida como uma das particulares respostas oferecidas à Igreja, que, por sua vez, a recebera de bom grado. Tendo por base um projeto pedagógico-assistencial adaptado a uma modernidade industrial emergente, os salesianos não só conseguiriam reinscrever em novos termos o religioso no âmbito civil, como ofereceriam demonstrações públicas das relações possíveis e produtivas entre religião, técnica e ciência, e transformariam um modelo de civilidade urbana, baseado numa educação cristã, em uma poderosa arma para uma geopolítica missionária.

Educação para a civilidade cristã

O projeto de Dom Bosco brota e se ramifica em torno dos "oratórios festivos", instituições tratadas na Constituição da Pia Sociedade de São Francisco de Sales, artigo 40, versão de 1988, como "a casa que acolhe, a paróquia que evangeliza, a escola que encaminha para a vida e o pátio para se encontrarem como amigos e viverem com alegria". Definidos pela prática que põem em ação e não pelo aparelho institucional, tais oratórios serviram como núcleo para o desenvolvimento de uma obra que articulou caridade e intervenção social por meio de um projeto pedagógico, filantrópico e moral que se multiplicou em escala planetária.

Instalado em Turim a partir dos anos 40 do século XIX, Dom Bosco passou a reunir nos domingos e "dias santos" (feriados) crianças e jovens percebidos como cidadãos em situação de "risco moral" – preferencialmente ex-presidiários – para entretê-los com catecismo, cantos, música instrumental, encenações teatrais e "literatura católica edificante", retirando-os da rua e, mais importante, da ociosidade. A missão era "instruí-los nas verdades da fé e afastá-los dos perigos espirituais e corporais".[14] Entre as condições exigidas para que os meninos interessados pudessem participar das atividades estavam a frequência constante, bom comportamento dentro e fora dos oratórios e observância aos santos sacramentos nas principais festas do ano. Itens que eram observados por meio de "cartões de ponto", que davam direito aos meninos concorrerem às premiações periodicamente promovidas. Auxiliado por voluntários, chamados a partir de 1854 de salesianos, o padre se encarregava da promoção das atividades lúdicas e religiosas (DESMARAUT, 1996).

Transformado em ícone do sistema de atuação social e pedagógica da congregação salesiana, Borges (2005) lembra que o modelo de oratório salesiano está vinculado a experiências predecessoras: a renascentista Casa Giocosa, do humanista Vitorino da Feltre, que reunia em Pádua jovens para educação moral e intelectual; e os oratórios do padre Philipe Neri, do século XVI, que reunia jovens pobres de Roma num ambiente educativo e festivo para ajudá-los material e espiritualmente.

---

14   A formulação consta no regulamento do oratório do Liceu Coração de Jesus, instituição salesiana instalada na cidade de são Paulo (AZZI, 2000, p. 307).

Ambas as iniciativas foram fontes de inspirações para Dom Bosco, cuja crença, como muitos da sua época, era "que a ordem pública, a moralidade e o senso ético eram dependentes de uma educação religiosa" (MONTERO, 2012).

A historiografia salesiana destaca o encontro de Dom Bosco com o jovem Bartolomeu Garelli como evento-raiz para a constituição dos seus oratórios festivos. Esses registros que nos fornecem informações significativas sobre a percepção que os agentes salesianos tinham sobre a realidade em que estavam inseridos e a maneira deles se representarem frente a ela. Assim, apesar da profusão de versões, formatos e variação em termos de detalhes, as várias histórias contadas e recontadas em livros, brochuras, murais e internet reproduzem a estrutura básica da narrativa de Dom Bosco documentada em suas memórias e editadas em livro. Nele, conta o padre, que ao presenciar Garelli ter sido agredido na igreja de São Francisco de Assis, Turim, por um sacristão por não saber o catecismo, teria se predisposto a ensiná-lo durante seu tempo livre. O jovem, em contrapartida, teria se prontificado a começar as aulas naquele mesmo momento. Dom Bosco conta que se levantou e fez o sinal da cruz para começar a aula, mas seu aluno não teria feito o sinal "porque nem isso sabia". Assim, procurou "ensinar-lhe a fazer o sinal da cruz e a conhecer Deus criador e o fim porque nos criou". Os encontros passaram a ser repetidos aos domingos e Garelli, "apesar da pouca memória", conseguiu aprender "as coisas necessárias para fazer uma boa confissão e, pouco depois, a sagrada comunhão". Dom Bosco conta que a esse primeiro aluno juntaram-se outros.

> Durante aquele inverno limitei-me a alguns adultos que tinham necessidade de catequese especial, sobretudo aos que saíam da cadeia. Pude então constatar que os rapazes que saem de lugares de castigo caso encontrem mão bondosa que deles cuide, assista-os nos domingos, procure arranja--lhes emprego com bons patrões e visitá-los de quando em quando ao longo da semana, tais rapazes dão-se a uma vida honrada, esquecem o passado, tornam-se bons cristãos e honestos cidadãos. Essa é a origem do nosso oratório, que, abençoado por deus, teve um desenvolvimento que então eu não podia imaginar. (BOSCO 1999, p. 108-110)

Em homenagem a Francisco Sales, orador da contra-reforma, fundador de escolas e entusiasta do catecismo e da alegria como um sinal de santidade, a primeira experiência oratoriana de Dom Bosco foi batizada em 1844 de Oratório de São Francisco de Sales, o que, por sua vez, explicaria o nome pelo qual foram batizados os voluntários de Dom Bosco, os "salesianos".[15] Após sucessivas mudanças de endereço, em 1846, o oratório ganhou como sede o imóvel pertencente a Francisco Pinardi, no bairro turinense de Valdocco, local que se tornou o núcleo da obra salesiana.[16] Mas, além de ser um oratório festivo tradicional, ou seja, ponto de encontro ou espaço de passagem transitório, a casa de Valdocco tornou-se, num segundo momento, um local de abrigo, moradia e educação profissionalizante para jovens de 12 a 18 que eram transformados em aprendizes e direcionados ao mercado de trabalho piemontês. Iniciava-se aqui o protótipo dos estabelecimentos educativos salesianos: os liceus ou colégios de artes e ofícios e, na sequência, as escolas agrícolas (AZZI, 2000, p. 217).

O modelo de ação social das casas salesianas, todavia, completava-se em outra ponta. Além de coordenar as atividades educativas e religiosas oferecidas aos jovens em Valdocco, durante a semana Dom Bosco promovia visitas aos ateliês da cidade que empregavam esses garotos a fim de verificar se os empregadores cumpriam seus deveres cristãos de tratá-los com injustiça e sem maus tratos (MONTERO, 2012). Gradativamente conquistando cada vez mais apoio de voluntários religiosos e leigos, o projeto reformador salesiano desse então novo capitalismo liberal conseguia dessa maneira transitar em duas ordens de discurso – o da civilidade e o da religiosidade –, provando engenhosamente que, além de não serem incompatíveis, o primeiro seria um correlato do segundo.

Em 1952, Dom Bosco já era reconhecido oficialmente pela arquidiocese como diretor e animador espiritual de três oratórios festivos em Turim. Na cronologia salesiana, o ano seguinte ficaria marcado pela fundação da primeira banda musical, instituição que seria transformada em uma eficiente máquina de propaganda da obra salesiana em várias partes do mundo, inclusive no Brasil. "Robusta banda marcial", assim foi chamada a primeira banda salesiana paulista pelo Diário Popular, no dia 12 de outubro de 1895. A de niterói, a primeira banda salesiana do Brasil, desde sua criação, em 1888, tornou-se elemento importante não só nas festas internas

---

15   Dom João Bosco escolheu o nome da sua sociedade em homenagem ao bispo de Genebra Francisco Sales, santificado em 1665. Nascido em 1567, filho de uma família nobre do Reino da Saboia (entre França, Itália e suíça) e de formação jesuítica, Sales tornou-se um aguerrido personagem católico durante a contra-reforma. Atribui-se ao seu apostolado nesse período a reconversão de contingente expressivo de calvinistas à Igreja Católica. Considerado o Padroeiro dos escritores e jornalistas católicos e transformado em doutor da igreja em 1867, Sales é autor de obras como controvérsias e a Defesa do Estandarte da Santa Cruz, Tratado do Amor de Deus, Introdução à Vida Devota, além de inúmeras cartas e pregações. Na angiografia católica são destacados sua gentileza, alegria, simplicidade e seu temperamento suave. Essas características são tidas como modelares para os salesianos.

16   A Casa Pinardi também foi alvo de processo de musealização e hoje integra o circuito turístico e religioso de Turim.

da congregação, como nos passeios e desfiles dos alunos salesianos realizados pela cidade (AZZI, 2000, p. 324).

Imagem 10: Banda do colégio de São Gabriel da Cachoeira (AM). Reprodução: Boletim Salesiano.

Ainda no campo da comunicação social, área na qual os salesianos despontariam como experts, 1853 marcaria também o lançamento de Leituras Católicas, a primeira revista popular salesiana italiana, título também editado no Brasil a partir de 1889. Criadores e mantenedores globais de inúmeras tipografias, gráficas, editoras, e contemporaneamente, produtoras de vídeo (e também faculdades de Comunicação Social), os salesianos se firmaram como importantes produtores midiáticos. No Brasil, no âmbito da Boa Imprensa Católica, destacam-se títulos como a revista Santa Cruz, publicação de divulgação cultural editada em São Paulo entre 1900 e 1929; a revista Mato Grosso, impressa a partir de 1904 nas oficinas gráficas do Liceu São Gonçalo de Cuiabá; e a fluminense Almanaque das Famílias Católicas Brasileiras, complemento anual da edição brasileira da Leituras Católicas (AZZI, 2003, p. 225). Ainda entre as publicações, importante citar o Boletim Salesiano, órgão de divulgação da obra salesiana descrito por Dom Felipe Rinaldi, terceiro sucessor de Dom Bosco, como veículo criado pelo fundador da congregação para "comunicar a sua vontade" aos seus colaboradores.[17] A versão em língua italiana, o Bollettino Salesiano, começou a ser editada em setembro de 1877, transformada na sequência em veículo de comunicação direcionado aos apoiadores (e financiadores) da obra salesiana. A edição em português, a partir de fevereiro de 1902, contando em parte com traduções dos artigos italianos e, noutra, com notícias referentes à obra no Brasil e Portugal (Ibidem). O boletim é publicado até hoje e serviu de fontes de pesquisa para inúmeros pesquisadores socioantropológicos.

A obra de Dom Bosco, contudo, avança decisivamente quando são estabelecidas pontes institucionais para que os salesianos unam suas práticas caritativas

---

17   Boletim salesiano, jan.fev. 1924.

laicas com o desenvolvimento de um projeto pedagógico e religioso congregacional particular. A partir de 1856, o núcleo salesiano de Valdocco torna-se um centro de ensino médio ginasial e organiza na década seguinte suas próprias oficinas de artes e ofícios com turmas regulares. Paralelamente a isso, ocupa-se da formação de estudantes aspirantes ao noviciado católico. Nesse período, os oratórios e as outras atividades pedagógicas são absorvidos por uma instituição maior: os internatos salesianos. Constituindo-se, em sua fase inicial, em um misto de noviciado, escola profissionalizante, orfanato e oratório festivo, este modelo institucional contribuiu para consolidar a fama de insubmisso que Dom Bosco alimentava junto à cúria Romana, como destaca Montero (2012). Misturando os aspirantes à vida sacerdotal com estudantes ginasiais e aprendizes de artes e ofícios, o mentor dos salesianos se recusava a mandar seus seguidores religiosos para os seminários diocesanos controlados pela cúria. Ele os mantinha em suas escolas próprias, condição primordial para dar início a uma futura congregação católica, instituição caracterizada pela imitação, por todos os seus membros, do carisma do seu fundador ("Querer ficar com Dom Bosco. Quer ser como Dom Bosco", é o lema do espírito salesiano).[18]

Em um contraponto explícito ao sistema monástico e hierárquico que marcara sua própria formação, Dom Bosco preferiu estimular em suas obras uma forma de autoridade mais aberta, visando que mestres e alunos pudessem, através do convívio cotidiano, produzir uma relação de mútua confiança, observa Montero (2012). O padre estabelecia um ideal de espiritualidade simples e alegre e livre de grandes mortificações. Mais interessado em uma formação moral do que intelectual, Dom Bosco procura desenvolver uma linguagem pedagógica que privilegiava os dialetos locais e fazia amplo uso de apologias e histórias edificantes, acrescenta a autora, fazendo referência à metodologia pedagógica batizada por Dom Bosco como "sistema preventivo", modelo inspirado pelo ideário do pedagogo francês Félix Dupanloup.

Esse sistema de educação estava estruturado sobre uma disciplina preventiva controlada por uma autoridade paternal, uma alternativa aos castigos corporais, método disciplinar empregado nos estabelecimentos educacionais europeus na metade do século XIX. Em linhas gerais, o tal sistema consistia em "fazer conhecer amplamente o regulamento e as praxes do estabelecimento e depois vigiar para que os alunos estivessem constante e ininterruptamente sob o olhar do diretor ou dos assistentes que, como pais amorosos, falassem, servissem de guias em todos os casos, aconselhassem e amigavelmente corrigissem, visando colocar os alunos na impossibilidade de cometer infrações", explica Manuel Isaú (2006).

---

18   A Congregação Salesiana, por sua vez, tem como lema: *"Da mihi animas, cetera tolle"* (Dai-me almas, ficai com o resto).

Esse autor lembra ainda que Dom Bosco afirmava que sua metodologia educacional estava assentada no tripé da Razão, Religião e Ternura (Amorevolleza). Desse modo, detalha Isaú, ainda em termos ideiais, eram excluídos das casas salesianas os castigos violentos e se evitavam os leves; privilegiavam a persuasão e a educação pelo exemplo; e pretendiam transformar os estabelecimentos de ensino, apesar de instituições fechadas e dotadas de rígidas regras, num ambiente familiar e marcado pela camaradagem, sendo incentivada a participação de pais e tutores dos alunos.

Direcionadas à gestão da vida cotidiana dos estudantes por meio de atividades complementares continuadas – música, ginástica, teatro, recreações supervisionadas e a participação em uma série de eventos cívicos –, as casas educacionais salesianas desempenharam modelarmente a figura de instituições totais, no sentido dado ao termo por Erving Goffman, ou seja, "como um local de residência e trabalho onde um grande número de indivíduos em situação semelhante, separados da sociedade mais ampla por considerável período de tempo, leva uma vida fechada e formalmente administrada" (GOFFMAN, 1974, p. 11).

Segundo Montero, ao integrarem hospedagem, instrução e entretenimento, os internatos eram capazes de gerenciar a vida cotidiana dos seus pensionistas nas suas múltiplas dimensões: relações familiares, de trabalho e tempo livre. Enfim, usinas de produção de almas e corpos, assim poderiam ser definidas as casas salesianas de meados do século XIX até as quatro primeiras décadas do século XX. Traduzido para a linguagem bosconiana, centros de formação de bons cristãos e cidadãos sadios, honestos e virtuosos. Afinal, a formação intelectual e civil dos cidadãos seria para os salesianos corolários de uma formação religiosa, na qual os estudos e o trabalho seriam ações estritamente vinculadas à piedade e à fé católica. Relendo os prospectos das escolas salesianas de São Paulo, por exemplo, Isaú nos conta que, além dos currículos e súmulas dos programas de ensino, os documentos elencavam quais seriam as práticas extracurriculares julgadas indispensáveis para o aprimoramento da formação do aluno, "da galhardia do corpo, firmeza da vontade, constância do caráter, hábitos de ordem, disciplina, respeito à autoridade e formação sadia de hábitos de formação religiosa" (1976).

Inserido nessas instituições disciplinares, o cotidiano dos alunos era organizado por regulamentos que intencionavam "guiar a vida dos meninos/jovens percebidos como aqueles que vivem a idade do perigo, da instabilidade, das descobertas – perigosas – do corpo/sexo, da tendência das más companhias e leviandades. Corpos frágeis e maleáveis, que se não fossem insistentemente vigiados e orientados, incorreriam no erro" (NICOLAU, 2008). Escrito por Dom Bosco entre 1852 e 1854, o Regulamento do Oratório de São Francisco de Sales foi adaptado e transformado, em 1877, no Regulamento das Casas da Sociedade de São Francisco de Sales (ISAÚ,

2006; NICOLAU, 2008), documento que foi publicado em livro e distribuído individualmente nos colégios internatos para os alunos, que eram estimulados a lê-lo diariamente. Segundo Fabiana Nicolau, para "incorporá-lo, inscrevê-lo no corpo e na alma, ou melhor, para produzi-los a partir deste".

No Regulamento das Casas da Sociedade de São Francisco de Sales constam, em dezesseis capítulos, um conjunto de regras e prescrições definidas por Dom Bosco a fim de inculcar formas padronizadas de pensar, julgar, desejar e sentir. A autora citada acima, quando usa o Regulamento para fazer dele uma peça de análise do discurso--prática da produção do masculino pelas mãos salesianas, nos apresenta uma série de apontamentos interessantes. Entre eles, está a percepção do lugar do corpo – e das boas maneiras a ele associadas – no interior da pedagogia salesiana, que o tomava como reflexo da alma. Ambos, corpo e alma, alvos de tecnologias disciplinares, minuciosamente orquestradas pelo regulamento, que prescreve toda ordem de reações emocionais e comportamentos corporais: como se sentar nos bancos das igrejas ou à mesa, o que rezar e como rezar, saber ouvir os mais velhos, aceitar as advertências dos superiores como demonstrações de carinho, como entoar a voz em determinado canto, acordar ao toque da sineta, não encostar a cabeça na mesa, como manter o rosto constantemente alegre, como se ajoelhar diante dos diferentes tipos de altar, exemplifica a autora.

Com os verbos flexionados na segunda pessoa, destaca a autora, como se um mestre estivesse dirigindo diretamente suas palavras para seus alunos, o detalhamento prescritivo do documento impressiona.

> [...] Feito sinal da cruz, fazei reverência ao altar se nele estiver apenas a cruz ou alguma imagem; genuflexão simples se estiver o S.S Sacramento no tabernáculo, e ambos os joelhos se o santíssimo estiver exposto [...] durante as sagradas funções, evitai, quando puderdes, o bocejar, virarvos pra cá e pra lá [...] nas orações comuns, não levantei demais a voz nem tão pouco abaixes a ponto de não serdes ouvido [...] o corpo e as roupas devem estar sempre asseados [...] recomenda-se a modéstia dos olhos: eles são as janelas por onde o demônio leva pecado ao coração [...]. 19

As regras também incidem sobre a sexualidade, orientadas por uma heteronormatividade, constratada pelo perigo do "desvio", "anormalidade" e dos "vícios".

---

19 Regulamento para as casas salesianas. Editado em Niterói, na Escola Industrial Dom Bosco, 1961.

[...] amai-vos todos reciprocamente, como manda nosso senhor, mas guar- dai-vos de dar escândalos [...] as mãos, quando não estão ocupadas, estejam em posição decorosa, e, de noite, quando for possível, conservai junto ao peito [...] abstende-vos de por as mãos sobre os outros e nos recreios não andeis de mãos dadas ou de braços dados.[20]

Agir sobre a alma de um jovem cristão implica agir sobre seu corpo e seus hábitos, dotando-o de técnicas para autocontrole e autogoverno. Mas, para a eficácia desse regulamento, lembra Nicolau, deveria estar presente no dia a dia das casas salesianas e, como ela demonstra, de fato estava:

> Todo o domingo era lido, anualmente havia a Festa do Regulamento, ao mesmo tempo em que os comportamentos exigiam que os meninos vivessem as regras/normas, isto porque ele era observado e avaliado a partir daquilo que ele fazia ou não, ou seja, se rezava, se acordava com o sinal da sineta, se comia tudo que havia no prato, se ajoelhava-se da maneira correta... exigia-se dele aquilo que estava prescrito no texto, a partir disso, ele era considerado bom ou mau. (NICOLAU, 2008, p. 4)

Como observa a autora, tornar-se virtuoso significava muito mais do que obedecer. Tratava-se de aprender a se situar dentro de uma engenharia da "boa autoridade", na qual a obediência seria condição necessária para a aprovação, reconhecimento e admiração, "já que o 'bom menino' era sempre alvo de elogios e exortações públicas" (*Ibidem*). Interessante destacar, assim como fez Nicolau, que na contracapa das primeiras edições do Regulamento consta a imagem de um garoto de paletó e auréola sobre a cabeça. Logo abaixo dele os dizeres: "São Domingos Sávio, que se santificou obedecendo este regulamento". O piemontês Domingos Sávio frequentou o Oratório São Francisco Sales de 1854 a 1857, ano de sua morte. Espécie de oratoriano dileto de Dom Bosco, aquele que seguia as normas à risca, foi tornado modelo de conduta cristã juvenil, sendo santificado por Pio XII, transformando-se no primeiro santo adolescente da história. A produção de ícones modelares vem sendo constante ao longo da trajetória da congregação religiosa. A missão salesiana entre os índios Bororo, por exemplo, produziu como modelo juvenil indígena o Motojeba, jovem bororo cuja vida idealizada foi representada na obra Motojeba, uma flor da floresta, escrita por César Albissetti e Ângelo Venturelli (1962). A experiência missionária na Argentina rendeu os beatos Laura Vicunha, protetora das crianças e adolescentes

---

20 *Ibidem.*

vítimas de abuso sexual, e Ceferino Namuncura, índio mapuche que entrou para o panteão da religiosidade popular argentina.

Assim, no modelo de conduta sistematizado pelos salesianos, "educação", "civilidade" e "religião" seriam termos correlatos. Afinal, tomar a educação e determinada conduta moral como valores para si seriam uma prova de respeito a Deus. E uma formação estaria dependente necessariamente da outra. "A ciência nunca entrará numa alma maldosa, nem residirá num corpo escravo do pecado", ensina Dom Bosco em seu regulamento.

Todavia, o sistema moral salesiano só estaria completo com o valor "trabalho". Segundo Manuel Isaú, o capítulo 5 do documento pode ser entendido como uma síntese da pedagogia laboral dos salesianos. Vejamos os sete parágrafos aqui transcritos:

> 1. O homem, meus jovens, nasceu para trabalhar. Adão foi colocado no Paraíso terrestre para cultivá-lo. O Apóstolo São Paulo diz: "É indigno de comer aquele que não quer trabalhar".
>
> 2. Por trabalho se entende o cumprimento dos deveres do próprio estado, quer o estudo, quer seja uma arte ou trabalho.
>
> 3. Pelo trabalho podeis vos tornar beneméritos da sociedade, da religião, e fazer bem a vossa alma, especialmente se oferecerdes a Deus as vossas ocupações cotidianas.
>
> 4. Entre vossas ocupações dai sempre preferência às que foram ordenadas pelos vossos Superiores, ou prescritas pela obediência, decididos a nunca abandonar nenhuma de vossa obrigação, para empreender coisas não mandadas.
>
> 5. Se adquirirdes alguns conhecimentos, daí glória a deus, que é o autor de todo o bem, e não vos orgulheis, porque orgulho é um verme que rói e faz perder o merecimento de todas as vossas boas obras.
>
> 6. Lembrai-vos que a vossa idade é a primavera da vida. Quem de moço não se habitua ao trabalho, quase sempre será um madraço, até a velhice, desonrando a pátria e a família, talvez causando um mal irreparável à sua alma.
>
> 7. Quem é obrigado a trabalhar e não trabalha, furta a deus e a seus superiores. Os ociosos, no fim da vida, sentirão grandíssimo remorso pelo tempo que perderam.

Interessante notar que o trabalho, antes de ser interpretado como parte da maldição que recaiu sobre a humanidade por conta da desobediência adâmica e consequente expulsão do Paraíso, é a condição nesta terra para o acesso a um Paraíso recuperável. Assim, na teologia do trabalho salesiana, o labor é entendido como a execução obrigatória de uma tarefa imbuída de sentidos teleológicos/cosmológicos. Fazer o que deve ser feito, isto é, aquilo que divinamente está previsto para ser feito. Neste âmbito, a noção religiosa de trabalho conecta-se a ideia de ordem, obediência e progresso. E nos internatos dos padres salesianos, o imperativo do trabalho se impõe aos jovens de diversas maneiras. Mas, sem dúvida, como expressa o regulamento das casas de Dom Bosco, o trabalho mais importante a ser desempenhado pelos alunos salesianos é o "trabalho de estudar", o trabalho de se autoproduzir enquanto um cidadão produtivo.

Dentro do sistema pedagógico salesiano, o trabalho também emprestaria outro valor à "educação", retirando-a do exclusivo e requintado âmbito da erudição humanista, característica particularmente marcante no sistema educacional brasileiro do início do século XX (ISAÚ, 1976; 2006). Trata-se aqui de uma educação profissionalizante, técnica e funcional,[21] pensada enquanto fruto de uma ação institucional católica comprometida com o desenvolvimento de uma moralidade pública. Todavia, se instituições disciplinares dessa natureza foram típicas do século de Dom Bosco, a experiência salesiana se distinguia na ocasião pelo seu público-alvo, ressalta Montero. Eles passavam a oferecer aos grupos juvenis pobres, marginalizados e/ou desterritorializados uma proposta educacional integral, garantindo o completo "controle do tempo do aluno, impondo a ele uma vigilância continuada" (MONTERO, 2012).

Dom Bosco tinha uma ideia clara a respeito da serventia política desse modelo educativo. O historiador Riolando Azzi nos conta, por exemplo, que o padre, em discurso realizado em Nizza Mare, em 1877, declarou à plateia reunida para a inauguração do patronato de São Pedro que os salesianos tinham como missão "transformar seres humanos prejudiciais à sociedade civil em homens úteis a si próprios, a seu semelhante, à religião" (AZZI, 2000, p. 222). A educação profissional para jovens rústicos e pobres, em geral oriundos de áreas rurais, seria o meio de prepará-los para "ganhar honestamente o sustento" (AZZI, op. cit.), sem o qual não deixariam de cumprir os seus destinos de "seres que estão a ponto de se tornarem o

---

21 O currículo escolar profissionalizante salesiano "estava dividido em dois grupos. O primeiro de dois anos, complemento do curso elementar, incluía religião, língua nacional, geografia, civilidade, higiene e música. No segundo, de três, compreendia religião, desenho, música, história natural, física, química e mecânica, história, francês, italiano, contabilidade e sociologia. Além dessas disciplinas e dos processos gerais que as orientavam, fizeram-se os programas completos de cada ofício para os cinco anos de aprendizagem. O ano era dividido em dois semestres, sendo dez os graus que o aprendiz devia percorrer para atingir o final do curso, podendo-se acrescentar mais um ano de recapitulação geral do curso, de como que o aprendiz, entrando na escola com 12 anos, saísse dela formado aos 18" (ISAÚ, 1976).

flagelo das autoridades, os infratores das leis públicas, caminhando na ladeira fatal que conduz ao crime e à prisão" (*Ibidem*).

Com a sua piedade cristã e preceitos católicos, os salesianos transformaram um modelo educacional em uma ferramenta de controle e ordenamento social (BORGES, 2010). Colocavam à disposição do mundo laico uma máquina "pacificadora, polidora de costumes" e integradora de um contingente juvenil a uma nova ordem produtiva, seja ela urbana-industrial (por meio das escolas de artes e ofícios) ou rural (por meio das escolas agrícolas). Pois, embora fossem clérigos e antiliberais, o discurso e a prática educacional salesianos ressoavam em harmonia com o ideário da época, especialmente o positivista, quando os discípulos de Dom Bosco apregoavam o apreço pelo progresso através da educação, ciência e técnica (MONTERO, 2012). O bispo brasileiro Dom Luiz Raimundo da Silva Brito evidenciou essa afinidade de forma eloquente em um discurso proferido em 1896:

> ...o século quer ciência, e os salesianos a ministram a seus discípulos; o sé- culo quer escolas de artes e ofícios, e os salesianos as têm em sua oficinas; o século quer imprensa, e os salesianos a sustentam em suas tipografias no mais elevado grau de perfeição. (AZZI, 2000, p. 145)

O próprio fundador da congregação – e também célebre taumaturgo europeu do século XIX – estimulava e reconhecia o interesse dos seus discípulos pelas ciências que, aos seus olhos, nada mais faziam do que propiciar aos homens "melhor conhecer a criação divina", visão que expressa uma espécie de modernização da cosmologia fixista católica. Junto com a sua obra educacional e filantrópica, proliferam pelo mundo inúmeros aparelhos institucionais científicos, como as tradicionais estações meteorológicas salesianas. A vinculação desses aparelhos à história da congregação remonta a 1881. Nesta data, durante o III Congresso Geográfico Internacional reunido em Veneza, por meio do ilustre acadêmico e padre Denza, foi proposto a Dom Bosco que ele providenciasse a instalação de um "osservatorî meteorologici" na Patagônia, o seu primeiro território de missão entre os ameríndios. Operacionalizado pelos missionários de campo, as informações seriam usadas em estudos acadêmicos nos centros europeus. Registram os documentos posteriores que, "ciente da influência benéfica sobre o clero da luminosa aureola da ciência".[22] Dom Bosco consentiu ao pedido, e no mesmo ano Dom Luigi Lasagna voltaria da América para a Europa incumbido da missão de garantir a instalação de um observatório meteorológico no Colégio de Villa Colon, no Uruguai, um centro de formação técnica dos salesianos.

---

22   L'Opera di Don Bosco all'Estero – Osservatorî meteorologici. Material publicitário divulgado durante a Esposizione Internazionale de Milão, de 1906.

Como veremos com mais atenção adiante, a articulação entre ciência e projeto pedagógico redundou também na formação de uma gama variada de espaços museológicos inspirados nos tradicionais museus europeus de ciência natural. Instalados nos vários estabelecimentos de ensino da congregação em todo o mundo, esses proto-museus salesianos tiveram suas coleções compostas e gradativamente enriquecidas pelos entomologistas, etnólogos, geólogos, botânicos, etc, da própria congregação, tenham sido eles amadores ou nomes respaldados pelas devidas chancelas científicas[23] da época.

Vale mencionar também que as casas salesianas espalhadas pelo mundo serviram de ponto de apoio para inúmeras expedições científicas e mantiveram intercâmbio com outras instituições laicas. No relatório *Uma expedição à Terra do Fogo,*[24] por exemplo, o Dr. Aureliano Oyarzun, diretor do Museu de Etnologia e Antropologia do Chile, explicita na década de 20 do século passado as contribuições que o museu Territorial Salesiano Puntarenas aportou para a ciência local. Em outra frente e anos mais tarde, a Missão Salesiana na Amazônia, mesmo que indiretamente, teria papel destacado na formação do acervo dito etnológico do estado italiano. Na seleção de documentos do Archivio Storico Cartáceo do Museu Nacional Pré-histórico Etnográfico Luigi Pigorini, em Roma, instituição criada a partir das coleções do antigo Museu Etnográfico do Colégio Romano, constam informações sobre a coleta de peças ameríndias realizadas próximas ou vinculadas às casas salesianas instaladas no Alto Rio Negro, noroeste do Estado do Amazonas, sugerindo que os tais estabelecimentos serviram de bases estratégicas para a circulação de pesquisadores e exploradores italianos pela região onde os salesianos estavam instalados.

Na pasta 107, relacionada a Enrico Ciciotti, estão arrolados quatro vasos em terracota, "2 faretra", dois arcos e sete flechas, inclusive uma com ponta de ferro, recolhidos em 6 de julho de 1962, "numa aldeia maku próxima à missão salesiana de Iauaretê". O documento registra ainda novas coletas realizadas em 13 (dois arcos iguais e dois pares de flechas diferentes) e 15 (um banco de madeira, três cuias e uma corda) do mesmo mês, ao longo do curso do Rio Tiquié, um dos afluentes do Uaupés e tradicional caminho fluvial salesiano. Além disso, uma série de outros objetos coletados em Manaus, sem data espe-

---

23 Além dos citados autores das monografias etnográficas salesianas, como Antonio Colbacchini (*Os Bororo orientais*, 1925, ou a *Tribu dos Boróros*, 1919), Angelo Venturelli e César Albisetti (*Enciclopédia Bororo*, editada em três volumes, 1962, 1969 e 1976) e Alcionílio Brüzzi Alves da Silva (*A Civilização Indígena do Uaupés*, 1977), a Missão Salesiana no Brasil tem entre os seus membros inscritos nos anais da história científica brasileira nomes como o mestre coadjutor Jorge Marie Joseph François Guislian Bombled van Arshoven, professor honoris causa de meteorologia da Universidade Federal de Mato Grosso.

24 *Boletim salesiano*, n. 3, mai/jun. 1921, p. 81.

cífica, figura na lista. A coleção fruto dessa expedição, que teve a Iauaretê como base de apoio, foi oferecida à venda ao Estado italiano por meio de carta ao Professor Sestieri, representante do Ministero della Pubblica Istruzione – Direzione Generale delle Antichità e Belle Arti. Autoridade que responde a missiva informando que a operação de compra havia sido autorizada pelo valor de 85.000 liras, "entanto, modesto em comparação com o valor científico dos objetos em questão".[25]

O arquivo histórico do Museu Pigorini documenta, parcialmente, a trajetória de outra importante coleção amazônica do museu, na qual os salesianos tiveram participação decisiva: a coleção Biocca. Renomado professor de biologia da Universidade de Roma, Ettore Biocca fora convidado em meados dos anos 40 pelos padres salesianos para empreender uma expedição científica na região do Alto Rio Negro para estudar a proliferação da tuberculose entre a população local. A viagem rendeu ao professor uma coleção de objetos coletados entre os índios tucanos, que se tornaram tema das quatro cartas, datadas de 1953, registradas na pasta 43 do arquivo. Nelas são tratados os termos da transferência dessa coleção particular para o Museu Pigorini. Já no primeiro documento, o Ministero della Pubblica Istruzione – Direzione Generale delle Antichità e Belle Arti, da Itália, notifica a pretensão de Biocca doar a sua coleção tucano mediante o compromisso do museu respeitar três condições: que ela ficasse exposta vizinha "a importantíssima 'Collezione Coppi'", fosse nomeada "Coleção Biocca" e jamais fosse fragmentada.[26] O Ministério autorizava o recebimento da coleção nessas condições e acrescenta que era para "corresponder ao Prof. Biocca contribuição de 100.000 liras a título de ressarcimento de despesas de transporte e várias (outras) apresentadas pelo próprio, onerando assim, a tal despesa, os fundos disponíveis deste departamento".[27]

Em documento posterior, a direção do museu faz menção aos valores associados à transação, ressaltando que eles seriam irrisórios, tendo em vista a raridade das peças que comporiam a coleção. Mais tarde, dirigindo-se ao museu, Biocca reafirma sua intenção de doar e não vender a coleção, mas reafirma as condições acima como termos condicionantes.

Ironicamente, Dom Bosco, celebrado pela literatura apologética católica pelos seus dons proféticos, empenhou-se de fato para fundar uma organização ta-

---

25   *"peraltro assai modesta rispetto al valore scientifico degli oggetti in parola."*

26   Infelizmente, durante minha estadia em Roma entre o fim de 2008 e o começo de 2009 não pude constatar a observância dessas condições pela administração atual do museu Pigorini. A seção expositiva dedicada à América do Sul havia sido desmontada, sem previsão de ser reorganizada.

27   *"corrispondere al Prof. Biocca il contributo di L 100.000 per risarcimento di spesa sui fondi a disposizione di codesto Ufficio."*

lhada para os novos tempos. Apesar da sua formação franciscana, destaca Montero (2012), o padre piemontês inspirou-se no modelo dos institutos seculares para compor os estatutos de sua nova sociedade. Dom João Bosco, explica a autora, não concebe, pelo menos no início, sua organização como uma congregação religiosa, mas sim como obra pastoral. Seguindo as orientações sugeridas pelo próprio pontífice Pio IX, Dom Bosco deu preferência a regras e práticas salesianas que distinguissem seus clérigos o mínimo do mundo laico (AUFRRAY, 1969). Estimulados a encarnarem a representação do religioso afeito à modernidade, aquele capaz de conciliar fé e ciência, devoção e senso prático, a maneira diferenciada dos salesianos de viverem sua espiritualidade interligada às dimensões prosaicas e produtivas da vida frente aos tradicionais católicos seria reconhecida até pelos mais ferrenhos adversários.

Para alguns ativistas anticlericais – que viam neles um jesuitismo atualizado – eram motivos adicionais para serem combatidos (AZZI, 2000). Seriam os salesianos "padres de calças", infiltrados na nascente e caótica trama urbana da vida moderna, trabalhando para reencantar um mundo que acreditava estar se alforriando das amarras do irracional. A despeito disso, com o pragmatismo que lhes era típico, os salesianos ofereciam à sociedade laica e liberal a implementação e gestão de escolas profissionais católicas – com suas oficinas de tipografia, encadernação, impressão, marmoraria, serralheria, alfaiataria, sapataria etc. – como um dos possíveis meios para enfrentar "de forma prática a questão social, que [...] se aguçava na Europa, em consequência da rápida urbanização e industrialização" (AZZI, 2000, p. 223).

Apostando na pertinência e eficácia do seu projeto filantrópico, Dom Bosco ia à arena pública para defendê-lo e, também, arregimentar apoio. Em Barcelona, em 1886, por exemplo, o padre exortou a aristocrática plateia da sociedade católica a considerar que os jovens educados pelas escolas profissionais salesianas "ficavam livres das prisões, tornando-se exemplos vivos de trabalho e honestidade" (*Ibidem*). Em Lyon, 1883, sua fala dura exigia que a sociedade assumisse uma responsabilidade para com esses jovens mediante um risco: "se vos retirais, se deixais que esses meninos se tornem vítimas das teorias comunistas, os benefícios que hoje lhe recusais, eles virão pedir-vos um dia, não mais com o chapéu na mão, mas colocando a faca no vosso pescoço, e talvez, juntamente com os vossos bens, haverão de querer também a nossa vida" (CERIA, 1941, p. 68 *apud* AZZI). Dom Bosco necessitava de verbas públicas ou doações pessoais para expandir a sua rede salesiana, ancorada, inicialmente, em torno de oratórios, escolas profissionalizantes e também orfanatos.

Admirado ou tolerado, o projeto salesiano foi ganhando autoridade moral para além de suas estritas aspirações confessionais. Por meio de cerimônias públicas, autoridades eclesiásticas e laicas, personalidades internacionais e citadinos em geral passaram a testemunhar *in loco* a eficácia do projeto educacional de Dom Bosco sobre os jovens assistidos. "Minuciosamente preparadas, nada faltava: ofícios pios bem ensaiados, batismos solenes, presença de autoridades, música de orquestra, canto coral, espetáculo teatral de grande impacto e loterias para adultos" (MONTERO, 2012, p. 75). Esses eventos que paulatinamente tornaram-se pauta jornalística, outorgando maior notoriedade para a obra salesiana. Segundo Montero, o espetáculo perfeitamente sincronizado da massa de jovens pobres cantando com devoção "sem vigilância aparente produziam um efeito surpreendente e, sobretudo, convincente" (2012, p. 75).

Imagem 11: Parada dos alunos do Liceu de Cuiabá. Reprodução Boletim Salesiano, 1903.

A transformação de cerimônias públicas tanto em instrumentos pedagógicos para incutir os valores de civilidade em seus alunos como em peças propagandísticas desse tipo educação pode ser constada anos mais tarde também nas missões entre as populações indígenas no Brasil, particularmente entre os Bororo. Em carta de Pe. Miguel Curró endereçada a Dom Felipe Rinaldi, terceiro sucessor de Dom Bosco no comando da congregação (1922-1931), de 5 de junho de 1924, o religioso comenta o impacto que o coral de crianças Bororo de sangradouro causava nas plateias flutuantes, que assistiam à execução dos cantos gregorianos:

> Os viajantes que vão para as minas diamantinas de Cassununga, ou que partindo de lá, por aqui passam, assistem, às vezes, às nossas festas e ficam surpreendidos ao ver o estado de civilização dos Bororo, chegando alguns a lhes invejar a felicidade de estarem cercados de tantos e valiosos meios de educação e formação moral, de que tanto necessitavam os numorosos garimpeiros espalhados nas ricas e vastas zonas do Araguaya e Garças.

Luiz Marcigaglia (1958), Sylvia Caiuby Novaes (1993) e Riolando Azzi (2002) destacam em suas obras que uma banda musical Bororo fora usada pelos padres salesianos como veículo propagandístico durante as comemorações do centenário da abertura dos portos por Dom João VI, em 1908. Para o evento, homenageado como uma grande exposição nacional no Rio de Janeiro, a congregação "teve a ideia de enviar os meninos Bororo, participantes da banda de música da colônia do sagrado Coração de Jesus para se apresentarem no Rio de Janeiro" conta a autora (NOVAES, 1993, p. 169). Como interpreta Azzi, para o Padre Pedro Antônio Malan, autoridade máxima salesiana no Brasil à época, "tratava-se de uma excelente oportunidade para propagar a atividade missionária dos salesianos" e, para tanto, tratou de solicitar ao governo federal auxílio para o transporte de uma banda de índios bororo (2002, p. 293). De início as autoridades acharam a ideia "esquisitíssima", registra Marcigaglia. "Mas diante das explicações e do entusiasmo do P. Malan", o projeto fora aceito (1958, p., 68). Para a estreia na República, "os jovens foram ensaiados pelo alfaiate chefe do colégio de Cuiabá, que era também um bom maestro de música. Receberam uniformes e foram dispensados dos trabalhos agrícolas" (NOVAES, 1993, p. 169). No dia 11 de agosto, a banda bororo tocou o hino nacional na abertura inaugural da exposição montada na Praia Vermelha, causando admiração geral na plateia.

> Eram 21 índios, jovens e robustos, metidos num elegante uniforme, ensina- dos e dirigidos por um irmão coadjutor salesiano, o mestre Angelo. Os pe- quenos músicos, em toda parte onde iam, eram acolhidos com cordialidade e entusiasmo (MARCIGAGLIA, 1958, p. 68).

É importante adiantar que a participação salesiana em uma série de mostras e exposições, sejam elas universais, coloniais, industriais ou didáticas, datam desde as duas últimas décadas do século XIX também na Europa. Fazendo desses eventos vitrines para trazer a lume sua obra educativa e social, os salesianos exibiam ao público as produções artísticas e técnicas provenientes das suas oficinas, dando início, como veremos a seguir, a sua longa carreira expositiva. O Boletim Salesiano de setembro e outubro de 1929 registra o argumento de um jornalista italiano publicado no jornal Gazzetta Del Populo:

> ...foi atendendo às necessidades crescentes do mundo atual que a direção dos salesianos quis dar, mediante esta sua característica e, em vários pontos, original Exposição uma ideia exata e orgânica do que se deve fazer; quis mostrar aonde se dirigem as suas escolas e a perfeição que elas desejam atingir. (p. 150).

A fama salesiana corria pelo mundo. Já em agosto de 1878, o jornal católico brasileiro O Apóstolo publicava um extenso artigo do português Antônio de Almeida, no qual o autor afirmava "que a nova fundação católica de Turim era um verdadeiro 'prodígio'" (AZZI, 2000, p. 137). A obra salesiana também já era laureada pelo meio eclesiástico extra-italiano, que passou a percebê-la como uma ferramenta útil e manejável aos seus específicos projetos. "Ah meu Dom Bosco! Artes e ofícios grandes coisas nos nossos dias; artes e ofícios e instrução primária para os filhos do povo", exclamou o bispo do Rio de Janeiro Dom Pedro Maria de Lacerda, em carta de novembro de 1877, endereçada ao mentor dos salesianos, na qual reconhecia utilidade das casas salesianas para a sociedade brasileira. "Para a instrução superior há (no Brasil) bons colégios, dirigidos por comunidades religiosas; mas para os meninos, para os filhos do povo é preciso trabalhar muito. E quem melhor que os salesianos?", perguntava o bispo, que tivera a oportunidade, dois anos antes, de conhecer a casa salesiana de Valdocco, em Turim.

A notoriedade da obra social salesiana – e do dito carisma espiritual do seu fundador – ultrapassavam as fronteiras católicas do Piemonte e ganhavam adesão e simpatia crescente de um público cada vez mais amplo e de interesses heterogêneos, como atesta a acalorada recepção que Dom Bosco recebera em sua primeira viagem à França, quando percorreu, aos 68 anos de idade, inúmeras cidades até chegar à capital francesa.

Para Paris, também chamada por Walter Benjamin de "a capital século XIX", o padre trouxe "em si o reflexo da santidade e o gênio caritativo de São Vicente de Paulo. E Paris nunca fica insensível a tudo isso", conta A. Auffray (1969). "Além do mais fazia milagres". O então velhinho descrito pelo jornal Le Figaro como "um homem de baixa estatura, de aspecto simples e modesto, sem afetações, sem pompa e sem palavras solenes" teria feito na cidade alguns dos milagres curativos pelos quais ele seria anos mais tarde canonizado As façanhas místicas e sociais, e a boa impressão que o padre causava em segmentos da sociedade parisiense, eram repercutidas pelos jornais pelo mundo e acompanhadas pelas elites francófonas, inclusive a brasileira (AZZI, 2000).

Já em Lyon, onde também lotou naves de igrejas nas quais católicos se aglomeravam para conhecer o padre prodígio do Piemonte, acabou recebendo medalha de ouro da Sociedade Geográfica local, após seduzir a plateia de estudiosos e acadêmicos reunida numa sessão solene da associação científica ao apresentar uma detalhada descrição da Patagônia, terra para qual tinha enviado seus primeiros missionários. O futuro santo expôs, com dados e observações recolhidos pelos seus missionários em campo, "a fauna e flora dessas regiões, as curiosidade geológicas e riquezas minerais; descrevia os contornos desiguais das costas, das montanhas, dos rios, explicava os costumes curiosos dos habitantes" (AZZI, 2000).

Capaz de conciliar múltiplos interesses e adaptar-se a contextos locais específicos, a obra de Dom Bosco irá crescer por meio de uma rede assistencial e pedagógica, articulada, pelo menos no início, em torno de escolas profissionalizantes. Todavia, a história da obra salesiana ganhará um capítulo especial a partir de 1875, com o desenvolvimento de suas atividades religiosas em espaços que seriam definidos pela Igreja, especificamente pela Congregação Propaganda Fide, como "territórios de missão", ou seja, regiões onde a estrutura eclesiástica católica não estivesse plenamente desenvolvida. Será por meio da articulação dessas duas frentes de atuação religiosa – a prática pedagógica civilizatória dos colégios em centros urbanos cristianizados e a instalação e animação de missões evangelizadoras entre populações não-cristãs ou entre frentes imigratórias europeias, sobretudo italianas, em áreas desassistidas eclesiasticamente – que a obra salesiana se multiplicará pelo mundo, baseada numa estrutura organizada em rede.

Capítulo 2

Uma rede salesiana trançada sobre um território de missão

Na proposta original de Dom Bosco, a sociedade de São Francisco de Sales, prioritariamente direcionada ao atendimento juvenil, deveria incluir como membros, além de padres e irmãos coadjutores, leigos, ou seja, pessoas externas à hierarquia eclesial. Considerado diferenciado para os padrões vaticanos por pretender misturar numa mesma congregação religiosos e não-religiosos, o modelo foi recusado pela Santa Sé. Todavia, como saída alternativa, o padre propôs a criação de uma associação dos cooperadores salesianos, organização leiga paralela à Pia Sociedade aprovada em 1876 pelo Papa Pio IX. Da perspectiva bosconiana, outro batalhão, agora de personalidades posicionadas para além dos muros da igreja, teria "o ofício de ajudar por meio materiais e morais a obra salesiana", como explicou Alexandre Luchelli, inspetor dos Institutos salesianos do Piemonte, durante o VIII Congresso Internacional de Cooperadores Salesianos, promovido no início da década de 20 do século passado.[1]

Interessado em replicar pelo mundo o modelo testado com sucesso no Piemonte, Dom Bosco pretendia construir em torno de suas casas educacionais e assistenciais uma rede de apoiadores locais. Eles se tornariam financiadores de sua obra e garantiriam aos salesianos menor dependência dos cofres vaticanos. Habilidosamente, o padre pretendia fazer das energias de uma igreja leiga e dos interesses de um pontificado ultramontano motores para a multiplicação de sua própria obra. Sobre a pertinência dessa relação sinergética entre leigos e o Vaticano, Dom Bosco explicaria da seguinte forma, como fez referência o inspetor Luchelli no documento citado acima:

> Virá o dia que Cooperador significará verdadeiro cristão! – Serão os Coope- radores os que ajudarão a promover o espírito católico. Quanto

---

1 *Boletim salesiano*, n. 4, mai./jun. 1920.

mais perse- guida for a santa sé, e com mais força brotar por todas as partes a impieda- de, mais os cooperadores salesianos levantarão o facho luminoso da sua operosa fé.

No modelo desenhado por Dom Bosco, o núcleo de Valdocco, em Turim, seria o ponto articulador do projeto salesiano e casa modelar a ser replicada em rede planetária. Em consequência, Valdocco iria se transformar e crescer na velocidade da expansão salesiana pelo mundo.[2]

Aos padres e irmãos coadjutores espalhados pelo globo caberiam as responsabilidades de abrir e animar oratórios festivos e escolas profissionalizantes para receber e formar os meninos das regiões para onde tivessem sido enviados. Numa primeira fase, assim como na Europa, os salesianos iriam também abrir em várias partes do planeta, além de inúmeros liceus de artes e ofícios, escolas agrícolas, que deveriam "complementar o projeto de formação de operários urbanos com a instrução destinada à preparação de trabalhadores rurais" (AZZI, 2000, p. 245).[3] Posteriormente, se especializariam também no ensino secundário, transformando-se, num segundo momento, num importante núcleo institucional dedicado à formação das elites locais, especialmente na América do Sul. No caso brasileiro, por exemplo, Montero apresenta as afinidades eletivas do projeto de civilidade urbana moderna salesiana ao contexto local de forma cabal:

> encontrou aqui (a congregação salesiana) uma classe burguesa liberal em fase de afirmação para a qual os liceus pareciam um instrumento importante na tarefa de suprimir os hábitos ainda rústicos da juventude, incutir-lhes boas maneiras e desenvolver neles os valores da urbanidade e cidadania. Para os filhos das antigas oligarquias canavieiras do nordeste, da nova burguesia cafeeira e pecuarista do sul em ascensão que

---

2   Hoje, a avenida que dá acesso a Valdocco funciona como marca limítrofe que circunscreve um dos quadriláteros do centro histórico de Turim. De frente e do lado aposto ao centro, Valdocco está cercada por comunidades imigrantes, destacadamente a muçulmana.

3   No Brasil, os salesianos abrem escolas agrícolas em São Paulo, Minas, Mato Grosso e também em alguns estados do nordeste. "Não obstante, em vista do tradicional vínculo do trabalho rural com a escravidão, o interesse pelo ensino agrícola foi bastante limitado [...] a maior parte (das escolas) permaneceu no estado embrionário" (AZZI, 2000, p. 245), com exceção da escola de agronomia de Cachoeira do Campo, que recebeu forte apoio do Estado de Minas Gerais. Importante adiantar aqui que a missão entre os índios Bororo nasce articulada em torno de um projeto educacional que também visa inseri-los na sociedade brasileira por meio da capacitação ao mercado agrícola.

passaram sua infância nos engenhos e nas fazendas, os colégios salesianos se apresentavam como uma porta de ingresso para a sociedade urbana. (2001, p. 16)

Mas, além dos colégios, os padres salesianos também ficavam incumbidos de construir paróquias, capelas e implementar obras sociais como orfanatos, hospitais, farmácias e leprosários. Paralelamente ao desenvolvimento da obra salesiana em centros urbanos ocidentalizados, destacadamente nas três Américas, os missionários de Dom Bosco seguiam também para territórios pagãos, onde tentariam adaptar suas práticas educativas caritativas às múltiplas realidades locais.

Imagem 12: Cena do Liceu Concepcion, no Chile. Reprodução: Boletim Salesiano, 1904.

Imagem 13: Seção tipográfica do Liceu Sagrado Coração de Jesus, de São Paulo. Reprodução: Boletim Salesiano, 1904.

As meninas ficariam sob a guarda do braço feminino salesiano, as Filhas de Nossa Auxiliadora, que adaptavam as crianças e jovens do sexo feminino o modelo pedagógico e social que os salesianos desenvolveram para os meninos. Cedendo ao pedido de personalidades públicas e seguindo orientação de Pio IX, Dom Bosco criou a congregação em 1872, a partir da anexação ao organograma salesiano de uma associação de moças católicas de Mornese, também no Piemonte, organizada em torno da paróquia do Padre Pestarino e especializada no ensino de corte e costura para moças pobres da cidade. "Há muito tempo que estou recebendo conselhos de personagens de autoridade para fazer em favor das meninas o que estamos fazendo, com a graça de Deus, para os meninos", contou Dom Bosco em reunião do Capítulo Superior salesiano de 1871. "Se eu fosse seguir puramente minha inclinação, não entraria nesse campo", confessou o padre, descrito pelo biógrafo Auffray "como se fosse dotado de uma surda e instintiva repulsa a tudo que se referisse ao mundo feminino" (1969, p. 190). Todavia, o padre acabara por seguir os conselhos do Papa, objetivando que as religiosas agissem como a linha paralela dos salesianos. Segundo o santo padre, elas deveriam fazer para as meninas o que os salesianos fariam para os meninos.

Imagem 14: Filhas de Maria Auxiliadora entre as alunas chinesas. Reprodução: Boletim Salesiano.

O pelotão dos cooperadores se encarregava do apoio à obra dos salesianos e das Filhas de Maria auxiliadora. Anos mais tarde, a atuação seria reforçada com a ação das associações de ex-alunos salesianos e ex-alunos das Filhas de Nossa Senhora Auxiliadora.[4] As quatro frentes passariam a compor as unidades básicas do que hoje é chamado de família salesiana, feixe institucional comprometido em animar e multiplicar a obra de Bom Bosco pelos quatro cantos do planeta.

---

4 A forte associação dos salesianos com seus ex-alunos é uma característica marcante da congregação, inclusive no Brasil. Aqui, o papel de formadores de quadros locais é exaltado na produção bibliográfica da organização ou em materiais de divulgação. Nomes de professores, militares, políticos, artistas são elencados. Em São Paulo, entre os ex-alunos salesianos notáveis estão o escritor Monteiro Lobato e o ator Sebastião Bernardes de Souza Prata, o Grande Otelo. Na lista de políticos, entre os ex-alunos salesianos do Estado do Amazonas estão nomes como o ex-governador Gilberto Mestrino. Na de Mato grosso, o bispo e governador Dom Aquino, ex-aluno do Colégio Santa Rosa

Imagem 15: Assembleia dos Ex-Alunos Salesianos de São Paulo. Reprodução: Boletim Salesiano 1924-1926.

Atualmente a "família salesiana" é composta por 21 instituições religiosas e associações leigas, somando milhares de integrantes espalhados por cerca de 130 países. Contudo, a Sociedade de São Francisco de Sales é a espinha dorsal dessa família. Conforme desenho organizacional esboçado por Dom Bosco, a autoridade máxima da congregação é o Papa. A ele cabe aprovar ou rejeitar qualquer alteração nas *Constituições da Sociedade* ou aceitar a renúncia ou eleição de um Reitor-Mor. Este é responsável pela administração geral e representação oficial dos salesianos e das filhas de Nossa Senhora Auxiliadora, que em segundo nível hierárquico são representadas por uma inspetora superior. Considerado o sucessor de Dom Bosco, o Reitor-Mor também lidera toda a "família salesiana". Todavia, numa adaptação ao modelo constitucional que Dom Bosco vira ser construído, o Reitor-Mor é balizado pelo Capítulo Geral, assembleia com representantes dos salesianos, que, entre outras competências, elege o Reitor-Mor e aprova modificações nas *Constituições*. No exercício de sua função, o Reitor-Mor é auxiliado ainda pelo Conselho Geral, composto por conselheiros setoriais (conselheiro para Formação, Pastoral, Comunicação Social, Missões e o Ecônomo Geral) e por conselheiros regionais. Por determinação de Dom Bosco, o organograma da congregação é bastante simplificado.

A unidade de governo salesiana é a inspetoria,[5] território administrativo que reúne um conjunto de casas salesianas por afinidade cultural, geográfica ou his-

---

[5] No Brasil, são seis: Inspetoria Salesiana Santo Alfonso Maria de Ligório, também denominada Inspetoria do Mato Grosso (abrange os estados de MT, MS e Noroeste de SP), Inspetoria Salesiana São Domingos Sávio, ou Inspetoria Missionária da Amazônia (AM, PA, AC e RO), Inspetoria Salesiana São João Bosco (RJ, MG, ES, GO, TO e Distrito Federal), Inspetoria São Luís Gonzaga (PE, BA, CE, RN, SE, e AL), Inspetoria Salesiana de Nossa Senhora Auxiliadora (SP, exceto o Noroeste do Estado) e Inspetoria Salesiana São Pio X (SC, RS e PR). Em relação às Filhas de Nossa Senhora Auxiliadora, o modelo se replica, mas as inspetorias não são necessariamente as mesmas do ponto de vista do desenho geográfico. Todas também estão subordinadas a uma autoridade congregacional feminina na Itália, mas,

tórica. Em cada uma delas, o poder é exercido localmente pelo inspetor, associado a um conselho inspetorial. As inspetorias detêm igual status e todas estão diretamente subordinadas ao poder central salesiano, representado pela figura do Reitor-Mor, atualmente instalado em Roma. Na esfera local, ou seja, das casas salesianas (escolas, paróquias, missões, unidades assistenciais e obras sociais), as unidades são administradas por diretores, respaldados por um conselho local. Os religiosos de cada comunidade se reúnem em assembleias-gerais, que têm, por exemplo, a competência de eleger o delegado de cada casa salesiana para ao capítulo inspetorial.

É em torno dessa rede – escalonada entre membros religiosos, apoiadores/financiadores leigos e populações heterogêneas atendidas – que a obra salesiana se articula e se expande pelo mundo. Historicamente, isso significou a multiplicação da presença da congregação religiosa pelos cinco continentes, fato reiteradamente representado graficamente por meio de publicações de mapas com indicações de casas ou missões salesianas em determinadas coordenadas de latitude e longitude do globo terrestre.

Em seu curso expansionista, é importante destacar uma estratégia geográfica implícita: avançar sobre territórios de missão para evangelizar as ditas populações pagãs/infiéis ou circunscritas a determinadas prelazias (ou seja, territórios situados fora do âmbito das dioceses), enquanto são multiplicadas as suas casas educacionais e assistenciais em grandes e médios centros urbanos cristãos. Isso explica a ocorrência de dois sentidos aplicados ao termo missão quando a palavra é empregada pelos salesianos para designar suas atividades religiosas internacionais. O primeiro, num sentido mais amplo e indeterminado, são as atividades de "propagação da fé cristã", não subordinada a um público-alvo específico. A Missão Salesiana do Mato Grosso, por exemplo, abarca atualmente desde a Universidade Católica Dom Bosco, em Campo Grande, Mato Grosso do Sul, passando pelas paróquias atendidas no interior no Mato Grosso, até as missões instaladas em aldeias dos Bororo e Xavante. A segunda acepção, mais restrita e alinhada aos critérios da *Propaganda Fide* acima citados, é aplicada exclusivamente para ações de "propagação do evangelho aos povos não alcançados", como foram um dia considerados os Bororo e Xavante, por exemplo. Nesse universo, o personagem privilegiado da ação salesiana – o "aluno" – cede espaço para o "catecúmeno", que podemos entender como o proto-aluno-salesiano.

Luigi Ricceri, então Reitor-Mor da Sociedade de São Francisco Sales na época da comemoração do centenário das missões salesianas (1975), nos deixou apontamentos "nativos" interessantes quando traçou na conferência *Il progetto missionario di Don Bosco*, proferida em Roma, em 9 de dezembro de 1975, suas reflexões

---

por sua vez, essa figura está subordinada ao Reitor-Mor salesiano.

sobre o lugar das missões no interior da obra salesiana (interessante observar que uma não se reduz a outra). Segundo o padre, as missões (aqui entendidas como ações em território extra-europeu) "são o lugar privilegiado para realizar nossa missão de salesianos educadores e evangelistas".[6] Isto porque elas oferecem o protótipo ideal daqueles que encarnam o foco privilegiado da ação salesiana: "os jovens, sobretudo os mais pobres".[7]

Na argumentação de Ricceri está posto um gradiente que combina o desenvolvimento ontogênico da educação cristã com o progresso filogênico da humanidade – do menino pagão (selvagem), indo ao pobre civilizado até o homem cristão e cultivado. Para o Reitor-Mor, que se vale de dados estatísticos, é o *terzo mondo*, com sua juventude carente de "bens materiais, morais, culturais e espirituais" (ou seja, o selvagem e o pobre do terceiro mundo estão equalizados numa mesma posição frente ao mundo europeu), que impôs os maiores desafios à vocação salesiana. E é a missão empreendida nesses territórios – carregados de simbolismos míticos e pressupostos ideológicos – que será ressaltada ritualmente, como veremos adiante.

A própria historiografia salesiana assume a viagem dos religiosos de Dom Bosco em 1875 para América como o começo de uma nova etapa da história da congregação. Contudo, para além das representações que os salesianos atribuíram para esses "territórios de missão", devemos ter em mente que se trata, antes de tudo, de uma virada institucional eclesial que conferiu um novo status e função para que esses religiosos pudessem circular por tais territórios. Viajemos no tempo a fim de encontrarmos os grandes marcos temporais da jornada salesiana pelo mundo e o momento (e as razões) que a prática salesiana ganha seus sentidos "missionários". Neste percurso internacional, dedicaremos maior atenção às paragens brasileiras, aproveitando a ocasião para destacarmos alguns episódios e personagens que dizem respeito especificamente ao trânsito da coleção etnográfica sob nossa observação.

Rede em escala Planetária

Em 1963, Dom Bosco abre sua primeira casa fora de Turim, em Mirabello-Monferrato, seguindo basicamente o padrão de Valdocco. Em 1870, surge o primeiro estabelecimento para além do Piemonte, em Alássio, na província de Savona, na Ligúria. Já eram sete institutos salesianos italianos quando, em 1875, ano da

---

6   "...sono il luogo privilegiato in cui compiere la nostra missione di salesiani educatori ed evangelizzatori". Trecho extraído de *Centenario delle Missione Salesiane 1875-1975*, Roma:LAS, p. 13.

7   ...dei giovani, soprattutto dei più poveri.

primeira expedição para América, Dom Bosco funda também outra obra fora da Itália, em Nice, na França. O líder dos salesianos "abria aos seus as portas da europa e do Novo Continente, na ânsia de reunir outras turbas juvenis, civis e selvagens a fim de ganhá-las para o Céo."[8] O modelo de intervenção social reformador salesiano chegava nesta época em sua fase de exportação e ganharia sua feição institucionalmente missionária. Nesse momento, missão passava significar pregação da palavra em terras além-mar, seja para populações nativas que desconheciam o evangelho, imigrantes italianos ou descentes europeus assentados em territórios com pouca ou nenhuma estrutura eclesiástica.

O passaporte que asseguraria a ida dos salesianos para a América havia sido conquistado um ano antes. Em 1874, Giovanni Maria Mastai-Ferretti, o Papa Pio IX, havia aprovado as *Constituições Salesianas*, incorporado oficialmente a congregação à arquitetura institucional da Igreja. Carente de braços, corações e vozes para levar adiante o projeto ultramontano de conjugar a centralização do poder doutrinário do Vaticano dentro e fora da Europa com a sua expansão geográfica pelos novos territórios coloniais, o pontífice vira nos salesianos aliados potenciais para engrossarem os pelotões católicos que atuariam ativamente naquilo que foi chamado pelo casal Comaroff de "renascimento missionário" (1992).

Assumindo "o exército de almas zelosas"[9] formada por Dom Bosco como parte do seu próprio exército, o Papa declarava os padres e irmãos coadjutores salesianos que partiriam naquela primeira expedição para Argentina como "missionários apostólicos", concedendo a eles o apoio e os recursos necessários para a execução de sua primeira missão para além da Europa. Em um contexto marcado pela disputa da posse de territórios coloniais entre os principais países europeus e a intensificação dos nacionalismos locais, "a igreja precisava dirigir as novas levas missionárias a partir da consideração dos objetivos geopolíticos das nacionalidades dos quadros de religiosos de que dispunha" (NAKATA, 2008, p. 11). Restava naquele momento

---

8   Atualmente conhecida como Congregação para Evangelização dos Povos, a Congregatio de Propaganda Fide foi criada em 1622 pelo Papa Gregório XV com a missão de coordenar e supervisionar o trabalho missionário já em curso ao redor do mundo, retirando-o da tutela imediata de príncipes, outras autoridades eclesiásticas ou das tradicionais ordens missionárias. A concentração de poder outorgava prestígio ao prefeito da congregação. Chamado de "o Papa Vermelho", tal autoridade possuía controle sobre os vastos territórios de missão, que se estendiam pela África, Ásia e América. Mas, além de unidade administrativa, a Propaganda Fide foi um centro de formação missionária, cuja biblioteca e sua coleção de "objetos de arte" e de documentos referentes a várias partes do globo ganharam notoriedade. Parte desse acervo compõe hoje o museu missionário da Propaganda Fide, inaugurado em 2010, no pavimento principal da sede da congregação, na Piazza Di Spanga, em Roma.

9   *Boletim salesiano*, n.º 1, jan./fev. 1924.

aos missionários italianos salesianos, apartados dos maiores e mais ricas porções da partilha colonial, a América, completa a autora. Para a Igreja, que em várias partes do mundo já havia entrado na disputa com as escolas laicas e protestantes para a formação das elites locais, além de ser um vasto território repleto de "pagãos incivilizados" e cristãos desassistidos em frágeis dioceses católicas, era um ponto de chegada de um contingente crescente de imigrantes católicos italianos (AZZI, 2000). Como reiteradamente os salesianos afirmavam diante do público italiano, suas missões na América também eram "ações patrióticas".

Se o reforço salesiano era útil ao Vaticano, para Dom Bosco, em contrapartida, fundir seu projeto educativo e assistencial aos planos missionários pontifícios era a alternativa para consolidar sua integração à Igreja e, ao mesmo tempo, ganhar maior peso institucional – e autonomia frente à hierarquia eclesiástica piemontesa – para poder replicar e expandir em escala global o modelo de atuação em rede que havia construído. Dali em diante, suas duas macro frentes de atuação religiosa, isto é, a ação pedagógica urbana e a evangelização em território de missão, apesar de jamais se confundirem, seriam postas juntas para edificar uma só obra, materializada por meio da rede salesiana de escolas e missões.

Depois da instalação na Argentina e França, em 1875, os salesianos seguem no ano seguinte para o Uruguai, onde abrem residência em Montevidéu. Em 1881, abrem casas na Espanha e, dois anos mais tarde, o Brasil, em pleno período de desmonte local do regime do padroado, lhe é confiado como novo território de missão, sendo enfim, atendido o pedido do prelado brasileiro. Sob proteção de Dom Pedro II e apoio da Princesa Isabel, a comitiva missionária de Dom Bosco desembarca no Porto do Rio de Janeiro em 1883 com o compromisso de atender, em um primeiro momento, a massa juvenil desassistida de jovens pobres e filhos dos imigrantes e dos negros escravizados beneficiados com a Lei do Ventre Livre que se aglomeravam na capital do império. Do outro lado da Baía de Guanabara, em Niterói, funda a primeira escola profissionalizante do Brasil, o Liceu Santa Rosa, dedicado, em sua primeira fase, ao ensino primário e à educação profissionalizante (ISAÚ, 1976).

As primeiras Filhas de Maria Auxiliadora chegariam ao País apenas em 1892, onde fundariam sua primeira casa neste ano em Guaratinguetá, São Paulo. Nesse Estado, o braço masculino salesiano chega em 1885, quando constrói no então elegante bairro dos Campos Elíseos, na capital paulista, o Liceu Sagrado Coração de Jesus. É na São Paulo que se transformava no principal polo econômico nacional, impulsionado pela economia cafeeira do fim do século XIX e começo do XX, que a obra salesiana floresce com vigor em território brasileiro. Além das escolas primárias, profissionalizantes ou agrícolas, fundadas em importantes cidades como Campinas, Lorena, Lins e Araçatuba, os salesianos, daí em diante sob o beneplácito da nova república brasileira, se encarregariam de educar os filhos da oligarquia rural-industrial paulista.

Paralelamente, os salesianos intensificam sua marcha pela Europa e América do Sul. Em 1877 fundam as primeiras casas no Trento, que então pertencia à Áustria, no Chile e também na Grã-Bretanha. Nos três anos seguintes, respectivamente, na Suíça, Colômbia e Equador, onde desenvolveram missões religiosas entre os Jívaro (Ashuar), célebres, à época, por conta da técnica de mumificação de cabeças, que tanto impressionara os salesianos. A diversificação de continentes começa a partir de 1891, quando, além de Bélgica e Peru, figuram inaugurações na Argélia, no Magreb, e na Palestina, no oriente médio. Segue entre 1892 e 1894, a instalação da obra salesiana no México (92), Polônia (93) e em Portugal, Tunísia e Venezuela (94).

Imagem 16: Alunos do Colégio salesiano na Polônia. Reprodução: Boletim Salesiano, 1904.

Imagem 17: Dom Comin com os Jívaro. Boletim Salesiano, 1924-1926.

É também em 1894 que os salesianos iniciam a missão salesiana de Mato Grosso, momento estratégico da expansão da organização religiosa na América do Sul e no mundo. Como as missões entre populações indígenas "interessavam diretamente toda a Congregação" (AZZI, 2000, p. 200), tendo em vista a relação dos salesianos com o projeto de missionação entre populações pagãs do Vaticano, as autoridades congregacionais em território brasileiro interpretavam que a presença de seus missionários em áreas onde houvesse presença de populações não-cristãs redundaria em maior apoio às missões brasileiras. Aqui, exemplifica-se a possibilidade de coexistência de dois sentidos de missão em um mesmo país: missão entre os cristãos e missão entre os não-cristãos, esta última, como veremos a seguir, seria transformada em uma espécie de atividade-símbolo. Indo além, podemos verificar de que modo os diferentes status de missões foram levados em conta durante a jornada expansionista salesiana. Apesar de terem sido convidados para se instalar na então província mato-grossense bem antes de sua chegada no Rio de Janeiro, os salesianos preferiram primeiro lançar raízes sólidas nos grandes centros urbanos do sudeste, ambientes nos quais sua prática assistencial e educativa havia sido talhada, para só depois se aventurar nessas novas paragens (MONTERO, 2012). Somente em 18 de julho de 1894 tomariam posse da paróquia de São Gonçalo do Porto, em Cuiabá, atendendo ao pedido do bispo diocesano Dom Carlos D'Amour. E lá, os salesianos adaptariam à realidade local uma dinâmica que reproduziram em todas as regiões onde se instalaram no Brasil: fazer convergir os interesses da Igreja Católica e do Estado brasileiro, tendo sido ele imperial ou republicano.

No Mato Grosso, localidade que venceu a cidade paulista de Botucatu na escolha para ser o centro de irradiação missionária entre populações indígenas no Brasil por conta da sua conexão fluvial com o Uruguai e Argentina (AZZI, 2000, p. 200), "a atividade missionária constituiu um dos aspectos importantes da aproximação entre igreja e estado, contando o governo com a colaboração dos religiosos para o processo de civilização dos povos indígenas" (AZZI, 2003, p. 275). Se a igreja local necessitava de braços para atender seu vasto território católico carente de sacerdotes, como havia expressado o bispo D' Amour em cartaz à direção central salesiana, o governo da província, por meio de ofício assinado pelo presidente provincial Manoel José Murtinho, em de 25 de novembro de 1891, pedia socorro à Igreja para que ela enviasse missionários para se ocuparem da tarefa de "pacificação e integração nacional" das populações indígenas presentes no Mato Grosso.

Em 1895, ou seja, um ano após a chegada dos salesianos a Cuiabá, Murtinho delegaria à Congregação o comando da Colônia Teresa Cristina, projeto de pacificação dos índios Bororo, fundado em 1886 pelo presidente da província Joaquim Galdino Pimental na confluência do Rio Prata com o São Lourenço e então mantido pelos militares. Todavia, a primeira empresa missionária salesiana junto aos Bororo duraria apenas um triênio. Em 1898, após a evasão geral dos Bororo da colônia por conta de uma inadaptação com a nova ordem implementada pelos salesianos, os padres foram destituídos do comando da colônia (VIERTLER, 1990; BORDIGNON, 2001). A missão junto aos Bororo só seria retomada anos mais tarde.

Enquanto isso, a obra salesiana no exterior já estava presente na Bolívia, Egito, África do Sul a partir de 1896. No ano seguinte, em El salvador e nos Estados Unidos da América, onde assumiram primeiro a Igreja de São Pedro e São Paulo a pedido do arcebispo Riordan, de São Francisco, Califórnia. Em 1898, o cardial Mac Closkey consegue padres salesianos para atender sua diocese de Nova York, onde mais tarde irão comprar uma igreja protestante para fundar a sua própria sede. No mesmo ano, os religiosos seguem para Antilhas e, em 1901, para a Jamaica, de onde saíram em 1908.

Apesar da mal sucedida experiência missionária na ex-colônia militar do Mato Grosso, a partir de 1902 os salesianos voltam novamente suas atenções aos Bororo, agora àqueles da Bacia do Rio Araguaia, hoje sudoeste do Estado, onde se instalaram próximos "à linha telegráfica que unia Goiás e Cuiabá e onde havia soldados para a defesa" (VIERTLER, 1990, p. 67). Os salesianos, que já conheciam "a língua, os costumes e a cultura dos Bororo" não queriam desperdiçar essa bagagem (DUROURE,1977, p. 195). Neste ano, instalam a Colônia Sagrado Coração, nos Tachos, afluente do Rio Barreiro, abrigando cerca de 200 indígenas provenientes do Rio das Mortes, visitados por outros 60 grupos que permaneceram nômades.[10] Na sequência, os religiosos abrem, em 1905, a Colônia da Imaculada Conceição, destinada aos índios localizados próximos ao Rio Garças, experiência missionária "a 10 léguas do Sagrado Coração". Todavia, registra Marcigaglia, essa colônia enfrentou percalços e ações contrárias advindas de agentes como o diretor regional da estação telegráfica que interligava a capital do país com Cuiabá, "que se tornou inimigo da missão, e atiçou contra ela a má vontade dos índios e civilizados" (1958, p. 40-41). Entre 1919 e 1921 a missão acabou sendo transferida duas vezes, até ser definitivamente fechada em 1923.

Teve mais sorte São José no Sangradouro, a colônia instalada em 1906 na fazenda comprada do médico e amigo dos salesianos Dr. Manoel Joaquim dos Santos, "por um preço módico de quarenta contos" (AZZI, 2000, p. 206). Planejada para ser um ponto de acesso mais rápido à capital mato-grossense, sangradouro foi criada para se tornar um modelo de aldeamento salesiano, para serem "reunidas as famílias bororo que melhor correspondessem aos trabalhos dos missionários" (Ibidem).[11] A

---

10 Na década de 20, por conta da escassez de água e esgotamento do solo, a sede da colônia foi transferida dos Tachos para o atual local onde está instalada, ao pé do morro de Meruri.

11 Porém, devido à longa distância dos rios, a localidade não agradava aos Bororo, tradicionais pescadores. Mesmo assim, a missão sangradouro continua ativa até hoje. Atualmente, abriga na mesma localidade moradores Xavante (que são maioria) e índios Bororo. Considerados como tradicionais grupos inimigos, o fato é percebido pelos Bororo como um tenso dissabor.

MAPA DE VIAGEM DE UMA COLEÇÃO ETNOGRÁFICA

ideia da construção regional de uma estrutura missionária distribuída em rede geográfica torna-se evidente com a criação, em 1907, da Colônia Agrícola iIndustrial Gratidão Nacional, em Palmeiras, pequena localidade situada entre Cuiabá e os demais centros missionários indígenas salesianos. Projetada para funcionar como uma base de operação das atividades missionárias, a casa servia também de depósito e centro de distribuição dos recursos das colônias e centro de formação de noviços (AZZI, 2002, p. 294). Essa colônia foi fechada em 1920, após a morte do diretor, o Padre José Thannhuber, assassinado por conta de conflitos fundiários.

Internacionalmente, a expansão da obra salesiana já parecia ser um fato consumado. Em 1903, chegavam à Malta e à Turquia. Em 1906, instalam-se em Honduras, Índia, no distrito de Tanjore, onde residiam 9 mil católicos entre 2,5 milhões de habitantes espalhados pela cidade e em mais 60 aldeias, e no distrito de Heug Shan, na China, onde três missionários se ocupavam de um leprosário:[12] em 1907, Costa Rica, Moçambique e Panamá. Três anos mais tarde, era a vez do Congo Belga (atual República Democrática do Congo), país no qual os salesianos fundaram uma escola profissional em Elisabethville com 400 alunos, uma missão com escola agrícola em La Kafubu e outra no Katanga.[13] No ano seguinte, Nicarágua. Em 1913, Hungria; 1916, Alemanha; 1917, Cuba; 1919, Irlanda; 1922, Austrália; 1924, Canadá e a na então Tchecoslováquia.

Com seu perfil multinacional delineado, a congregação abriria em 1923, em Turim, o Instituto Internacional Dom Bosco, destinado à formação de sacerdotes missionários "sob os olhares dos Superiores" italianos.[14] A casa iniciou suas atividades abrigando 120 clérigos de 18 países diferentes. Neste ano, o número de missionários que partiam em missão da europa chegava a cerca de cem.

No Brasil, nesse meio tempo, além de já estar presente nas principais capitais e polos urbanos do País, a congregação começou a dirigir atenção para outros grupos indígenas. Em 1914, com a criação da Prelazia de Registro do Araguaia, onde assumiram paróquia e uma escola em Araguaiana, Goiás, os salesianos, sob o comando do padre Antonio Malan,[15] que até então era o diretor da Missão Salesiana

---

Entre os Bororo críticos à atuação salesiana, essa seria mais uma das provas de "desaforos" impetrados pelos padres.

12   *Revista Juventude Missionária*, ano 1, n. 1, jul. de 1926, p. 4-6.

13   *Revista Juventude Missionária, op. cit.*

14   *Boletim Salesiano*, jan.fev. 1924, p 4.

15   Antonio Malan nasceu em 1862 na cidade de São Pedro, Itália. O padre foi o primeiro inspetor da Missão Salesiana do Mato Grosso, exercendo a função na dita fase áurea das missões entre os Bororo (1902-1918). Já consagrado bispo em São Paulo, deixou a inspetoria do Mato Grosso para assumir a prelazia do Araguaia, Estado de Goiás. Morreu em 28 de outubro de 1930,

de Mato Grosso, acabaram por estabelecer contatos com os Karajás, dando início a formação da coleção de objetos produzidos por esse grupo. Nesse mesmo ano, por decreto da Sagrada Congregação da *Propaganda Fide*, os salesianos também ficaram incumbidos de dirigir a Prefeitura Apostólica do Rio Negro, Estado do Amazonas, fato que marcou o início da Missão Salesiana na Amazônia, obra dirigida prioritariamente aos "índios e caboclos" da região.[16] Em 24 de maio de 1915, o Padre João Balzola,[17] homem que havia dirigido a Colônia Teresa Cristina e iniciado a missão entre os Bororo no Sudoeste do Mato Grosso, chegava a São Gabriel da Cachoeira, acompanhado pelo Padre José Solari e o irmão coadjutor José Canuto, para fundar a primeira residência amazônica da congregação e organizar a primeira incursão salesiana rio acima, até o forte de Cucuí, na fronteira do Brasil e Venezuela.

A segunda casa amazônica, agora à beira do Rio Uaupés, afluente do Negro, também no Estado do Amazonas, começaria a ser erguida a partir de 1923: Taracuá, localidade onde seriam erguidos um hospital e um majestoso internato para meninos e meninas indígenas com capacidade para cerca de mil alunos. Trabalhando entre índios Tucano e Piratapuias que já tinham "uma certa noção de civilização", apesar de continuar a andar completamente nus, conta Padre Balzola em carta, a primeira tarefa dos missionários teria sido cortar madeira para construir uma capela provisória e, na sequência, dividir uma maloca edificada com paredes de folhas, à moda indígena, em quartos, refeitório e sacristia. Já no dia seguinte iniciaram a montagem do novo

---

na cidade do Rio de Janeiro, como bispo de Petrolina, Pernambuco.

16   Boletim salesiano, julho-agosto de 1916, p.109-115.

17   Padre João Balzola nasceu em Villa Miroglio (Monferrato-Itália) em 2 de fevereiro de 1861. "Tendo ouvido falar de D. Bosco como de um santo moderno, isto é, vivente e contemporâneo, se decidiu para a Congregação Salesiana", aos 24 anos, após ter iniciado carreira militar. Vestiu a batina em 20 de outubro de 1887, recebendo diretamente da mão de D. Bosco, que fazia então a sua última "vestição". Fez os votos perpétuos a 2 de outubro de 1888 e em 17 de dezembro de 1892 foi ordenado sacerdote. No ano seguinte, foi designado membro da comitiva missionária do Uruguai, atuando como secretário de Dom Luiz Lasagna, eleito e sagrado bispo naquele mês. Balzola permaneceu em Montevidéu por dois anos e na sua estadia no Uruguai, teve a oportunidade de participar da expedição à Patagônia. Quando D. Lasagna aceita o convite do governo para assumir a direção da Colônia Teresa Cristina, designa Balzola como diretor "dessa primeira missão salesiana de Mato Grosso. "Padre Balzola. Os salesianos defuntos", p. 89-98. Publicação da Missão Salesiana do Mato Grosso.Documento também disponível na internet: http://www.missaosalesiana.org.br/falecidos.php?id=152. Em livro italiano, Pe. Balzola fra gli Indi del Bra- sile, disponível nas bibliotecas brasileiras, o Padre. Antônio Coiazzi narra a trajetória do missionário ente os Bororo.

observatório meteorológico salesiano, "nesse ponto mais remoto e setentrional do País (AZZI, 2002, p. 320).[18]

Voltando nosso foco para Mato Grosso, em 1918 é realizada a primeira tentativa de aproximação com os Xavante. Porém, até os anos 50, quando os salesianos seriam procurados por um agrupamento nativo para abrigá-los em torno das suas missões já estabelecidas entre os Bororo, não haveria sucesso, ao contrário. Em um encontro com um grupo Xavante em 1934 à beira do Rio das Mortes, os missionários salesianos Pedro Sacilotti e João Fuchs seriam assassinados a bordoadas.

O mapa da conquista "territorial, espiritual e civilizacional" da congregação de 1925 ganharia neste período mais uma marca. No ano que seria comemorado os 50 anos da obra salesiana pelo mundo, embarcou no porto de Gênova uma nova leva de religiosos missionários, em evocações explícitas à partida de 1875, mas desta vez para o Japão, para a missão de Kiusiu.

Em março de 1925, além das casas salesianas europeias, somavam-se em 23 países das três Américas 247 institutos educacionais da congregação, com 296.612 alunos, atendidos por 1.354 salesianos e 1.349 irmãs Filhas de Maria Auxiliadora. Por sua vez, as missões salesianas em territórios "pagãos" ou "infiéis" eram 24, com 1.077 obras missionárias (capelas, hospitais, farmácias, oratórios, associações e escolas de cultura e artes e ofícios), animadas por 1.169 religiosos. Somente em 1925 foram enviados 224 novos missionários e missionárias às missões. Catecúmenos e alunos dessas missões totalizavam 112.819.[19] Para os próximos anos, a congregação salesiana preparava novas levas missionárias, a fim de atender os desígnios expressos por Dom Bosco, quando então ele declarou na partida dos seus primeiros missionários: "damos início a uma grande obra. Não já que se tenha pretensão ou se pense

---

18 Visitei Taracuá durante viagem às missões do Rio Negro realizada em 2007. Vindo da Missão Salesiana de Iauaretê, lá permaneci durante sete dias à espera de uma carona fluvial para voltar a São Gabriel da Cachoeira. Abrigando cerca de 300 famílias indígenas, Taracuá possui hoje a segunda maior concentração populacional do Rio Uaupés, atrás de Iauaretê. A antiga missão salesiana foi desativada em 2004 e a área passou para o comando eclesiástico da diocese de São Gabriel. Permaneci na localidade na companhia do Padre Jorge, missionário da Congregação do Sagrado Coração de Jesus e assessor administrativo e econômico da diocese. Na época, Jorge comandava 19 "peões" incumbidos da reforma da igreja local. O antigo prédio da missão e a igreja estava então sob guarda do hospitaleiro Padre João, religioso diocesano e índio Piratapuia que havia sido aluno do internato salesiano de Iauaretê. Na época, João era um dos cinco padres indígenas da diocese gabrielina. Aproveito para registrar aqui meus agradecimentos a essa dupla de padres.

19 *Boletim salesiano*, jul.ago. 1925, p. 107-107.

converter todo o universo em poucos dias, não; mas quem sabe não seja esta partida e este pouco, como uma semente da qual surgirá uma grande árvore".[20]

Transcorridos 50 anos do início da expansão da presença salesiana pelo mundo, chegava a hora de rememorar os fatos e lhes dar sentido; reconhecer personalidades envolvidas nessa trama; celebrar os "mártires que tombaram" ao longo desse percurso; dimensionar os desafios enfrentados; enumerar realizações; e destacar aquilo que fora percebido como contribuições. Para tanto, nada mais adequado para uma época em plena fase de reformulação dos seus tradicionais modos de comunicação que investir numa grande realização multimídia, expressa por meio de uma portentosa exposição missionária. No foco da atenção salesiana, suas atividades sociais e religiosas desenvolvidas sobre os seus territórios de missão espalhados pelos cinco continentes.

---

20   Trecho extraído (e traduzido) da conferência *Il progetto missionario di Don Bosco*, proferida pelo reitor-mor Luigi Ricceri em 9 de dezembro de 1975 e publicada no livro. *Centenario delle Missione Salesiane 1875-1975*, Roma:LAS, p. 13.

Capítulo 3
As exposições missionárias

Em janeiro de 1924, Dom Felipe Rinaldi (*1856 +1931), o terceiro sucessor Dom Bosco na direção dos salesianos (de 1922 a 1931), publicou no *Boletim Salesiano* artigo anunciando os preparativos para a comemoração dos 50 anos da partida dos primeiros missionários da congregação em direção à América. O periódico, tradicional veículo de divulgação da obra salesiana e principal meio de comunicação da organização com seus apoiadores, passaria a partir dessa data a promulgar uma série de publicações sobre a efeméride e seus significados. Neste texto em especial, Rinaldi exortava os colaboradores da obra religiosa a apoiar uma empreitada em curso por meio das missões salesianas: a transformação do exemplo dado pelo padre do Piemonte em modelo de ação social em todo o mundo.

Para celebrar tal data significativa, já havia sido instituída, no dia 17 de novembro de 1923, uma comissão central presidida pelo senador do reino italiano Eugenio Rebaudengo e composta por insignes cooperadores e "amici" salesianos. Caberia ao comitê coordenar os trabalhos da multidão de cooperadores internacionais, dos ex-alunos salesianos, das ex-alunas das Filhas de Maria Auxiliadora, das comissões nacionais dessas associações e da Comissão Central "Damas das Obras Salesianas".[1] A rede internacional salesiana entrava em ação para, como "anjos de que serve o senhor para circundar de simpatia a Obra Salesiana",[2] viabilizar a organiza-

---

1   Carta endereçada ao senador do reino Conde Eugenio Rebaudengo em 22 de novembro de 1923 (Arquivo Salesiano Central, Roma: a8380109) trata sobre a formação da comissão e informa sua eleição à presidência do Comitê Central. Circular assinada pelo prefeito geral salesiano Pietro Ricaldone aos inspetores e diretores salesianos de todo o mundo, de 8 de dezembro de 1923, informa sobre o envolvimento dos demais colaboradores (Arquivo Salesiano Central, Roma: a83800111).

2   *Boletim Salesiano*, n.º 1, jan./fev. 1924, p. 7.

ção de uma grande exposição missionária italiana, que coroaria uma série de eventos locais, realizados nos países onde houvesse a presença da congregação religiosa.

Porém, o calendário festivo da sociedade de São Francisco Sales não podia ofuscar naquele ano as celebrações de outra data considerada Santa pela Igreja Católica: o Jubileu de 1925. Segundo artigo publicado na edição de janeiro de 1925 da *Santa Cruz – Revista literária, pedagógica, religiosa, scientifica, apologetica e de variedades*, jubileu é uma palavra de origem hebraica que remete a remissão, repouso e também trombeta. "Para a tradição judaica, o quinquagésimo ano era tempo de remissão geral, como se lê no 25º capítulo do Levítico (terceiro livro da Bíblia)",[3] informa o artigo, acrescentando que "naquele ano os hebreus eram isentos de impostos, as terras e casas voltavam a ser dos antigos donos. Era ano também de repouso".[4] Incorporado à tradição cristã, o Jubileu passou a significar indulgências plenárias[5] que os pontífices romanos passariam a conceder aos seus fiéis a cada 25 anos. Considerado período de benções extraordinárias e marcado por uma série de ritos especiais, austeridade das penitências e fervor das orações, o ano jubilar ofereceria a oportunidade para expiação dos pecados e reflexão sobre os mistérios da salvação.

A historiografia litúrgica católica informa que os ritos jubilares remetem a 1299, ano que teria se espalhado por Roma os rumores de que todos os que visitassem as igrejas de São Pedro e São Paulo em 1300 ganhariam do Papa as tais indulgências plenárias. Após ter consultado um ancião que lhe informara que a prática havia sido efetuada em 1200, o Papa Bonifácio VIII decidira decretar indulgências para todos aqueles que confessassem seus pecados e visitassem as basílicas por 30 dias seguidos (15, no caso das pessoas que moravam fora de Roma). O ciclo ritualístico gerou um afluxo estrondoso de peregrinos europeus à cidade, e o Jubileu foi incorporado ao calendário católico, sendo sucessivamente manipulado pelo papado.

Em 1340, por exemplo, Clemente VI, o papa da bula *Unigenitus*, documento pontifício que justifica a venda de indulgências, reduziu a edição dos anos santos para cada 50 anos. Tempos mais tarde, levando-se em consideração a baixa expectativa de vida europeia, seria abreviado para 25 anos, de modo a garantir que toda geração passasse pelo menos uma vez por um dito Ano Santo. No oitavo, em 1500, o

---

3 "Santificareis o quinquagéssimo ano, proclamando na vossa terra a liberdade de todos os que a habitam. Este ano será para vós Jubileu: cada um de vós voltará à sua propriedade e à sua família".(Levítico 25,10).

4 *Revista Santa Cruz*, jan. 1925, p. 28.

5 Indulgências funcionam como espécies de anistias espirituais, podendo ser parciais ou totais. As concedidas durante os Anos Santos são chamadas de indulgências plenárias, significando a remissão de todas as dívidas e faltas perante a dita justiça divina.

Papa Alexandro VI revestiu a efeméride de uma "magnificência até então não usada".[6] O rito ganhava suntuosidade. É desse tempo que se data a inclusão da cerimônia da Porta Santa.

> Essa cerimônia assim se realizava: na véspera do Natal formava-se a processão papal. O Pontífice, conduzido à basílica sobre a cadeira gestatória, depois das rezas habituaes, batia com um martello de prata no fraco muro que cobria a Porta Santa e que era em seguida demolido pelos pedreiros. lavadas as grades com água benta, o Papa passava em primeiro logar pela Porta Santa, ajoelhando-se para fazer oração, enquanto que tres cardeaes eram enviados com o fim de abrir as portas de São João Latrão, de S. Paulo e de Santa Maria Maior.[7]

Transcorridos 625 anos, para coroar o seu Jubileu de 1925, Ambrogio Damiano Achille Ritti, o Papa Pio XI, planejou um evento ainda inédito em Roma: a grande mostra Missionária Vaticana, definida em sua época como a grande "exposição colonial do Império de Cristo". Colocando uma agenda a serviço da outra – o jubileu e a exposição –, o pontífice conseguiu produzir uma eficiente máquina de propaganda das missões católicas, visando "um grande despertar religioso no mundo, um incremento da obra missionária e de evangelização".[8]

E para cobri-la de fausto e veracidade, pediu a participação de todo "o seu exército missionário", ou seja, das ordens e congregações religiosas instaladas nos territórios de missão espalhados pelo mundo. Caberiam a eles o papel de expositores. Cardeal Willem Marinus Van Rossum, prefeito da Congregação de *Propaganda Fide*, se encarregou de expedir em abril de 1923, "uma circular a todos os institutos missionários, os quais por sua vez, nomearam um encarregado para dirigir os próprios trabalhos na dita exposição".[9]

Planejada para conter cinco seções que corresponderiam às cinco partes do mundo – Europa, Ásia, África, América e Oceania –,[10] Van Rossum, a pedido do

---

6   *Revista Santa Cruz*, jan. 1925, p. 28.

7   *Ibidem*, p. 33.

8   "Un grande risveglio religioso nel mondo, un maggior incremento delle opere missionarie e di evangelizzazione". Fonte: "Atti Del Capitolo Superiore Della Pia Società Salesiana", 24 de junho de 1923, p. 98.

9   *Boletim Salesiano*, n.º 3, mai./jun. 1924, p. 68-69.

10   Ordem de apresentação segue a do documento original. Circular da *Sacra Congregatio de Propraganda Fide*, de 29 de abril de 1923 (Arquivo Salesiano Central, Roma: a8380202).

papa, convocava os institutos missionários para tomar suas posições no mapa mundi a ser desenhado no palácio do Vaticano por meio de uma série de coleções de coisas recolhidas e organizadas pelas missões. O cardeal e poderoso prefeito da Congregação *Propaganda Fide* informava em seu comunicado que os itens a serem exibidos ficariam sob o critério de cada instituto expositor. Todavia, lembrava que todos deveriam ter sempre em mente que "a exposição visa dar aos visitantes uma ideia das várias missões e dos vários aspectos da atividade missionária".[11] A meta, enfim, era fazer conhecer o mundo pelos olhos da missão e a missão pelos olhos do mundo.

> ...nela então pode ser colocado tudo aquilo que se relaciona ao país e seu clima, o povo e seus costumes, o grau de cultura e civilização, o culto pagão e o verdadeiro culto, os meios utilizados para a evangelização, as dificuldades encontradas, os frutos conseguidos...[12]

A mesma convocação foi feita às irmãs e aos padres salesianos. Seguindo determinação expressa na circular do Cardeal Van Rossum, assim como os demais institutos masculinos e femininos historicamente vinculados, os filhos de Dom Bosco e Filhas de Maria Auxiliadora participariam do evento juntos. Mas, temendo a dispersão de recursos e energia frente à necessidade dos padres de Turim de darem conta de sua própria efeméride, o Vaticano fez uma exigência especial: que a celebração dos 50 anos de missão da sociedade de São Francisco Sales "fosse antecipada na Argentina, terra que pela primeira vez aportavam os Salesianos, e que nas outras fosse adiada para o ano escolar de 1925-1926".[13]

Acatando a ordem papal, em outubro de 1924 os salesianos promoveram uma série de eventos na República Argentina, que tiveram o seu "epílogo com o IX Congresso Internacional dos Cooperadores Salesianos e com a esplêndida Exposição Didactico-Profissional dos Colégios Salesianos, inclusive os da Patagônia".[14] Ao longo

---

Durante a exposição, a Europa ganhou espaço diminuto.

11   "L'Esposizione si prefigge di dare ai visitatori un'idea delle varie missioni e dei vari aspetti dell'attività missionaria". Fonte: Circular da *Sacra Congregatio de Propraganda Fide*, de 29 de abril de 1923 (Arquivo Salesiano Central, Roma: a8380202).

12   "...in essa quindi può aver posto cio che riguarda il paese ed il suo clima, il popolo ed i suoi costumi, il grado di cultura e di civilizzazione, il culto pagano ed il vero culto, i mezzi usati per l'evangelizzazione, le difficoltà incontrate, i frutti conseguiti... Fonte: Circular da *Sacra Congregatio de Propraganda Fide*, de 29 de abril de 1923 (Arquivo Salesiano Central, Roma: a8380202).

13   *Boletim Salesiano*, n.º 1, jan./fev. 1926, p. 10.

14   *Ibidem*. Em outro registro, o Boletim Salesiano de setembro-outubro do mesmo ano infor-

desse mesmo ano, a congregação piemontesa, assim como os demais institutos católicos, pode se empenhar nos preparativos para a grande exposição vaticana, que instaurou uma verdadeira competição museológica "entre as pequenas embarcações que circundavam a majestosa nau vaticana".

Depois de prestarem suas homenagens ao Papa ao cobrirem sua mostra missionária de fausto e transformarem as riquíssimas coleções reunidas em suas missões em provas de sua fidelidade e obediência ao Vaticano, o empenho simultâneo dos institutos missionários católicos deixaria um importante espólio museológico para a Igreja e também para o estado italiano: além da criação do Museu Missionário--Etnológico Vaticano, formado a partir da seleção de 40 mil peças entre as cerca de 100 mil enviadas pelos institutos e dioceses ao Papa, a mostra implicaria também a formação e/ou consolidação de um conjunto de museus missionários espalhados em todo o país e hoje integrados ao patrimônio nacional.

A presença de um espaço museal reservado às coleções missionária-etnológicas tornou-se uma regra nos conjuntos arquitetônicos dos institutos religiosos italianos. Em quase todos, a memória da exposição Vaticana de 1925 está presente, seja como referência de marco de fundação, de incremento de coleções ou ainda como matriz de princípios de organização das coleções.

O Pontifício Instituto das Missões (Pime – Pontificio Instituto Missioni Este- re), centro diocesano italiano de formação missionária fundado em 1850 em torno do Seminário Lombardo para Missões Além Fronteiras, hoje instalado em Milão, publicou em 2007 o livro *Musei Missionari*. Com prefácio de Lucetta Scaraffia, docente de História Contemporânea do Departamento de Estudos Históricos da Universidade de Roma La Sapienza, o título faz apresentação sumária de seis instituições, segundo o padre e diretor da instituição, Massimo Casaro, escolhidas por se constituírem como as mais bem estruturadas.[15] São elas: Museo Popoli e Culture, instalado na sede do Pontifício Instituto das Missões, em Milão; Museo Africano de Verona, dos missionários Combonianos; Museu d'Arte Cinese ed Etnografico, dos Missionários Saverianos, em Parma; Museo e Villaggio Africano, dos Missionários Passionistas, em Bergamo; Museo Etnografico e di Scienze Naturali, da Missão Consolata, em Turim; e, finalmente, o Museo Etnografico Missionario Colle Don Bosco, em Asti.[16]

---

mava que naquele país a presença salesiana se dava na época por meio de 39 centros de missão, 55 colégios de alunos internos, 66 colégios de externatos, 80 oratórios festivos, 9 escolas de artes e ofícios, 6 escolas profissionais, 3 hospitais e 20 batalhões de escoteiros.

15 Entrevista realizada na biblioteca do museu milanês, no dia 12 de janeiro de 2009.

16 Museu comboniano, www.museofricano.ogr; Museu do Pime, www.museopopolieculture. it; Museu de Parma, www.museocineseparma.org; Museu Salesiano, www.colledonbosco.it;

Além deles, o Pontifício Instituto das Missões lista outros seis museus que ficaram fora da série descritiva do livro. São eles: Museo Missionario Africano, instalado no convento capuchinho de Padova; Museo Missionario Francescano, no Convento San Giacomo, em Monselice; Museo Missionario dei Arte Cinese, no Convento dos Irmãos Menores Dell'Osservanza, em Bolonha; Museo Missionari Cinese di Storia naturale, dos irmãos menores de Lecce; Museo Cappcuccini di Imola, em cidade homônima; e o Museo Degli Indios dell'Amazzonia, dos Capucinhos de Assis.[17]

Em virtude "do grande número de peças e da diversidade das culturas representadas",[18] o Pime destaca o museu salesiano como detentor na atualidade de uma das mais importantes coleções missionárias da Itália. A congregação já era dona de uma coleção dita etnográfica preexistente ao evento de 1925. Porém, a exposição vaticana certamente pode ser considerada como o marco da multiplicação do acervo salesiano. A força-tarefa dos missionários de Dom Bosco organizada para afluir uma multiplicidade de coisas das terras de missão para o centro expositivo romano não deixou de ser reconhecida pelo Vaticano. O livro do Pontifício Instituto lembra que em 31 de agosto de 1925 o L'Osservatore Romano, periódico editado na cidade do Vaticano, publicaria um artigo para destacar especialmente as contribuições das Missões Salesianas da América para Exposição Missionária de 1925.

Museu Passionista, www.museoafricano.it, e Museu Consolata, www.missionariconsolata.it/torino/museo.htm.

17   O único museu que possuía site era o museu de Lecce: www.museomissionariocinese.or/ita/cinese.htm. Sobre o Museu dos Índios da Amazônia, ver Claudia Mura (2007). Em sua dissertação de mestrado a autora realiza uma etnografia da instituição. Entre o final de 2008 e início de 2009 visitei, além do Museu Salesiano e Museu Vaticano, o Museu do Pime de Milão, o Museu Africano de Verona e o Museu dos Índios da Amazônia de Assis, atualmente fechado devido ao estado de saúde precário do seu fundador e mantenedor, o padre Luciano Matarazzi. Pude conhecer a casa graças à gentileza do Frei Gustavo Alves, responsável pelo Arquivo Central dos Capuchinhos da Úmbria. Brasileiro formado em Manaus e Petrópolis, Gustavo prontificou-se não só a abrir o museu como promover uma visita guiada. A instituição capuchinha dispunha de uma valiosa fonte de informação, a Guida al Museo Degli Indios dell'Amazzonia. Também visitei por conta de museus o conjunto arquitetônico da sede da missão Consolata, em Turim, e dos Beneditinos em Subiaco, que possuem um espaço museal "etnográfico" não listado pelo Pime: o Museu da Santa Escolástica. Infelizmente ambas as instituições estavam fechadas por tempo indeterminado. Os consolatinos informaram que o museu havia encerrado suas atividades havia pouco devido a um "processo de modernização". Sobre o museu existe uma interessante publicação que apresenta as suas cinco coleções "históricas e etnográficas": Eredità Mute – Prime Riflessioni sulla collezione etnográfica di Santa Scolastica (SERAFINI et. al).

18   "il gran numero di pezzi (10 mil) e la diversità delle culture rappresentate..." Musei Missionari, p 46.

Conforme estava previsto nas atas do Capítulo Superior Salesiano de junho de 1923, a coincidência jubilar de 1925 foi providencial para os missionários da congregação: ela iria conferir aos padres de Dom Bosco duplo incentivo e a possibilidade de organizar dois eventos em um. Ou seja, o trabalho de coleta e sistematização do material seria praticamente o mesmo para Roma e para Turim. A diferença se daria na abrangência das missões representadas em cada evento. Atendendo determinações da curadoria pontifícia, na exposição vaticana figurariam apenas 16 territórios missão, ocupados por populações que até a chegada dos missionários não teriam sido efetivamente alcançadas pelo evangelho. Eram elas:

1. Patagônia (presença desde 1875)

2. Pampa Central (1890)

3. A missão dos Bororo (1892/1902)

4. O Vicariato Apostólico de Mendez e Gualaquiza, no Equador (1894)

5. Distrito de Tanjore, Índia (1906)

6. Distrito de Heug Shan, na China (1906)

7. Missão do Congo Belga (1910)

8. Prelazia Apostólica do Rio Negro (1923)

9. Vicariato Apostólico de Magalhães, compreendendo as missões da Terra do Fogo e da Patagônia meridional (1916)

10. Chaco Paraguaio (1919)

11. Vicariato Apostólico de Shiu-Chow (1920)

12. Prefeitura Apostólica do Assam, Índia (1921)

13. Vicariato Apostólico de Kimberley, Austrália (1922)

14. Residência de Calcutá (1925).

15. Missão de Kiu-siu, Japão (1925)

16. Área muçulmana, por meio de escolas normais e profissionais na Palestina, Egito e Tunísia.

No ano seguinte, com o controle total da curadoria, os salesianos organizariam sua lista de missões para serem exibidas da seguinte maneira:[19]

– Europa
Scutari (F.M.A.), Rodi;

---

19   Importante destacar que essa relação aparece nas atas do Conselho Inspetorial de 1923. Nas descrições futuras da exposição de Turim, mesmo no seu museu atual, não encontramos registros explícitos de todas essas missões.

– Ásia

Ásia Menor: Smirne, Adalia e Constatinopla

Palestina e Síria: Beitgemal, Betlemme, Caifa, Cremisan, Nazaré, Jerusalém (Salesianos e F.M.A.)

Índia-Madras: Badarpur, Gauhati, Laitkysew, Raliang (missões e orfanatos)

China (Cantão): Orfanato de Macau, missões Heung-Shan, Shek-ki, Siu-Lam e Tau-Mun

– África

Setentrional: Egito: Alexandria; Tunísia: Tunisi, La Marsa, La Manouba; Argelia: Bonisseville, Eckmuhl e Oran

Central: Congo Belga: Katanga, Elisabethille, Kiniama e La Kabufu

Meridiona: Cabo da Boa Esperança

– América

Chile: Vicariato Magellanico, Punta arenas (Salesianos e F.M.A.), Porvenir (salesianos e F.m.a.), Porto Stanley (Salesianos e F.M.A.) e Última Esperança. Argentina: Patagônia e Terra do Fogo: todas as casas, paróquias, missões da Inspetoria Salesiana dos Salesianos e F.M.A.; Choele-choel, Chos-Malal, Comodoro, Rivadavia, Conesa Sur, Fortin Mercedes, Junin de los Andes, Lago Fagnano, Neuquen, Patagones, Pringles, Rawson, Rio Galegos, Rio Grande, Roca, San Carlos de Bariloche, Santa Cruz, Sant'antonio, Trelew, Ushuaia, Viedma.

Missão nos Pampas: Castex, General, Acha (Salesianos e F.M.A.), Guatrché, S. José, S. Maria, S. Rosa (Salesianos e F.M.A.), Telen, Victoria (Salesianos e F.M.A.)

Paraguai: Missão do Chaco Paraguaio.

Brasil: Prefeitura de Rio Negro (Amazonas), São Gabriel das Cachoeiras. Missão de Santa Catarina – Blumenau: Ascurra, Rio dos Cedros, Rio Oeste. Mato Grosso: Barreiro/Meruri (Salesianos e F.m.a.), Coxipó da Ponte (Salesianos e F.M.A.), Registro do Araguaia, Prelazia (Salesianos e F.M.A.), Sangradouro (salesianos e F.M.A.), Rio das Garças (Salesianos e F.M.A.).

Equador: Vicariato Apostólico de Mendez e Gualaquiza, Santiago de Mendez, Gualaquiza, Cuenca, Indanza, (Salesianos e F.M.A.).

Colombia: Lazareto (leprosário) de Agua de Loro, Lazareto de Cano do Loro, Lazareto de Contratación (Salesianos e F.M.A.).

– Austrália
Vicariato Apostólico de Kimberley.

Como se pode ver, a diferença se deu pela não restrição aos ditos povos pagãos ou infiéis. No caso das missões em território brasileiro, por exemplo, foi incluída a missão dedicada ao atendimento aos imigrantes italianos de Santa Catarina. Nesta listagem também aparece uma missão em território europeu, Scutari, sob o comando das Filhas de Maria Auxiliadora. Aumentava-se o escopo da mostra em 1926, todavia ela se manteria integralmente alinhada aos conteúdos programáticos de 1925, como veremos adiante.

Um império colonial a ser divulgado

É importante ter em mente que as exposições missionárias desempenharam função simbólica crucial no pontificado de Ambrogio Damiano Achille Ritti, o Papa Pio XI. Registram as reportagens de época, por exemplo, que eram constantes as visitas papais nos canteiros de obras da Exposição Vaticana, para onde o religioso ia para contribuir com ideias e sugestões. O herdeiro do trono de São Pedro, que proclamaria em sua encíclica *Rerum Ecclesiae*[20] que as missões católicas teriam como fim supremo implantar a Igreja em novas terras, fazia da estatística ferramenta de evangelização. Por meio dela, dimensionava a importância das missões num planeta então habitado por 1,7 bilhão de indivíduos, das quais 304 milhões eram católicos, 157 milhões cismáticos, 212 milhões de protestantes e 15 milhões judeus. Segundo os cálculos católicos, havia um contingente de 668 milhões de pessoas "que conheciam mais ou menos integralmente (sic) e adoravam o verdadeiro deus". Frente a eles, 227 milhões de maometanos, 510 milhões de budistas e confucionistas, 250 bramanistas e 70 milhões de "fetichistas". Ou seja, 1,1 bilhão "de homens que ignoram a revelação".[21]

Para a Igreja Católica e seus institutos, tratava-se de uma reserva de mercado espiritual colossal que conferia às missões uma posição privilegiada em seu plano organizacional. Para atingir esses povos, dispunha de 32.500 missionários alocados

---

20   Texto na íntegra, em espanhol, pode ser conferido no link vaticano: http://www.vatican.va/holy_fa- ther/pius_xi/encyclicals/documents/hf_p-xi_enc_19260228_rerum-ecclesiae_sp.html.

21   Dados extraídos do *Boletim Salesiano*, n.º 5, set./out. 1925. Esses números não foram confrontados com outras fontes. Menos pela segurança do valor estatístico, eles nos interessam como repertório católico da época.

em 382 missões espalhadas por todo o mundo.[22] Era pouco, mas a igreja precisava não só de reforços humanos, como também de recursos para mantê-los. E, observando a expansão missionária protestante, sabia que poderia esperar mais dos seus fiéis.

"Com efeito: as somas recolhidas anualmente pelos protestantes sobem centenas de milhões de francos. Só os methodistas numa recente subscripção recolheram em alguns meses mil milhões", contabilizava artigo publicado no *Boletim Salesiano* de setembro-outubro de 1925. Enquanto isso, a *Propaganda Fide* conseguia por ano arrecadar "20 milhões", contrapõe o texto. Frente à acirrada concorrência com as missões protestantes, os católicos sabiam que estavam perdendo. Mas tinha algo mais grave: os povos estavam "se desorientando frente à riqueza dos anglo-saxões, riqueza que atrai os outros povos".[23] Para os católicos, arregimentar o apoio político e financeiro e atrair a simpatia popular para as missões era fundamental. Diante desse contexto, as exposições foram incorporadas como recursos estratégicos para esses fins.

As exposições de Turim e Roma podem ser compreendidas como reproduções em duas escalas diferentes de um mesmo programa propagandístico missionário. Diante da opinião pública italiana e internacional, a tônica dos seus subtextos expositivos pretendia evidenciar a importância histórica das missões e projetar seu significado místico e social no presente e no futuro. A intenção de mostrar "o que é feito pelas missões e nas missões, e assim de despertar e intensificar o interesse de todos sobre o grave e nobre problema da conversão dos infiéis"[24] seria a mesma nas duas edições. Pois, o fim pedagógico e motivacional das duas comemorações estaria direcionado para "reanimar o espírito religioso e a Cruzada Missionária em todo o mundo".[25]

Em plena era colonial, os religiosos católicos procuravam imagens metafóricas para representar e explicar sua obra planetária. Assim, o *topos* militaresco torna-se significativo quando se observa que no eixo paradigmático das missões cabem itens lexicais equivalentes ao eixo paradigmático militar: braço, tropa, exército, batalha, pacificação, triunfo e vitória. Diante desse arranjo, a Roma imperial serviria como mote retórico, como demonstram os interessantíssimos textos publicados no *Boletim Salesiano* ao longo de 1924. Assim diz um de autoria anônima:

---

22   *Ibidem.*

23   *Ibidem.*

24   "quanto si fa dalle missioni e nelle missioni, e così suscitare ed intensificare l'interesse di tutti al grave e nobilíssimo problema della conversione degli infeleli". Trecho extraído do Boletim Oficial da Exposição Missionária do Ano Santo, publicado em fevereiro de 1924, pelo comitê diretivo da mostra. Arquivo Salesiano Central de Roma (a8380206).

25   *Boletim Salesiano*, n.º 3, mai./jun. 1924, capa.

Tambem a egreja, tambem o imperio de Christo tem as suas colonias. O genio colonizador da antiga Roma foi superado pelo genio da nova Roma; Tertuliano e Leão Magno, já em seus dias, fizeram notar esta magnifica supe- rioridade, observando que a Paz christã tinha conquistado dominios onde não tinham chegado as misteriosas aguias romanas. Na phrase genial, que não é toda do Pontifice porque tambem é do Apologista, está synthese admiravel e épica do genio daquella Roma, onde Christo se fez romano para fazer de todo o mundo uma immensa colonia romana.[26]

Todavia, se os missionários católicos pretendiam comprovar que sua obra era compatível com os projetos coloniais estatais (enquanto civilizacionais), os padres católicos sabiam que tais projetos não podiam ser confundidos. E, com o lastro de um passado apologizado, a Igreja e seus institutos podiam ir a público para diferenciar seu projeto de expansão global e negar que seu trabalho missionário fosse, "de forma alguma, um intermediário da política imperialista [...] mesmo que o sucesso do Senhor se dava em função do avanço imperialista" (HOBSBAWM, 1988, p. 108). "Há já vinte séculos que os cônsules e legionários do Crucifixo morejam e suam nesta divina colonização, com armas que são as mais soberbas das loucuras: a Cruz do Gólgotha e o Sermão da Montanha", destaca o texto acima a dita dimensão sobrenatural desta ação colonizadora para partir para sua crítica e evidenciar diferenças entre os projetos laicos e religiosos de colonização.

As tensões ideológicas que coabitavam com as convergências políticas e linguísticas dos projetos coloniais laicos e religiosos são ilustradas magnificamente pelo discurso empregado por Padre Aleixo, da Faculdade de Teologia de Pádua, no III Congresso dos Cooperadores Salesianos, em maio de 1903, e relembrado no *Boletim* em 1924. Tratando especificamente do caso salesiano, segundo ele, suas missões seriam exemplos do "verdadeiro triumpho" [...] "no seu sentido clássico, no sentido grandioso romano, evocando à mente as honras do triumpho que Roma tributava aos seus conquistadores." Para Aleixo, "não foi sem escopo que a providencia o suscitou (Dom Bosco) num século de conquistadores scientificos e conquistadores políticos; com a differença que estes são muito inferiores a elle".

Participantes do mesmo jogo de conquista colonial, na perspectiva do religioso italiano, os missionários ocupariam posição – moralmente – superior. "Os conquistadores da sciencia, de volta a Marconi, commandaram as energias da natureza. Dom Bosco soube apoderar-se de energias superiores, como intelligencia, vontade, coração. Foi um

---

26   *Boletim Salesiano de jul./ago.*1924, p. 99-100.

conquistador de almas", complementa.[27] Um outro texto de julho-agosto retoma o mote de outro modo:

> Aos imperios humanos tiram das proprias colônias como de um vasto *stock*, não só o carvão, petroleo, cautchu, mas também material humano, as tropas para os seus exercitos, para as carnificinas dos campos de batalhas civis. O Imperio de Christo procura em suas colônias as mais fragrantes flôres indigenas e as leva para a capital, para Roma, cidade do espirito, onde as alimenta com o seu alimento, colora com a sua côr, vivifica com a sua alma maravilhosa para depois as devolver aos ares pátrios, onde serão luz e calor de vida christã.[28]

As intenções católicas são explícitas: deixar bem claro que os '"colonizadores do espírito foram e são os primeiros e melhores soldados da civilização".[29] Mas se o conteúdo religioso das missões lamentavelmente, aos olhos católicos era motivo de objeções racionalistas, incontestes seriam suas contribuições para o avanço da civilidade. Pois, como argumenta o autor anônimo no texto de janeiro-fevereiro do *Boletim*, se na mão direita os missionários levavam o evangelho...

> ...na esquerda têm a enxada, fundadores ao mesmo tempo de egrejas e cidades, gravadores de almas e de alphabetos, agricultores, architectos, médicos, legisladores e governantes, sacerdotes e genios, santos e heroes; e tanto mais são dignos de admiração quanto labutaram e morreram quase sempre na solidão, irmã do deserto que os cercava, sem reclame de jornaes de governos, e sem a companhia de milionários, a sós com a propria consciência e com Deus.[30]

O diferencial moralizador do projeto colonial católico também é destacado no texto igualmente sem autoria publicado na edição de março-abril de 1924 do *Boletim Salesiano*:

> Em quasi todas as partes que pisam os apostolos de Dom Bosco, já esteve antes o civilizado; mas com voz da prepotência a violentar a digni-

---

27 *Boletim Salesiano*, n.° 1, jan./fev. 1924.

28 *Boletim Salesiano*, jul./ago. 1924, p. 99-100.

29 *Ibidem*.

30 *Ibidem*.

dade e liberdade daquelles que, homens como os demais, têm os direitos que a todos os homens competem. Pois a elles, já meio incredulos dos seus direitos, vae o missionario ensinar, não a liberdade desenfreada que subverte a ordem da razão e faz triumphar as paixões, mas a liberdade do christão que em Jesus Christo e por Jesus Christo nos foi dada.[31]

Uma dada capacidade de edificar um ordenamento jurídico universalizável, em que moralidade e legalidade seriam termos correlatos derivados da religião, seria entendida como o diferencial das frentes missionárias católicas, paulatinamente construído ao longo de sua experiência proselitista. E para rememorar 20 séculos dessa ação evangelizadora, veículo portador dos "benefícios da civilização cristã aos povos que até então jaziam nas terríveis sombras da morte",[32] e divulgar às plateias que afluiriam à "Cidade Eterna" o que seriam então as missões naquela época, o Ano Sato de 1925 parecia momento propício para o Vaticano narrar toda essa trama por meio de um espetáculo visual que deveria "deixar pasmado o proprio mundo catholico".[33] Assombrada pelo fenômeno e pela repercussão das grandes mostras internacionais, eventos que anos mais tarde seriam definidos pelo filósofo alemão Walter Benjamin como espécies de centros de peregrinação para o culto da mercadoria, o Vaticano pretendia fazer uma exposição de coisas para fazer "uma original exposição do espírito". Afinal, assim percebia a Igreja, naquela época estaria em voga o uso das exposições para tudo, "de todos os artefactos e para todos os gostos, desde o automovel até a do Imperio Britannico".[34]

Participando da primeira programação enquanto entidade convidada, a Congregação Salesiana aproveitaria os esforços empreendidos para produzir a sua própria exposição no ano seguinte. No primeiro evento, se mostraria como braço forte de uma igreja assumidamente missionária. No segundo, apareceria como uma organização religiosa com estratégias e objetivos próprios, que seria capaz de fazer pelos "bárbaros e selvagens" aquilo que já provara estar apta de fazer pelos jovens pobres das cidades ocidentalizadas.

---

31 Boletim Salesiano, n.º 2, mar./abr. 1924, p. 7.

32 "Encíclica Rerum Ecclesiae Del Sumo Pontífice Pío XI – Sobre la acción misionera". Disponível no site vaticano: http://www.vatican.va/holy_father/pius_xi/encyclicals/documents/hf_p-xi_enc_19260228_ rerum-ecclesiae_sp.html.

33 *Boletim Salesiano*, n.º 1, jan./fev. 1924.

34 *Ibidem.*

Os preparativos: a rede salesiana entra em ação

Se depois de prontas as exposições missionárias funcionariam como eficientes máquinas de propaganda católica, os salesianos tiveram a habilidade de transformar o processo de construção dessas máquinas em um outro dispositivo propagandístico auxiliar. Antecipando as técnicas de marketing contemporâneas que assumem como estratégia de divulgação o envolvimento prévio do público com um produto a ser lançado, os salesianos fizeram dos preparativos festivos uma oportunidade para lançar luzes sobre suas missões.

Da perspectiva salesiana, as comemorações jubilares seriam a própria expressão de uma obra em rede e as exposições missionárias de Roma e Turim se encarregariam de lhe dar visualidade e inteligibilidade. Durkheimianamente, o rito expositivo iria tornar manifesta aos participantes, sejam exibidores, apoiadores ou expectadores, suas pessoas sociais e apontaria para os lugares que ocupavam nessa sociedade em construção.

Nas Atas do Capítulo Superior de junho de 1923, ficava determinado que os religiosos salesianos que tinham sido ou ainda eram missionários em área de missão ficariam encarregados "da coleta paciente de objetos, documentos, fotografias, cartas, desenhos, notícias históricas e estatísticas, raridades locais", entre outros. Enfim, forneceriam a gama variada de peças que animariam a exibição das missões salesianas. Atendendo as diretrizes vaticanas, o objetivo era reunir um conjunto de objetos que pudessem transportar o público para o universo das missões.

No âmbito institucional, caberiam às casas e às inspetorias salesianas situadas nos centros civilizados se mobilizarem para garantir o sucesso das mostras que exporiam ao mundo as missões dos filhos de Dom Bosco e das Filhas de Maria Auxiliadora, segmentos da obra de Dom Bosco que estavam sendo transformados em símbolo da força internacional dessa família religiosa. Seriam responsabilidade dessas casas e/ou inspetorias eventuais auxílios de custo ou patrocínio de serviços, como publicação dos materiais que seriam expostos nas cidades italianas nas suas tipografias e gráficas. Dos religiosos dessas instituições, além "das orações e da ajuda moral", era esperado que arregimentassem apoio entre suas comunidades locais, pois, das fileiras extra-eclesiásticas eram esperadas as maiores contribuições. E, visando maximizá-las, em nome do sucesso das comemorações jubilares, a rede salesiana seria mobilizada e multiplicada.

Segundo as normas diretivas publicadas no *Boletim Salesiano* de maio e junho de 1924, as cidades com Juntas de Cooperação Salesiana e Uniões de Ex-Alunos e de Ex-Alunas das Filhas de Maria Auxiliadora deveriam estabelecer ações de comum acordo durante os preparativos. Localidades onde não houve associações do gênero deveriam providenciar suas fundações. Caberiam a essas juntas, já estabelecidas ou recém-criadas, ações como conferências e festas em favor das missões. Nas cidades mais ricas e importantes de cada país, era preciso organizar comissão para angariar fundos e doações em espécies para os salesianos em campo. Também seria responsabilidade dessas organizações civis enviar "esmolas" para a sede da congregação até então em Valdocco, em Turim, e incentivar a remessa individual direta dos fiéis. Para garantir uma distribuição justa dessa arrecadação entre as missões, as organizações italianas deveriam enviar tudo para Turim, e as missões de outras nações encaminhar uma listagem de tudo que foi doado. "O poder central se encarregaria da distribuição ou dizer para onde determinados recursos deveriam ser alocados".[35]

Para convencer a todos da importância dessa empreitada, em artigo publicado no *Boletim Salesiano* em janeiro de 1924, o Reitor-mor Dom Felipe Rinaldi tornou explícita a mecânica temporal-política de toda e qualquer celebração pública. Explicava que era necessário retomar o passado para fazer dele o motor de um futuro que só pode existir enquanto um projeto do presente. Sua transcrição do apelo da dita comissão central confirma sua posição:

> O Jubileu de Ouro não é motivado somente pela data cincoentenaria das glorias missionarias e de heroísmo humildes e grandes, feitos no nome e com o espírito de Dom Bosco; mas para que, em todos os povos e classes, se faça mais forte a união e a solidariedade mútua, e nova messe, verdadeiramente de ouro, venha emoldurar a obra generosa![36]

Dom Rinaldi conclamava iniciativas públicas e privadas, a fim de que as Missões de Dom Bosco tivessem "digna ilustração" e, ao mesmo tempo, garantir que as festividades se tornassem "fecunda de frutos consolantes",[37] ou seja, redundassem em apoio às obras missionárias. Afinal, como expressou o redator anônimo na revista *Santa Cruz* de fevereiro de 1926...

> ...as aureas datas e os centenarios semelham-se aos marcos milionários, às etapas em que se detém a humanidade para haurir conforto e esperança, que desperta nos fracos novos impulsos de alacridade e de bem e, para as almas fortes, serena confirmação do bem desenvolvido e maior

---

35   *Boletim Salesiano*, n.º 3, mai./jun. 1924, p. 68.

36   *Boletim Salesiano*, n.º2, jan./fev 1924, p. 1-7.

37   *Ibidem.*

vigor para perse- verar atravez das asperezas do caminho e das provações da terrena vida.[38]

Desse modo, além de ser um fato a ser comemorado, as festividades ofereciam aos filhos de Dom Bosco oportunidade de tornar pública a lista de necessidades das missões: renovação de pessoal, recebimento de esmolas e orações. Atendê-las seria um dever dos católicos e condição para que todos os religiosos já em campo, "embora os mais distantes, sintam a nossa cooperação generosa e cordial ao seu apostolado".[39]

Ao detalhar cada um desses itens, a autoridade máxima dos salesianos em sua época nos fornece elementos para compreendermos de que modo as missões eram dependentes de um planejamento organizacional *sui generis*, baseado na articulação entre poder central salesiano, biografias missionárias espalhadas em campo e opinião pública local e internacional. Sobre a necessidade de novos religiosos, Dom Rinaldi lembra a seus leitores que os missionários "vão, com o tempo, desaparecendo, e outros vão perdendo as energias que antes possuíam". Frente a esse imperativo físico, assim questiona: "devemos deixar que o campo de trabalho, ganho com tanto sacrifício, volte à esterilidade de antes?", destaca adiante um agravante adicional relacionado à futura expansão da obra pelo mundo. "Doutro lado, como podemos atender aos muitos pedidos (de abertura de missão), e satisfazer as promessas já feitas?". O salesiano reconhecia que precisava de "novos braços", mas apostava também que não faltariam "corações generosos, maxime entre a juventude", desejosos de consagrar-se ao apostolato. Assim, Dom Rinaldi faz o   seu primeiro pedido: "Procurae essas almas, mandae-as, que nossas casas de formação estão promptas para recebel-as".[40]

Mas a empresa missionária, além de um efetivo humano capaz de encarnar em campo seus valores e programas de ação, precisava de recursos. "Os nossos Missionarios lutam com difficuldades para manter-se a si mesmos, para manterem os alumnos, os professores, abrirem capellas, ampliar as residencias etc.", destaca o Reitor-Mor. importante ressaltar aqui uma indistinção: frente as atividades religiosas entre civilizados ou indígenas, o foco recai sobre a categoria "alunos". E para eles, além de esmolas, era pedido qualquer auxílio material. "Qualquer coisa, mesmo gêneros, pano, utensílios, livros, instrumentos musicais, machinas, etc".[41] Neste contexto, a prática caritativa abria a possibilidade aos colaboradores dos salesianos de estabelecerem relações – mediadas por coisas – com esses missionários e com os mundos

---

38   *Revista Santa Cruz*, Anno XXV, fasc. 2 fev. 1926, p. 49.

39   *Boletim Salesiano*, n.º2, jan./fev. 1924, p. 1-7.

40   *Ibidem.*

41   *Ibidem.*

para os quais eles foram evangelizar. Doar significava inscrever-se metonimicamente nessa obra, colocando em circulação recursos e energias em circuitos internacionais de troca abertos e controlados pelos religiosos.

Todavia, a ligação simbólica entre colaboradores e missionários também poderia ser efetivada por meios imateriais, como "as orações". E, ao pedir para os simpatizantes da obra de Dom Bosco incluir os missionários em suas preces, Dom Rinaldi engenhosamente conseguia acomodá-los em seus imaginários de uma maneira especial, isto é, de um modo íntimo. "Rezae diariamente pelos missionários", clama o salesiano. "A generosidade com que deixaram a propria pátria e os proprios parentes, muitas vezes é posta à prova, nas dificuldades innumeras, perigos de vida, fadigas graves, exhaustivas, sem que tenham, às vezes, nenhum conforto",[42] descreve o padre. "Lembrae-vos de rezar por eles para que Deus os accumule de doces consolações",[43] insiste Dom Rinaldi, lembrando ainda que as esmolas deveriam ser encaminhadas para Turim, na Itália, e qualquer comunicação ou sugestões relativas às festividades deveriam ser dirigidas, no caso dos italianos, também ao Piemonte, e ao "Inspector mais proximo", no caso dos estrangeiros.

Intra e extra-muros congregacional, a família salesiana era mobilizada para produzir a obra que iria representar sua energia e organização e aqueles para os quais ambas estariam direcionadas.

Tradição expositiva

Promover ou participar de exposições era algo que entre 1925 e 1926 já estava se tornando familiar na agenda das casas salesianas da Itália e também do exterior. A formação da Congregação, aliás, é coetânea ao surgimento das grandes exposições universais e coloniais – dispositivos espetaculares com os quais as potências europeias afirmavam suas identidades nacionais e celebravam publicamente o controle que exerciam sobre o globo terrestre e populações que nele habitavam; fato então interpretado por esses países como uma consequência derivada do domínio que detinham sobre a ciência e a técnica, como bem formulou Pesavento (1997). Em 1851, ano em que os primeiros clérigos formados por Dom Bosco estavam iniciando sua vida sacerdotal na rica e industrial cidade de Turim, Londres, na Inglaterra, transformava-se nesse mesmo ano em palco da "Great Exhibition at the Crystal Palace", a primeira grande exposição mundial, marco modelar de um longo ciclo expositivo

---

42 *Ibidem.*

43 *Ibidem.*

que seria replicado nos principais eixos metropolitanos no fim do século XIX e ao longo do século XX.[44]

Concebida pelo Rei Albert, o marido alemão da Rainha Vitória, para simbolizar a superioridade militar e econômica do império britânico e publicizar – e vender – as proezas da Revolução Industrial, a *Great Exibition* londrina ficou em cartaz entre os dias 1º de maio e 11 de outubro de 1851 no Palácio de Cristal, uma impressionante construção pré-fabricada de ferro fundido, madeira e vidro construída especialmente no Hayde Park para abrigar o evento.[45] Nele, aproximadamente 14 mil expositores de 28 países exibiram para 6 milhões de visitantes uma miscelânea de atrações comercializáveis que misturava aquilo que era compreendido como objetos de arte, artefatos arqueológicos, espécimes vegetais, animais e minerais, além de manufaturas, máquinas e motores recém-criados, ilustração da alta tecnologia do seu tempo. Londres descobria um público ávido de novidades e de exotismos e dava início ao desenvolvimento de uma tecnologia do fazer visível capaz de transformar o real em sua própria alegoria.

> Os milhões de visitantes que viajaram para a grande exposição de 1851 maravilharam-se com a Revolução Industrial que impulsionou a Grã-Bretanha a se tornar a maior potência da época. Entre os 13.000 objetos vindos de todas as partes do mundo, havia o tear Jacquard, uma máquina de envelope, ferramentas, utensílios de cozinha, uma mostra de fabricação de aço, uma máquina de colheita dos Estados Unidos. Os objetos em exposição vieram de todas as partes do mundo, incluindo Índia e os países com os recentes assentamentos de brancos, como Austrália e Nova Zelândia, que constituíram o novo império.[46]

---

44 O surgimento de exposições mundiais ou universais está associado ao marco internacional do industrialismo e do colonialismo. Todavia, eventos do gênero vêm sendo editados até os dias de hoje e a memória da primeira edição é costumeiramente evocada nos materiais de divulgação. Ver, por exemplo, o site da Expo Milan 2015: http://www.aboutmilan.com/expo-2015/history-universal-exposition.html.

45 Após o encerramento da exposição, a construção pré-montada foi transferida para Sydenham Hill, local onde permaneceu até 1936, quando foi destruída por um incêndio (Fortuna, 2010). O projeto foi assinado por Joseh Paxton, renomado arquiteto e urbanista do período.

46 "The millions of visitors that journeyed to the great exhibition of 1851 mar veled at the industrial revolution that was propelling Britain into the greatest power of the time. among the 13,000 exhibits from all around the world were the Jacquard loom, an envelope machine, tools, kitchen appliances, steel-making displays and a reaping machine from the United states. The objects on display came from all parts of the world, including india and the countries

Após Londres, o modelo e a ritualística de exibição de coisas em forma de mercadorias começou a ser replicado também em outras cidades do eixo Norte Atlântico. Paris, por exemplo, realizou sua primeira Exposição Universal entre 15 de maio e 15 de novembro de 1855, arregimentando um público de 5,162 milhões de visitantes e 34 países participantes. Nas três edições subsequentes, os números se multiplicam: em 1867, 16 milhões de visitantes e 51.100 exibidores de 42 países; em 1889, público de 28 milhões de pessoas e 61.722 exibidores de 36 países, reunidos numa área reservada sob a recém-inaugurada Torre Eiffel, construída para ser a edificação mais alta do mundo e marco da exposição; e em 1900, realizada com a pretensão de fazer uma retrospectiva visual do século que se encerava, a exposição chegava a impressionante marca de 50,860 milhões de visitantes e 76 mil expositores de 58 países. Em outros pontos metropolitanos, outros eventos, entre eles, a exposição de Viena de 1873; Filadélfia, 1876 e 1896; e Genebra, 1896; Glasgow, 1901; e Milão em 1906. Turim, a cidade dos salesianos, sediaria a sua exposição universal em 1902.[47]

---

with recent white settlements, such as australia and new Zealand, that constituted the new empire. Victorian Station. The great exhibition at the crystal Palace". Disponível em: http://www.victorianstation.com/palace.html.

47   Paralelamente, as Exposições Universais serviam de molde para outras mostras de escopo mais restrito: as exposições coloniais nas quais as metrópoles exibiam suas ações e relações com aquilo que havia sido transformado em satélites de exploração econômica. Replicados em versões nacionais ou internacionais no contexto da conquista colonial europeia, estes foram os espaços privilegiados para aquilo que foi bem descrito como a encenação discursiva do positivismo, evolucionismo e racismo. Na Europa, as "mostras etnológicas" baseadas na exibição de homens, mulheres e crianças trazidas das colônias para encenarem diante das plateias locais seus modos de vida "selvagens e bárbaros" tornaram-se as principais atrações dos eventos. "A ideia de promover um espetáculo zoológico pondo em cena populações exóticas aparece paralelamente em vários países europeus ao longo da década de 70 do século passado. Inicialmente, na Alemanha, onde em 1874 Karl Hagenbeck, vendedor de animais selvagens e futuro promotor dos principais zoos europeus, decide apresentar, aos visitantes, ávidos de 'sensações', nativos de Samoa e da Lapônia como populações 'genuinamente naturais'. O sucesso dessas primeiras exibições o conduz, a partir de 1876, a enviar um de seus colaboradores ao Sudão egípcio, a fim de trazer animais bem como nubianos, para renovar a 'atração'. Esses últimos tiveram sucesso imediato em toda a Europa, sendo apresentados sucessivamente em diversas capitais como Paris, Londres e Berlim. Tal sucesso influenciou, sem dúvida alguma, Geoffroy de Saint-Hilaire, diretor do Jardim de Aclimação, que procurava atrações capazes de reverter a situação financeira delicada em que se encontrava seu estabelecimento. Ele decide então, em 1877, organizar dois 'espetáculos etnológicos', apresentando os nubianos e esquimós aos parisienses. O sucesso foi fulminante" (BANCEL et al.). Nos Estados Unidos, o fenômeno da teatralização incidiu na própria história. "A exposição de Omaha apresentou, em destaque, uma exibição sobre as 'raças conquistadas' e, na Exposição de Atlanta, os Sioux

Entre as múltiplas exposições, apontam os analistas de eventos do gênero, uma mesma combinação: uma cidade sede, um tema, a participação de delegações internacionais, público de massa e intervenções urbanísticas que inscreveriam tais agendas nas histórias das cidades e países que as abrigaram. Segundo Armand Mattelart (2002), esses eventos foram momentos propícios para o fortalecimento de associações internacionais e promoções de encontros e congressos mundiais paralelos, todos alinhados à retórica da paz e da fraternidade entre os povos (civilizados). Durval Lara Filho, outro leitor de Mattelart, lembra que foram nessas ocasiões que se iniciaram "as negociações para a criação de padrões internacionais de medida (como o metro), a união postal, a adoção de uma moeda única para o comércio, as vias onde passarão as linhas telegráficas" e onde também se começam as discussões para a constituição do direito internacional moderno (2006, p. 57).

Ancorado na documentação histórica referente às grandes exposições francesas, Durval Lara Filho demonstra ainda de que modo esses eventos foram determinantes para a configuração dos museus modernos ao lhes dar as matrizes de classificação de objetos e diretrizes para organização expográfica, além de estimular discussões em torno das suas possíveis novas funções.[48] Os grandes centros não podiam esperar intermitentemente por uma nova exposição para poder voltar a ver as maravilhas do mundo, nota o autor. As exposições lhe serviriam de modelo para implementar exposições permanentes. Dessas grandes mostras internacionais, por exemplo, surgiram os museus folclóricos (etnográficos) da Europa, como destaca Mark Sandberg (2001, p. 441).

Como se pode notar, as exposições estão na gênese do desenvolvimento das estruturas de comunicação global e são indissociáveis do desenvolvimento do sistema produtivo industrial moderno em escala planetária.

> Mesmo que reunissem entre os itens expostos elementos que nada tinham a ver com esta atividade produtiva, sem dúvida alguma as grandes vedetes das exposições universais foram sempre as máquinas, os novos inventos e os produtos recém-saídos das fábricas, cujo consumo se buscava difundir mundialmente. (Pesavento, 1997, p. 43)

---

foram obrigados a representar novamente a sua própria derrota e humilhação em Wounded Knee" (SHOHAT & STAM, 2006, p. 156).

48 Ver especialmente reflexões de Léonce Bénédite, então responsável pelo Museu Nacional de Luxembourg, em Rapport du jury internacional, da exposição Universal de 1900. Disponível em http:// cnum.cnam.fr/CGI/fpage.cgi?8XAE583.1/131/100/870/0/0.

No texto acima citado, Sandra Jatahy Pesavento se cerca de um conjunto de argumentos autorais que lhe ajudam a enquadrar analiticamente as exposições: circuitos de peregrinação para culto-fetiche da mercadoria (BENJAMIN, 1989 *apud* PESAVENTO, 1997), cerimônias de autorrepresentação da burguesia industrial ocidental (WERNER, 1979 *apud* PESAVENTO, 1997), retratos da ideologia de época (RAYMOND, 1937 *apud* PESAVENTO, 1997) e epicentros criativos de representações mentais e materialização de imaginários coletivos (RÉBÉRIOUX, 1979 *apud* PESAVENTO, 1997). Os enunciados pavimentam o caminho para a autora se livrar do risco de reduzir as exposições a simples exibições de mercadorias e poder enxergá-las como fenômenos de transmutação das coisas em peças de um discurso ideológico visual. Um estratagema bem antropológico, diríamos. Afinal, todos esses autores convergem ao dizer implicitamente: coisas são discursos e orquestrá-las publicamente por meio de exposições são formas ritualísticas de materializar os sistemas classificatórios sociais que lhes dão sentido, como bem nos demonstra a autora.

Seguir com os autores mobilizados nessa direção também nos ajuda a compreender de que modo e por que os salesianos – os missionários do trabalho moderno, da pedagogia e da comunicação – tomam para si essa tecnologia expositiva. Para enriquecer a explicação, podemos traçar uma comparação: os salesianos fizeram com esses ritos expositivos aquilo que já haviam feito com o teatro, linguagem que ocupa posição central na história da pedagogia salesiana. Se um meio deslumbra e produz significados, os salesianos se apropriariam dele para fazê-lo servir aos seus conteúdos. Examinemos com mais atenção o caso do teatro para na sequência pensarmos a incorporação das exposições como parte do repertório desses padres.

Tomando o contexto brasileiro de referência, Riolando Azzi estabelece uma relação sugestiva entre o espaço teatro e a edificação de uma igreja para evidenciar de que modo o projeto salesiano construiu pontes para fazer sua obra transitar em duas ordens distintas de valores. Segundo o historiador...

> ...a sociedade burguesa em formação considerava o teatro como uma das importantes expressões da vida moderna e do rompimento dos vínculos de dependência da antiga sociedade sacralizada. Dessa forma, enquanto os templos constituíam o centro da sociedade agrária colonial, os edifícios de teatro que vão se construindo na nova civilização urbana emergente tornam-se o símbolo de uma modernidade marcada pela mentalidade laica [...] Dentro desse contexto, ao promover o teatro educativo, os salesianos davam mais uma demonstração de estarem dis-

> postos a inserir-se no mundo moderno, e de estabelecer um diálogo com
> a sociedade burguesa. (2000, p. 343)

Nos diversos colégios salesianos, sobretudo aqueles instalados nas Américas, as programações teatrais estavam entre as primeiras atividades a serem desenvolvidas nos currículos escolares, seja por meio das aulas de declamação, seja por meio da organização de grupos teatrais. Considerado como um instrumento de "lazer saudável" e meio de "transmissão de valores morais", o teatro educativo salesiano tinha como cerne de sua estratégia a propagação e encenação na rede educacional salesiana internacional de uma série de textos produzidos e publicados pela Congregação na Itália. Ao se instalar nos países onde abririam suas escolas, os filhos de Dom Bosco tinham entre as principais tarefas providenciar a tradução do material teatral que circulava entre o grande público por meio das publicações da série *Leituras Católicas*,[49] traduzida e editada no Brasil a partir de 1890, nas gráficas de Niterói. Nos grandes complexos arquitetônicos e educacionais salesianos, o teatro e a capela coabitavam, e as salas de espetáculos serviam de ferramentas de comunicação entre as escolas e as comunidades adjacentes. Além do mais, era um instrumento pedagógico e moralizador capaz de inculcar valores por meio do entretenimento. Sob a luz da dramaturgia salesiana, comportamentos, valores e ideias eram tematizados e criticados.

A relação desses padres com o teatro nos mostra que, além de simplesmente fazer a crítica do seu tempo, como assim faziam os tradicionais institutos católicos, os filhos de Dom Bosco também tinham como meta se inserir como produtores habilitados no moderno mercado de informação. Desse modo, sendo testemunha ocular do poder e efeito de comunicação das grandes exposições europeias, a Congregação Salesiana tratou de tomar para si essa nova tecnologia de comunicação articulada em torno de exposições para as massas. Se o mundo laico exibia suas coisas e maneiras de fazê-las para afirmar publicamente a supremacia do seu modo de ser, os salesianos produziriam também suas próprias exposições ou participariam de bom grado de uma série de eventos similares compartilhando desse mesmo intuito.

Um conjunto de documentos guardados no Arquivo Salesiano Central de Roma registra a presença da Congregação enquanto expositora convidada em quatro grandes eventos italianos antecedentes às mostras de 1925 e 1926: Exposição

---

49   No Brasil essa tarefa coube, sobretudo, aos padres Pedro Rota e Luiz Zanchetta (AZZI, 2000, p. 350). O Arquivo Salesiano de São Paulo conta com uma seção do seu acervo exclusivamente dedicada ao teatro. Constam centenas de peças publicadas e pastas com folhas avulsas sobre as produções. Entre as obras, constam peças de autoria do próprio Dom Bosco, como a "Morada da Felicidade". Encontram-se também títulos produzidos por nomes brasileiros, dos quais se sobressai Amélia Rodrigues, cooperadora salesiana da Bahia.

Missionária Católica Americana de Gênova, de 1892 (em comemoração ao quarto centenário da descoberta da América); Exposições Geral das Missões Católicas de Turim, de 1898;[50] Exposição Internacional de Milão – mostra dos italianos no exterior, de 1906; e Exposição Geral – Italianos no exterior de Turim, de 1911. No evento de 1898, vale destacar, a Congregação Salesiana ganhou o prêmio máximo concedido pelo júri e o padre Maggiorino Borgatello, menção honrosa em virtude da palestra proferida na ocasião.

Crônicas e artigos publicados em fontes diversas atestam que os salesianos também integravam a comitiva de expositores de exposições universais fora do território italiano. Em discurso proferido em 13 de agosto de 1902 para destacar eficiência do projeto educativo dos filhos de Dom Bosco, o conselheiro Duarte de Azevedo lembrava aos colegas do Congresso Legislativo de São Paulo que a congregação recebera anos antes uma premiação em uma exposição universal europeia. Artigo publicado no diário católico turinense *Momento*, em outubro de 1904, traduzido na íntegra pelo Boletim Salesiano em dezembro de 1904, fazia referência a uma das obras produzidas pela oficina salesiana de Liège, município belga, que teria sido escolhida para ser colocada na porta de entrada da Exposição de Bruxelas.

Além dos eventos promovidos por terceiros, a congregação já oferecia às agendas públicas italianas e internacionais suas próprias cerimônias expositivas, desde aquele momento ocasiões para a mobilização de sua rede e propaganda de suas propostas e realizações. Em 1900, por exemplo, todos os centros de missões salesianas do Novo Mundo foram convidados a "figurar en los salones destinados a Exposición de las Missiones Salesianas de América",[51] organizada no Colégio Pio IX de artes e ofícios de Buenos Aires para celebrar os 25 anos do projeto missionário de Dom Bosco. Junto com eles, entram em ação também o batalhão de cooperadores a fim de oferecer suporte e apoio financeiro.

Logo no ano seguinte, Turim inauguraria no calendário local a Exposição Trienal Internacional das Escolas Profissionais e Colônias Agrícolas de Dom Bosco. Em cada edição, o Teatro do Oratório Salesiano de Valdocco se tornava, sugestivamente, em palco para o espetáculo formado pela justaposição das melhores peças, tomadas ali naquele espaço como prova da didática salesiana. As melhores eram laureadas com prêmios, que conferiam honras aos seus produtores, professores e escolas.

Mas além "do feito salesiano", os eventos ofereciam aos padres de Turim a oportunidade de exibirem também o seu prestígio junto àqueles que eram percebidos

---

50 Em outros documentos ela também é chamada de Exposição Geral de Arte Sacra.

51 Circular introdutória da *Comisión para la Exposición de la Misiones Salesianas de America*. Arquivo Salesiano Central de Roma (a8260110).

como importantes. Ganhou destaque na imprensa da época, por exemplo, a visita que a Rainha-Mãe da Itália, Margarida de Saboia, fizera a II Exposição Trienal Salesiana no dia 4 de outubro de 1904. Acompanhada de comitiva ilustre, "a sua majestade" teria ido a Valdocco conferir os objetos produzidos pelas escolas salesianas situadas em localidades como Florença, Roma, Milão, Barcelona, Londres, Puebla (México), Cabo da Boa Esperança, Buenos Aires, Liège e Alexandria (Egito). Ocupando o palco, as galerias, a plateia e o pequeno anexo do teatro, as peças expostas foram organizadas em cinco seções: artes gráficas e análogas (tipografias e encadernação); artes liberais (artes plásticas, esculturas, cerâmica e decoração); ofícios (carpintaria, marcenaria, serralheria, alfaiataria e sapataria); agricultura (tecnologias agrícolas) e didática (programas e métodos desenvolvidos pelos professores salesianos).

Não se sabe se a rainha a teria notado, mas a então Colônia Agrícola do Sagrado Coração de Jesus do Barreiro, a proto-Missão de Meruri de hoje, também marcou sua presença no evento, enviando "juntamente com algumas curiosidades indígenas, um saquinho de mandioca moída pelos pobres índios Coroados-Bororo".[52]

Exposições didáticas, religiosas, coloniais, nacionais ou internacionais. Organização convidada ou organizadora. Não importam suas modalidades ou variações. O que é preciso ter em mente é o fato de que os salesianos chegariam às duas exposições de 1925 e 1926 respaldados por uma experiência expositiva acumulada por de uma série de eventos precedentes.

Em todos eles, um programa propagandístico comum, magistralmente sintetizado na proposta curatorial reservada à participação das missões italianas na Exposição Geral – Italianos no Exterior de Turim, de 1911: "colocar em evidência a utilidade e eficácia da obra civilizatória das missões",[53] evidenciando, concomitantemente, suas contribuições para o desenvolvimento da ciência e dos interesses nacionais. Em 1909, um ano após a criação do Instituto Colonial Italiano e do Congresso dos Italianos no Exterior, a Associação Nacional de Apoio aos Missionários Católicos Italianos via a mostra de 1911 e as futuras exposições gerais planejadas pelo novíssimo instituto como vitrine privilegiada para as diversas organizações católicas missionárias irem à cena para exibir sua obra[54] e convencerem a opinião pública italiana e europeia sobre sua importância. Um projeto que os salesianos aderiram com convicção.

---

52   *Boletim Salesiano*, dez. 1904, p. 333.

53   "Mettere in luce l'utilità e l'efficacia dell'opera incivilitrice delle missioni". *Prememoria – Contributo delle Missioni Cattoliche Italiane all'incremento della civiltà, della scienza e degli interesse nazionali.* Arquivo Salesiano Central de Roma (a8260120).

54   Circular da Associazione Nazionale Per Socorre I Missionari Cattolici Italiani, dezembro de 1909. Arquivo Salesiano Central de Roma (a8260120).

Em 1906, durante a Exposição Internacional de Milão, na Mostra dos Italianos no Exterior, os salesianos já tinham exibido ao público uma coleção de fotografias, quadros estatísticos, monografias e documentos para ilustrar o que seriam as três grandes frentes de atuação da congregação fora da Itália: educação escolar (5.170 alunos em 72 institutos de artes e ofícios, mais escolas agrícolas, 5.888 estudantes em 106 internatos, 1.281 alunos em 95 externatos e 115 oratórios festivos com 30 mil jovens e crianças inscritos); evangelização e colonização dos "povos selvagens" (Pampa e Patagônia Setentrional e Central, Patagônia Meridional e Terra do Fogo, Jivaro de Mendez e Gualaquiza e os Bororo de Mato Grosso); e assistência aos imigrantes italianos.

Porém, além de se observar intenções convergentes em relação às mensagens que se pretendia veicular, o exame da documentação referente às mostras que antecedem as exposições de 1925 e 1926 indica que paulatinamente a congregação ia aprendendo "como fazer" para efetivamente veiculá-las. Uma vez formatado, um mesmo modelo de curadoria tomado de empréstimo do Vaticano seria adaptado às mais diversas exposições, mesmo depois de 1926, como veremos adiante. Constariam no modelo: planejamento centralizado; exequibilidade vinculada a comitês especialmente designados; definição prévia de critérios balizados e divulgados por meio de documentos oficiais; e coleta pulverizada estruturada em torno da rede missionária internacional, esta por sua vez, pautada pelos documentos e supervisionada pelos comitês.

Usemos duas das três circulares encaminhadas pela comissão organizadora da exposição missionária das missões católicas de 1898 às casas salesianas solicitando o envio de material expositivo como ferramentas para ilustrarmos esse modelo. Assinados em fevereiro de 1897 e enviados para o padre salesiano Celestino Durando,[55] os documentos também nos possibilitam perceber – pelo menos enquanto um projeto – a importância dada ao trabalho de coleta missionária. Orientadas a partir do centro planejador e normativo, técnicas e critérios práticos deveriam ser replicados pelos quatro cantos do mundo onde houvesse missionários para efetuá-las. Vejamos esses documentos com atenção. Publicados 28 anos antes da grande Exposição Missionária Vaticana, eles nos fornecem elementos para antevermos o lugar conceitual que a Igreja e os salesianos estariam construindo para acomodar o patrimônio museológico que estava sendo constituído pelas suas missões: o lugar da ciência.

---

55 Padre Celestino Durando (* Cuneo, Itália, 29 de abril 1849 + Turim, Itália, 27 de março de 1907), religioso salesiano, pertenceu ao Conselho Superior da Congregação durante 40 anos de sua vida. De 1886 a 1903, foi a principal autoridade da Inspetoria Exterior de Todos os Santos, que englobava a Suíça, França, Espanha, Inglaterra, Polônia, África e Ásia. Em 1878, o Capítulo Superior, principal comitê administrativo da Congregação, definiu Durando como o responsável pela leitura, organização e encaminhamento dos pedidos de instalações de missões salesianas feita pelos cleros locais.

Em cada circular, concebidas como adendos e esclarecimentos do programa oficial da exposição, a atenção foi dirigida a grupos específicos de materiais que comporiam a mostra prevista para ocorrer entre maio a outubro de 1898. Na circular n.º 1, a comissão lembra aos missionários que o programa da exposição, anteriormente encaminhado, já havia expresso o desejo de contar com coleções de fósseis, vegetais e animais provenientes das regiões de missão para a realização da mostra. Informa também que uma metodologia para a formação das coleções já havia sido sumariamente apresentada a fim de conferir maior prestígio científico e social ao empreendimento.

Todavia, era necessário afinar o foco e alinhar as práticas de coletas ao redor do mundo. "Como complementação daquilo que aqui está sendo dito, a Comissão [...] se permite chamar agora a atenção dos M. RR. Missionários principalmente sobre alguns pontos do programa",[56] prossegue o informe mantendo o mesmo tom didático.

Demonstrando os reflexos da febre arqueológica que atiçava as especulações e a curiosidade da ciência e do senso comum europeu após as descobertas advindas das escavações no Périgord, na França, após 1863, o primeiro tópico da Circular n.º 1 era dedicado ao que a comissão tratou como "*caverne ossifere*", um misto de sítios arqueológicos e paleontológicos.

> Seria sobremaneira importante, e verdadeiro título de honra para a nossa exposição, se alguém entre os M. RR. Missionários, aos quais nos dirigimos, tivesse a sorte de encontrar alguma 'caverna ossificas'; e, encontrando-a, operasse nela escavações de forma racional, tomando nota de todas as circunstâncias, nas quais os ossos humanos ou de animais foram ali encontrados, e recolhendo também todos os restos da industria humana, cacos de vasos, pedras quebradas, armas e utensílios de osso, que por acaso ali estivessem."[57]

---

56   "A complemento di quanto ivi é detto, la Commissione [...] se permette ora di richiamare l'attenzione dei M. RR. Missionari principalmente su alcuni punti di quel programma". *Aggiunte e schiarimenti al Programa*. Documento de fevereiro de 1897. Arquivo Salesiano Central, Roma (a8260106).

57   "Sarebbe oltremodo importante, e vero titolo di onore per la nostra Esposizio-ne, se alcuno dei R.R. missionari, ai quali ci rivolgiamo, avesse la fortuna di rinvenire qualche carverna offifera; e rinvenutola, vi eseguisse uno scavo razionale, prendendo nota di tutte le circostanze, nelle quali le ossa umane o di animali vi si trovarono giacenti, e raccogliendo pure tutti quegli avanzi dell' industria umana, cocci di vasi, pietre scheggiate, armi e utensili di osso, che per avventura vi si trovassero". *Ibidem*.

Mapa de viagem de uma coleção etnográfica

O documento segue dando orientações práticas sobre as técnicas de escavação, numa esperança de habilitar a coleta arqueológica/paleontológica em rápidos dois parágrafos, como exemplifica o trecho:

> Ou seja, se escavará, em zigue-zague, ao longo do eixo da caverna, um pequeno fosso da profundidade de um metro aproximado e de largura apenas suficiente para ser possível trabalhar nela, e assim em alguns pontos do fosso serão escavados pequenos poços, di diferente e progressiva profundidade, empurrando apenas alguns até alcançar a rocha.[58]

A publicação impressa de três páginas desdobra-se em duas partes. A segunda dirige sua atenção às coletas de "plantas ou animais úteis e materiais colorantes". Se a sorte e o espírito desbravador dos missionários poderiam colaborar com o trabalho dos cientistas dedicados a investigar os mistérios da pré-história humana, como sugeriam os primeiros apontamentos da carta, a acuidade científica dos missionários também poderia servir de aliada para outros heróis do século XIX aos olhos daqueles missionários: os empreendedores capitalistas.

> O missionário católico, que em muitas regiões bárbaras precedeu exploradores e mercadores, rendeu no passado incalculáveis benefícios à Europa. trazendo conhecimento sobre animais e especialmente minerais e plantas úteis à nutrição, à medicina e à indústria. Basta lembrar, entre todos, o bicho-da-seda.[59]

O documento prossegue exemplificando quais seriam os tipos interessantes para a exposição: plantas medicinais; plantas que produzem goma ou drogas, com canela, chá, etc; plantas úteis para a produção de tecidos, plantas nutritivas, como cereais vegetais, sementes oleosas; materiais colorantes, seja retirado de plantas, minerais ou até de animais. Indicando que o valor das coleções estaria atrelado à qualidade e à quantidade de informações capazes de as contextualizarem, a circular

---

58 "E cioè si scaverà, a zig-zag, lungo l'asse della caverna, um fossatello della profondità di un metro circa e di larghezza appena sufficiente da potervi la- vorare, e quindi in alcuni punti di esso si scaveranno dei piccoli pozzi, di di- versa e progressiva profondità, spingendone solo alcuni fino a raggiungere la roccia." *Ibidem.*

59 "il missionario cattolico, che in molte barbare regioni precedette gli esploratori e i mercanti, rese per il passato incalcolabili beneficiii all'Europa, facendone conoscere animali e specialmente minerali e piante utili alla nutrizione, alla medicina e all'industria. Basti, fra tutti, il ricordare il baco della seta." *Ibidem.*

lembra aos missionários que as coletas de produtos nutritivos, medicinais, têxteis e colorantes devem ser acompanhadas de informações sobre condições especiais de uso; temperatura e umidade exigida para o cultivo das espécies; método de cultivo e produção; entre outras.

A Circular n.º 2 dirige sua atenção a outra coleção: a de fotografias, documentos subliminarmente tomados como reproduções analógicas de uma realidade a ser revelada aos visitantes da exposição. Expressão da incorporação de novas tecnologias para inscrição das alteridades com as quais os missionários eram defrontados, os acervos fotográficos das missões entre populações indígenas começavam a se constituir como capítulos à parte no interior da vastíssima coleção de fotos em formação da congregação salesiana.[60]

Embora a comissão registrasse que em relação ao quesito fotografia, assim como nos demais, confiava no bom senso e no critério artístico de seus missionários, julgava pertinente propor algumas normas diretivas, assumindo a função de mediar o desejo daqueles que têm algo novo para revelar e as expectativas dos que esperam algo novo para conhecer.

> ...e assim, a exemplo, para que o interesse do visitante se mantenha vivo, nada pareceria mais favorável do que acrescentar às visões que deem uma ideia geral de tais países, visões mais restritas dos vilarejos e dos grupos pitorescos de árvores características da vegetação do país.[61]

Nesse primeiro enquadramento do real, a vastidão e a variabilidade geográfica do mundo exprimem fisicamente o esforço missionário pela evangelização. Missionários diante de múltiplas paisagens, atravessadas por humanidades outras. No enquadramento seguinte, mesmo sem dedicar reflexões explícitas ao tema, o foco dirige-se para um novíssimo objeto fotográfico em construção: as paisagens humanas ou fotos etnográficas, enquadradas pela percepção da variabilidade dos costumes.

---

60 As coleções fotográficas que registram a atividade missionária dos salesianos em território nacional podem ser encontradas no Arquivo Central Salesiano, em Roma, e nos Arquivos das Inspetorias Brasileiras. Suas vastíssimas e interessantes coleções estão à espera de futuras pesquisas.

61 "...e cosi, ad esempio, perchè l'interesse del visitatore sia tenuto vivo, nulla parrebe più giovevole che di aggiungere alle vedute che dieno una idea generale di codesti paesi, vedute più ristrette di villaggi e di gruppi pittoreschi di alberi caratterizzanti la vegetazione del paese". Schiarimenti al Programa. Documento de fevereiro de 1897. Circular 2. Arquivo Salesiano Central, Roma (a8260107).

MAPA DE VIAGEM DE UMA COLEÇÃO ETNOGRÁFICA

> Sobretudo a Comissão desejaria ter, se isso for possível, fotografias instantâneas de grupos de indígenas entretidos em suas ocupações cotidianas, ou cenas características da vida local em ato (ação?), como: almoços, danças, celebrações fúnebres etc.[62]

Tributários da nascente disciplina antropológica, da qual faziam uma leitura bastante peculiar, os missionários salesianos reconheciam sua posição privilegiada para participar ativamente do projeto enciclopédico de catalogação "das humanidades". Posição conferida pela instituição missão, que obviamente não deveria deixar de ser fotograficamente representada. Para a mostra fotográfica, o desafio seria transformar as imagens em provas materiais da compatibilidade do projeto social, científico e espiritual dos missionários. Além de exibir publicamente de que modo as atividades dos religiosos estariam afinadas ao espírito progressista da época, comprometido com os valores da técnica e da ciência, as exposições garantiam espaço reservado, tais quais as igrejas, para a exibição de seus martírios, transcrições históricas no mundo dos desígnios espirituais desses homens de fé.

> Seria desejável ter também fotografias representantes os RR. Missionários com fiéis durante os atos de celebração das sagradas funções, e principalmente fotografias ou imagens de Missionários que se tornaram grandemente beneméritos ou em razão de obras realizadas ou de provações e perseguições sofridas; neste caso seria indispensável que cada uma fosse acompanhada de informações biográficas particularizadas sobre o personagem representado.[63]

Encerrando a segunda circular, a comissão dedica parte das duas últimas páginas com orientações sobre o envio dos materiais fotográficos, como o acompanhamento de legendas descritivas, a preferência para o recebimento de fotos acompanhadas por negativos e prazos para o encaminhamento.

---

62 "Sopratutto poi la commissione desidererebbe di avere, se cio sia possibile, fotografie instantanee di gruppi di indigeni che attendono alle loro occupazioni quotidiane, o scene caratteristiche della vita locale in atto, come: pranzi, danze, onoranze funebri, ecc." *Ibidem*.

63 "Sarebbero pure desiderate fotografie rappresentati i RR. Missionari coi fedeli in atto di celebrare e assistere alle sacre funzioni, e principalmente fotografie od immagini di missionari che si sian resi grandemente benemeriti o per opere compiute o per disagi e persecuzioni sofferte; nel qual caso sarebbe indispen- sabile che ciascuna fosse accompagnata da particolareggiati cenni biografici del personaggio rappresentato." *Ibidem*.

Ainda não formulados como "objetos etnográficos", os artefatos indígenas provenientes das missões são mencionados secundariamente apenas na Circular n.º 3, documento reveladoramente dedicado à exibição de crianças e jovens indígenas durante a programação do evento. Após elencar quais características físicas e morais deveriam nortear a escolha "dos indígenas" que seriam trazidos à mostra, a comissão pede para os missionários enviarem juntos com as pessoas a serem expostas materiais nativos típicos que, naquela ocasião, teriam simples efeitos cênicos a fim de ilustrar a paisagem humana dos países onde os salesianos estavam espalhados. Se fossem homens, instrumentos e ferramentas de trabalho, se necessário, matérias-primas alvo de suas transformações. Se fossem mulheres, coisas do universo doméstico típico das regiões retratadas, numa evidente projeção da organização de gênero europeia sobre aquelas populações. Junto a esses objetos, 70 indígenas, dentre eles, três Bororo, teriam sido transformados em espécies de manequins vivos, peças didáticas e ilustrativas dos vários costumes e dos vários estágios civilizatórios da humanidade. No caso Bororo, especificamente, se os seus ditos objetos etnográficos passariam a ser incorporados às exposições missionárias para evocar a presença de um mundo exótico que ali não poderia estar, na Turim de 1889, essas peças seriam relegadas a um segundo plano, pois os indígenas de carne e osso desempenhariam a função de encarnar aquilo que os missionários pensavam que eles fossem.[64]

Voltaremos à exposição das missões católicas de 1889 adiante, evento que pavimenta a formação da coleção etnográfica salesiana hoje instalada no Museu do Colle e que contou com a participação, em carne e osso, de três índios Bororo. Mas antes de finalmente chamarmos os Bororo à cena, vejamos a montagem dos dois palcos que os inscrevem definitivamente no imaginário europeu da época.

As diretrizes vaticanas e o resultado final

Conforme atesta a série de documentos guardados no Arquivo Salesiano Central de Roma, os preparativos para a exposição missionária vaticana, os mesmos

---

64   Os três indígenas foram levados pelo Padre Giovanni Balzola para a Itália, onde permaneceram por meses. Na viagem foram levados até o Papa Leão XIII e também foram batizados por Dom Rua, junto a um judeu e um protestante, convertidos. Encontrei raros e sumários registros sobre esse evento. Um deles está na circular despachada no dia 27 de agosto de 1927 pela Congregação em Turim, notificando o falecimento do missionário. O documento traça em três páginas o perfil biográfico de Balzola, destacando os ditos momentos memoráveis de sua vida. Vale saber também que Chiara Vangeslista ministrou em 2008 a palestra "Três jovens Bororo em viagem: da Colônia Theresa Christina à Itália, em 1898" na Universidade Federal do Mato Grosso.

que dariam forma à exposição turinense, seguiam uma pauta de demandas e protocolos estabelecidos, inicialmente, pela congregação *Propaganda Fide* e, mais tarde, pelo Comitê Diretivo formado para organizar o evento. Aos padres da congregação de Turim, assim como aos outros irmãos e irmãs dos demais 51 institutos missionários participantes do evento, foi fornecida uma série de instrumentos que serviram como bússolas curatoriais. Entre eles, um boletim oficial normativo com um resumo programático da mostra; planta da área expositiva; e memorandos com os princípios de organização das seções.

A partir deles, os salesianos mobilizaram a sua própria estrutura para execução particular dos desígnios papais, veiculando seus próprios protocolos e incrementando a listagem de documentos da exposição, com suas fichas padronizadas de catalogação de peça; questionários-padrão para levantamento de informações de cada território de Missão Salesiana; e guias de instruções de coleta, identificação, transporte e armazenamento das peças.

O rigor da curadoria salesiana e vaticana e a estrutura organizacional que lhe dava suporte precisaram estar à altura das pretensões do evento: ser "essencialmente uma exposição científica".[65] O Vaticano queria promover uma grande programação para impressionar as massas, mas também desejava, sobretudo, a chancela dos intelectuais e cientistas europeus. Os institutos precisavam estar preparados para responder à altura. Além de mostra de objetos, mapas, estatísticas, produtos naturais típicos, fotografias, etc, a exposição vaticana seria acima de tudo uma mostra de competências.

O critério de formação do comitê diretivo da exposição foi essencialmente eclesiástico. A presidência coube ao Monsenhor Francesco Marchetti Selvaggiani, arcebispo de Selêucia[66] e secretário da *Propaganda Fide*. A vice-presidência e secretaria-geral, respectivamente, aos monsenhores Cesare Pecorari e Giuseppe Nogara, subsecretário e secretário-geral dessa mesma congregação. A tríade era apoiada por um conselho diretivo formado por mais 11 destacados nomes do clero e que comandou outro grupo dividido em nove comissões, cada uma delas presidida por um nome também ligado à hierarquia eclesiástica. As comissões eram: missionária (responsável pela articulação do comitê com os 52 institutos participantes), Artística, Medicina, Técnica, Pessoal, Propaganda & Publicações, Transporte & Custódia e, enfim, a Científica,[67] É justamente essa última comissão que confere as credenciais "científicas" ao evento.

---

65 121 *Boletim Salesiano*, n.º 3, mai./jun. de 1924, p. 69.

66 Território pertencente à Turquia.

67 No guia da exposição (*Piccola Guida della Esposizione Misionaria Vaticana*), a comissão científica não é nomeada enquanto tal, apesar da publicação fazer detalhadas referências ao seu

Naquilo que tange a mostra missionária, desde o princípio da constituição do Comitê Diretivo, foram chamados os mais válidos estudiosos do mundo católico para que recebessem logo as indicações sobre o material a ser destacado na Exposição e procedessem ao Estudo e à valorização científica do preciosismo material aqui organizado.[68]

Responsável pelo núcleo central expositivo, a Comissão Científica foi presidida pelo padre e antropólogo Wilhelm Schmidt. Integrante da Sociedade do Verbo Divino, ele foi o fundador e editor da *Anthropos* e autor de obras como *Der Ursprung der Gottesidee* (*A origem da ideia de Deus*). Foi graças a essa publicação que a Universidade de Roma o proclamou doutor *"ad honorem"*. O padre foi também membro das Academias de Ciência de Viena e Berlim e da Academia Francesa.

Originalmente, o padre havia sido escolhido para presidir a seção de "etnologia e Linguística", um dos quatro subgrupos formados pelos *"esperti"* da Comissão Científica. Mas durante o desenrolar dos trabalhos, o religioso e acadêmico acabou sendo convidado pelos demais colegas para assumir a Presidência-Geral da Comissão, como registra reportagem publicada na *Revista Santa Cruz* de janeiro de 1925. Integrante da austríaca Casa de São Gabriel, o então professor de seminário e da Universidade de Viena também passou a coordenar os trabalhos das seções "Biblioteca", composto por quatro membros; "História das Missões" (13 membros) e "Estatística Geral" (6). Além de Schmidt, integravam a seção de "Etnologia e Linguística" os padres Pinard de la Boullaye Enrico, Briault Maurizio, Herbinière Emilio, Misonne Alberto e van den Pudenrijn Marcantonio.[69]

Tendo a exposição sido concebida para ter duas partes, esse conjunto expositivo foi chamado de "Geral", notadamente "científico". Ele seria complementado pela parte "Especial", que teria "um caráter mais popular".[70] Nela seriam representa-

---

trabalho. Todavia, o grupo de intelectuais e acadêmicos mobilizados pelo evento vaticano é tratado desse modo no elenco de participantes e das "comissões" encontrado no Arquivo Salesiano Central de Roma (*Comitato Diretivo e Commissioni* – a8380252). Na imprensa, o grupo também assim foi tratado, como podemos conferir na reportagem de janeiro de 1925 da *Revista Santa Cruz*.

68   "Per ciò poi che riguarda la mostra missionária, fino dal principio della constituzione del Comitato Diretivo, furano chiamati i più validi studiosi del mondo cattolico perchè avessero dato súbito le indicazioni sul materiale da richiamare all'Esposizione e avessero proceduto allo Studio e Allá valorizzazione scientifica del preziosissimo materiale qua convenuto". Piccola Guida della Esposizione Missonária Vaticana, p 2.

69   *Comitato Diretivo e Commissioni*. Arquivo Salesiano Central (a8380252).

70   "...un caractère plutôt populaire."*Esposizione Missionaria Vaticana. Pour la section d'ethnografie.*

das todas as missões católicas situadas nas várias partes do mundo. Para esse efeito, seriam criadas seções para evocar determinadas regiões do globo terrestre e, como nas seções da parte geral, seria designado para cada uma delas um grupo de "estudiosos" presididos por um notável para organizar os trabalhos. Compunham seções especiais: "Ásia Continental" (organizada por 6 membros), "Ásia Insular" (4), "África" (3) e "América" (4), da qual fazia parte o padre salesiano Tomasetti Saverio.[71] Coube também ao Padre Schmidt a função de liderar o trabalho desse segundo grupo (da parte especial) e articulá-lo com o grupo da parte geral. Ambos assumiram a tarefa de compor uma mostra informativa e instrutiva a partir do conjunto heterogêneo de materiais recolhidos pelos missionários católicos espalhados pelo mundo. Se o Comitê Diretivo e as Comissões Gerais e Especiais definiriam a ossatura desse grande corpo expositivo, caberia aos religiosos em campo missionário lhe dar vida por meio de suas coleções, que dali se tornariam indissociáveis de sua história.

Mas afinal, o que Roma pedia aos salesianos e aos seus demais missionários? Que tipo de exposição planejava oferecer aos seus visitantes? Quais as estratégias aventadas para conquistar seus objetivos? O que os missionários salesianos e os demais precisariam fazer exatamente?

Para dar respostas claras a essas perguntas, o Vaticano fez circular o conjunto de documentos pontifícios que fizemos referência acima. Em muitos deles, os textos são compostos de trechos editados ou simplesmente reciclados. Desse modo, transformemos em um guia adaptado o elenco de solicitações vaticanas organizado e publicado pela *Revista Santa Cruz* (janeiro de 1925). Grande parte das suas informações surge da tradução das normativas estabelecidas no Boletim Oficial da Exposição Missionária, publicado em fevereiro de 1924.[72] A partir do confronto desse material com informações da *Piccola Guida della Esposizione Missionaria Vaticana* e demais circulares salesianas, vejamos de forma combinada quais foram as intenções e as realizações vaticanas e salesianas:

> 1. O objetivo do evento era mostrar aos visitantes "quanto se tem feito e se faz nas Missões para ganhar a Jesus Christo os povos; quais os ambientes físicos e moral em que trabalham os missionários; as múltiplas dificuldades que encontraram no exercício de seu ministério; os resultados obtidos

---

Texto assinado pelo Padre W. Schmidt. Localizado no Arquivo Salesiano Central de Roma (M34400 A838).

71 *Comitato Diretivo e Commissioni*. Arquivo Salesiano Central (A8380252). O documento não faz menção a uma comissão destinada à Oceania, mesmo que essa parte do globo tenha ganhado durante o evento sua seção, como os demais continentes.

72 Arquivo Salesiano Central de Roma (a8380206).

e o muito que ainda falta fazer". A estratégia para isso era reunir uma variedade de coisas que fossem capazes de transmitir por vários canais de comunicação o que seriam as missões. Se exposições missionárias do gênero já não eram mais novidade para aquela época, essa mostra teria como diferenciais a sede expositiva – o Vaticano – e sua abrangência e magnitude. "Pois não se trata de expor o fructo dos esforços dos missionários de uma determinada ordem ou nação, como vai se fazendo a cada anno, sobretudo na Bélgica e França."[73] Lembrar que até mesmo os salesianos já eram tradicionais participantes de exposições coloniais italianas. Com sua exposição, o Pio XI apresentava à "admiração e ao santo jubilo dos catholicos e de todos os amigos da humanidade"[74] uma visão do conjunto de toda obra missionária da Igreja. Passava em revista "os resultados obtidos por milhares de apóstolos infatigáveis, de todo o orbe e de ambos os sexos, invencíveis pela união e pela Fé, cujo segredo se encontra na cadeira de Pedro".[75] Com a exposição, o Vaticano apresentava ao público e a si mesmo o estado da Igreja "nos confins da terra".

2. Com seu comitê diretivo e comissões definidos, a exposição determinaria a criação de canais de comunicação para coordenar o trabalho de coleta e organização de material realizado pelos 52 institutos religiosos convocados para expor na mostra. Assim, ficaria estabelecido que cada organização participante designaria um representante para trabalhar em Roma junto com as comissões. Coube a essas figuras a função de fazer a ponte entre a comissão central e os institutos. Em relação aos salesianos no Brasil, essa tarefa ficou a cargo do padre César Albissetti, o mesmo padre que anos mais tarde escreveria em parceria com Ângelo Venturelli a monumental *Enciclopédia Bororo*, obra editada em três volumes. Atuando entre os índios Bororo desde o final de 1914, já tendo sido diretor da Escola Agrícola de Palmeiras e da Colônia da Imaculada, e na época instalado na Colônia de São José do Sangradouro, Albissetti foi encarregado de preparar o material para a exposição. O trabalho bem executado lhe rendeu o Diploma de Benemérito concedido por Pio XI.

73　*Revista Santa Cruz*, jan. 1925.

74　*Ibidem.*

75　*Ibidem.*

MAPA DE VIAGEM DE UMA COLEÇÃO ETNOGRÁFICA 165

3. Ficou vedada a exposição das ações que as associações pias, como a União Internacional de Cooperadores Salesianos, faziam pelas missões. O foco ficou restrito às atuações das missões religiosas.

4. O Vaticano deixara acertado que os objetos encaminhados à comissão organizadora continuariam a ser de propriedade dos institutos expositores. Com exceção daqueles que fossem formalmente doados ao papa. Doações ou não, todos teriam como prazo final para chegar a Roma até setembro de 1924. Assim como os demais institutos, os salesianos trataram de presentear o Pio XI com itens de suas coleções. Mas, em virtude da Exposição Salesiana que ocorreria em Turim no ano seguinte, a maior parte das peças foi transferida para a sede salesiana de Valdocco. Contudo, o volume excedente de peças trazidas para a seção América garantiu a formação de parte da coleção sul-americana do Vaticano. A atual coleção bororo vaticana provém dessas doações.[76]

5. A organização logística montada para a exposição impressiona. Importante lembrar que uma das seis grandes comissões da exposição era a comissão de Transporte & Custódia. Ficaria acertado que todas as remessas de objetos deveriam ser encaminhadas com taxas portuárias e seguro pagos até um dos portos italianos – Gênova, Nápoles ou Brindisi. Os gastos com alfândega e o transporte do porto de chegada até Roma ficaram a cargo do Comitê Expositivo. Recomendava-se também aos institutos que procurassem os transportes marítimos e férreos mais baratos. O Vaticano informava ainda que a Lloyd Triestino oferecia transporte gratuito para as peças e desconto de 50% para delegados especiais enviados para a exposição e demais visitantes. Para tratar do assunto logístico, os salesianos editaram uma circular especial de três páginas, expedida para todas as casas inspetoriais da congregação.[77] A maior parte dessas normativas retoma as orientações vaticanas.

6. Para garantir velocidade e eficiência à organização do material expositivo, o Vaticano exigia que a ordem começasse em cada uma das múltiplas pontas de sua rede missionária. Em todas as caixas enviadas

---

76 Infelizmente, não tive acesso a essas coleções. Recém-reformado e reaberto na época da minha estadia em Roma (novembro de 2008 a fevereiro de 2009), o Museu Missionário Etnológico do Vaticano mantinha sua seção América desmontada. A equipe técnica do museu não tinha previsões de quando haveria nova montagem

77 Documento consta no Arquivo Salesiano de Roma (a8380106).

deveriam constar: "a sua santidade Pio XI, *Esposizione Missionaria Vaticana* – Roma" e essa inscrição deveria ser registrada tanto na parte exterior da caixa como no seu interior. Orientava-se também que todos os volumes de uma mesma remessa deveriam levar uma marca ou alguma espécie de sinal e cada uma das peças deveria ser numerada e ter seu peso identificado. Os sinais e pesos deveriam ser escritos a tinta sobre a madeira das caixas que iriam transportá-los e incluídas em uma listagem que acompanharia os despachos. Caberiam aos receptores conferir e registrar se todo o material havia chegado de acordo com a documentação encaminhada. Incrementando a organização, os salesianos trataram de criar uma espécie de entreposto em Turim. É importante informar que nos malotes das Missões Salesianas também viriam coleções fora do escopo da exposição vaticana. Como informamos acima, a mostra salesiana de 1926 tinha uma lista mais abrangente de missões. A despeito disso, todas as orientações acima deveriam ser seguidas à risca pelas missões salesianas, mudando-se apenas o primeiro destinatário e um selo de identificação padrão, exemplificado abaixo:

Terra del Fuoco m. s. – 2

R.d.

Rinaldi Torino[78]

7. Para o material chegar ao seu destino final, o destinatário e endereço estabelecidos foram: S. E. Mons. Presidente del Comitato per Esposizione Missionaria Vaticana, Piazza di Spagna 48, Roma. 1 (endereço da *Propaganda Fide*). Junto com o material expositivo deveria ser anexado: guia de transporte; certificado do seguro; notas de caixas ou volumes expedidos com os sinais, números, pesos e a relação dos objetos contidos em cada caixa; além da declaração do destino que cada peça deveria ter depois da exposição. Nesse momento, um novo caminho para as peças poderia ser traçado. Dali elas poderiam retornar ao país de origem, ser direcionadas para as sedes dos institutos católicos, como aconteceu com a coleção que estamos observando, ou, como lembramos acima, serem doadas ao papa, que já estava planejando fundar com o espólio dessa mostra o seu próprio museu missionário. Assim ele havia proclamado: "Será encerrada a exposição missionária, mas os preciosos objetos... não

---

78   Documento consta no Arquivo Salesiano de Roma (a8380106).

se dispersarão, permanecendo como Museu Missionário, como escola, como livro aberto".[79]

8. O vaticano também aconselhava que os remetentes fechassem seguros com companhias. Em documentos especiais, são repassadas orientações em relação aos modos de embalagens e cuidados a serem tomados durante a fase do translado, a fim de evitar estragos ou perdas. Roma sabia que estaria colocando em trânsito coleções de valores simbólico e monetário expressivos. Os salesianos replicaram as orientações cautelares aos seus missionários.

9. Para abrigar e organizar os itens que seriam enviados a Roma, a mostra foi concebida para articular duas lógicas expositivas. A primeira, intelectual, na qual a presença das coisas se justificava pela necessidade de pensar por meio delas. Esse caráter foi expresso marcadamente pela parte "geral e científica" da mostra, na qual a Biblioteca das missões ocupou lugar central e proeminente. A intenção do Vaticano era formar uma coleção dos saberes (científicos) que teriam emergido a partir das experiências religiosas católicas. Para a igreja seria mais uma prova de vitalidade, "não só, e sobretudo, sob o ponto de vista moral, mas também material: uma prova convincente e pratica de sua acção civilizadora".[80] Durante a exposição, verificou-se a presença de muitos itens que já se achavam catalogados em museus de institutos católicos ou que foram tomados de empréstimo de diferentes governos dos países de missão. A segunda lógica seria visual, na qual as coisas seriam usadas para se ver através delas. Ancorado pela sua força descritiva e/ou ilustrativa, a parafernália exibida lá estava para que fossem vistos regiões, povos ou histórias das missões. Esperava-se que os missionários espalhados pelo mundo trouxessem para Roma tudo aquilo "que puderem recolher de mais importante nos differentes paizes". Em circular de 11 de novembro de 1923 expedida aos inspetores salesianos pela Direção-Geral da Congregação, era informado que todo o material salesiano enviado a Roma seria dividido em três categorias principais: "La 'Regione'", "gli 'Abitanti'",

---

79 "Sarà chiusa l'Esposizione Missionaria, ma la preziosa suppellettile... non si disperderà, ma rimarrà come museo missionario, come scuola, come libro sempre aperto." Trecho extraído do site do Museu Vaticano. http://mv.vatican.va/2_it/pages/x-schede/mets/mets_main_03.html

80 *Revista Santa Cruz*, jan. 1925, p. 36.

"l'Opera Missionaria"[81]. Em relação especificamente aos habitantes, os missionários foram orientados a entregar a curadoria coisas que remetessem aos costumes, etnografia, folclore, vida social, indústria, pesca, caça, crenças religiosas e culto, superstições, manifestações artísticas etc. Inicialmente, a mostra foi planejada para ocupar apenas o Pátio Pigna. Mas o número de itens enviados foi tão grande que foi necessário triplicar a área expositiva, estendendo-a sobre parte dos famosos Jardins do Vaticano, e usar parte do Museu Chiaramonti e todo o Lapidário[82]. No total, foram enviados à exposição 100 mil objetos.

10. "Grande cuidado tem presidido ao trabalho de escolher os objectos que demonstram a ignorancia das diversas raças e muito mais será exercido para expôr a supertição que existe em algumas terras, onde predominam a idolatria e a feitiçaria".[83] Mas além de objetos de referência visual, o Vaticano pedia também o envio de informações textuais sobre o costume dos povos e o seu grau seu de civilização e cultura. Esperavam também que fossem remetidos detalhes sobre os cultos pagãos, sobre "o verdadeiro culto" e os meios aplicados para a evangelização. Era pedido ainda que fossem relatadas as dificuldades encontradas e os frutos atingidos. "Dê-se preferência àquilo que e próprio e particular de cada missão". O material era pedido para contextualizar as seções. Ao longo do percurso expositivo, estava previsto que os visitantes contariam com o auxílio de guias aptos a fornecer informações e explicações.[84]

11. Ficava determinado que em cada seção "terão logar as varias missões, segundo os institutos a que estão confiadas". Isto significou que um ou mais institutos podem dividir um mesmo pavilhão e que congregações, como a salesiana, que tinham missões em várias partes do globo, pulverizaram suas coleções pelos espaços vaticanos que remetiam aos pontos geográficos onde elas detinham missões ou nas demais seções científicas. Ou seja, um instituto poderia ser encontrado em mais de uma sala. No total, a mostra se estendeu por 6 mil metros quadrados, organizada em

---

81   "A região, os habitantes e obra missionária". Direzione Generale Opere di D. Bosco (Per la mostra vaticana). Arquivo Salesiano Central de Roma (a8380107).

82   *Picolla Guida della Esposizione...*

83   *Revista Santa Cruz*, jan. 1925, p. 37.

84   *Boletim Salesiano*, mai./jun. 1924.

MAPA DE VIAGEM DE UMA COLEÇÃO ETNOGRÁFICA

27 seções,[85] Em uma planta da mostra, registra-se a presença de coleções salesianas em 11 das 27 seções.

12. Foi também reservado espaço para uma "seção histórica científica". Nela, seriam remontados os 20 séculos de evangelização católica, divididos em quatro grandes marcos temporais: dos primeiros cristãos, mártires e apóstolos até o século V; do V ao XII, etapa do desenvolvimento do cristianismo na Europa; do XII a XV, registrando a atuação das irmandades menores e monges que atravessaram a Ásia Central e Oriental; e, por último, a extensão do trabalho missionário na América, Ásia e África do século XV até o 1846, início do pontificado de Pio IX, o papa que transformou a Pia Sociedade de São Francisco Sales numa congregação missionária. Para essa parte, os curadores solicitaram que fossem enviados "(1) notícias históricas das missões, documentos e objetos a que elas se refiram, relatórios, fotografias das igrejas, capelas, casas de residências, edifícios de educação e caridade, monumentos históricos, monumentos gentílicos, plantações, paisagens; (2) cartas geográficas, diagramas, coleções de revistas missionárias, publicações missionárias, gramáticas, dicionários, catecismos, versões parciais ou totais de bíblias, objetos etnográficos, imagens, moedas, globos, gravuras, instrumentos científicos ou uma boa fotografia deles. As publicações deviam ser enviadas em duas copias". Heróis e mártires das missões ganharam uma exposição especial de fotos. A igreja engajou-se para comprovar seu mito em documentos.

13. O papa pedia esmero para a produção de outra seção temática: a médica. O Objetivo era evidenciar a função de propagadores da saúde dos missionários e, ao mesmo tempo, mostrar os riscos que assumiam para desempenhar tal papel, frente às condições insalubres de saúde e higiene aos "perigos tropicais". Tematicamente, estaria organizada em quatro eixos: as doenças dos países de missão, causas e mecanismos patológicos, alternativas de defesa e meios de cura. A organização previa subseções ricamente ilustradas para cada tipo de doença. Usariam como recursos quadros didáticos com informações sobre a distribuição das do-

---

85   O texto do link histórico do site dos Museus Vaticanos faz referência a 24 pavilhões. Sigo o desenho da planta, encontrado em uma publicação comemorativa guardada no Arquivo Central Salesiano de Roma.

enças, estatísticas e efeitos dos tratamentos. Para o Vaticano, o caráter informativo serviria tanto para instruir os missionários que visitassem a mostra como para conscientizar o público da necessidade de doações. A coordenação dos trabalhos dessa comissão ficou sob responsabilidade do Professor Padra Gemelli Agostino, reitor da Universidade Católica de Milão.

14. Como uma contribuição decorativa, o Vaticano havia informado que seriam bem-vindas "sementes ou plantasinhas de flores e arbustos próprios das missões com as respectivas instruções (de cuidado), a fim de se poderem adornar com ellas os canteiros e jardins do Vaticano durante todo o Anno Santo da Exposição.[86]

No dia 25 de dezembro de 1924 era inaugurada a Exposição Missionária Vaticana, marcando a abertura do Ano Santo de 1925, como noticiaram praticamente todos os jornais italianos e Vaticanos. Nas reportagens jornalísticas, uma pauta em comum: retratar a suntuosidade da cerimônia de abertura e destacar aos leitores as principais atrações e "curiosidades" que a mostra oferecia ao seu público. A "impressionante" solenidade da cerimônia de abertura da exposição transcorrida no Museu Chiaramonti era comprovada pela listagem de nomes destacados nos textos jornalísticos, assim como fizera o redator anônimo do *Il Gionale D'Italia*. Segundo registrou a imprensa da época, compareceram ao evento todos os cardeais do Sacro Colégio, o corpo diplomático credenciado junto ao Vaticano, a aristocracia romana e centenas de missionários que viajaram até Roma para prestigiar a abertura da mostra. Após locução do cardeal Van Rossum, prefeito da Congregação *Propaganda Fide* e breve discurso papal, Pio XI e uma comitiva de convidados especiais, acompanhados por jornalistas, passaram em revista pelos pavilhões da exposição vaticana. Acompanhemos o percurso percorrido pelo grupo, seção por seção, de forma a apresentar ao leitor o que eles teriam visto.

1. O percurso papal respeitava os planos da curadoria: conjugar uma viagem no tempo e no espaço na qual as missões serviriam como fio condutor. Na prática, tratava-se de observar como as missões produziam territórios religiosos, que redundavam em transformações civilizacionais. Assim, a visita começava pelo Pátio Pigna, espaço que os visitantes chegariam depois de passar pela bilheteria e trilhar pelo caminho que dava acesso à redação da *Rivista Missionaria Illustrada* e à direção da

---

86 *Revista Santa Cruz*, jan. de 1925.

MAPA DE VIAGEM DE UMA COLEÇÃO ETNOGRÁFICA

exposição. Ao chegar nela, a primeira seção a ser visitada era o Pavilhão Terra Santa, "culla del Cristoanesimo".[87] Uma maquete feita pelo escultor do vaticano Marcelliani reproduzia um território que se estendia da Palestina ao Libano e Mar morto, item que ganhou especial atenção nos jornais. Nela poderia se observar a viagem apostólica de Jesus Crtisto. "O trabalho mostra os Santos Logares e da uma idea completa da História Biblica. Outro relevo mostra a cidade de Jerusalem e o Monte Calvario."[88] É interessante o anseio de capturar uma narrativa essencialmente mítica e transpô-la para um instrumento científico. Na prática, os curadores usam a ciência para fazer um decalque do mito. Quadros com cenas históricas forrando as paredes narravam a origem do apostolado cristão, do nascimento de Jesus até o trabalho missionário dos apóstolos. A representação pictórica também dava relevo ao desenvolvimento do cristianismo na Terra Santa ao longo dos séculos e transformava a Questão Palestina em alvo de reflexão. Roma pedia que a Palestina também fosse reconhecida como um baluarte do cristianismo.

2. Na sequência, a comitiva papal visitou o pavilhão dedicado à História das Missões, contada por uma série de painéis produzidos por artistas e pelo conjunto de memorabilias enviadas pelos missionários.

3. Continuando seu passeio, o grupo poderia ter observar que o apelo histórico se deslocou para o foco personalístico na sala dos mártires, o pavilhão seguinte. Nele, foram representados em quadros pintados personalidades que haviam "escreveram por meio de privações e martírios sua vida de santa operosidade missionária e a assinaram com o sangue."[89] No centro da sala foi colocada uma estátua em homenagem ao Papa São Gregório Magno, que enviou Santo Agostinho da Cantuária evangelizar os anglo-saxões da Inglaterra. É interessante notar que a exposição prestava homenagem ao homem que teria cristianizado um território que naquela época não só era protestante como era um dos epicentros do colonialismo.

---

87   *Picolla Guida della Esposizione...*, p.5.

88   *Revista Santa Cruz*, mai. 1925, p. 214.

89   "Scrissero con gli stenti e i martiri la loro vita di santa operosità missionaria e ia suggellarono con il sangue". Picolla Guida della Esposizione...

4. O quarto pavilhão percorrido era dedicado à Etnografia Geral. Organizado pelo método histórico (evolucionista), o conjunto de objetos estava exposto para retraçar os sucessivos estágios evolutivos "da cultura dos povos". Segundo a *Piccola Guida*, essa seção serviria como uma síntese da grande mostra, por evidenciar os benefícios das missões, que estariam engajadas em "retirar esses povos da barbárie". Dedicaremos mais atenção a essa sala nas próximas páginas. Continuemos nosso percurso a fim de chegar no quinto pavilhão, inaugurando a seção especial, referente aos continentes.

5. A primeira porção do globo representada pelas obras missionárias seria a América do Norte e Central. Lá os visitantes encontraram ocupando posição de destaque uma estátua do Padre Enrico Marquette, cópia da original que está no Capitólio de Washington. A exposição prestava sua homenagem ao missionário jesuíta que havia explorado o Rio Mississipi. Os institutos expositores nesse pavilhão seriam PP. Menores Franciscanos, PP. Redentoristas, PP da Companhia de Jesus e PP. Oblatos da Virgem Imaculada.

6. Os próximos passos levaria a comitiva ao Salão Central da *Propaganda Fide*. Nesse espaço, o público poderia compreender como era organizada a atuação da Igreja nos ditos territórios de missão, atendidos pelas Prefeituras e Vicariatos Apostólicos ou simplesmente pelas missões. Uma nova maquete exibia os territórios sob jurisdição da congregação pontifícia e quadros estatísticos exibiam o estado das artes do processo de evangelização católico em todo o mundo.

7. De lá se caminhava até a Biblioteca Missionária. Dentre todos os itens reunidos, destacava-se a riquíssima coleção da *Propaganda Fide*, que havia sido transportada da Piazza di Spagna para o Vaticano.

8. Dirigindo-se para o Pavilhão da América Meridional, o grupo encontrava informações relativas às missões entre os Bororo e as demais empresas missionárias salesianas na América do Sul. Esse pavilhão, aliás, seria reconhecido pelos jornalistas como sendo majoritariamente dos filhos de Dom Bosco, em virtude do tamanho da área expositiva reservada a eles. Foi também nessa sala que o padre fundador da congregação ganhou uma homenagem. Lá, os salesianos dividiram espaço com as Missões dos Capuchinhos no Rio Solimões (Amazonas) e em

Araucania (Chile); e da Ordem Menor Franciscana, entre os índios do Peru e Bolívia.

9. 10. 11. 12. A América Meridional a comitiva seguia para a "Ásia Anterior" (Oriente Médio), onde também estariam presentes os salesianos. Além deles, foco nas missões dos capuchinhos; carmelitas descalços, assuncionistas, jesuítas e destaque especial para os lazzaristas, presentes na Síria, Armênia, Mesopotâmia (Irã e Iraque) e Arábia. A viagem seguia oriente adentro por meio de duas salas dedicadas à Índia, onde na primeira seria prestada homenagem a São Francisco Saverio por meio de uma estátua. Nessas seções, espaços para exibição da obra dos capuchinhos, jesuítas, carmelitas descalços, redentoristas e também, numa pequena parte, para os salesianos. Chegando à Indochina e Celião (atual Sri Lanka), os padres de Turim voltam à cena, agora acompanhados pelas obras das Missões Estrangeiras de Milão (acima tratada como Pime), das Missões Estrangeiras de Paris e dos Institutos Santa Cruz, PP. Dominicanos e Oblatos de Maria Imaculada.

13. Saindo do Pátio Pigna, o primeiro pavilhão instalado nos Jardins Vaticanos a ser visitado era o de medicina missionária e colonial, especialmente dedicado às doenças tropicais. Lá, a comitiva pôde ver doenças elencadas, descritas e métodos curativos apresentados. Mas a seção se propunha ser mais que uma enciclopédia médica. Ela havia sido planejada para educar e instruir os missionários que a visitassem. Eles, assim como a comitiva, puderam aprender técnicas de como preparar água para ser ingerida ou truques e cuidados para se defender da picada de insetos ou mordida de cobras.

14. 15. 16. Do pavilhão médico passava-se para o primeiro pavilhão da China, que tinham como exibidores os Franciscanos da Ordem Menor, dominicanos, passionistas, agostinianos, missionários das Missões Estrangeiras de Paris e os salesianos. Segundo interpretação do próprio Vaticano, a riqueza e variedade das coleções chinesas estariam relacionadas ao número expressivo de vicariatos apostólicos animados pelos missionários franciscanos naquele país. Mas a exibição chinesa não parava por aí. Após passar pelo terraço que dava vista para a cúpula "michelangiolesca" da Igreja de São Pedro, os visitantes chegariam ao salão que abrigava as "obras de arte e da perícia técnica" produzidas pelos alunos da Companhia de Jesus nos territórios de Ngan-Hoei e de Nankin. Pelo

que se acompanhou dos jornais, a mostra referente à China foi uma das que mais causaram admiração da opinião pública. É interessante observar que o aparato conceitual estético italiano oferecia elementos para o grande público reconhecer, sobretudo nos pavilhões orientais, as peças apresentadas como exemplares de obras de arte não ocidental. Nesse segundo pavilhão, espaço ainda para os missionários portugueses da diocese de Macau, para os lazzaristas, alunos dos seminários missionários de Parma e Roma, das Missões Estrangeiras de Paris e Milão, e ainda, para a recém-criada Comunidade Missionária Norte-Americana de Maryknoll. A sala expunha também o trabalho das missões na Coreia.

17. 18. O pavilhão seguinte levava a comitiva para uma viagem ao Japão e à "Ásia Insular" (Filipinas). Nesse espaço seriam encontradas as missões dos capuchinhos, jesuítas, carmelitas, espiritanos, dominicana, franciscana, das Missões Estrangeiras de Paris e dos Missionários Mill-Hill. Na passagem de um pavilhão para o outro os visitantes eram transportados para outro continente: a Oceania, cujo principal atrativo era o seu "caráter ainda selvagem e primitivo",[90] representado nos jornais italianos por uma série de desenhos referentes àquelas populações autóctones. No grupo de expositores dessa porção da terra que incluía até as ilhas do Havaí, constavam os missionários da Congregação do Verbo Divino, beneditinos, maristas, missionários do Sagrado Coração de Jesus e também os salesianos, com sua missão australiana de Kimberley.

19. 20. 21. 22. 23. 24. A presença maciça da missão católica na África seria expressa pelo tamanho do espaço expositivo reservado ao continente. Seis salas divididas em Congo Belga e Congo Francês; África Central; África Ocidental e Setentrional; África Oriental e Setentrional, esta última, ocupando três pavilhões. Sem dúvida o continente oferecia o mapa continental missionário mais pulverizado em relação ao número e as posições dos institutos. Lá estavam os franciscanos no Marrocos, Egito e Líbia; as Missões Africanas de Lyon no Delta do Nilo, Costa do Marfim e Nigéria; as Missões Africanas de Verona no Nilo Equatorial; os missionários Bianchi no Sudão e no Saara e os salesianos no Porto Said e Katanga, no Congo Belga. Além deles, os missionários da Consolata, da Mill-Hill, beneditinos, jesuítas, missionários da Salette,

---

90 *Picolla Guida della Esposizione...*p. 12.

lazzaristas, missionários Marianhill, oblatos de Maria Imaculada, Servos de Maria, beneditinos de Santa Otília, padres do Espírito Santo, missionários do Sagrado Coração.

25. Encerrando os pavilhões instalados nos Jardins vaticanos, uma sala etno-cenográfica intitulada "Vita a Bagdad", sob curadoria dos padres carmelitas descalços.

26. 27. Nas instalações do Museu Chiaramonti, a comitiva teria de passar pela seção de estatística missionária. Não bastavam apenas coisas para contar a história da evangelização católica pelo mundo. O tempo exigia números para que elas fossem comprovadas. E nesse espaço, a ação da Igreja seria contabilizada: número de vicariatos e prefeituras apostólicas, número de seminários, de países atendidos pelas missões, de cristão, de catecúmenos, de irmãos e irmãs em solo missionário, tamanho do clero indígena e comparativo frente às missões protestantes e ortodoxas. Além disso, era preciso traduzir a ação das escolas normais, técnicas e agrícolas; dos hospitais; das unidades funcionais, como as tipografias e editoras salesianas; e dos aparelhos científicos sob administração católica, como também os observatórios meteorológicos da congregação.[91] Ainda neste museu, uma sala dedicada a todos os institutos missionários católicos, onde era tratada uma variedade de assuntos.

Orçada em 500 mil dólares provenientes dos cofres vaticanos, a exposição estava preparada para garantir o conforto e a segurança dos visitantes.[92] No local, serviços médicos foram disponibilizados, contingente da guarda vaticana mobilizada e um pelotão de bombeiros instalado junto à mostra. Para ter acesso ao local, os visitantes precisariam pagar apenas o valor simbólico de 1 lira. O papa queria mostrar que o evento não tinha fins lucrativos.

A Exposição Vaticana se manteria em cartaz exatamente um ano, ou seja, durante toda a celebração do Jubileu de 1925 (25 dezembro de 1924 a 25 de dezembro de 1925). Ao longo desse período, a mostra forneceria assuntos à imprensa e inspiração para os jornalistas, que voltariam aos pavilhões e jardins vaticanos em busca de histórias e curiosidades para serem contadas ou descritas aos leitores de língua italiana. Entre elas, a saga dos missionários salesianos "em defesa dos índios

---

91 *Esposizione Missionaria Vaticana – Commission de la Statistique.* Versão em francês da circular encontrada no Arquivo Salesiano Central de Roma (a8380215).

92 *Revista Santa Cruz*, mar. 1925, p. 120-121.

da América do Sul", a "miséria e o fanatismo dos indianos", as "práticas canibais da Oceania", o "refinamento civilizacional japonês", a "ferocidade" da natureza africana, a "coragem do missionário que teria enfrentado um tigre com um sino" ou, ainda, os tormentos do inferno de Buda reproduzidos numa "instigante" escultura de 50 cm.

Repercussão: O evento havia atingido um dos seus principais objetivos. "O primeiro sucesso, um divino sucesso, é aquele de uma nova e prática demonstração da universalidade e unidade do organismo vivo da Igreja de Deus",[93] avaliou o Papa Pio XI durante a cerimônia de encerramento do evento criado para impulsionar a obra missionária católica. Vinculado aos festivos vaticanos, o ano ainda seria marcado pela consagração dos primeiros bispos chineses, fato interpretado como fruto da ação missionária. E o ímpeto celebratório missionário se estenderia para o próximo ano. No dia 28 de fevereiro de 1926, Pio XI publicaria a encíclica *Rerum Ecclesiae*,[94] documento papal especialmente dedicado às missões. No dia 1º de abril do mesmo ano, instituída o Dia Mundial das Missões, a ser comemorado em toda a Igreja no penúltimo domingo de outubro de cada ano.

A agenda eclesiástica colocava as populações não cristãs (ou neocristãs) no centro das atenções. Concomitantemente, suas posições dentro de uma rede católica em expansão estavam sendo explicitadas por meio do espetáculo missionário encenado no Vaticano. Mas, se 1925 seria marcado no calendário católico como o ano da Exposição Missionária Vaticana, 1926 seria, sem dúvida, o ano da grande exposição missionária salesiana. E é nela que conseguiremos ver com mais nitidez o lugar conferido "aos índios Bororo do Mato Grosso".

O palco etnográfico salesiano e sua lógica expositiva

Finda as celebrações do Ano Santo, era hora dos filhos de Dom Bosco levarem a cabo sua própria exposição missionária. Tratava-se de reproduzir em escala salesiana a estrutura da mostra vaticana. Entre maio e setembro de 1926, de segunda a sábado, das 9h00 às 12h00 e das 15h00 às 19h00, uma multidão de visitantes percorreu os salões de exposição distribuídos no jardim e em dois pavimentos do

---

93 "Il primo sucesso, um divino sucesso, è quello di uma nuova e pratica dimostrazio ne dell'universalità, dell'unità del vivente organismo della Chiesa di Dio". Arquivo Salesiano Central de Roma (a8390621).

94 Documento na íntegra disponível no site vaticano, em espanhol: http://www.vatican.va/ holy_fa- ther/pius_xi/encyclicals/documents/hf_p-xi_enc_19260228_rerum-ecclesiae_ sp.html.

conjunto arquitetônico de Valdocco. Somente no primeiro mês, a bilheteria contabilizaria cerca de 100 mil expectadores.[95]

Internamente, os visitantes encontravam as seções especiais criadas para ilustrar cada uma das missões da congregação ou dar abrigo às mostras temáticas. Cada uma delas era divida por série de estandes, nas quais vitrines ou mostruários organizavam uma gama de material recolhido pelos missionários para compor um discurso expográfico bem definido: uma viagem pelo mundo, agora exclusivamente organizada pelos territórios de missão salesiana. Já na primeira sala, espaço dedicado a Dom Bosco, uma obra significativa serviria para lembrar a todos por meio de uma alegoria que aquela viagem começaria por conta de um sonho premonitório: uma pintura retratava o Santo do Piemonte, junto aos meninos, a admirar o globo terrestre que lhe havia sido confiado para nele ser implantada a sua obra. Na sala adjacente, outro homenageado: Giovanni Cagliero, o religioso que conduziu a primeira missão salesiana na américa, continente retratado num belo painel instalado no átrio do edifício. Era o mito se transmutando em história e transbordando em geografia.

Imagem 18: O mapa salesiano da América do Sul. Reprodução do Guia Expositivo.

---

95   *Revista Juventude Missionária*, ago. 1926.

Imagem 19: No quadro, Dom Bosco contempla o globo terrestre. Reprodução do Guia Expositivo.

Estudantes salesianos do então recém-inaugurado Instituto de Teologia Internacional de Turim trabalhavam como monitores ajudando os visitantes a decifrarem o universo visual apresentado. Disponível para a venda, assim como os demais itens comercializados numa espécie de lojinha da exposição, a *Guida – Ricordo della Esposizione Missionária Salesiana* aconselhava a todos a prestarem atenção nas fotografias expostas e pedia para que os visitantes não deixassem de ler as suas legendas. Só assim poderiam obter uma melhor ideia sobre as regiões de missão, a vida dos "selvagens pagãos ou infiéis" e os "consolantes resultados do trabalho missionário salesiano". A pequena publicação ilustrada também advertia o público a não tocar nos objetos e tomar cuidado ao se locomoverem pelo interior da mostra. Setas espalhadas pelas paredes e pilastras indicariam o caminho a ser percorrido.

Nesse roteiro de viagem, paragens pelas missões da América, Índia, Palestina, Austrália, Extremo Oriente, e da "tenebrosa África"... Em cada uma delas, *naturalia* e *artificialia* se fundiam para compor cada um dos territórios de missão. "Assim é que entre muitos vê-se o grande salão do Rio Negro e Matto-Grosso com suas intermináveis coleções de borboletas, seus mostruários copiosamente ricos de objectos ostentando os usos e costumes dos Bororo, Tucano, etc", conta o redator anônimo da *Revista Juventude Missionária*, de julho de 1926.[96]

---

96   P. 10-12.

Imagem 20: Vista parcial do Salão América. Reprodução do Guia Expositivo.

Ainda na sala, entre exemplares como "o grande crocodilo de Cuiabá" e uma sucuri de 8 metros de comprimento embalsamados, constavam ainda grandes dioramas com quadros da vida missionária e bonecos de cera representando índios com trajes típicos, ornamentos e armas. "Com a mesma perfeição e ordem ostentam-se os outros salões dedicados aos Jívaros do Equador, às missões de Tanjore, Madrasta, Assam (Índias), às da China, do Congo, da Palestina etc.", complementa o redator da revista.

Caminhando por essas paragens, os visitantes podiam conhecer as ervas da Terra do Fogo, as ditas famosas castanhas do Rio Negro, os tecidos de sisal americano, a palha *toquilla* usada na fabricação do chapéu panamá, as plantas cultivadas pelos Bororo e inúmeros outros produtos naturais exibidos em seus estados brutos ou manufaturados, destaca artigo publicado na *Torino – Vista Mensile Municipale*, de junho de 1926. Assinado por Francesco Oddone, o texto acabava por reconhecer o serviço que as missões salesianas estariam novamente prestando à indústria e ao comércio italiano com essa nova exposição. Espalhados pelo globo, os missionários de Dom Bosco prospectavam o mercado internacional de matérias-primas.

Numa época obcecada pela ação racional, como nos lembra Pesavento, os salões salesianos também ofereciam aos visitantes, cujos hábitos de ver eram ironicamente marcados pela simples distração e pela satisfação vouyeur, o álibi da ciência, o álibi da razão. Pois, andar entre os estandes para conhecer as missões e o mundo era dito como uma ação educativa e com fins científicos. Assim como nas exposições trabalhadas por Pesavento (1997), ao público era oferecido um banquete de imagens, uma enciclopédia visual na qual cada um poderia buscar informações inéditas e surpreendentes, transformando a "frívola curiosidade" em instrumento de instrução.

Percorrendo os estandes e salões internos de Valdocco, as pessoas se deparavam, por exemplo, com coleções vegetais, de sementes, peças mineralógicas e, numa sala dedicada à paleontologia e paleontografia, crânios humanos encontrados na Patagônia e um enorme esqueleto de um mastodonte pintado num mural. Além disso, viam abundantes exemplares do reino animal. Esses itens, alguns bem curiosos para o padrão europeu, sempre figuraram nas exposições entre os mais populares, sobretudo entre as crianças. Os maiores e empalhados, como as lontras, pinguins, aves de rapina, tigres, leões e avestruzes, eram exibidos pelos corredores dos salões ou em cima de colunas. Os menores, como insetos e répteis, ficavam nos mostruários e vitrines, locais onde também abundavam outras coisas expostas para instigar e fazer conhecer: os objetos produzidos pelos povos nativos, alguns deles guardados nos depósitos de Valdocco desde a exposição de 1889.

A lista de coisas era enorme e também heterogênea. Nela figuravam itens como armamentos; vestimentas de vários tipos de tecidos e fibras; ornamentos para as mais diferentes partes do corpo, tanto feminino como masculino; aqueles descritos como utensílios domésticos, rituais, de recreação, de caça e pesca; e produtos nativos como o sabão vegetal e pós utilizados pelos "indígenas" para se pintarem. Em relação a este último, Oddone, o redator da revista de Turim, achou que havia uma estranha aproximação com "os costumes dos brancos, aliás, das brancas, especialmente".[97]

A *Guida* ajudava o visitante a identificar as atrações imperdíveis, como as cabeças ameríndias mumificadas e reduzidas quase ao tamanho de um punho. Frutos dos conflitos tribais dos Jivaro, que decepavam a cabeça dos inimigos para transformá-las em objetos rituais, essas peças se tornaram nessa exposição um ícone da barbárie e, em contrapartida, do heroísmo e da coragem dos missionários. Foi também a partir da *Guida* que Oddone elaborou a sua lista daquilo que ele chamou de objetos excepcionais.

Das coisas dos Bororo, descritos como a "terrível tribo brasileira convertida à civilização pelos salesianos", ressalta o colorido de suas peças ornamentais e o fato de animais abatidos serem transformados em elementos de estética. Essa mesma característica leva o jornalista italiano a colocar novamente os Jivaro no centro das atenções. Impressionado com a operação, o jornalista conta que para ser fabricado só um dos seus ornamentos, esses índios precisavam abater 240 pássaros para deles extraírem 480 fêmures. Ele presta atenção ainda em enormes "feixe de varas" que seriam utilizados pelos indígenas em "provas de resistência". Sem mencionar os Bororo, fazia referência aos cilindros de talos de buriti utilizados na cerimônia do *marido*.

---

97 "os costumes dos brancos, aliás, das brancas, especialmente". *Torino Vista Mensile Municipale*, jun. 1926.

Figurando sempre em pares, representam casal de espíritos masculino e feminino da cosmologia bororo.

Mas na opinião de outro redator, este anônimo e que um dia publicou pela *Revista Juventude Missionária*, as atrações mais interessantes ficaram expostas no jardim de Valdocco. Além de uma gigantesca maloca amazônica transformada em lanchonete para os visitantes, lá as pessoas podiam encontrar "ao lado de um mimoso observatório meteorológico, cabanas de índios jivaros, patagões e fueguinos, todas elas ocupadas pelos seus respectivos moradores",[98] conta o jornalista, maravilhado. "Todas elas representando ao vivo a vida desses pobres selvagens. É uma cousa original".[99]

O texto prossegue informando que não faltavam gaiolas e viveiros nos quais chilreavam e cantavam pássaros das Índias e do Equador. Cita a piscina instalada para abrigar as tartarugas galápagos e os poleiros para várias espécies de araras e papagaios sul-americanos, os tipos de ovinos da palestina, as gazelas africanas e um soberbo dromedário. Fala ainda dos micos, "a divertir todos os visitantes com suas sempre novas micagens". Do Brasil, informa que os salesianos esperavam ainda a chegada de capivaras e caititus (porco-do-mato). Nas mãos salesianas, os animais vivos despachados pelas missões se tornavam em Turim uma palheta faunística para por meio dela também ser desenhado o mundo e seus territórios imaginados.

Mas, se museograficamente as missões serviam para fazer ver o mundo, o contrário também era possível, como mostraram os filhos de Dom Bosco. Em salas especiais, coleções foram mobilizadas para expor especialmente, num ambiente, o trabalho missionário de "assistência religiosa", noutro, de "assistência sanitária". Para os salesianos e Filhas de Maria Auxiliadora, duas facetas complementares das suas atuações missionárias.[100]

O primeiro espaço, da assistência religiosa, evocaria uma cena clássica das missões salesianas entre os Bororo. Junto a um diorama em que aparecem um rio e um pequeno pedaço de floresta, um missionário encarnado por um boneco de cera constrói seu altar com hastes de bambu e pano, imagem inúmeras vezes retratada textualmente nas publicações da congregação, evidenciando uma comunicação baseada na convergência de mídias: ver aquilo que as imagens textuais já haviam contado; rever aquilo que as fotografias preto e branco publicadas já haviam exibido. Na cena, a fé e a obstinação religiosa dos missionários eram contrastadas pela rusticidade da natureza.

---

98 *Revista Juventude Missionária*, jul. 1926, p. 11-12.

99 *Ibidem.*

100 Interessante observar que em alguns museus etnográficos missionários até hoje dedicam seções reservadas às coleções médicas. O museu do Índio de Manaus, mantido pelas Filhas de Maria Auxiliadora da Amazônia, por exemplo, mantém em exibição espaço anexo para exibir o universo da cultura material médica de sua prática sanitária.

Imagem 21: Representação de uma missa no meio da floresta. Reprodução do Guia Expositivo.

Já na segunda sala foram exibidas coleções de caixas de medicamentos utilizados nas missões, versões de estojos de primeiros-socorros, uma maca usada em campo missionário e a reconstituição de dois ambulatórios cirúrgicos organizados sobre tendas. Enquanto as funções informativa e ilustrativa eram conferidas mediante a tradicional exposição de coleções, transformá-las em objetos de cena garantia a dramaticidade a esses espaços. Também encenada por meio de bonecos, numa imagem, uma filha de Maria Auxiliadora trata das chagas de um leproso contorcido pelas dores.

Imagem 22: Freira trata as chagas do boneco leproso. Reprodução do Guia Expositivo.

Noutra cena, outra irmã trajada de hábito branco, típico da assistência hospitalar, cuida de um menino lacerado pela mordida de um crocodilo (oculto).

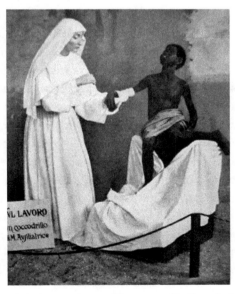

Imagem 23: Cena da assistência ao menino mordido por crocodilo. Reprodução do Guia Expositivo.

Estanques, mas evocativas, as cenas contavam com legendas, recursos que tratavam de garantir o núcleo da força expressiva dessas imagens: davam-lhes enredos. Em um deles, a assistência a uma doença genérica era substituída pela hanseníase, a lepra, mal que possui até hoje valor semântico expressivo no imaginário cristão. Imóvel, a cena foi montada para colocar as imaginações em movimento histórico e mítico. Pela filha de Maria Auxiliadora se enxergava Cristo visitando os enfermos dos leprosários. Na outra cena, a imagem pedia às imaginações uma referência combinada a uma sequência temporal e espacial: impossível ver o menino sendo cuidado sem pensar no "monstro" que o havia atacado e onde e como aquilo poderia ter acontecido. A selvageria da natureza e da fortuna paira nos ambientes como sombras moribundas, frente às quais os personagens missionários se postam como espécie de anjos protetores e os visitantes como testemunhas oculares das cenas.

Desse modo, numa combinação de ambientes e recursos expositivos, a Exposição Missionária Salesiana conseguia orquestrar um discurso expográfico coeso e coerente, em seus próprios termos. "A impressão que se tem, até mesmo em um passar de olhos, deixa as pessoas estupefatas",[101] avalia o resultado geral da mostra o texto publicado na *Torino – Vista Mensile Municipale*. Oddone, o autor, destaca ainda que tudo aquilo que estava exposto tinha sido classificado e catalogado de forma a garantir aos visitantes uma "ideia objetiva das realidades locais e dos costumes dos povos desses lugares longínquos", ou seja, os dois principais objetivos da mostra. Para esse efeito de fazer ver, os salesianos se valeram da combinação de duas estratégias expográficas: a simulação do real, como um índice da verdade, e a sua evocação metonímica mediada por objetos, iluminados por legendas ou quadros informativos auxiliares.

Cientes que as coleções não podiam por si próprias comunicar tudo aquilo que eles desejam, os salesianos se valeram de exaustivas descrições pictóricas, textuais ou matemáticas das regiões e das populações missionadas, ancorados num levantamento prévio de informações que havia sido realizado durante os preparativos para exposição vaticana. Do "real", suas coleções tomavam de empréstimo os animais, plantas, rochas, fósseis, produtos e também todo o conjunto de coisas que serviam de rastro das populações que nesse "real" habitariam. Mas esses materiais reunidos ganhariam naquele contexto sentido específico quando emoldurados por um conceito que ali parecia ser bem preciso: "territórios de missão". Esses eram os "objetos" primordiais a serem vistos e a exposição era o local e momento certo para essa operação.

Expressão cabal de um específico processo de "territorialização pastoral" – conceito bem trabalhado por Silvina Bastos Argañaraz (2004) para dar conta das intervenções eclesiásticas orientadas a articular a delimitação e a apropriação de um

---

101 *"L'impressione che si riceve, anche da uno sguardo a volo d'uccello, lascia stupefatti."*

território (administrativo) paralelamente à inscrição dos grupos nativos num corpus de saberes −[102], os quadros informativos e estatísticos preparados para ilustrar o que seria cada uma das missões salesianas nos permitem observar esse processo de produção simbólica de territórios em ação para a sua posterior exibição pública. Tomemos como exemplo o Quadro Geral da Missão Salesiana de Katanga, no então Congo Belga, material preparado em 1924 no contexto dos preparativos das duas exposições.[103] Esse tipo de documento foi expedido de Turim para cada uma das missões e a partir do seu conjunto foram coletadas as informações que seriam trabalhada durante as mostras.

---

102 Argumento traçado a partir das considerações de João Pacheco de Oliveira sobre os processos de territorialização de Estado.

103 *Dati Pei Quadri Generali Dell'Opera di Don Bosco nell'anno 1924.* Arquivo Salesiano Central de Roma (A83803). Infelizmente não havia no arquivo um exemplar referente às missões dos índios Bororo. Todavia, diante da força do documento referente à Katalanga, acreditamos ser importante incluí-lo como material de análise.

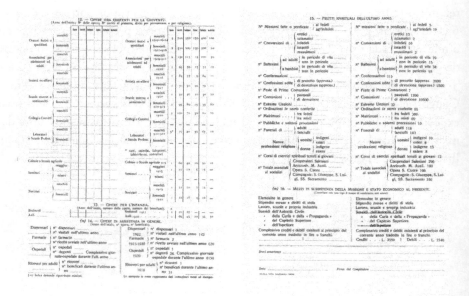

Imagens 24, 25, 26 e 27 (fotocópias do questionário em 4 páginas).

Dividida em dois macro tópicos (Lugar & Habitantes e Missionários e SuaObra), o território de missão aparece como resultado das informações organizadas em 16 itens. Trata-se primeiro de definir: qual é a missão e quando ela foi fundada (item 1, ver fotocópia acima); em que parte do globo e quais os seus limites geográficos referentes aos seu território (item 2); quais são os produtos naturais e manufaturados (item 5); qual seu clima e "estado sanitário" (item 6); e quantificar a população, levando-se em conta a religião e a nacionalidade/"tribo". O modelo oferece como possibilidades classificatórias religiosas "católicos ou catecúmenos", "hereges ou cismáticos", "judeus", "pagãos" e "muçulmanos". Em relação ao pertencimento coletivo, distinguia "indígenas" de "estrangeiros" (item 5).

O *staff* congregacional da missão e sua rede religiosa de apoio eram dimensionados pelo levantamento do número de missionários e missionárias em campo, sendo diferenciadas as suas procedências (item 7); quantificação do número total de religiosos mobilizados pela missão desde a data de sua fundação, sendo contabilizados inclusive os mortos (item 8); notificação da presença de outros institutos religiosos na região e contagem desse contingente paralelo (item 9); e elenco descritivo da eventual colaboração laica junto às missões (item 10).

A presença missionária nas regiões se inscreveria nesses espaços geográficos. Para tanto, era preciso quantificar os lugares sacros associados às missões, levantando o número de lugares onde havia ou não residências missionárias fixas, quantidade de capelas semipúbicas ou públicas erguidas pelos missionários e enumerar os cemitérios cristãos por eles criados (item 11). Em outra frente, os salesianos listavam o número de oratórios festivos, associações de adolesentes e adultos, sociedade de ex-alunos, externatos e semi-internatos, faculdades, laboratórios e escolas profissionais implementadas. Informando para cada uma delas a sua data de fundação e seu público total, os padres separavam o público atendido pelo gênero e a condição de serem ou não católicos (item 12). Repetindo a mesma ação classificatória para as crianças, listavam o número de lares para crianças e instituições educacionais infantis (item 13). Somavam ainda seus centros logísticos, far- mácias, hospitais e o público atendido (item 14).

Exibida a sua estrutura, chegava a vez de mostrar os frutos espirituais das missões. A empresa missionária fazia valer esse nome quando os missionários passam a prestar às autoridades centrais de Turim as suas entregas religiosas anuais. No Quadro Geral da Missão de Katalanga, de 1924, eram contabilizados itens com número de conversões, batismos e confirmações (crisma), primeiras comunhões, matrimônio, extrema-unção, funerais, novas profissões religiosas (item 15). Enfim, eram exibidos os meios de sustento da missão e seu estado econômico vigente, que podiam contar com recursos provenientes das esmolas em geral; salários e direitos de estola; subsídios governamentais, da cúria e Propaganda Fide, do Capítulo Superior ou da Inspetoria.

Uma vez expresso o "território" que a missão engendra, era necessário fazer ver seus habitantes, desdobrando a categoria "indígena" em específicos etnos. No salão das missões da América, por exemplo, estavam no foco os Bororo, os Tucano, os Jivaro, os Chamacoco... Mas quais exatamente eram as informações que os missionários consideravam capazes de revelar um determinado povo? Aos seus olhos, o que os tornavam parte de um coletivo específico e distinto?

O capítulo publicado em 1909 pela Associação Nacional de Apoio aos Missionários Católicos Italianos dedicado à seção etnográfica das exposições missionárias lista uma série dessas informações. Segundo o documento, cabia aos missionários fornecer subsídios em relação a um povo para que os visitantes de uma exposição fossem capazes de saber:

> 1. Qual é o seu tipo físico predominante? Altura, corpo, forma do crânio, natureza do cabelo, da barba? Qual a estrutura e a proporção do corpo? São magros, gordos, robustos ou flácidos?
>
> 2. Qual seu caráter moral e intelectual? São inteligentes, ferozes, pacíficos, laboriosos, preguiçoso, leais...?

3. Se é hospitaleiro, de que forma exercem essa virtude?

4. Qual seu gênero de vida? São agricultores, caçadores, pescadores, pastores, coletores? Quais os métodos de trabalho? Quais instrumentos? Se há comércio, como ele se processa?

5. No que consiste a sua riqueza?

6. Como se ordena a sua família? Como se exerce a autoridade paterna? Qual é a posição da mulher? Existe poligamia ou divórcio? Quais são os vínculos de afeto entre pais e filhos?

7. Qual seu ordenamento político? Quem são seus chefes e subordinados? Existe eleições ou como se aplica o direito hereditário?

8. Como está construído seu ordenamento jurídico? Quais são os tipos de pena?

9. Como organiza sua vida militar?

10. Quais são seus hábitos e costumes? Quais são os trajes e ornamentos dos homens e mulheres, dos chefes, sacerdotes ou mágicos? Como são as cerimônias e danças de nascimento, casamento, morte, de guerra, de vitória? Como pode ser representada sua vida cotidiana e civil?

11. Quais são suas notícias e documentos históricos?

Para tentar responder a essas perguntas, os salesianos, de um lado, faziam dessas coleções materiais ilustrativos de suas observações etnográficas de campo. De outro, transformavam as suas produções intelectuais em suportes informacionais de um espetáculo visual mais amplo. Nele, cada grupo humano associado a esses específicos territórios pastorais figurava como uma espécie de capítulo dessa grande enciclopédia visual da humanidade. Para cada um deles, sempre associado a um território de missão, era reservado um espaço expositivo especial. Aos Bororo, por exemplo, foi destinado o lado esquerdo da sala das missões da América. Num espaço individualizado, todo material relacionado ao universo dos "índios do Mato Grosso" foi distribuído em quatro estandes, segundo a *Guida-Ricordo della Esposizione Missionaria Salesiana*.

Aqui, é importante registrar uma informação relacionada ao sistema de classificação desses artefatos. Na *Guida*, foram chamados de "objetos etnográficos" apenas os exibidos na terceira e quarta vitrines do terceiro estande. No primeiro e segundo estande, estavam os itens chamados de "ornamentos" (*pariko, iwagudo, boe-kiga*, etc). No quarto, o herbário bororo. No terceiro estande, tecidos, armas e, enfim, os tais "objetos etnográficos": um conjunto de utensílios de uso cotidiano, descritos como instrumentos para produzir o fogo, conchas usadas como colheres, esteiras usadas como pratos, peneiras de palha, estruturas para mexer os alimentos, entre outros. Em documentos posteriores não existe essa distinção nem haverá na ocasião da consolidação do museu etnográfico missionário salesiano.

Na exposição missionária salesiana como um todo, certamente o maior volume dos ditos objetos etnográficos foi exibido da maneira mais tradicional possível: mostrar a peça pela peça em si. Ou seja, o objeto documento exibido em primeiro plano numa vitrine ou mostruário, cuja inteligibilidade estava ancorada na legenda que lhe dava seu contexto.

Praticamente todo o conjunto de itens destacados pela *Guida* ou pelo redator da revista italiana se enquadra nesse grupo, que está submetido a um jogo expositivo mais amplo. Quando Oddone, o jornalista, olhou para o cinturão jivaro confeccionado a partir de cabelos de inimigos vencidos em batalhas, informado da sua significação e história, ele pode ser tragado pelo objeto, pela sua aura, poderíamos dizer, justamente por essa peça estar na posição daquilo que estamos chamando aqui de *objeto de culto*, a peça-documento chancelada por uma vitrine expositiva para a qual devotamos nossa respeitosa atenção e reconhecemos uma potência, mesmo que não saibamos exatamente qual seja.

Mas a força da exposição (e de um futuro museu) é garantida quando ela consegue combinar duas lógicas expositivas que conferem aos objetos a possibilidade de exercer dois status semiológicos não coincidentes. O primeiro deles está relacionado ao fato de que uma exposição conquista prestígio proporcional ao valor de culto que suas peças ou coleções adquirem nos seus espaços expositivos. Dependentes de um lastro biográfico próprio para tal, alguns objetos museológicos tornam-se eixos de valores e se condensam num símbolo de si mesmo. Diante dos nossos olhos, algumas peças se individualizam. "A cabeça jivaro", "o manto tupinambá" e por aí vai. Eventos expositivos e museus precisam de peças-destaques, elementos dramaticamente autônomos que encenam a fantasia do objeto de exposição.

Mas para se destacarem dessa forma, essas peças precisam estar imersas em meio às versões ordinárias, ao genérico. No caso da exposição salesiana, o volume expressivo servia tanto de moldura para o extraordinário como também de assinatura científica para a mostra. Pois, por meio da abundância se evidenciava ao público a busca das "coleções completas" e das "variações de estilos". Desse modo, em seus salões com *pedigree* científico, as peças-destaques e as ordinárias conviviam num mesmo sistema expositivo. Percorrendo os corredores, as pessoas se entretinham entre os objetos ordinários até serem capturadas por uma peça-destaque, espécie de *punctum* tridimensionais da grande tela expositiva missionária. Ou seja, num deslocamento da linguagem barthesiana, elementos que rompiam com a superficialidade e linearidade do olhar e amalgamava o observador e a coisa observada numa instância particular e subjetiva (BARTHES, 2008).

Se for por conta da busca desses elementos especiais que as pessoas frequentam eventos expositivos, ou seja, em busca de serem capturadas pelas coisas, algumas delas precisam ser algo mais do que símbolos de si mesmas. Precisam ser também veículos de significação. Chegamos aqui ao nosso segundo nível semiológico. Nesse âmbito, as peças precisam ir além das relações que estabelecem entre si dentro do sistema expositivo e serem capazes não só de evidenciar as suas relações com o mundo, mas também proporcionar a sensação que ele está contido naquelas peças. Colocar peças em relação num texto visual era ali também uma maneira de ficcionar o mundo, no sentido que Jean-François Lyotard (1986) deu ao verbo, isto é, produzir um discurso sobre a sombra do status da verossimilhança.

A técnica para isso, digamos assim, os salesianos tomaram de empréstimo dos então modernos museus etnográficos científicos europeus, que, por sua vez, estariam incorporando nos seus programas expositivos as metodologias das grandes exposições universais para corrigir as perdas impostas pelos tradicionais museus de ciência do fim do século XIX aos ditos objetos etnográficos. Como bem argumenta L'Estoile, ao transformá-los em "espécies" de um gênero mais amplo e abstrato para submetê-los em seus sistemas de classificação e seriação baseado nos moldes das ciências naturais, os antigos museus de história natural teriam extirpado dessas peças os seus contextos (2007). E as grandes exposições universais, compromissadas com o espetáculo e a eficiência da comunicação, teriam apontado para uma solução: "uma técnica narrativizante compensatória" capaz de reinserir essas peças em um contexto reconstruído, "permitindo aos espectadores a acessibilidade e a ilusão de um vínculo experiencial com os objetos" (SANDBERG, 2001, p. 449).

O caminho para isso seriam as "exibições funcionalistas", isto é, mostrar o objeto em ação e em relação, seja com um corpo (mesmo que simulado), seja com outros objetos. Diante dessa perspectiva, seu valor etnográfico está condicionado a sua capacidade de produzir uma cena (simulada ou mental) e dotá-la de inteligibilidade. Para isso, os salesianos se valem de múltiplas mídias: dioramas, fotografias, maquetes, miniaturas, composição cênica com os bonecos de cera e, enfim, quando transformado em signo de uma imagem que o ultrapassa, o próprio objeto torna-se uma mídia da categoria que ele expressa.

Interessante observar que a operação está atrelada a um imperativo bem moderno e cinematográfico: exibidos dessa forma em um museu ou evento expositivo, passamos a esperar que os objetos narrem uma história. Quem foi que te fabricou? De que modo? Quando? Para quê? Qual o seu significado? O objeto nos remete ao outro. O objeto transforma uma ausência numa presença mediada (DEBRAY et. al, 2007).

É com esse valor de referência de um real que pode ser apreendido e comunicado que o dito objeto etnográfico é incorporado às exposições missionárias, e, consequentemente, pelos museus etnográficos religiosos. Os missionários precisam mostrar ao seu público quem são os seus missionados; que vida eles levam; e o quão diferentes são dos cristãos. O valor do seu trabalho passa a depender do perfil daquele para o qual seu esforço é dirigido. É justamente esse enquadramento analítico que nos permite compreender as funções vitais dos bonecos de cera, dos dioramas, das maquetes, miniaturas, da combinação entre objetos e fotografias etc., para a construção da macro mensagem missionária dentro dessas exposições. Pois, embora esse conjunto de ferramentas de comunicação carregue em si um potencial didático que, a primeira vista, parece típico da modernidade, ele é bem comum à velha Igreja: educar pelas imagens, de modo que, subjetivamente, não haja distância crítica entre o real e a representação.

Essa sobreposição imediata é expressa pelo jornalista de Turim quando ele anuncia ao seu público que os salesianos, misturando esses recursos com suas coleções de objetos originais, conseguem fazer ver as várias "raças da humanidade", distinguidas pelos seus "hábitos de vida". Conta o jornalista que os visitantes poderiam conferir na mostra, entre outras atrações, uma "pobre cabana" que os fará "recordarem dos trogloditas pré-históricos", cenas de justiças rudimentares, mulheres ocupando-se das suas tarefas domésticas e um grupo de truculentos selvagens surpreendidos no ato de imolar uma jovem em sacrifício aos seus deuses. Assim, por meio do elenco descritivo do autor, podemos interpretar que a mostra funcionaria mesmo para o público como uma enciclopédia visual dos povos, e as suas cenas teriam valor etnográfico, ou seja, seriam índices do real.

Mas precisamos estar atentos a um fato crucial, que está relacionado a outras conexões que os ditos objetos etnográficos sob nossa observação farão no futuro com outras redes discursivas, como veremos na Parte III deste livro. O projeto visual enciclopédico dos salesianos não funciona como um mero videoclipe de imagens justapostas. Ele está a serviço de uma tese antropológica católica missionária fundamental, que determinará uma específica acepção do termo "cultura": a despeito do baixo estágio de desenvolvimento material e técnico que marcaria as sociedades não-ocidentais, seria possível observar nesses povos o desenvolvimento de uma cultura religiosa, ética e social. Servindo como base geral da condição humana, uma protor-religiosidade seria o índice da igualdade entre os homens e seria parte do trabalho missionário identificá-la, para, a partir daí, apoiá-la, desenvolvê-la ou corrigi-la.

Chegamos aqui a um ponto crucial do argumento desenvolvido nesta pesquisa: este é sentido civilizatório e antropológico da ação catequética católica e aqui está posto o lugar do objeto etnográfico dentro desse projeto cultural. Se "religião" era entendida como um fator de desenvolvimento integral dos povos/civilizações, os objetos referidos a eles serviriam como índices científicos e teológicos para mensurá-los. Contudo, é preciso recolher um importante e específico deslocamento do projeto evolucionista executado pelos religiosos, pois o foco não está direcionado, num primeiro plano, ao desenvolvimento material. Por meio dos objetos, tratar-se-ia, primeiro, de identificar o religioso na vida nativa original pré-cristã, e quantificar o seu grau de acerto ou desvio. Como bem lembra o *Contributo delle Missioni Cattoliche Italiane All'Incremento della Civiltà, della Scienza e degli Interessi Nazionali*, publicação da associação nacional de apoio aos missionários católicos italianos, o programa missionário católico precisava de contrastes. Ou seja, como vimos acima, os religiosos queriam expor com clareza aquilo que eles concebiam como sendo o caráter das crenças e superstições dos outros povos; exibir quais seriam os seus ídolos e objetos de cultos; descrever como seriam são seus ritos fúnebres e nupciais; evidenciar as supostas relações entre a magia e o exercício da medicina; etc.

Em face à suposta ação civilizatória missionária, agora num outro plano, os objetos novamente seriam tomados, externamente às relações, como parâmetros para demonstrar ganhos materiais e morais advindos da incorporação católica; internamente às relações, como plataformas de um espaço simbólico transcultural. Podemos tornar mais claro esse argumento ao fazer referência ao apoio pontifício dado nas primeiras décadas do século XX ao desenvolvimento das "artes indígenas" nos territórios de missão, sobretudo na Ásia. Documentos da *Propaganda Fide* registram, por exemplo, a aprovação pontifícia dos valores artísticos e tradicionais japoneses, veiculados na arte sacra católica local. Documentos mencionam também o encorajamento do Vaticano para o desenvolvimento de uma arte japonesa cristã criada a partir desses valores nativos.[104] Em outro documento, que expressa uma afinidade entre diferentes linguagens expressivas cristã e chinesa, uma dita arte sacra chinesa católica é enaltecida, sendo lembrado que ela não se reduz a uma mera cópia dos padrões ocidentais.[105] Trocando em miúdos, o Vaticano reconhecia que uma estilística nativa seria veículo legítimo para a propagação dos seus conteúdos, encarados ali como universais.

Nesta operação, religião compatibiliza-se com o conceito de cultura e quando este último termo é modelado pelas grades intelectuais cristãs (POMPA, 2002),

---

104 *Sacrae Congregationis de Propaganda Fide Memoria Rerum.* v. III/2, 1815-1972. I*ncoraggiamento dell'arte indígena.* Prot. 1475/35 Rubr. 35/1 sylloge 483. a s. e. Rma mons. Paolo Marella delegato apostólico del Giappone (1 de giugno 1935), p. 788.

105 *Sacrae Congregationis de Propaganda Fide Memoria Rerum,* v. III/2, 1815-1972. Della promozione dell'arte cristiana in China. Prot. 2546/32 Rubr. 21/2. Collect. Com. Synod. V (Peiping 1932) 705-706. sylloge 436. a s. e. Rma mons. Celso Costantini, delegato apostolico della Cina (15 de luglio de 1932), p. 784.

o conceito é posto nos braços do "sagrado". As exposições missionárias nos servem como materialização visual dessa metáfora. Quando o padre Schmidt declara em suas diretrizes para a coleta etnográfica vaticana que pretende, de um lado, mostrar o desenvolvimento das diversas civilizações do mundo e, de outro, mostrar a grande diferença que existiria entre o desenvolvimento da cultura religiosa, étnica e social e o desenvolvimento material e técnico desses povos, ele anuncia também que os missionários precisam promover uma coleta sistemática e científica de objetos (naturais ou reduzidos) ou fotografias de templos e lugares de culto; bosques, árvores ou pedras, sagradas; emblemas ou peças utilizadas em rituais totêmicos; acessórios ritualísticos, como vestimentas, máscaras e insígnias; itens de magia, superstição e sortilégio; objetos de referência a ritos de iniciação, puberdade, purificação, exorcismo, casamento... Nessa operação, Schmidt, o homem que estabeleceu pontes conciliatórias entre o discurso religioso e científico de sua época, também estava afirmando subliminarmente os termos pelos quais a moderna categoria antropológica cultura seria absorvida pela Igreja: cultura enquanto crença e rito.

Paula Montero (2012) já havia demonstrado de que modo esse programa intelectual marcou a construção da produção bibliográfica missionária. À luz dessas informações, o que estamos evidenciando aqui é que as exposições missionárias são a materialização visual desse mesmo modelo intelectual missionário apresentado pela autora. Dito de modo explícito, estamos afirmando que as exposições são as etnografias missionárias em ação. Sendo assim, torna-se significativo saber que o grande momento da cerimônia de abertura da exposição missionária salesiana, transcorrida no dia 16 de maio de 1926, se deu quando os salesianos fizeram a entrega simbólica ao príncipe herdeiro do trono italiano de um exemplar dos *Bororo Orientais*, a primeira etnografia sobre esse grupo humano, de autoria do célebre Padre Colbacchini, descrito com doses ficcionais pelos jornais italianos como o missionário que havia se transformado no cacique dos índios do Mato Grosso.

Capítulo 4
Cartografia de uma obra e um museu como símbolo

Findas as exposições missionárias de 1925 e 1926, as ditas coleções etnográficas mantiveram suas carreiras de peças propagandísticas do projeto salesiano. Trabalho, aliás, que executam até hoje. Recolhidas em um "museu-depósito" instalado no conjunto arquitetônico de Valdocco, parte desse acervo era mobilizada esporadicamente para integrar eventuais exposições, nas quais os salesianos repetiam em escala reduzida o trabalho desenvolvido nas duas grandes exposições precedentes.

Entre as principais mostras ocorridas na Itália após os eventos do Vaticano e Turim que colocaram as missões salesianas sob o foco expositivo identificadas a partir da documentação disponível no Arquivo Salesiano de Roma, estão a Exposição da Expansão da Itália no Exterior, de 1927; Exposição Colonial de Nápoles, de 1934; Mostra Salesiana de Padova, de 1938; e a Mostra Missionária, realizada em 1953, nos Jardins do Palácio Real de Turim, nessa época, uma cidade já sem rei e destituída da função de capital italiana.

É importante lembrar que no Ano Santo seguinte, em 1950, o sucessor de Pio XI, Eugenio Maria Giuseppe Giovanni Pacelli, o Papa XII, editou nova exposição missionária vaticana. Porém, nesta última, a gramática da "ciência" cedeu espaço para a gramática do "artístico". Assim registra o pontífice que liderou a Igreja de 1939 até o ano de sua morte, em 1958, na Carta Encíclica *Evangelli Praecones – Sobre o Fomento das Missões*:

> Nós, levados do mesmo propósito (de Pio XI), para tornarmos o mais possível conhecidos os méritos insignes das missões, sobretudo no campo da alta cultura, mandamos durante o Ano Santo passado juntar número abundante de documentos e expô-los, como sabeis, perto do Palácio Vaticano. Assim puderam muitos contemplar abundantes provas

da renovação cristã das belas artes, promovida pelos missionários, quer entre povos civilizados quer entre outros menos desenvolvidos.[1]

Seria possível a partir daqui traçar outra pesquisa, cujo desafio passaria a ser empreender uma crítica epistemológica da noção missionária de "coleção etnográfica", a fim de revelar uma tensão subjacente entre os campos da estética e da ciência no fim do século XIX e início do século XX, mediada pela gramática do religioso. O Museu Missionário Vaticano, criado em 1926 pelo Papa Pio XI após o encerramento de sua grande mostra de 1925, seria sem dúvida o objeto privilegiado para isso. Com suas riquíssimas "coleções artísticas" orientadas a retratar o universo religioso extra-europeu, cujo requinte estético e primor técnico certamente estão entre os critérios curatoriais empregados para a composição da exposição de suas galerias, o museu põe em cena um complexo feixe discursivo de camadas seculares,[2] na qual antropologia e arte estão articuladas em função da teologia.

Todavia, esse debate passa ao largo do "depósito etnográfico", onde os padres salesianos guardaram suas coleções iniciadas, vale lembrar, ainda no final do século XIX. Ao longo do seu percurso junto aos padres de Turim, esse conjunto de peças coletadas pelos missionários teve sua significação fixada enquanto "coleções etnográficas" no sentido mais estrito do termo. Ou seja, como elementos da cultura material relativos a determinados agrupamentos humanos com capacidade de representá-los. Quando são evocadas as suas importâncias e significações museológicas, estão sempre em primeiro plano o número de peças existentes, a quantidade de grupos representados e a completude antropológica, ou seja, variação de facetas culturais passíveis de serem reveladas (vida ritual, doméstica, econômica...). A beleza é critério secundário, e às vezes, surge em tom quase concessionário. Nas mãos salesianas, peças etnográficas não servem para adornar. Servem para narrar.

Em Valdocco, onde já havia começado uma discussão sobre a possibilidade de construção de um museu para abrigá-lo, esse acervo ficaria guardado até 1941. Devido à possibilidade de sofrerem danos ou mesmo serem destruídas em decorrência dos bombardeios aliados durante a Segunda Guerra Mundial, as peças foram transferidas para Castelnuovo de Asti, localidade a cerca de 20 km de Turim, onde

---

1   Carta Encíclica do Papa Pio XII *Evangelli Praecones* – sobre o fomento das missões. Documento na íntegra disponível no site vaticano: http://www.vatican.va/holy_father/pius_xii/encyclicals/docu- ments/hf_p-xii_enc_02061951_evangelii-praecones_po.html.

2   Aliás, torna-se significativo que após a reforma e reinauguração do Museu Vaticano as coleções ameríndias ainda não tivessem encontrado a sua forma expositiva. Era praticamente impossível não especular: colocaria os ameríndios problemas à curadoria teológica do Museu Vaticano?

nasceu e passou a sua primeira infância o fundador da congregação religiosa, conforme informa o texto do livreto do Museu do Colle (MAFFIOLLI).

Em três antigos galpões de cerca de 1.300 metros quadrados instalados nessa colina piemontesa com vista para os Alpes, as coleções salesianas foram mobilizadas para a montagem de uma exposição permanente, seguindo o modelo das últimas exposições missionárias. Justapondo os ditos objetos etnográficos, manequins e animais exóticos empalhados, a tal mostra permaneceu sem grandes alterações por mais de 40 anos com a função de "atrair, divertir e instruir o público, criando uma base de consenso e apoio às atividades missionárias" (MAFFIOLI). Em 1984, a exposição foi desmontada em virtude da demolição dos antigos galpões, que cediam espaço para a construção de um novo edifício que contemplaria entre as suas instalações um museu etnográfico missionário.

Todavia, a inauguração da instituição, que desencadeou a organização de uma nova mostra, só aconteceria em 1988, na ocasião do centenário da morte de Dom Bosco. E a partir de 2000, graças à conexão de novos agentes do campo científico à rede salesiana, segundo informa Brandão (2003), "mudanças conceituais e ideológicas [...] passam a orientar projetos que determinarão a futura trajetória do museu do Colle", como veremos a seguir. Ainda de acordo com a autora, "as culturas indígenas" entraram em foco e passaram a ser ordenadas por critérios estéticos e temáticos, em vez de serem organizadas pelo valor quantitativo.

Nesse ínterim marcado pelas transformações das orientações expográficas, as coleções não só testemunharam uma transformação espacial do Colle como também se tornaram simultaneamente em elementos constitutivos desse processo. Se antes esses objetos haviam servido como engrenagens de uma plataforma discursiva móvel, como eram as exposições missionárias, dali em diante seriam fixadas num espaço físico como parte de um discurso arquitetônico.

A mística salesiana coreografa no espaço

O Colle Don Bosco, município de Castelnuovo, na Província de Asti, faz parte de um conjunto de circuitos turísticos religiosos italianos. Sem dúvida, figura entre os mais estruturados, senão o mais estruturado. Devotos do Santo do Piemonte de todo o mundo afluem à região para conhecer os lugares capitais associados à biografia de Dom Bosco em caravanas organizadas pelas casas missionárias locais. É a rede salesiana agora promovendo o turismo religioso internacional.

Os interessados contam inclusive com um guia para organizar seu percurso: *Qui è vissuto Don Bosco* (Aqui viveu Dom Bosco), publicação assinada pelos padres salesianos Aldo Giraudo e Giuseppe Biancard (2004). Em 332 páginas, os autores descrevem o "itinerário histórico, geográfico e espiritual" do Santo, situando cada passagem memorável da tradição salesiana ou episódio histórico da vida do fundador da congregação num específico ponto (espacial e/ou arquitetônico) do mapa piemontês.

Dividido em quatro partes geográficas e históricas, a primeira é dedicada a sua permanência nos Becchi e Castelnuovo (infância e primeira adolescência, 1815-1831); a segunda em Chieri (adolescência e juventude, 1831-1841); a terceira em Turim (primeiros anos do desenvolvimento da sua experiência pastoral católica, 1841-1849); e a última, dedicada à fase de maturidade de Dom Bosco também vivida em Turim (1859-1888).[3]

Numa operação simbólica interessantíssima, o livro salesiano transforma a geografia rural e urbana piemontesa em uma espécie de decalque da obra salesiana. Munindo os visitantes com mapas estilizados que traçam caminhos entre localidades, reproduções cartográficas de cidades, desenhos de conjuntos arquitetônicos, plantas de igrejas e basílicas, o guia oferece acesso a um mundo que surge como uma espécie de cenário de um enredo espiritual.

O circuito turístico religioso dos salesianos se estende por localidades piemontesas como Capriglio, onde existe até hoje a casa onde nasceu Margarida Occhiena, a mãe de Dom Bosco, declarada Venerável pelo papa Bento XVI; a fazenda Moglia, local que preserva o pequeno quarto onde o santo dormiu por dois anos enquanto trabalhava para a família proprietária; Buttigliera d'Asti, local da sua confirmação religiosa; Mondonio, cidade onde morou São Domingos Savio; Morialdo, onde João Bosco estudou junto a Dom Calosso e Chieri, cidade onde viveu 10 anos de sua juventude e formou-se no seminário franciscano. Porém, sem dúvida, Valdocco, em Turim, e o Colle Don Bosco, em Asti, são os espaços mais importantes dentro dessa mística espacial salesiana.

Um enorme enclave salesiano cravado em Turim, Valdocco é reconhecido como o núcleo histórico da congregação. O guia dos padres Giraudo e Biancardi, por exemplo, dedica especial atenção para o espaço, evidenciando de que modo sua transformação está associada a cada etapa da construção da congregação religiosa. Para

---

3   Em viagem de campo na Itália, percorri por três circuitos: salesiano, franciscano e beneditino. Em cada um deles, fui em direção aos seus museus. Após ter visitado Assis (franciscano) e Cassino (beneditino), subindo a montanha de Subiaco, localidade a cerca de 90 km de Roma onde está instalado outro complexo de monastérios beneditinos, tive a ideia de produzir modelos comparativos entre esses centros de peregrinação religiosa a fim de identificar qual o lugar reservado em cada um deles para as ditas coleções etnográficas missionárias. Quando cheguei a Turim, qual não foi a surpresa quando o circuito salesiano, no lugar de uma representação analítica, era objeto de um guia prático.

aqueles que não dispõem de recursos e tempo para uma viagem presencial, os salesianos, numa demonstração cabal do seu talento comunicativo, oferecem meios para que seja realizada uma viagem virtual. Navegando pelo site http://www.donboscotorino.it/port/index.html, traduzido em sete línguas, inclusive o português,[4] os visitantes podem conhecer um conjunto de subáreas que organizam uma narrativa sobre a vida e obra de Dom Bosco.

Valdocco abriga, além do oratório e das primeiras escolas fundadas pelos salesianos, uma série de ambientes sacralizados liturgicamente, como a famosa Capela Pinardi, o velho alpendre transformado em igreja e tido hoje como o centro da espiritualidade salesiana em todo o mundo;[5] a Igreja de São Francisco Sales, construção fortemente associada à trajetória de São Domingos Savio, o primeiro santo adolescente católico; e a Basílica de Maria Auxiliadora, a Igreja Mãe Salesiana.

Imagem 28: Vista aérea de Valdocco. Reprodução.

Além deles, Valdocco conta com ambientes que conjugam regimes de sacralização religiosa com a sacralização museológica, como o Centro Salesiano de Documentação Histórica e Popular Marina, instituição originada a partir da transferência em 1978 do Arquivo Histórico Mariano de Bolonha, fundado nessa cidade em 1918, para Turim. Especializado na coleta, catalogação e disponibilização para observação e pesquisa de documentos associados à devoção cristã ao culto da Virgem Maria, o órgão possui uma coleção de peças exibidas naquilo que os salesianos chamam de Museu Mariano.[6]

---

4   Além do português, italiano, inglês, francês, espanhol, alemão e polonês.

5   Em 1846 Dom Bosco aluga uma velha construção que era então propriedade de um homem chamado Pinardi. Como comemora a historiografia salesiana, naquele espaço finalmente a obra do padre encontrou a estabilidade necessária para se desenvolver.

6   Durante minha estadia em Turim, no final de 2008, não tive oportunidade de visitá-lo em virtude das comemorações natalinas. Graças ao convite salesiano, a visita a esse museu se deu

Todavia, os processos museológicos em Valdocco se realizam com força por meio da musealização não apenas de peças, mas de ambientes inteiros. Trata-se dos cômodos do "Camerette" de Dom Bosco, um dos edifícios de Valdocco onde o padre habitou durante a fase madura da sua vida até o ano de sua morte, em 1888. Em 1929, no contexto de beatificação do religioso, Dom Rinaldi, o Reitor-Mor dos salesianos à época, determinou a transformação dos aposentos do padre em um centro de peregrinação. Lá, os devotos podiam tocar na escrivaninha onde o padre havia escrito as suas mais de 20 mil cartas, e na cama onde ele morrera. Desta data em diante, o espaço sofreria algumas intervenções, visando resolver impasses práticos advindos de sua nova função expositiva. Os salesianos precisaram, por exemplo, resolver a questão do roubo de parte do seu acervo histórico.

Como parte dos preparativos para o Jubileu do ano 2000, o "Camerette" foi restaurado e museologicamente reformulado. No primeiro piso, o visitante encontra atualmente três salas. A primeira é dedicada à vida de Dom Bosco e à sua obra. Por meio de painéis pictóricos, sonhos, passagens biográficas e alguns personagens capitais da sua biografia são representados. Telas e maquetes justapostas servem para o público observar o desenvolvimento arquitetônico de Valdocco e tecnologia *touch screen* permite acesso ao centro da sala a conteúdos sobre a "espiritualidade de Dom Bosco, seus "sucessores" ou sobre seu "sistema educativo", por exemplo. A segunda sala é reservada para falar de Dom Bosco no mundo. A opção de narrativas pictóricas por meio de painéis se repete e a maior parte do conteúdo fica concentrada nos computadores da sala. Entre os assuntos abordados, a "família salesiana" e a "presença salesiana no mundo". Na terceira sala é exibido um filme de sete minutos.

No segundo pavimento, os visitantes chegam aos espaços propriamente musealizados: a capela particular de Dom Bosco, o seu quarto-escritório, e outras duas acomodações que serviram de quarto, inclusive aquela onde morreu. O "corredor-depósito" usado pelo padre para ouvir as confissões dos rapazes e de onde, pela janela, assistia-os em seus jogos realizados no pátio foi transformado em local de exibição do seu vestuário.

No segundo piso do "Camerette" também foi reservado espaço chamado de "zona de exposição". Dividida em sete setores, nessa área os visitantes encontram peças como o quadro de São Francisco Sales, que serviu para inspirar Dom Bosco na nomeação da sua congregação, originais de algumas de suas publicações, e um contrato de trabalho de 1852, assinado por um empregador, um rapaz contratado, seu pai e Dom Bosco. O documento é dito como um dos primeiros contratos de trabalho da história. No segundo piso se encontra ainda o "altar do êxtase", pequeno móvel litúrgico que

---

virtualmente.

se fecha como um armário, usado por Dom Bosco quando celebrava a missa no seu quarto. Em relação a essa peça, os então jovens Evasio Garrone e Giovanni Franchinni, que anos mais tarde se tornariam salesianos, contaram que teriam visto Dom Bosco levitar sobre ela durante uma de suas missas. Cercada de história e misticismo, está à disposição do olhar dos visitantes.

Interessante observar que a Valdocco real, a mesma que está representada em maquetes, painéis e coleções de objetos históricos, funciona como uma espécie de mapa da vida e da obra do Santo em escala 1x1. É a história em monumento vivo no qual os peregrinos podem se hospedar pagando preços mais baratos que a rede hoteleira da cidade. E, nessa primeira representação arquitetônica de uma obra que se propagou em escala planetária, a imagem das populações não europeias está completamente ausente. Em Valdocco, o mundo não europeu se torna território para expansão de uma obra que ali se enxerga a partir do seu centro. E as populações desse mundo-território são equalizadas numa humanidade genérica, para a qual o projeto salesiano serve como um manto universalmente aplicável.

Mas se em Valdocco a representação da obra salesiana é construída por metonímia espacial e histórica, em Asti, o espaço do Colle Don Bosco se torna suporte para uma metáfora arquitetônica, que abrirá, na medida do possível, espaço para o mundo não europeu. Formado por um conjunto de edificações e elementos paisagísticos vinculados a simbolismos específicos, o Colle oferece aos seus visitantes um percurso museal e religioso orientado a produzir uma experiência sensorial, intelectual e mística. Nesse caminho, o mundo surge como um dos elementos dessa obra e é simbolizado por meio do Museu Etnográfico Missionário Colle Dom Bosco. Ele e suas coleções tornam-se parte de um sistema arquitetônico que põe em diálogo outras instituições, coleções e memórias. Uma mistura heterogênea de elementos situados em escalas ontológicas distintas para compor a boa e velha narrativa salesiana. Assim como sintetiza o pequeno guia ilustrado fornecido aos visitantes do Colle, "Visitar estes lugares significa redescobrir as origens da extraordinária personalidade de Dom Bosco e de sua obra espalhada pelo mundo inteiro."[7]

Vejamos o lugar do museu do Colle dentro desse sistema.

---

7   "Visiter ces lieux signifie redécouvrir les origines de l'extraordinaire personnalité de Don Bosco et de son oeuvre répandue dans le monde entier". Trecho extraído do guia em formato de folder fornecido aos visitantes. Assim como Valdocco, os salesianos oferecem uma visita virtual pelo Vale Don Bosco, que pode ser realizada no site: http://www.colledonbosco.it/inizio.html. Disponível em seis línguas, desta vez o português não aparece entre os idiomas traduzidos.

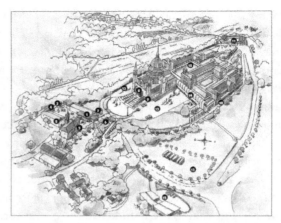

Imagem 29: Planta do Complexo do Colle. Reprodução.

1. *O Casebre de Dom Bosco.* O início do percurso respeita critérios cronológicos. Como se tivessem embarcado numa viagem do tempo, os visitantes podem entrar e passear pela casa onde o padre morou dos 2 aos 6 anos de idade. No salão de entrada da edificação de dois pavimentos são expostos painéis com imagens e textos relacionados à biografia do Santo. Pelos cômodos, como a cozinha, e o celeiro (instalado sob o mesmo teto) e os quartos da mãe, da avó e dos meninos da casa, objetos escassos e rústicos. A mensagem e os valores enaltecidos são evidentes: é nesse lugar pobre que a obra de escala planetária começou. Em torno da família ela se edificou.

Imagem 30: Casebre de Dom Bosco. ALS.

2. *Casa do irmão José.* Saindo da primeira casa e caminhando sobre pedriscos de tom azulado, os visitantes chegam à construção edificada pelo

irmão de Dom Bosco. Nessa construção foi reservado um quarto para o irmão menor, que já não morava mais no Colle e o porão foi transformado pelo irmão padre numa capela dedicada à Maria do Rosário. Já estabelecido em Turim, Dom Bosco usava a casa para trazer os seus alunos para festejarem junto com o povo do vilarejo as festas marianas. Nesse espaço, Dom Bosco conheceu São Domingos Sávio.

3. *Monumento ao Pequeno João Malabarista.* Em um dos quatro cantos do quadrilátero histórico do Colle, foi instalada uma obra evocativa da espiritualidade de Dom Bosco. Trata-se da escultura assinada por Ennio Tesei, representando o menino João Bosco caminhando sobre corda içada por anjos e sendo admirado pelos amigos. Contam as biografias bosconianas que desde menino o padre se valia de técnicas circenses e de mágicas para atrair os colegas para fazê-los ouvi-lo recitar o catecismo.

4. *Museu da Vida Camponesa.* Instalado dentro da casa do irmão José, o museu abriga uma vasta coleção de objetos típicos dos camponeses italianos do Piemonte do século XIX. Entre as peças do seu interessantíssimo acervo, instrumentos de trabalho da lavoura, forno para panificação, maquinário de vinicultura, utensílios domésticos, vestimentas etc. Sem contar com grandes recursos expositivos, o tamanho da coleção realmente impressiona. Sem jamais serem tratadas pelos salesianos como "peças etnográficas" da vida piemontesa, o museu se enquadra perfeitamente no modelo dos museus etnográficos europeus descritos pela bibliografia portuguesa. Lira (1999, por exemplo).

5. *Santuário de Maria Auxiliadora.* Projetada pelo arquiteto salesiano Giulio Valotti numa leitura ao estilo gótico piemontês, a igreja faz o quadrilátero histórico do Colle parecer uma pequena vila. Construída durante a Primeira Guerra Mundial no contexto das comemorações do centenário de nascimento de Dom Bosco, a igreja possui entre seus objetos sacros obras produzidas nas escolas de artes e ofícios salesianas. Entre elas, a escultura de Maria Auxiliadora feita pelos alunos da escola profissional de Sarrià-Barcelona, da Espanha.

6. *Monumento do sonho.* Próximo a fonte que abastecia a casa de família Bosco, foi instalada uma obra para fazer referência ao "sonho dos 9 anos", segundo a tradição salesiana, evento onírico determinante para a configuração da obra do santo do Piemonte. Conta Dom Bosco que vira um grupo de meninos blasfemando enquanto brincavam. Para lhes corrigir a

falta, ele passou a distribuir socos e pontapés até um homem interceder. Era Jesus Cristo, que acompanhado de sua mãe, a Virgem Maria, o ensinaria que o único modo de instruí-los sobre a diferença do pecado e da virtude seria pelo caminho da temperança e do carinho. Enquanto aprendia as lições, Bosco vira sequencialmente os meninos se transformarem em feras, até por fim virarem cordeiros.

7. *Estátua da Mama Margarida.* De costas (e no) para o quadrilátero histórico do Colle (espaço privado) e de frente para o grande templo de Dom Bosco (espaço público), está instalada a estátua que celebra a mãe do padre, personagem fundamental da mitologia salesiana. É a humilde, inculta e honesta viúva (pós-sexo) que fornece aos salesianos o modelo de feminilidade, em evidente espelhamento com a Virgem Maria (pré-sexo).

8 – 9. *Templo de Dom Bosco.* De frente ao quadrilátero histórico e numa posição mais elevada começou a ser construído em 1961 sobre a antiga fazenda Biglione, local onde trabalhava o pai de Dom Bosco e mais tarde adquirido pela congregação, um conjunto ritualístico dedicado ao padre. Asseguram as fontes salesianas que teria sido justamente naquela área que ele teria nascido, antes de sua família se mudar para o rancho comprado na área mais abaixo. O conjunto arquitetônico é composto por duas grandes estruturas independentes sobrepostas, interligadas por escadas e elevador: a suntuosa e modernosa *Igreja Superior (8.)*, com capacidade para receber mil pessoas, e a menor e mais introspectiva *Igreja Inferior (9.)*. Um dado a se destacar. No frontal da fachada superior do templo, numa pintura dedicada à representação da juventude internacional atendida pela obra, um personagem com um corte de cabelo à moda Xavante figura entre os demais rostos representados.

10. *Museu Etnológico Missionário.* Na lateral direita de quem olha o templo de Dom Bosco de frente e num nível abaixo das demais estruturas do complexo arquitetônico do Colle, ou seja, em um dos lugares mais invisíveis do conjunto na perspectiva do visitante que chega após descer enorme escadaria, está situado o museu missionário salesiano da Itália. Segundo explicação dada pelo religioso responsável pela administração do conjunto arquitetônico e também diretor do museu, Dom Egidio Deiana, ali se fecha um circuito iniciado no casebre capaz de demonstrar todo o desenvolvimento da obra: da pequena e pobre casa para o mundo.

Fora do circuito expositivo, mas de efeito cenográfico vital para o conjunto como um todo, tendo em vista a grandiosidade de suas instalações, estão o Instituto Salesiano Bernardi Semeria (12.), Centro Tecnológico Avançado em Artes Gráficas, e a Mansão dos Jovens (11.), estrutura hospitaleira preparada para acolher até 100 pessoas interessadas em retiro espiritual, estadia para estudos, visitas ao Colle ou, ainda, para os participantes de eventos como palestras e congressos, que podem ser promovidos nas salas de reunião ou num anfiteatro com capacidade para 400 pessoas (14). Fazendo jus ao título de religiosos afeitos à modernidade, os salesianos reservaram ao seu santuário e texto arquitetônico metafórico estruturas como estacionamento com vagas para 300 veículos, área reservada para ônibus, outras para piqueniques, serviço de informações, visitas guiadas gratuitas marcadas com antecedência por telefone, lojinha para compra de *souvenirs* e sala reservada para 11 máquinas de vendas automáticas de salgadinhos, chocolates, sorvete e bebidas. Caminhando para fora do complexo em direção ao pé da colina, os visitantes desfrutam ainda do serviço gastronômico do "Mama Margarida", restaurante com capacidade para até 700 *couverts*, onde se pagam os preços médios das cozinhas do Piemonte.

Segundo o padre salesiano Egidio Deiano, cerca de 1 milhão de pessoas visitam por ano o Colle Don Bosco.[8]

Museu do Colle: a encarnação das exposições missionárias católicas

O mobiliário expositivo é novo, alguns dos recursos midiáticos são modernos, a rede científica que lhe dá chancela foi renovada e o aparato conceitual foi reciclado. Todavia, o Museu Missionário Etnográfico Colle Dom Bosco pode ser compreendido como uma encarnação em nosso tempo das antigas exposição missionárias. A condição revela um possível cerne definidor de qualquer instituição museal: "diga qual a história quer contar que eu te direi quem és". Fiel à tradição que lhe deu origem, o museu

---

8   Visitei o Vale Don Bosco no dia 24 e 26 de dezembro de 2008, sob o inverno piemontês e nos dois dias entre o natal. No dia 24, o Colle estava praticamente vazio, em virtude na neve, explicou o salesiano Egidio Deiano. Dia 26, com a ajuda de um sol gelado, à tarde presenciei maior número de visitantes, a maioria, pessoas que iam assistir às missas, que acontecem periodicamente ao longo do dia. Aproveito aqui também para registrar meus agradecimentos a Dom Egidio, pela hospitalidade, gentileza, e, sobretudo, paciência.

salesiano mantém a meta daquela primeira exposição de 1889 que marcou a formação do seu acervo: mostrar quem são e onde estão os povos atendidos pelas missões salesianas para, a partir daí, os visitantes conhecerem que são esses padres e julgarem a importância e significação do seu trabalho.

O museu é dirigido pelo enérgico salesiano Egidio Deiano, o mesmo responsável pela direção de todo o conjunto do Colle Don Bosco. Na administração cotidiana, o padre é auxiliado por duas estagiárias, que se revezam em atividades como supervisionar a recepção do museu, oferecer visitas guiadas, assessoria de imprensa, providenciar eventuais substituições das peças expostas e executar restauro, higienização do acervo e organizar exposições temporárias. Na época da nossa visita, em dezembro de 2008, elas estavam empreendendo também a digitalização de todas as fichas catalográficas do museu. Não há presença de seguranças/vigias no local.

A instituição é composta por dois grandes salões de proporções semelhantes. O primeiro é reservado à área expositiva, onde os visitantes percorrem um circuito circular em sentido único, deformado pelos limites do grande quadrilátero. Com entrada gratuita, o museu recebe seu público de quarta a sábado, das 10h00 às 12h00 e das 14h30 às 18h00. Aos domingos e feriados, das 10h30 às 12h30 e das 14h00 às 18h00. Sem contabilizar o número de visitantes, a instituição recebe em maior quantidade alunos da rede de ensino da região e, em segundo lugar, peregrinos e turistas interessados em conhecer o circuito do Colle.

O segundo salão, dois pisos acima e numa espécie de mezanino fechado ao público, é destinado para a reserva técnica, centro de documentação, laboratório de restauro e escritório. Modernos armários-arquivos e gaveteiros mantêm todo o acervo da reserva técnica em absoluta ordem e garantem seu bom estado de conservação. Todas as peças estão catalogadas e segundo informações de uma das estagiárias do museu, Letizia Pecetto, quase todas as fichas catalográficas já estão digitalizadas.

Inscrito pela *Vice Direzione Generale Gabinetto del Sindaco e Servizi Culturali* no circuito dos bens culturais do *Gran Tour Torino*, no contexto da transformação da cidade em capital europeia de 2008, o museu do Colle é dono de um acervo etnográfico considerado um dos mais importantes da Itália (FORNI, 2001, p. 119). Estão sob sua guarda 10 mil peças que foram coletadas pelos missionários nos vários países e territórios onde estavam ou ainda estão instaladas as suas missões. Seu acervo começou a ser formado a partir da Exposição Geral Católica de 1889, contando nesta época exclusivamente com peças da Patagônia e dos índios Bororo do Mato Grosso. Todavia, destaca a própria instituição em texto de apresentação,[9] é

---

9 Texto disponível no site: http://www.colledonbosco.it/_museo_missionario/collezioni. html. O museu usa como base o artigo Silvia Forni, Il Museo Etnologico Missionario Del Vale Don Bosco, publicado na *Ricerche Storiche Salesiane*, anno XX, n. 1 (38), mai./jun. 2001,

em decorrência das duas mostras de 1925 e 1926 que o acervo ganha as proporções que tem hoje. Após os preparativos para essas exposições nunca mais houve coletas sistemáticas daquelas proporções. Mesmo assim, suas coleções foram sendo gradativamente enriquecidas, graças ao envio de materiais de algumas missões ou em formas de presentes que iam sendo ofertados às autoridades salesianas durante as suas visitas aos territórios de missão (MAFFIOLI).

Dividindo primeiro suas coleções por continentes, depois por países e, em alguns casos, por etnias, o museu reconhece que a América, sobretudo a América do Sul (Patagônia, Terra do Fogo, Chaco Paraguaio, Centro-Oeste brasileiro, Noroeste Amazônico do Brasil, Equador e Venezuela), é a região mais representada e o ponto de origem das coleções melhor organizadas e documentadas. A América totaliza 4 mil das 10 mil peças do acervo geral.

É em relação às coleções americanas que a organização por etnia torna-se elemento significativo. Dentre elas, os Bororo ocupam posição de destaque. A própria instituição ressalta possuir a segunda maior coleção bororo do mundo (600 itens), atrás apenas de outra instituição salesiana: o Museu das Culturas Dom Bosco, em Campo Grande, Brasil. As coleções da Patagônia e da Terra do Fogo, por sua vez, formadas a partir da coleta empreendida por Dom Maggiorino Borgatello, em 1911, e por Alberto de Agostini, em 1932, são de extrema importância histórica e são consideradas únicas no mundo, já que os grupos sociais produtores desses artefatos foram exterminados durante o tardio processo de colonização do extremo sul americano. Ainda entre as peças ameríndias, destaque para a coleção dos índios Ashuar (tratados nas exposições missionárias como Jivaro), composta por 400 objetos, e o material dos índios Yanomani, recolhidos nas missões salesianas da Venezuela pelo padre Luigi Cocco.

É importante destacar que a formação das coleções ameríndias acima citadas está associada a projetos intelectuais individuais, compromissados em coletas sistemáticas visando documentar os vários âmbitos da vida social desses grupos. Vale aqui registrar uma referência. O nível de sistematização da parte desse acervo aponta para um fenômeno da rede salesiana: o Colle é tributário do desenvolvimento científico de uma série de instituições salesianas locais. É o trabalho de organização e documentação dessas coleções realizado nas pontas da rede missionária que garante o fluxo das melhores coleções para o museu e/ou sustenta seu processo de catalogação e contextualização etnográfica. No centro da rede salesiana, o Colle funciona como um condensador e visualizador dos vários processos museoetnográficos em curso nas pontas da rede. Desse modo, sobre as suas coleções mais representativas paira

---

p. 199-132.

a mesma sombra sobre instituições locais como o Museu Salesiano de Fortín Mercedes, o antigo Museu Regional da Patagônia, Argentina, fundado em 15 de janeiro de 1925; Museu Salesiano Maggiorino Borgatello de Punta Arenas, Chile, com sua coleção iniciada a partir de 1893; o Museu Etnológico Mons. Enzo Ceccarelli, em Puerto Ayacucho, Venezuela; e o Museu Dom Bosco, fundado em 1950, no Brasil.

Em relação à sua coleção africana, composta por cerca de 900 peças, o museu informa que ela "reflete a história relativamente mais recente das missões no continente"[10] e, aqui, a etnificação dos objetos é residual. O material mais antigo, informa o museu, se restringe aos itens recolhidos em Angola e no Congo enviados pelo bispo Joseph Sak para as exposições de 1925 e 1926, além de outras poucas peças de coletores não identificados. O maior volume de peças de datas mais recentes foi tipificado na categoria "artesanato" (os ditos produtos nativos para fins comerciais), que, segundo o museu, expressam os novos usos sociais da iconografia africana associados aos padrões de consumo ocidental. Dessa parte, um grande volume vem do Quênia.

Da Austrália figuram no acervo aproximadamente cem objetos aborígenes provenientes da missão de Kimberley, todos associados às exposições missionárias acima referidas. O texto justifica a ausência de novas coleções em virtude da reorientação do foco missionário na Austrália, que passou a dirigir suas atenções para os centros urbanos.

Em relação ao Oriente (China, Japão, e alguns países do Sudeste Asiático), onde o gentílico sobrepuja o étnico, o fluxo de peças para a consolidação de uma "coleção oriental" também ajuda os missionários a situarem suas relações locais. Acontecimentos históricos associados à perseguição dos católicos, "alguns dramáticos", como endossa a instituição, determinariam a diminuição ou mesmo interrupção do fluxo de material.

Da coleção chinesa, a maior parte das peças é proveniente dos esforços dos bispos salesianos Luigi Versiglia e Inácio Canazei, que durante 20 anos empreenderam a coleta sistemática de aquarelas sobre papel de arroz, estátuas, roupas e ornamentos tradicionais, e demais artigos capazes de expressar "a cultura, arte e religião da China".[11] Já a coleção japonesa, formada pelos missionários Dom Vincenzo Cimatti e Dom Tornquist, é composta por uma série de gravuras, objetos de uso religioso, artefatos da cultura popular, peças do vestuário tradicional e uma série de bonecas rituais. O museu destaca ainda a presença de uma valiosa coleção de artefatos religiosos japoneses que testemunham "a fé dos cristãos no Japão durante os

---

10 Guia do museu.

11 *Ibidem.*

longos anos de perseguição (1614-1875)".[12] Do Sudeste Asiático (Vietnã, Tailândia, Camboja e Mianmar-Birmânia) e Índia, o universo iconográfico e o panteão cosmológico das populações desses países são retratados por uma série de objetos de uso doméstico ou ritual.

Parte desse vasto repertório etnográfico é acionado num sistema expositivo que reproduz no salão de exposição a caminhada salesiana pelo globo. Num circuito de direção única e progressiva, variados tipos de objetos estão dispostos e organizados em 41 vitrines agrupadas por áreas geográficas. Sob os pés dos visitantes, mapas estilizados referentes aos cinco continentes indicam em que lugar do mundo o visitante está.

Novamente o tema viagem, que começa, como em 1875, pela Patagônia, território dos Mapuche, que ganha uma vitrine, como as demais, identificada com seu nome e um mapa onde a situa no mundo. No centro das atenções estão os objetos necessários para a vida humana nas regiões patagãs, sejam dos indígenas ou dos gaúchos, destaca texto informativo.

Em todo o percurso, aliás, os visitantes contam com textos explicativos em duas versões e em dois tipos de suporte. Expostos nas vitrines, informações são escritas em italiano e inglês tratando sobre o conteúdo visual de cada mostruário, o situado num espaço geográfico e o circunscrito num universo temático. Afixados em tabuletas móveis (disponíveis em italiano, inglês, francês), a apresentação geral e sumária das populações de cada território geográfico ou cultural (África, China, Rio Negro, Terra do Fogo...) e resumo dos conteúdos de todas as suas vitrines. Em cada território é também apresentado um quadro histórico das missões e qual o estado atual delas. Junto à vitrine patagã está o mostruário da Terra do Fogo, habitat dos Alakaluf, Yamana, Ona e Selknam. Segue o Paraguai/Bolívia com duas vitrines, e o Equador, na sequência, também com duas, uma dedicada à arte plumária e a outra à vida cotidiana e à guerra. O Brasil vem com sete: uma vitrine dos Xavante, para exibição dos objetos associados aos ritos de iniciação masculina e feminina; três dos Bororo, sendo destacados seus objetos cerimoniais e ornamentos corporais; uma dos Carajá e duas do Rio Negro, território multiétnico no Noroeste Amazônico representado, numa vitrine, por seus objetos relacionados ao cultivo e preparo da mandioca e, noutra, por peças rituais. Ainda na América, três vitrines para os Yanomami da Venezuela, dedicadas à exibição de itens de uso cotidiano, ornamentais e rituais. Na exposição das coleções americanas, uma combinação que a diferencia das demais: organização por etnia e, sequencialmente, temática, numa demonstração da abrangência das coleções. Por meio dos objetos, podia se fazer ver: "vida cotidiana", "música", "cerâmica", "caça e guerra" e "religião".

---

12   *Ibidem.*

Saindo desse continente, o predomínio é daqui para frente territorial e temático, e o segundo "território" a ser visitado é a África, com cinco vitrines misturando peças dos mais variados povos. Segundo texto informativo da exposição, em virtude da dimensão territorial africana, seria impossível representar "cada etnia ou povo". O informativo destaca ainda que ali estão expostas, em sua maioria, peças proveniente do Quênia, onde residem grupos como os *Maasai*, os *Samburu*, *Ambeere* e os *Rendille*. Para identificar o pertencimento de cada peça é necessário ler legendas adjacentes. Em cada um das cinco vitrines temáticas, "objetos da vida cotidiana", "pessoais", "signos de distinção" e "*souvenirs*" (espaço do artesanato) e, em destaque "a música e as máscaras".

Da África se vai para a Oceania, com um mostruário e um tema: "objetos da vida cotidiana aborígine", como as cascas vegetais usadas como tapeçarias e os tradicionais *boomerangs* usados nas caçadas. De lá se segue para a China, representada em quatro mostruários, dedicados, segundo informa o museu, sem se valer de fontes, "aos mais importantes temas da cultura chinesa: 'a cerâmica', 'a religião', 'o homem' e 'a mulher no interior da ideologia confucionista'". Esses dois temas solucionados expograficamente com a exposição dos objetos dos mandarins (os quatro tesouros: a tinta, a pedra de tinta, a pena e o papel) e a reprodução de um quarto de uma nobre chinesa no qual era praticada a técnica de redução dos pés.

No Sudeste Asiático, três vitrines: "a influência da cultura chinesa", demonstrada por meio da estilística dos objetos; "as tradições populares", sendo expostos, entre outros, painéis usados nos espetáculos teatrais e objetos da dança; "o budismo", com a exibição de objetos rituais. Em relação ao Japão, exibido em três vitrines, "o shintoismo" é representado por utensílios domésticos e outros associados a festas populares, o "budismo", por altares domésticos de tamanhos variados, e os "samurais", por seus trajes de guerra.

O encerramento do percurso geográfico cabe à Índia, dona de sete vitrines organizada em seis temas. Além do "Nordeste da Índia", "as armas indianas", "objetos da vida cotidiana", "as miniaturas" e "o hinduísmo", destaque para a volta de uma etnia, os Naga, descritos pelo museu como uma sociedade do nordeste indiano fortemente centrada em torno da família, cuja vida ritual gira em torno da caça de cabeças. Intercalando esse percurso, os visitantes encontram ainda espaços especialmente dedicados às missões. Logo na entrada, a primeira expedição salesiana à América é lembrada por meio da foto histórica do grupo dos primeiros missionários sentados junto a Dom Bosco. Ao longo do caminho pelo mapa mundi salesiano, os "heróis e mártires" da congregação são homenageados por meio de imensos painéis.

A coleção zoológica de espécimes empalhados que despertou tanta curiosidade do público durante a mostra de 1926 ganhou no museu a sua homenagem.

Numa enorme vitrine, um conjunto de animais espalhados de várias regiões do planeta foi agrupado, fazendo referência direta às exposições precedentes. As coleções de borboletas brasileiras sempre destacadas nos jornais italianos de 1925 ganharam lugar de honra, instaladas próximas à saída, encerrando a visita.

Imagem 31: Vitrine da coleção zoológica. ALS.

O acerco salesiano é ainda mobilizado em mostras intermitentes. O mês de janeiro é reservado tradicionalmente ao tema: "Dom Bosco nas missões". Março ou abril, "Páscoa nas missões". Maio, "A Virgem Maria nas Missões". Além delas, são programadas eventualmente exposições temporárias, que podem demandar o pedido especial do envio de peças das missões para o museu. A estagiária Letizia contou que a última que organizou, baseada exclusivamente no acervo do Colle, foi batizada de *I don't know when: Shoes from the world*. Segundo ela, a intenção era dar uma mostra dos vários tipos de calçados existentes no mundo e o formato *i don't know when* teria fôlego para explorar outras categorias de objetos comparáveis.

No pacote de atrações didáticas oferecidas às escolas da região, o Museu do Colle oferece aquilo que ele chama quatro "percursos". Trata-se de quatro programações baseadas numa combinação de jogos, discussões e sessão de vídeos, sempre encerradas com uma visita ao museu. A primeira, "De que cor é a pele de Deus", aborda o racismo; "Os direitos Violados", sobre a exploração das minorias; "Um mundo de direitos", debruça-se sobre os direitos das crianças; e o último, "Em busca de um lugar", explora questões relativas à imigração.

Uma nova rede científica e uma nova conexão biográfica

Após hibernar mais de 40 anos na forma das velhas exposições missionárias no Colle, a revivificação do acervo etnomuseológico salesiano mediante a inauguração do museu, em 1988, foi também uma oportunidade para os padres salesianos reafirmarem e ritualizarem seus compromissos com a ciência. Se na época de sua formação o acervo se valeu dos ditos critérios e parceiros científicos para contar o que seriam as missões e os missionários, o mesmo seria feito contemporaneamente. Sintonizados em relação aos novos valores legitimadores do campo científico museal, os filhos de Dom Bosco empreenderam novas parcerias para que suas peças, em um novo contexto, voltassem a fazer ver o mundo e, agora de uma maneira mais explícita, as suas culturas, nos termos que vimos acima.

Formado pela italiana Maria Camila de Palma, coordenadora da reformulação do Colle e diretora do Museu das Culturas do Mundo Castelo D'Albetis, de Gênova; a compatriota Silvia Forni, responsável pela organização do acervo africano; e a brasileira Aivone Carvallho Brandão, então mestre em semiótica pela Pontifícia Universidade Católica de São Paulo (PUC-SP) com o mestrado *Tempo de Aroe: simbolismo e narratividade no ritual funerário Bororo* (1994), responsável pelo acervo proveniente do Brasil, o grupo foi responsável pelo novo formato expositivo sintetizado acima e também pela organização científica do acervo.

É esse trio que dá início ao processo de sistematização das fichas catalográficas das peças do acervo, iniciativa realizada sob o compromisso de dar lastro histórico às coleções e aprofundar o conhecimento institucional em relação aos seus significados e funções originais em virtude do afinamento das informações etnográficas. Foi em função desse trabalho que se pôde ser aplicada a modelagem da exposição descrita acima, orientada a reinserir esses objetos em modelos culturais reconstruídos. Mas, se nas primeiras exposições missionárias cultura era sinônimo de variações de hábitos e costumes articulados por conjuntos de mitos e ritos (errôneos, mas índices da perfectibilidade humana, diriam os religiosos), neste novo espaço o conceito descola-se do estritamente social para assumir sua forma transcendental: cultura enquanto alma de um povo, passível de ser representada por meio de sua cultura material. O museu dos salesianos assumia assim a sua feição culturalista.

Cada objeto, catalogados seguindo uma numeração progressiva, ganhou uma ficha contendo informações relacionadas à sua procedência, nome do coletor e/ou doador, denominação, medidas, material fabricado e função. Uma vez documentados, foram também registrados em fotografias, anexadas às fichas. Além disso, foi aberto espaço nas fichas para registros de informações adicionais, provenientes de novas observações de campo ou bibliográfica. Completando este trabalho, o convênio firmado com Regione Piemonte garantiu que toda a digitalização das fichas fosse suportada por um *software* de catalogação compatível com as diretrizes do *Instituto Centrale de Catalogo*, italiano, inscrevendo definitivamente a coleção etnográfica salesiana no rol do patrimônio nacional italiano (FORNI, 2001, p. 124).

Mas se a recente experiência museológica foi capaz de mudar a trajetória desses objetos, ela também seria capaz de alterar a biografia desses pesquisadores, que dali em adiante precisam ser entendidos como agentes museais. Pois, para que se possa manejar "contextos", é necessário se produzir socialmente enquanto um agente capaz de executar tal função. Em relação a esse universo de pesquisa, essa operação só se realiza quando pessoas, ideias e coisas se encontram amalgamadas e em transformação no interior de uma mesma rede de relações.

PARTE III

Retorno para o Brasil – Coleções etnográficas
como peças de uma máquina cultural

Introdução

> O homem é a criatura que não consegue sair de si, que só conhece os outros em si mesmo e que, quando afirma o contrário, mente. (PROUST, 1925 *apud* BecKett, 1931, p. 70)

O retorno em 2001 ao Brasil de um pequeno conjunto de peças bororo do acervo do Museu do Colle para a formação da coleção histórica do Museu Comunitário de Meruri,[1] instalado no complexo arquitetônico da Missão Salesiana Sagrado Coração de Jesus, na Aldeia Indígena de Meruri, está associado a um novo capítulo de transformações históricas da mesma rede sociossimbólica intersocietária que há décadas colocou esses artefatos em um circuito para além das redes nativas.

Reconhecer a existência de transformações nessa rede intersocietária nos impõe a tarefa de evidenciar a inclusão de novos agentes nessa trama relacional, de que modo e sob quais termos essas conexões se efetuaram e quais são, no interior dessa rede reconfigurada, as novas dinâmicas de agenciamento de pessoas, coisas e discursos, estes últimos, orientados a dar sentidos convincentes às experiências partilhadas nesta rede.

Para execução dessas tarefas, a estratégica adotada foi etnografar um processo museal "multifocal" em desdobramento. Percurso iniciado a partir de uma experiência intelectual vivenciada por um agente particular junto ao acervo do museu etnográfico-missionário salesiano da Itália, passando pela criação de um museu na aldeia indígena a partir da conexão com redes locais até desembocar na transformação física, institucional e museológica do Museu Salesiano de História Natural de Campo Grande, antigamente conhecido como Museu Dom Bosco. A nova abstração da rede sociossimbó-

---

1   Na época do encerramento da pesquisa, em 2011, a instituição estava sendo chamada de Centro de Pesquisa e Valorização da Cultura Bororo.

lica intersocietária – a interligar missionários, índios Bororo missionados e intelectuais engajados – projeta na empiria uma nova rede de museus salesianos.

Parte do mapeamento desta rede já havia sido realizada em trabalho precedente (SILVA, 2009). Retomá-lo, mesmo que brevemente, será útil para que os leitores entendam quais são as conexões entre as duas empreeitadas. Até porque, é importante reconhecer que durante os dois primeiros anos da execução desta pesquisa, achávamos que não estávamos fazendo outra coisa senão que a continuação daquele primeiro esforço investigativo.

A sensação estava assentada sobre a principal frente metodológica que deu suporte à pesquisa de mestrado: observar de que modo as histórias de dois projetos culturais até então em curso na aldeia – um, o museu comunitário, ligado aos intelectuais apoiados pelos missionários e parcela majoritária da população indígena de Meruri, e o outro, a construção da aldeia-museu Meri Ore Eda, atrelado a uma liderança indígena local, respaldada por uma organização pan-indígena e pelo Ministério da Cultura – estavam relacionadas com a construção de distintas redes de relações sociais, porém, igualmente, organizadas em torno do código "cultura". O trabalho, enfim, se deu pela observação das conexões entre agentes e, consequentemente, dos diversos modos de empregar os mesmos códigos de comunicação.

Na prática, acompanhamos o processo de desenvolvimento dos dois projetos e documentamos de que modo essa escalada de conexões entre agentes iam reconfigurando essas iniciativas. Processos que transformavam trajetórias de vida – na e fora da aldeia –, burilavam conjuntos discursivos e alteravam quadros institucionais. Podemos dizer, sem medo de projeções, que o nosso despertar e amadurecimento relacionado à questão museal se deu em compasso com os dos agentes sob observação, que chamaremos daqui em diante de agentes museais. Enfim, estávamos dando os nossos primeiros passos no mundo dos museus ignorando fazê-lo, pois nosso foco, até aquele momento, estava restrito às interações. Museus figurariam no nosso horizonte apenas como cenários, ambientações desfocadas e em segundo plano.

No final de 2005, enquanto era colocado o ponto final nesse primeiro trabalho que apresentava e comparava os dois projetos-redes, constatava-se que as conexões dessas tramas não paravam de se multiplicar. O campo não cessava de produzir relações e essas deveriam ser documentadas. O efeito fazia parecer que iríamos enxergar apenas o prelúdio de processo.

Todavia, em relação ao projeto Meri Ore Eda, aldeia-museu que havia nascido em torno de uma crítica velada à missão, infelizmente em 2006 encontraria o seu fim precoce. Em 23 de maio de 2006, Paulo Meriecureu, líder indígena bororo idealizador do projeto e um dos diretores do Instituto das Tradições Indígenas (Ideti), faleceu, vitimado por um câncer associado a uma cirrose hepática. Na sequência, o Ideti, organização que havia encampado a sua ideia, seria dissolvida. Segundo comunicação pessoal do arquiteto Fabricio Pedroza, amigo de Paulo e colaborador do Projeto Meri Ore Eda, a liderança morreu vítima do desgosto causado pelo naufrágio do seu projeto.

Em contrapartida, em relação ao centro de cultura, ao contrário, o ano de 2006 parecia que tinha vindo para coroar todas as intuições anteriores em relação à força da iniciativa. Este fora o ano, por exemplo, da vitória do Prêmio Cultura Viva, iniciativa de fomento de projetos culturais promovida pelo Ministério da Cultura trabalhada no Entreato deste livro. Uma ocasião, vale lembrar, em que o centro ganhou não só legitimidade frente a uma gama mais ampla de agentes (atores e instituições), como também visibilidade púbica. É desse período que data a participação do museu em eventos como o I Fórum Nacional de Museus, em Ouro Preto, Minas Gerais; o I Seminário de História Bororo para Bororo, em Meruri; e a instigante viagem ao Xingu, quando os representantes do centro cultural foram convidados para assistir ao Quarup na aldeia Kalapalo Aywa.

Como estratégia de escrita a ser adotada para esta terceira parte do trabalho, inicialmente ficamos tentados a adensar a descrição da rede realizada anteriormente. Porém, gastaríamos energia retomando teses já trabalhadas, enquanto poderíamos fazê-las de motor para novas interpretações desse campo. Seguimos por esse caminho ao propor "ler" os discursos de mais duas instituições museais ligadas às missões entre os Bororo, que passam a integrar uma rede de museus, pondo em diálogo acervos posicionados agora na Itália, Campo Grande e na Aldeia de Meruri. Antes da nossa leitura, porém, será útil retomar algumas dessas teses neste momento.

> 1. A primeira dela diz respeito ao fato de que a experiência museal em curso nas instituições salesianas é indissociável de uma tríade relacional tipológica em constante atualização (missionários, intelectuais e missionados). Numa ponta do triângulo, representantes da congregação missionária (dona do acervo e financiadora das ações) alocados em diversas posições dessa estrutura organizacional gigantesca, como vimos na Parte II deste livro. Em outra, agora, um grupo de intelectuais não religiosos liderados por um agente específico e central: a Prof.ª Dr.ª em semiótica Aivone Carvalho[2]. Junto a ela, figuram nomes como Sérgio Henrique

---

2   Realizamos como parte do trabalho de mestrado a análise do doutorado de Aivone Carvalho, defendido em 2003 na Pontifícia Universidade Católica de São Paulo. O trabalho nos serviu como organizador do nosso mapa de conexões. A trajetória particular dessa agente também foi apresentada com mais detalhes neste trabalho publicado em 2009.

Ossamu Sato, mestre em semiótica apresentado também no Entreato[3], e a Prof.ª Dr.ª em Letras Dulcília Lúcia de Oliveira Silva, que praticamente assina conjuntamente todos os artigos publicados pela parceria e amiga. Enfim, na terceira ponta, representantes da comunidade Bororo, que se posicionam em variados graus de proximidade e distância em relação ao projeto museal.

2. Tratando especificamente da relação entre missionários e intelectuais, na época, todos integrados ao quadro de funcionários da Universidade e/ou museu mantido em Campo Grande pela congregação, é necessário ter em mente a impossibilidade de confundirmos as perspectivas de ambos. Como argumentamos anteriormente, é a partir da compreensão da afinidade dos horizontes intelectuais de uma antropologia católica com os aportes semióticos desse grupo de intelectuais que é possível compreender os diálogos possíveis entre esses agentes situados em campos distintos, mas convergentes.

3. Em relação aos Bororo é preciso aplicar a mesma noção de rede para identificamos gradações de adesão e participação no projeto museal ligado aos salesianos. Essa malha relacional vai desde figuras como Agostinho e Leonida, os curadores do museu de Meruri apresentados no Entreato, e Paulinho Ecerae Kadojeba, o vídeomaker da aldeia formado nas oficinas culturais do centro e constante apoiador das suas ações; passando pelos colaboradores eventuais; até personagens mais afastados ou até mesmo críticos (como era o caso de Paulo Meriecureu). Porém, é importante lembrar que massivamente os cerca de 360 habitantes de Meruri mantêm ou mantiveram relações diretas com o projeto. Além de a iniciativa ter começado praticamente na Escola Indígena de Meruri, envolvendo a massa geral dos então novos professores indígenas da aldeia, o projeto de doutorado de Aivone, sob o patrocínio da Associacione Missioni Don Bosco, órgão salesiano responsável pelo fomento das atividades missionárias, promoveu a reforma das 67 casas de alvenaria da aldeia. "Mutirões clânicos" foram organizados pela professora a fim de verificar a operacionalidade das metades, clãs e sub clãs dos

---

3   Sato também defendeu seu mestrado na Pontifícia Universidade Católica de São Paulo, em 2009, sob o título a *Tensão dialógica entre auto e heterorrepresentação no funeral Bororo na Terra indígena de Meruri.*

Mapa de viagem de uma coleção etnográfica   221

Bororo. Dito isso, torna-se óbvio que a leitura local do projeto ganha contornos bem específicos.

Mas antes de partirmos para nossa leitura de museus, é preciso deixar claro que a criação e recriação museal a serem postas em cena surgem como resultantes do processo de transformações de uma rede sociossimbólica. Isto é, configurações e reconfigurações institucionais se deram simultaneamente às reformulações e amadurecimentos de múltiplos quadros conceituais desses agentes.

Isso significa dizer que a etnografia de tal processo museal se realiza a *pari passu* ao registro das invenções e interpretações locais de uma série de formulações conceituais que chamaremos aqui de globais, como "museu", "cultura" e "identidade". Esses termos, tornados no nosso campo de pesquisa códigos de comunicação observados na empiria, estão entre as principais moedas simbólicas acionadas pelas falas nativas – missionários, intelectuais engajados e lideranças museais indígenas em formação – nessas novas "zonas de mediação" em formação.

Essa adaptação interessada daquilo que foi chamado por James Clifford de "zonas de contato" (2008),[4] expressão conceitual usada para designar museus absorvida pela maior parte da literatura antropológica recente dedicada às pesquisas sobre as instituições etnográficas, serve para evidenciar um dos maiores desafios analíticos (e políticos) desse trabalho. Clifford abriu caminho seminal para a antropologia ao anunciar os museus como os novos "artefatos" da cultura a serem examinados. Em *Routes: Travel and Translation in the late Twentieth Century* (1997), ao justapor quatro museus (Museu de Antropologia da Universidade de Columbia, Museu e Centro Cultural Kwagiulth, Museu Real da Columbia Britânica e o Centro Cultural U'mista), fornece inclusive um inspirador modelo de análise comparativa no qual contrapõe cada um dos diferentes discursos expográficos com a agenda política do seu quadro curatorial, este sociologicamente situado e organizado em torno de suas específicas redes sociais.

Trata-se de um projeto cadente para uma antropologia política interessada em mapear a nova organização de forças de um mundo dito pós-colonial. Reinventados pelas e nas instâncias locais, como demonstra Clifford em sua análise do Centro Cultural U'mista,[5] museus e coleções etnográficas tornam-se alvos de múltiplos processos de resignificação do patrimônio (ABREU & CHAGAS, 2009) e são incorporados como "instrumentos das lutas de resistências e afirmação étnica e cultural dos povos", assim como formula Regina de Carvalho Erthal (2006, p. 218). Desse modo,

---

4   Termo cunhado em diálogo com Mary Louis Pratt.

5   Ver também, especialmente Mauzé (1999, 2008).

em um novo programa de pesquisas etnológicas, nacional e internacional, museus e processos museológicos se tornaram plataformas para se observar como as populações indígenas estão "antropofagizando" essas ditas instituições ocidentais para fazer uso delas a partir das suas perspectivas sociocosmológicas e/ou demandas políticas próprias (GALLOIS, 1989; ERTHAL, 2006; MAUZÉ, 2008). Como assinalaram Anthony Shelton (2006) e Benoît L'Estoile (2007), o valor estético ou científico atribuído às peças ditas etnográficas pelos tradicionais espaços expositivos ocidentais cede lugar ao valor das narrativas que esses objetos são capazes de pôr em cena.

Para dar carne a essas abstrações, vejamos o caso analisado por Marie Mauzé (2008). Ela, ao traçar a biografia de um objeto cerimonial kwakwaka'wakw que fazia parte da coleção do artista surrealista André Breton e foi repatriada em setembro de 2003 ao Big House d' Alert Bay, museu comunitário pelo povo Kwakwaka'wakw da Columbia Britânica, no Canadá, demonstra que objetos nativos extraídos de seus contextos originais jamais retornam ao seu status inicial, mesmo no caso de envolver uma restituição à comunidade de origem, como ocorreu nesse caso. A pesquisadora evidencia que os sentidos hoje atribuídos contemporaneamente pelo povo Kwakwaka'wakw a essa específica peça são indissociáveis do percurso histórico que esse objeto empreendeu para além de um universo nativo circunscrito. Trajetória que se inicia no seu universo de produção e utilização enquanto um objeto cerimonial nativo, mas fundamentalmente relacionada com seu dramático contexto de "coleta-captura" (MAUZÉ, 2008); sucessivas alternâncias de propriedade, envolvendo, inclusive, sua saída ilegal do Canadá; entronização enquanto objeto estético associado a uma vanguarda artística europeia; até culminar em sua transformação em objeto-símbolo de uma nova política patrimonial, nativa numa escala, internacional, enquanto modelo, em outra.

Mauzé nos conta que a peça kwakwaka'wakw, após iniciar seu percurso para além das redes de relações nativas, permaneceu por quase 40 anos guardada no ateliê de André Breton, funcionando como um elemento de um sofisticado manifesto estético bretoniano, expresso por um discurso visual armado pelo diálogo estabelecido entre os objetos expostos no ambiente. Um destino que a peça cumpriu até ser colocada diante de uma significativa encruzilhada biográfica: tornar-se um dos objetos de admiração estética do *Pavillon des Sessions*, espaço consagrado às ditas artes primeiras inaugurado em abril de 2000 no Museu do Louvre, ou assumir o status de objeto patrimonial num museu indígena, transmutando-se em peça de um discurso crítico contra o violento colonialismo empreendido pelo estado canadense sobre as populações autóctones. Mas o que havia de especial nessa peça para ela ter diante de si possíveis caminhos tão nobres quanto tão distintos?

Na interpretação desmistificadora de Mauzé, de um lado, havia algo para além da pura apreciação estética de Jacques Kerchache, *expert* em artes não ocidentais responsável pela curadoria do pavilhão do Louvre. Segundo a autora, a convicção em relação ao seu bom julgamento estava assegurada pelo fato de a peça ser detentora de um "sólido *pedigree* associado a um período da história da sensibilidade artística dos surrealistas face às artes ditas primitivas" (2008, p. 102).[6] O pertencimento à coleção de Breton, arremata a antropóloga, justificaria a presença da peça ao lado dos demais objetos do Alaska e da Costa Noroeste no *Pavillon des Sessions*, série digna de representar a América do Norte no espaço do Louvre dedicado às artes primeiras: seis peças provenientes de antigas coleções de Max Ernest, Claude Lévi-Strauss e do próprio Breton. Objetos que se tornariam, naquele espaço institucional, indissociáveis das histórias dos seus colecionadores e do aparato intelectual que produziram ao longo de suas existências.

Todavia, a descoberta de sua história pregressa e de sua inserção numa outra rede de relações anterior à glamourosa fase modernista garantiria o desenvolvimento de outra linha de futuro para a peça kwakwaka'wakw. Num primeiro momento, um exame atento do objeto possibilitou tanto determinar sua origem étnica como identificar um antigo número de inventário que indicava seu pertencimento às coleções do *Museum of America Indian*, instituição fundada em Nova York por George Heye em 1916.[7] A descoberta da passagem do objeto pelo museu novaiorquino foi crucial para que a pesquisadora recuasse ainda mais no passado para identificar, do nosso ponto de vista, o momento histórico que a peça kwakwaka'wakw emergiria como um produtivo código de comunicação intercultural. O exame de um conjunto fotográfico atestou que a peça em questão fazia parte de um lote de objetos vendidos ilegalmente em setembro de 1922 a Heye por William Halliday, responsável pela agência de indigenista canadense (*l'agent des Affaires indiennes*). Antes de a peça chegar às mãos do ávido colecionador norte-americano, que a manteve sob sua guarda entre 1926 e 1957, o objeto fez parte daquela que se tornaria anos mais tarde a famosa Coleção *Potlatch* ou Coleção Alert Bay, conjunto formado por entre 500 e 700 objetos cerimoniais kwakwaka'wakw confiscados pelo governo canadense em 1922, após a realização de um *Potlatch*, cerimônia nativa legalmente interdita pelas leis canadenses desde 1884.[8]

---

6   "solide pedigree associe à une période de l'histoire de la sensibilité artistique des surréalistes vis-à--vis des arts dit 'sauvages".

7   Segundo Mauzé, George Heye foi um obsessivo colecionador de objetos etnográficos das duas Américas. Sua coleção, depositada num galpão no Bronx, Nova York, possuía milhares de objetos, que iam sendo comprados, armazenados e transformados em espécies de moedas de trocas, para obtenção de novas peças.

8   Alert Bay, assim era conhecida a localidade onde essa coleção foi reunida. Mauzé dedica mais

A ideia de apreensão dos objetos nasceu como uma medida alternativa proposta por Donald Angermann, policial responsável pela prisão dos chefes e notáveis kwakwaka'wakw envolvidos no *Potlatch* de 1922. Para evitar que as lideranças locais fossem presas em virtude da transgressão da lei, foi exigido que todos aceitassem os termos da transferência de propriedade: os indígenas abririam mão de reivindicar seus pertences, concedendo ao Estado canadense a posse dessas coleções. Assim, sendo usada pelas autoridades canadenses como uma forma de desarticulação das chefias locais, a interdição legal do *Potlatch* tornou-se historicamente evento símbolo da relação conflituosa do poder colonial canadense diante do universo indígena, tomado pela ótica do estado enquanto um problema administrativo. Segundo Mauzé, a Coleção *Potlatch* "ilustra de maneira explícita a natureza dessas relações"[9] (Mauzé, 2008: 106).

Quando, por iniciativa pessoal dos herdeiros de Breton – Aube Elléouët-Breton e sua filha –, a peça retorna para Alert Bay, ela é encaminhada para o Centro Cultural U'mista, dirigido por lideranças locais. Reintroduzida em um contexto nativo modificado historicamente, as peças são entronizadas cerimonialmente no espaço cultural por meio de um rito museal, criado para a ocasião. Em reconhecimento do seu gesto, Elléouët-Breton foi honrada com o título "senhora notável" e na sequência convidada a dançar a "Danças das Senhoras", prerrogativa reservada às mulheres dos mais altos estratos nativos. Instalada no espaço expositivo da instituição, danças seguiram-se encenadas por lideranças locais, que não terão o direito de portar a peça. Ao contrário, o fato seria considerado um desvio da tradição, tendo em vista que a identidade do seu verdadeiro proprietário (seu herdeiro) não era conhecida.

Desse modo, Mauzé explicita a convergência daquilo que ela chama de dois registros de significação, "ao mesmo tempo, antagonistas e complementares, tendo em vista a situação presente".[10] Uma vez retirado do seu contexto de origem, esse objeto, assim como os demais em situação similar, não pôde reencontrar seu status inicial, mesmo no quadro de um processo de restituição. Levado enquanto estava integrado à trajetória de uma determinada biografia, o objeto volta para ser posse de uma coletividade. O processo confere a ela um valor completamente novo, destaca Mauzé. Vivo agora no sistema de comunicação estabelecido no centro cultural U'mista, formado pelo diálogo travado com as outras peças da coleção *Potlatch* previamente levadas à instituição, o objeto se põe como peça de uma metáfora política que se desdobra em duas dimensões: de um povo vitimado pelo arbítrio governa-

---

atenção sobre a lei antipotlatch em textos anteriores (1992, 1995, 1999a).

9   "...*illustrant de manière explicite la nature de ces relations*."

10   "...*à la fois antagonistes et complémentaires au vu de la situation presente*."

mental canadense e um grupo que reage lançado seu olhar acusador sobre a história de colonialismo e dominação enquanto agencia sua identidade em um jogo de tabuleiro estabelecido em torno de uma sociedade global.

Para contextualizar o fenômeno da insurgência dos "museus indígenas" no Brasil nas últimas décadas do século passado, autores como Erthal (2006), José Ribamar Bessa Freire (1999) e Regina Abreu (2005; 2008) destacam que essas instituições estão vinculadas à agenda de reivindicações de direitos (à vida, à demarcação de terras, à saúde, à educação e à diferença cultural), esta, por sua vez, associada ao quadro de formação das organizações indígenas autônomas. Ambos os autores tomam como evento símbolo desse processo a história de criação do Museu Magüta pelos índios Ticuna em Benjamin Constant,[11] na região do Alto Solimões, Estado do Amazonas.

Criado para promover e preservar a cultura dos índios Ticuna (FREIRE, 1999, p. 1), o Museu Magüta surge em 1988 como uma resposta local ao acirramento dos conflitos fundiários estabelecidos em torno do processo de demarcação do seu território indígena. Contemporâneo ao Massacre do Igarapé do Capacete registrado por Oliveira Filho e Lima e citado por Freire, quando na ocasião 14 pessoas foram mortas e 23 feridas numa emboscada armada por pistoleiros, o museu constitui seu acervo a partir da remessa de peças encaminhadas pelos Ticuna espalhados nas mais diversas aldeias da região. Frente ao testemunho fornecido por Jussara Gomes Gruber, assessora que teve atuação determinante durante a fase de fundação da instituição, José Ribamar Bessa Freira conta que a mobilização Ticuna havia garantido, muito antes de sua montagem final, que o museu já dispusesse de 420 objetos, todos registrados e devidamente catalogados por Constantino Ramos Lopes, um dos sobreviventes do massacre.

Erthal (2006) e Freire (1999) mostram detalhadamente de que forma a história da instituição é indissociável do processo de reorganização política de um grupo marcadamente segmentar, que visava encontrar mecanismos para aglutinar suas múltiplas lideranças locais no mesmo instante que se mobilizava para o fortalecimento de uma identidade étnica comum. Duas etapas fundamentais e complementares dentro do contexto de reivindicação do direito ao seu território, que redundava na necessidade de exibição pública das marcas de diferenciação étnico-cultural. Nascido na esteira da criação do Conselho Geral da Tribo Ticuna (CGTT) e do Centro de Documentação e Pesquisa do Alto Solimões – Centro Magüta, o museu homônimo tornou-se ponto de articulação política comunitária e abrigo de uma série de projetos que extrapolavam a seara museal. Dessa forma, o museu pôde encarnar no Brasil o protótipo do museu comunitário.[11]

Afinados com o ferramental teórico da antropologia histórica proposta por João Pacheco de Oliveira,[12] por sua vez, interessado em revitalizar determinadas chaves conceituais da antropologia política de autores como Georges Balandier (1987; 1994), Erthal e Freire demonstram de que maneira o Museu Magüta pode ser compreendido como fruto da agência ticuna referenciada a uma determinada "situação histórica". Assim, poder-se-ia esperar que o modelo de análise fosse replicado para o estudo do desenvolvimento do Museu Comunitário de Meruri. Mas, impelidos pelas específicas configurações empíricas do nosso campo de pesquisa (um museu comunitário que nasce dentro de uma missão católica), constrangidos pelos seus arranjos políticos e pela nossa posição dentro desse campo e estimulados pelas possibilidades críticas de outra ferramenta conceitual oliveiriana, a "situação etnográfica", empreendemos uma etnografia da "situação da produção museológica" de Meruri, visceralmente missionária, acadêmica e bororo.

Quando Oliveira situa a ação do etnólogo Curt Nimuendajú entre os Ticuna no quadro de uma específica "situação etnográfica", ou seja, sob determinadas condições conjunturais que delineiam os limites e os tons da produção antropológica, o autor reconstrói uma conjuntura histórica organizada em torno de uma tríade relacional, naquele caso, expressa pelo pesquisador, os índios Ticuna e os brancos que exerciam relações de poder sobre esses indígenas (1999). O lugar de produção intelectual de Nimuendajú, longe da imagem mistificada do etnólogo que paira sobre os processos sociais que observa, é definido em função das relações que estabelece no seu campo de análise e de determinados engajamentos sociais. Dessa maneira, o autor aponta para a possibilidade da historicização da agência científica enquanto vetor de interferência social e explicita, para o caso brasileiro, os nexos latentes entre pesquisa científica e "ação indigenista".

Mas quando museus indígenas passam a ser analisados como "zonas de contato", isto é, estruturas organizacionais cuja coleção se transforma "numa relação viva, seja ela histórica, política ou ética" capaz de estabelecer um "novo jogo de trocas (en-

---

11   Objeto de debates normativos da Nova Museologia, que fazem dos museus comunitários contrapontos críticos para os tradicionais museus ocidentais, tais instituições encontram nas suas políticas patrimoniais o cerne de sua diferenciação. Assim sintetiza Cortés: *"el carácter social de los bienes patrimoniales con historias familiares y personales, refuerza los lazos comunitarios y el cómo la propia comunidad va definiendo sus propias políticas de gestión cultural y de desarrollo local, en relación con el manejo de los recursos culturales, naturales, patrimoniales y turísticos"* (2001).

12   Ver síntese desse programa em *Ensaios em Antropologia Histórica*, de 1999.

tre sujeitos distantes geográfica e historicamente), repleto de poderes" (CLIFFORD, 1997, p. 251), essas análises tendem a deixar ocultos os intelectuais envolvidos nesses processos museais ou, de outra maneira, seus papéis e funções são tratadas de modo discreto. Para usarmos uma imagem inspirada pelo argumento de Oliveira, Curt Nimuendajú se retira da cena desses espaços fortemente marcados pelas agências antropológicas ou das demais disciplinas acadêmicas para não ofuscar o protagonismo indígena. Para operarem enquanto legítimas "zonas de contato", os museus indígenas e seus parceiros intelectuais investem discursivamente para conferirem às instituições-símbolos um status de pureza.

Esta condição torna-se especialmente evidente frente ao Museu Comunitário do Meruri, o museu dos Bororo instalado na missão dos padres salesianos. No Entreato, o breve curto-circuito ocorrido durante a cerimônia de premiação do Prêmio Cultura Viva foi a expressão cabal tanto da operacionalidade como da necessidade desse ocultamento. O governo, representado na figura do ministro Gilberto Gil, esperava premiar ali, na sua simbólica primeira premiação que era também uma afirmação pública de uma política pública, um legítimo museu de indígenas. Mas na hora H, se via ali que a instituição vencedora era índia, usava batina e era semiotizada.

Indubitavelmente, museus comunitários e/ou museus indígenas põe em cena as agências de novos atores políticos que exigem ser bem etnografadas. Todavia, a experiência museal merurense, igualmente compromissada em favorecer e representar o protagonismo indígena, evidencia que antes de serem possíveis "zonas de contato", entre populações nativas e público externo ao contexto local, tais museus são "zonas de mediação" onde projetos acadêmicos e políticos convergem ou não com os interesses nativos. Novamente recorrendo à imagem que nos foi suscitada por Oliveira, para que os Ticunas vivam na produção intelectual de Nimuendajú, é necessário que o etnólogo alemão encontre um lugar para viver na história dos Ticuna.

Quando observarmos a experiência museal de Meruri, poderemos concordar com Regina Abreu e Mário Chagas quando eles apontam que os museus podem funcionar como importantes instrumentos para a autoafirmação de culturas e para a construção da autoestima de grupos e /ou segmentos sociais marginalizados/estigmatizados (2007). Isso ocorre em Meruri. Mas também é preciso levar em conta que essas instituições são também *locus* para empoderamento social de determinadas biografias a elas associadas. Precisamos certamente mensurar o impacto e a inserção desses museus nos contextos locais de forma mais ampla. Mas a análise deve se manter no nível "microscópico", ou seja, das interações entre agentes particulares, evitando assim ser capturada pelo discurso museal, enunciado sempre da perspectiva de um coletivo que ela visa dar materialidade. Museus, sejam as "autoritárias" e "assimétricas" instituições formatadas sobre a pesada grade epistemológica colonialista, sejam os "inventivos" e "libertários" museus comunitários, existem para nos fazer ver grupos. Não nos cabe nesse momento analítico fazer coro de suas criações. Considerando que "todo discurso é uma forma de interação que produz objetos, interesses e estratégias para fazer sentido" (MONTERO, 2011), museus precisam ser entendidos como *máquinas culturais*.

Vejamos a seguir os enunciados proferidos pela máquina museal da Aldeia de Meruri e de que modo ela irá contribuir para a transformação do velho museu enciclopédico salesiano no Museu das Culturas de Dom Bosco.

Capítulo 1

O processo museal de Meruri como um fenômeno em rede

O conjunto de artefatos que compõem a pequena coleção bororo repatriada do Museu do Colle no ano 2001 para a Missão de Sagrado Coração de Jesus de Meruri, no Mato Grosso, Brasil, viaja pelo tempo e pelo espaço em função da capacidade que tem de escrever textos. Textualidades que definem tanto aqueles que teriam fabricado tais peças enquanto códigos de um dado texto sociocultural, como aqueles que supostamente teriam a habilidade de decifrar e traduzir tais criações. Como a experiência museal em curso na aldeia de Meruri nos mostrará, no âmbito etnomuseográfico a produção dos "objetos representados" é indissociável da produção dos sujeitos que os representam e, por consequência, das relações que estes últimos estabelecem com aqueles que se tornaram alvo de representações.

Assim, integrados numa trama relacional que se desdobra historicamente criando e recriando trajetórias pessoais, instituições e significações sobre coisas e pessoas, os ditos objetos etnográficos bororo sob observação tornaram-se moedas simbólicas de uma rede interssocietária na qual se está em jogo o poder de definir os sentidos do que é ser Bororo. Seja no passado, época das exposições missionárias europeias, seja contemporaneamente, no contexto da repatriação dessa coleção ao Brasil, esses objetos foram colocados em trânsito para produzirem e veicularem tanto a imagem desse grupo social nativo, como também exibir num primeiro momento o poder simbólico de um grupo religioso e, mais tarde, igualmente, de um grupo intelectual engajado numa causa social. Em qualquer uma das circunstâncias, passada ou contemporânea, os ditos itens etnográficos servem de elos entre sujeitos representados, agentes (museais) que os representam e vários públicos para os quais a representação é posta em ação. São, enfim, códigos de comunicação em cena.

Atualmente reunidas na Sala Koge Ekureu, espaço expositivo do museu comunitário criado no complexo arquitetônico da missão salesiana, as peças ali estão expostas para compor e dar legitimidade simbólica a um discurso formulado com dupla intenção: selar "o diálogo entre o museu do Colle e a aldeia de Meruri, região onde, no passado, (supostamente) a coleção foi coletada" (CARVALHO *et al.*, 2009, p. 101), e representar, metonimicamente e em cascata, primeiro, o célebre funeral bororo, e, consequentemente, a "cultura" desse povo. O grupo de intelectuais não-religiosos ligados a essa experiência museal já havia anunciado em texto anterior que a coleção regressou para expressar a vontade "do museu (do Colle) de que o povo Bororo esqueça o luto e volte a se enfeitar, a ser feliz. Retornam como símbolo do desejo de maior equilíbrio e coesão social" (CARVALHO *et al.*, 2004, p. 285).

Polifônico e com forte caráter metalinguístico, o discurso museal de Meruri se projeta em dois planos distintos e complementares, que podemos analiticamente distinguir entre "local" e "global". E é a interação entre essas duas perspectivas que nos permite situar esse centro de cultura em duas chaves: (1) como espaço de mediação, ou seja, *loci* onde múltiplos e específicos agentes referidos a distintos repertórios simbólicos convergem para produzir a representação do que seria a "sociedade" ou "cultura bororo"; e (2) como plataforma para exibição e veiculação pública desses específicos processos de mediação. Mas antes de investigarmos quais seriam as funções heurísticas da pequena coleção bororo repatriada do Colle no interior desse novíssimo "discurso museal comunitário" e de que modo ele é construído, vejamos em quais instâncias esse processo comunicativo se realiza.

Local

Da perspectiva das relações internas à aldeia de Meruri (local), o enunciado orquestrado pela coleção se realiza em nome de uma "comunidade étnica local". Todavia, a compreensão do processo comunicativo desencadeado em torno dessa instituição cultural exige uma adaptação do conceito "comunidade" ao ponto que ele abarque aquilo que nós estamos chamando aqui de *comunidade plurissocial meuresense*. Ou seja, cerca de 360 indivíduos Bororo distribuídos em 67 casas mais o efetivo missionário instalado no edifício da congregação salesiana, instituição atuante na região desde 1902. Além de um pequeno contingente populacional indígena flutuante, relacionado às migrações entre aldeias nas quais alguns Bororo se deslocam entre as diversas casas de "parentes" (clânicas) espalhadas pelos diversos territórios bororo, Meruri é composta por uma parcela maior de famílias que permanece a longa data vinculada à aldeia, e por consequência, à Missão Salesiana, que a constituiu, a partir da transferência em 1923 da primeira Missão dos Tachos (de 1902) para essa região próxima ao pé do Morro do Meruri.

Imagem 32: Aldeia vista do alto do Morro de Meruri. ALS.

Imagem 33: Vista parcial de Meruri. ALS.

Para organizarmos a trama relacional indígena de Meruri, vale lembrar, parte de um universo Bororo aproximadamente cinco vezes maior[1] e marcado por confi-

---

1 Contabilizando dados da Missão Salesiana e da Fundação Nacional do Índio (Funai) de 1997, o Instituto Socioambiental somou 389 índios Bororo residentes na Terra Indígena de Meruri, onde estão presentes aldeias de Meruri e Garças, e 63 na Terra Indígena de Sangradouro (ocupada maciçamente pelos Xavante). Ambas as localidades atendidas pela Missão Salesiana. Totalizando com a população de quatro outras regiões (T.I. Tadarimana, T.T. Teresa Cristina, T.I. Perigara e Bacia do Rio São Lourenço), a população Bororo ia aos 1.024. Ou seja, as missões mantêm relações com pouco mais de 1/5 da população. Dados de 2006 da Funasa revelam que essa população havia crescido para 1.392 pessoas. Todavia, a proporção deve ter se mantido a mesma.

gurações históricas relacionadas com as frentes de contato bem específicas, contamos como instrumento de referência um levantamento habitacional realizado por Carvalho (2003). Em sua tese de doutorado, a autora lista 361 moradores indígenas, especificando pertencimentos clânicos (*ecerae, bokodori, kie, baadojeba, aroroe, paiwoee, iwagudu* e *abiporege*), metades exogâmicas (*ecerae* e *tugarege*), data de nascimento, sexo, grau de escolaridade e status familiar ("marido", "mãe-chefe", "esposa-chefe", "filho (a)", "sobrinho (a)", "neto (a)" e "irmão (ã)". Cada um desses indivíduos foi situado no mapa das 67 casas indígenas de Meruri, resultantes do entrecruzamento de duas lógicas de organização familiar, ou seja, Bororo e cristã.[2]

É importante destacar que um dos principais alvos da interferência missionária no passado foram as casas clânicas e matrilineares bororo, compreendidas então pela perspectiva missionária como espaços de promiscuidade e fonte de emasculação dos índios Bororo. Colbacchini, especialmente, interpretou a existência da casa dos homens (*baito*) posta no centro das aldeias, unidade social descrita pela etnologia como espaço social para a reprodução e desenvolvimento da vida política nativa,[3] com uma espécie de resistência à "opressão" exercida pelo feminino na esfera doméstica. O mesmo autor-missionário defendia que o sucesso da ação catequética (civilizatória) dependia da desarticulação da organização matrilinear do grupo, entendido por ele como expressão de um matriarcado decadentista.[4] O fomento de famílias nucleares tornou-se estratégicos para o trabalho missionário.

---

2   População em 2015 já tinha ultrapassado a casa dos 400 indivíduos. Segundo Agostinho, mais nove casas de alvenaria foram construídas para abrigar novos núcleos familiares.

3   Segundo dados etnológicos, a dita casa bororo tradicional possui duas ou três famílias nucleares. Essas residências são uxorilocais. Assim, quando um homem se casa, ele deve se mudar para a casa da esposa. Todavia, ele continua sendo membro da sua antiga linhagem. Observa-se, em geral, que a ligação do homem com o seu grupo de origem é mais intensa do que com o grupo de sua esposa. Com seus afins, o indivíduo acaba tendo convívio mais estreito e lhes deve obrigações, como caçar, pescar, trabalhar na roça. Todavia, o futuro social de um indivíduo está fincado no seu grupo de origem. Isto porque são para os filhos de suas irmãs – seus *iwagedu* –, e não para os seus filhos que um homem repassa seus nomes e as regras rituais associadas a esses nomes. E mesmo fisicamente instalado em outra casa, o homem continua a deter a responsabilidade e prerrogativa em relação ao patrimônio cultural de seu grupo. Cabe a ele dar vida a esse patrimônio durante a execução de cantos, danças e na ocasião de produção e realização de ornamentos e serviços rituais específicos. Um homem deve garantir a sobrevivência física dos seus filhos, mas a sua formação cultural será tarefa dos seus cunhados (VIETLER, 1990; NOVAES, 1993).

4   A etnografia de Antonio Colbacchini está vinculada a uma tradição antropológica do século XIX que compreendia a variabilidade das formas culturais humanas como expressões de degenerescências. Segundo esse paradigma interpretativo, por razões históricas desconhecidas, grupos teriam se desvirtuado do caminho evolutivo natural das sociedades e tomavam rumos

Até o tempo de investigação dessa pesquisa, existia junto à missão um conjunto de 67 casas prioritariamente organizadas em torno de famílias nucleares estabelecidas em torno da descendência de um único casal. [5] Todavia, assim como um dia foi formulado no passado pela etnografia salesiana em relação às habitações clânicas, as mulheres são as donas das casas, numa referência clara à antiga regra da uxorocalidade bororo. Em caso de separações, bastante frequentes na aldeia – ou mesmo frente à intensa violência doméstica associada ao alcoolismo –, as mulheres não abandonam as suas residências. Aliás, uma separação é consumada, quando um homem abandona ou é posto para fora de uma casa.

Em relação aos missionários, a outra porção da nossa comunidade merurense, os filhos de Dom Bosco e as Filhas de Maria Auxiliadora coabitavam a Missão do Sagrado Coração de Jesus, organizada em um complexo arquitetônico formado por uma igreja, espaços administrativos, dormitórios para os religiosos e as religiosas, alas de quartos para hóspedes distribuídos por sexo, depósitos, uma oficina de carpintaria, cozinha, lavanderia, garagem, núcleo escolar e o centro de cultura. [6]

Distribuída em prédios interligados, a missão era até então demarcada por espaços de gêneros bem definidos. Vistas da perspectiva de quem está na aldeia, as irmãs salesianas eram praticamente invisíveis, estando sempre nas dependências posteriores do complexo missionário. Como vimos na Parte II deste livro, mesmo que integradas à família salesiana, essas freiras estão subordinadas institucionalmente a uma outra congregação (Filhas de Maria Auxiliadora) e desenvolvem o seu próprio projeto religioso. Em outras partes do mundo, como até mesmo na Amazônia, sua ação segue completamente autônoma à congregação masculina. Mas em virtude da configuração histórica da Missão Salesiana de Mato Grosso, salesianos e salesianas mantiveram por longos anos em Meruri um trabalho ao mesmo tempo conjunto e paralelo. Além de promoção de atividades sanitárias na aldeia e de se ocuparem de

---

regressivos. A matrilinhagem, entendida como uma forma de matriarcado, era compreendida como um exemplo desse processo.

5   Em Meruri havia apenas uma única casa organizada sob os moldes tradicionais. Na época do meu mestrado tive a possibilidade de realizar entrevistas preliminares com alguns dos seus moradores. Com a minha maior aproximação com um grupo de jovens Bororo ligados ao centro de cultura, minha relação com essa casa foi interditada. Nunca foram esclarecidos os motivos para evitarem a minha aproximação com essa família. Todavia, o contexto conflituoso entre um grupo organizado sob um "modelo tradicional" em contraste com a toda a aldeia era algo bem sugestivo.

6   As religiosas deixaram Meruri em 2014 por conta do número reduzido de membros. Elas se concentraram desde então na Missão São Marcos, em Terra Indígena Xavante, vizinha à Meruri.

atividades atualmente auxiliares na Escola Indígena de Meruri, as freiras coordenavam os trabalhos "domésticos" da missão realizados por mulheres indígenas contratadas (cozinhar, lavar, passar e limpar).[7] Além de uma irmã-chefe, a missão contava com mais duas missionárias.

Ao longo dos anos, as missões salesianas, majoritariamente masculinas, foram animadas sempre por poucos religiosos. Em trabalho anterior (2006), destacamos que as biografias missionárias estão sempre associadas a um percurso estabelecido no interior da rede de casas missionárias formada pela congregação, que, historicamente, se estende para além das áreas indígenas.[8] Nas casas missionárias, o número de religiosos flutua em função da disponibilidade de quadros. Em relação aos salesianos, historicamente as missões vêm sendo animadas por determinadas figuras institucionais. São elas: padre diretor, coadjutor, leigo, seminarista, pároco, vigário, ecônomo, conselheiro (contexto dos internatos), catecista, confessor e assistente.

Em 2011, estavam presentes em Meruri quatro salesianos: padre Eloir Inácio de Oliveira, jovem diretor da missão egressos do movimento popular católico agrário; padre Gonzalo Ochoa Camargo, vice-diretor da missão e autor missionário

---

7   Tive poucos contatos com as Filhas de Maria Auxiliadora de Mato Grosso. Minha presença, tanto masculina como "antropológica", sempre foi de certo modo incômoda para algumas irmãs. Logo aprendi as regras dos espaços de gênero e deixei de circular nas minhas rápidas estadias em Meruri pelos locais onde minha presença era inconveniente. Todavia, mantiveram-se as suspeitas em relação às minhas intenções. Tive a oportunidade de presenciar acidentalmente uma liderança salesiana feminina advertir as companheiras sobre os "antropólogos", sujeitos que usualmente desfrutariam do abrigo e hospitalidade salesiana para mais tarde criticá-los. Nas minhas duas visitas às Filhas de Maria Auxiliadora de Manaus, por conta do Museu do Índio instalado na inspetoria local, o distanciamento se repetiu. Desta vez, creio eu, impulsionado pelo fato de ter sido identificado como um antropólogo que vinha junto com a comissão formada pelos índios de Iauaretê e membros do Instituto Socioambiental. A relação mais próxima com as Filhas de Maria Auxiliadora obtive justamente em Iauaretê, que estava particularmente em festa por conta da visita da irmã Carmen Canales, membro do Conselho Geral da congregação. Aproveito para registrar aqui o agradecimento à hospitalidade e ao convite para participar do aprazível almoço na casa das irmãs de Iauaretê.

8   Vimos, contudo, que algumas biografias estão visceralmente associadas com determinadas etnias (por exemplo, Bartolomeu Giaccaria, Adalberto Heide e Gerog Lachnit com os Xavante; Antonio Colbacchni, César Albisetti, Ângelo Venturelli, Mário Bordignon Enawuréu e Gonzalo Ochoa Camargo com os Bororo; e Casimiro Beksta com os Tukano). Algumas dessas biografias, como a do padre Ochoa, como é mais conhecido, estão fincadas a uma única aldeia. O religioso colombiano e filho de agricultores mora mais de cinco décadas de Meruri. Há anos, dedica-se ao laborioso trabalho de registro, inscrição e tradução dos cantos bororo. Entre suas obras publicadas estão o *Pequeno Dicionário Bororo/Português* (2005). *Meruri na visão de um ancião bororo – Memórias de Frederico Coqueiro* (2001) e *Padre Rodolfo Lukenbein: uma vida pelos índios de Mato Grosso* (1995).

residente em Meruri há mais de 50 anos; Júnior José da silva, seminarista em fase de tirocínio;[9] e mestre Mário Bordignon Enawuréu, italiano nascido no Piemonte formado em artes plásticas em Florença e graduado e pós-graduado em história pela Universidade Federal do Mato Grosso (integrado ritualmente à sociedade Bororo, mestre Mário incorporou a nomeação dada pelos índios – Enawuréu – ao seu nome de batismo).

Na época da formação do museu de Meruri, a direção da missão estava a cargo de outro salesiano, o padre Francisco de Lima Ribeiro, que teve importante papel na construção dessa experiência museal (antes de tudo educativa, da sua perspectiva). A sua experiência junto ao centro foi tornada alvo de análise da dissertação de mestrado *Centro de Cultura Bororo – Reconstrução das práticas de ensino e aprendizagem*, defendida em 2005 na Pontifícia Universidade Católica de São Paulo. Mestre Mário, apesar de sua longa convivência entre os Bororo, na época da instalação do Centro de Cultura estava alocado em outra residência da Missão Salesiana de Mato Grosso. Figura engajada na causa da reapropriação pelos Bororo da Terra Indígena de Jarudore, território de aproximadamente 4,7 mil hectares situado no município de Poxoréu fatiado por dezenas de fazendas formadas por posseiros, o próprio religioso faz questão de lembrar que anteriormente ao surgimento da experiência museal de Meruri, já havia iniciado, a partir de sua formação em Artes Plásticas realizada na juventude em Florença, Itália, a "revitalização" das técnicas tradicionais bororo por meio de experiências como as oficinas de arte plumária bororo.

Global

Mas, se internamente o museu se presta como elo de comunicação entre essa "comunidade plurissocial" comprometida com o fortalecimento da ideia de uma "comunidade bororo", externamente o enunciado museal de Meruri veicula a um público genérico e multilocal uma representação "purificada" desse diálogo entre o Museu do Colle e a aldeia, anunciando a todos que "a cultura dos Bororo" das missões

---

9   A presença da figura dos seminaristas na aldeia é constante e muitas vezes são jovens Bororo. A passagem pela aldeia na fase de tirocínio integra o ciclo de formação do futuro religioso salesiano. Em Iauaretê, a presença de jovens indígenas integrados ao cotidiano da missão como aspirantes religiosos era alvo de tensões. Estimulados e acolhidos pelo diretor da missão, o Padre Justino Sarmento Tuyaka, religioso indígena salesiano, a frequência era vista com desconfiança por outro padre italiano salesiano, que lia no evento a existência de uma "bocação religiosa". O padre se ressentia por entender que muitos jovens se enfileiravam ao aspirantado missionário por conta da possibilidade de poder participar de todas as refeições fornecidas pela missão salesiana.

está viva. Se no passado missionários e índios Bororo acordaram em uma aliança na qual ambas as partes estavam interessadas na sobrevivência física de um povo, a despeito da sua desestruturação cultural, agora ambos, intermediados pela ação de um grupo intelectual laico, refundavam a mesma aliança, também comprometida com a vida social de um grupo, mas em nome de uma cultura. Sendo assim, se as exposições e os museus missionários tradicionais serviram para ilustrar o que eram as missões no fim do século XIX e início do século XX, o muse de Meruri serviria também para ilustrar o que seriam as missões no início do século XXI: uma instituição religiosa que se pretende parceira e apoiadora da novíssima agenda política indígena, reveladoramente comprometida com a causa da autonomia nativa. Em outra chave, para o público externo, tratar-se-ia de exibir o trabalho de uma nova tecnologia social capaz de transformar patrimônio em ferramenta para uma política cultural em desenvolvimento. Tecnologia que engenhosamente tanto produz uma nova imagem dos Bororo (como uma nova imagem dos missionários) no mesmo instante que tensionam ambos os agentes a caminharem entre a tentação de se confundirem com os seus simulacros e de experimentarem o absolutamente novo num criativo diálogo com uma "tradição", contraditoriamente a sua própria promessa, em constante reinvenção.

A escrita hieroglífica dos objetos e o deciframento antropológico capturado

A coleção de peças bororo repatriada para ser exibida na vitrine desse museu criado em Meruri é composta por conjuntos de artefatos denominados pela etnologia especializada como *aígo burégi, baragára, powári móri, bokodóri inógi, áe, bá, baragára orógu e adúgo* íka.[10] Elas foram definidas e descritas pelos padres César Albisetti e Ângelo Jayme Venturelli, no primeiro volume da Enciclopédia Bororo (EB), publicado em 1962, da seguinte forma:

---

10   Estamos usando a listagem de referência publicada na tese da professora Aivone Carvalho (2003). A grafia foi uniformizada conforme consta na Enciclopédia Bororo (ALBISETTI, Cesar & VENTURELLI Ângelo Jayme, 1962). Importante notar que também estão expostos outros objetos que não foram listados na tese e em outros textos relacionados. Exemplo do *akigu*, espécie de bracelete de algodão usado como enfeite e tonificante muscular, exibido aos lado de dois estojos penianos. Identificamos também a presença de um *adúgo ó*, colar de dentes de jaguar não mencionado. Infelizmente, não descobrimos a razão dessas ausências. Vale mencionar ainda uma discordância. Na listagem da tese foi listado o *powári móri*. No entanto, segundo a curadora Leonida, trata-se de dois exemplares de powári *aróe*, a peça que o representante de um morto usa em sua função. Em todo caso, segundo a EB, ambos os tipos pertencem a classe dos *aroe u-kúie powári*.

Aígo burégi

Aígo: suçuarana, burégi: garra das patas posteriores. Coroa adornada com garras de suçuarana.

Baragára

Barága: mamífero, rá: osso. Segundo a EB, o termo se aplica para quatro acepções diferentes. Interessa-nos a segunda: "certo tipo de perfurador-es, com ponta de osso, destinados à abertura de vários furos rituais dos Bororo (ALBISETTI & VENTURELLI, 1962, p. 222). Os objetos são usados para perfuração do septo nasal, do lóbulo das orelhas e dos lá-bios. Ainda segundo a enciclopédia, tais utensílios estão subdivididos em uma série de subtipos, sendo cada um deles privativos a determina-dos subclãs bororo. Os nomes dos tipos correspondem a uma tipologia descritiva. Por exemplo, baragára bóe pebáru padúre kajejéwu, ou seja, furador com tufos de plumas de abdômen de aves. Ou ainda, baragára uruguréu, furador com motivos ornamentais vermelhos.

Powári móri

Powári: cucurbitácea (família vegetal que reúne centenas de espécies, entre as mais conhecidas, abóbora, cabaça, melão e melancia), mori: pre-sente. Trata-se de um instrumento musical de sopro, fabricado a partir de uma cucurbitácea, dado de presente ao matador de uma onça durante o ritual barége e-kedódu, o banquete das feras.

Bokodóri inogi

Bokodóri: tatu-canastra, inógi: unha das patas anteriores. Colar feito de unhas de tatu-canastra.

Áe

Áe: plural de áo. Cabelos, cordel de cabelos humanos, pelos de felinos ou ainda folhagens de palmeiras. O objeto em exposição trata-se de um cordel fiado de cabelos humanos. Segundo a EB, o termo áe associa-se também ao seu processo sociossimbólico de fabricação, no qual "durante a agonia de um índio, os parentes começam paulatinamente a arrancar seus próprios cabelos, continuando depois da morte dele. Conservam-nos em um *Baku*, bandeja de trançado de broto de palmeira, e, terminados os fu-nerais, entregam-nos ao *iádu*, representante (ritual) do finado, que, por sua vez, os dá a uma irmã do morto, que os passa a um cunhado para fiá-los" (*Ibidem*, p. 10). Após fiados e o *iádu* ter abatido uma fera que será usada com mori, forma de retribuição frente à morte, o áe poderá ser usado por ele na forma de uma coroa. Neste estágio e nessa forma de uso, o objeto passa a ser chamado como *aopéga*, cabelo postiço. Antes disso, o áe é usado enrolado no antebraço.

BÁ

Bá (bóe): coisa, á: folha de palmeira. EB registra cinco significações para o termo. Uma delas designa o estojo peniano fabricado a partir de um semifolíolo de broto de palmeira de babaçu, "dobrado em nó sobre si mesmo" (*Ibidem*: 189). Segundo a EB, depois de um indivíduo ter passado pelo ritual de iniciação masculina, jamais ele é visto em público sem o seu *bá*. "Usa-o amarrado fortemente na extremidade do pênis, para manter o prepúcio sobre a glande, de tal modo que esse sobressai do bá e é como que por ele fortemente estrangulado". Os autores salesianos fazem menção ainda a um subtipo de bá, denominado *báera* (borboleta), o estojo peniano festivo, que se distingue pela sua forma prolongada que termina em formato de uma cauda de andorinha. Em ocasiões especiais, como festas, por exemplo, eles podem ser ornados com pinturas, penugem e desenhos geométricos, até mesmo de animais. Os autores destacam que este é único objeto bororo que observaram que leva "motivos faunianos".

BARAGÁRA ORÓGU

Baragára orógu. espécie de punhal.

ADÚGO ÍKA

Adúgo íka. Segundo EB, espécie de arco bororo.

Imagem 34: Vitrine com a coleção histórica de Meruri.

Segundo informam os realizadores desse projeto museal, esses objetos foram escolhidos para compor a coleção do centro de cultura de Meururi por eles estarem relacionados ao *Mori*, ritual que integra o conjunto de cerimônias associadas ao tradicional ciclo funerário nativo.[11] Havendo referências sobre o rito fúnebre que datam desde 1827, as diversas etapas que compõem o processo funerário – dos preparativos do corpo, passando pelos cuidados com os pertences do morto até a atenção destinada aos seus parentes – (VIERTLER1991, p. 13-16) foram organizadas em um funeral bororo modelo consensualmente partilhado entre os pesquisadores, sendo feitas as ressalvas sobre a possibilidade de variações em função dos seus contextos locais e históricos de produção. Dito isso, levando-se em conta as premissas bakhtinianas em relação à análise dos discursos, torna-se evidente que se toda e qualquer mensagem é suportada por intertexualidade, está claro que a produção textual das etnologias missionária e acadêmica é constitutiva para a significação do discurso museal merurense. Pois, para que a coleção metaforize metonimicamente um funeral bororo em nome de uma evocação de significados supostamente transcendentes, primeiro o funeral precisa existir enquanto um código de comunicação socialmente reconhecido e amplamente partilhado.

Esquematicamente, segundo o modelo etnológico trabalhado por autores como Viertler e Novaes, o ciclo ritualístico funerário nativo se inicia ainda na fase em que uma pessoa agoniza, momento em que parentes e amigos se reúnem em seu entorno para dar início às primeiras intervenções simbólicas sobre seu corpo. Seus cabelos são cortados, seu corpo é besuntado com resinas e encoberto por plumas, pinturas são realizadas sobre as faces ou demais partes corpóreas. Quando chega a morte, momen-

---

11 Vale mencionar que Leonida, a curadora, lembra que o *bokodori* não está vinculado diretamente ao Mori. Sua presença talvez esteja por ser uma peça associada às chefias.

to em que um Bororo se transforma num *aroe*, um ser incorpóreo, seu corpo passa a ser interdito às mulheres e às crianças. O morto é enrolado em uma esteira e enterrado numa cova rasa no pátio central da aldeia, o *bororo*. Realiza-se assim o enterro primário. Diariamente, visando apressar o processo de decomposição do cadáver, será vertida água sobre a cova, sendo esta remexida para verificar o estado de putrefação dos restos mortais. Só quando os ossos estiverem desencarnados que eles poderão ser retirados da terra para serem ornados e definitivamente enterrados ou submergidos na água, concretizando assim o enterro secundário. No intervalo desse ciclo, que pode se estender por meses, uma série de rituais, constituídos por cantos, danças, caçadas e banquetes, são realizados. Entre eles, o *Mori*.

Este rito, vinculado às caçadas do ciclo funerário e um dos mais importantes do funeral bororo, diz respeito a uma espécie de vingança ou uma restituição de equilíbrio quebrado após a morte de um indivíduo, esta sempre associada à ação maléfica de um *bope*.[12] Quando uma pessoa morre, é designado pelos parentes do finado um homem que representará o morto durante o funeral e para o resto de sua vida. Trata-se do *aroe maiwu*, alma nova, ou *iadu*, companheiro (ALBISETTI & VENTURELLI, 1962, p. 804). Ligado sempre à metade exogâmica aposta à do morto, ele terá, entre as suas missões rituais, de vingar a morte do seu representado, abatendo um felino, cujo couro, dentes e garras serão entregues às mulheres do clã do indivíduo morto. Dado como presente, o conjunto composto pelas partes do animal morto, que em vida encarnava o duplo de um *bope*, é denominado como *Mori*. Quando o caçador realiza o feito, uma coleção similar formada pelos objetos que hoje estão expostos na vitrine do centro de cultura é ritualmente confeccionada e en-

---

12   O *Bope* ou os *Bope* são classificados pela Enciclopédia Bororo como "espírito, espírito mau, ruindade ou maldade (ALBISETTI & VENTURELLI, 1962, p. 511). Viertler os classifica como espíritos da natureza, destacando que etimologicamente a palavra é constituída de Bo(e) (coisa) + pe(ga) (ruim), significando "coisa ruim" (1991, p. 28). Trata-se de um conjunto de entidades sobrenaturais não humanas, almas de *Baire* mortos, xamãs bororo, ou ainda xamãs vivos, que se diversificam pelo ambiente que transitam (céu e terra) e pelos alimentos que consomem. O *Baire* tem o poder de entrar em contato com esses seres, sendo por eles encarnados. Segundo Crocker (1967), os *Bope* são a origem da ordem e desordem do cosmo. Estão associados aos fenômenos climáticos, astronômicos (estrela cadente, p. ex) e biológicos. Regulam o crescimento das coisas vivas e estão relacionados com a decadência, apodrecimento e fim da vida. Estão associados aos cheiros fortes, ao sexo, à transpiração dos vivos e são representados, isto é, podem se encarnar em animais como jacarés, urubus, emas, besouros, seriemas e carcarás. O *Bope Meri*, "o grande herói *trickster* da mitologia bororo" (VIETLER, 1991,p. 28), seria um dos mais notáveis *Bope*. Contam Albisetti e Venturelli (1969, p. 1139-1151) que depois de ter transformado em aves os donos dos potes que deliberadamente quebrara, *Bope Meri* foi pego, pintado de urucum e abanado com tanta força ao ponto de ser levado ao céu, onde permaneceu.

tregue à família enlutada para incentivar seus integrantes a voltarem a se embelezar (CARVALHO *et al.*, 2009, p. 109, nota 2). Esse momento, arremata Novaes, marcaria o fim do luto e indicaria a vitória da vida sobre a morte (1993). Eis aqui uma chave de leitura para decifrarmos a mensagem enviada pelo Museu do Colle à aldeia de Meruri, deliberadamente metaforizada pelo envio da pequena coleção repatriada.

O ciclo ritualístico funerário bororo como um todo, *itága*, na língua falada pelos *boe* (os Bororo), foi documentado, descrito e interpretado pela etnologia. Apesar de estarem referenciados a distintas posições teóricas, que vai da mais clássica antropologia descritiva missionária de Albisetti & Venturelli, passando pelo arsenal analítico de uma ecologia cultural de Renate Brigitte Viertler e pela densidade etnográfica de Jon Cristopher Crocker até a argumentação interpretativa de Sylvia Caiuby Novaes, os autores convergem ao identificar tal ciclo como o ponto fulcral da vida sociossimbólica nativa. Como descreve Novaes, um complexo ritualístico integrado, condensador dos ideais e princípios estéticos e lógicos organizadores da vida social do grupo, que atuaria como um motor político, econômico e cultural para a integração e reprodução da sociedade bororo.

Viertler, por exemplo, em *A Refeição das Almas* (1991), versão adaptada e resumida de sua tese de livre-docência apresentada ao Departamento de Ciências Sociais da Universidade de São Paulo, considera esses rituais como estratégias adaptativas para a sobrevivência de um grupo marcado "pelo contato com o civilizado, representante de uma economia capitalista" (1991, p. 13). Interpreta-os como "o 'foco' ou 'interesse cultural' da cultura dos Bororo da atualidade, o seu sentido ou *ethos* específico prescindindo o significado de suas vivências" (*Ibidem*, p. 14). Esses rituais teriam se tornado, acrescenta a autora, expressão da identidade étnica bororo.

Retomando o arcabouço argumentativo de Arnold Van Gennep (1960), no qual rituais funerários são considerados como cerimônias públicas orientadas à dramatização da separação, liminaridade e vinculação do morto ao seu novo status social, Viertler alinha-se a uma tradição antropológica que considera as instituições funerárias como "mecanismos de redefinição da sociedade e de reorganização das personalidades dos enlutados" (VIERTLER, 1991, p. 17).[13] Desse modo, segundo a mesma autora, as diversas partes que compõem o funeral corresponderiam "à sequencia de profundas modificações de atitude em relação ao finado, havendo um período intermediário, o luto, em que sua alma, ainda próxima ao corpo, deve iniciar a viagem para o mundo do além, chegando, com o enterro secundário, ao seu destino final" (*Ibidem*, p. 16-17).

---

13 Entre os autores tributários desta mesma perspectiva analítica, Viertler destaca Malinowski, Radcliffe-Brown, Warner e Gluckman.

Novaes, por sua vez, lembrando que o funeral bororo foi "um dos costumes nativos que os salesianos mais se debateram" (1993, p. 160)[14] e desvinculando-os de contextos funcionais-reativos, mas concordando com a leitura do funeral enquanto marca étnica, compreende o ciclo ritualístico como o grande momento nos quais as concepções Bororo a respeito da pessoa, do *socius* e de suas interações cosmológicas são dramatizadas. Se a morte implicaria para essa sociedade num longo ciclo de transformações, elas necessitariam ser controladas e vividas ritualisticamente pelos Bororo, argumenta a antropóloga (NOVAES, 2006). Ela informa ainda que durante os rituais iniciados com a ornamentação do agonizante, passando pelo primeiro enterro para desfiguração do corpo até o segundo e enterro definitivo dos ossos descarnados, os valores que regem este grupo social marcado pela dualidade são reafirmados publicamente, as regras de reciprocidades são lembradas e os jovens são iniciados na vida adulta. Os funerais, sustenta Novaes, além de se constituírem como momentos em que a sociedade se recompõe frente a uma perda imposta pela morte, seriam veículos para produção e difusão de conhecimentos e sensibilidades, orquestrados por conjunto de recursos estéticos expressivos. Durante os rituais, conta ainda a autora, os parentes e afins do morto se reúnem em eventos que servem de oportunidades para circulação de pessoas e integração entre aldeias e memórias. Segundo Novaes, homens e mulheres aparentados com o morto de diversas localidades afluem ao local de celebração. Uma espécie de evento da memória, são momentos também que todos os mortos do grupo acabam sendo lembrados pelos seus parentes vivos.

Tidos enquanto mecanismos sociossimbólicos para a reconstrução da sociedade bororo afetada pela morte, os rituais funerários seriam a estrutura social nativa manifesta, concordariam os etnólogos. Divididos entre oito clãs referidos a duas metades exogômicas – os *ecerae* e os *tugarege* –, os Bororo transformariam o funeral em uma encenação pública para reafirmação da oposição e da complementaridade que organiza sua vida em sociedade (LÉVI-STRAUSS, 1996). Cada clã, por exemplo, com a prerrogativa sobre determinados rituais (e também sobre cantos, danças e objetos) assegurada mitologicamente, assume a responsabilidade de fornecer os meios para que eles aconteçam. Encarrega-se da coleta de matérias-primas, confecciona os adornos, aplica as pinturas corporais das quais detêm prerrogativa sobre os corpos pertencentes aos clãs com os quais vivem essa oposição complementar. Mas a execução fica a cargo do clã correspondente à metade oposta àquele que é o dono do ritual. Vistos desse modo, os rituais não apenas manifestam "ideias abstratas a respeito da

---

14   Lembra a autora que os funerais eram entendidos pelos salesianos como expressões diabólicas e eram campos de disputa ritual entre padres e xamãs (*baire*). Os missionários visavam substituir o funeral bororo pelo enterro em cemitérios cristãos.

sociedade bororo e procuram reconstruí-la, mas realizam coisas, produzem efeitos sobre o mundo, são trabalhos efetivamente executados", amarra Novaes (2006).

Como podemos observar, parte da história da "etnologia bororo" pode ser descrita como uma tentativa de ler esse mundo dado como outro enquanto textos culturais, ou seja, compreender e interpretar como o Bororo constrói a si e o seu entorno como uma criação sígnica (semiótica) a dar sentido ao caos – ou ao vazio, como preferia Lévi-Strauss –, a fim de traduzir e partilhar esses sistemas de significados resultantes dessa empreitada criativa. Desse modo, considerados como fatos sociais totais, esses ritos funerais foram tomados como sendo por excelência "o texto cultural bororo". E compondo no seu interior um discurso visual, os ditos objetos etnográficos, coreografados no tempo e no espaço por esse *script* ritual modelar, vivem integrados nesses mundos-textos culturais como sistemas sígnicos (BAUDRILLARD, p. 2006) que expressam o próprio mundo bororo em ação.

Mas em Meruri, aldeia onde não se pratica mais os funerais bororo devido a uma resistência agora dos próprios índios cristianizados e na qual praticamente não existem mais grandes felinos e as matérias-primas para a confecção dos instrumentais rituais são cada vez mais escassas, eles só podem existir enquanto um modelo evocado por uma metáfora expográfica. Num efeito-teoria interessantíssimo a ser observado, aquilo que foi construído para representar uma realidade etnográfica bororo genérica a-histórica acaba sendo engolfada por uma realidade etnográfica conjuntural específica, tornando-se elemento de referência para uma hiperrealidade histórica. Produzidos e utilizados sob específicos contextos sociais e acadêmicos – ou "situações etnográficas", nos termos de Oliveira –, hoje tais produções intelectuais deslocam-se dos seus campos sociais originários e ganham novas serventias ao serem indexadas aos repertórios dos agentes estabelecidos numa específica rede de relações intersocietárias em reconfiguração. Servem de sustentáculo científico para esse discurso que deliberadamente visa representar um diálogo entre um renovado museu missionário italiano, herdeiro de um espólio colonial religioso, e uma aldeia indígena surgida como fruto de uma ação catequética que estaria nos dias de hoje comprometida em "resgatar/resignificar" suas tradições. Tradições que teriam sido sufocadas por anos de uma história de contato opressiva com a sociedade envolvente, inclusive, com a própria Congregação Salesiana, entidade que hoje, ao seu modo, presta conta em relação ao seu projeto de evangelização passado, tentando redimir seus erros vinculando-os a determinados contextos sociopolíticos que os justificariam, assim como também celebrar aquilo que compreende como acertos.

Dito de outro modo, se antes a produção etnológica mantinha-se autônoma em relação ao seu campo etnográfico, isto é, era uma leitura particular e exterior a esse universo, atualmente essas produções intelectuais tornaram-se peças simbólicas em uso nesse mesmo campo reconfigurado, que um dia eventualmente foi palco para o trabalho do etnógrafo. Tratando de maneira enfática, os novos textos culturais que estão sendo escritos nesse campo em nome dos ditos textos culturais originais estão transformando os conhecimentos acadêmicos em matéria-prima para novos textos. Sendo assim, para ser convincente, o discurso museal de Meruri funde o etnológico (discurso científico que representa a ação social) com o etnográfico (a ação social) tornando indistinta a realidade do modelo.

Uma paixão mediada por objetos e o conceito semiótico de cultura a serviço do reencantamento do mundo

No espaço expositivo de Meruri está posto um diálogo entre objetos repatriados e produções intelectuais autônomas a eles que lhes dão novo sentido às suas trajetórias sociais: vivem agora enquanto signos comunicadores de uma "cultura". Todavia, ao contrário da naturalidade dos fatos para a qual o discurso expositivo se presta como avalista, a construção dessa significação foi modelada inicialmente pela complexa relação entre a trajetória intelectual de um agente museal em formação, os ditos objetos etnográficos sob guarda salesiana e um coletivo étnico que só existia para essa intelectual num primeiro momento bibliograficamente. É essa pequena rede – constituída de pessoas, coisas e série de representações simbólicas – que elegemos arbitrariamente como ponto de observação para a compreensão do processo de escritura do texto museal merurense. Rede, vale lembrar, que brota em um dos pontos de conexão da extensa trama de relações estabelecidas em torno do histórico projeto missionário salesiano.

O agente em questão é a professora Aivone Carvalho, que na época se tornou uma docente contratada pela Universidade Católica Dom Bosco, diretora do Museu das Culturas Dom Bosco e curadora da seção de etnologia desta mesma instituição. Contratação, vale adiantar, derivada desse mesmo fenômeno-rede posto em observação.

Nascida no Estado de Goiás e formada em Letras pela Universidade do Vale do Paraíba (São Paulo), Aivone, antes do contato direto com os índios de Meruri, conhece "os Bororo" justamente por meio da literatura antropológica citada acima durante a produção da sua dissertação de mestrado, *Tempo de aroe: simbolismo e narratividade no ritual funerário Bororo*, defendida em 1994 na Pontifícia Universidade Católica de São Paulo (PUC-SP). Aluna de semiótica da cultura do professor Fernando Segolin, como já havíamos informado em trabalho anterior, a professora trocou na época os estudos dos textos de Virginia Woolf pela análise de uma narrativa que estava sendo contada pelos rituais fúnebres bororo apresentados a ela por meio de um documentário. Desse interesse nasce uma dissertação de mestrado e, segundo ela, uma "paixão por um povo", mas até então circunscrita a uma bibliografia acadêmica (SILVA, 2006).

Aivone já havia contado em entrevista que naquela época seu plano era transformar um projeto de doutorado em uma ponte que a levasse até os Bororo. Segundo ela, pretendia conhecer *in loco* esse povo e sua cultura. Todavia, razões familiares a levaram para Roma, na Itália, obrigando-a a adiar seus planos. Mas, na época residindo em Brasília, recebeu um conselho do vizinho Darcy Ribeiro, de acordo com ela a sua maior referência antropológica:[15] se ela estava tão interessada em conhecer mais sobre esse povo, poderia se aproximar deles mesmo na Itália por meio de uma pequena coleção de objetos etnográficos sob guarda do museu Pré- -Histórico-Etnográfico Luigi Pigorini. E foi a partir da sua visita e frequência no maior museu etnográfico estatal italiano que Aivone ficou sabendo de outra coleção bororo presente no país, bem maior e mais representativa: a coleção do Museu Mis- sionário Etnológico Colle Dom Bosco, dos padres salesianos, tão criticados pelo vi- zinho antropólogo. Seria no Piemonte e diante de objetos aparentemente inertes que a trajetória de Aivone passaria dali em diante a ser indissociável de um grupo étnico, metonimicamente representado pelos homens e mulheres de Meruri.

Com a bagagem etnológica organizada pela sua dissertação em semiótica da cultura, Aivone chegou à instituição salesiana em momento propício. Em virtude da inauguração do novo espaço construído especialmente para abrigar as coleções etnográficas organizadas pelos salesianos durante as solenidades do centenário de morte de Dom Bosco, em 1988, os filhos de Dom Bosco entregaram seu museu à curadoria de um grupo de pesquisadores que se encarregaram de transformá-lo conceitual e didaticamente. A partir dos contatos travados com esse núcleo de in- telectuais e salesianos da Itália, Aivone se tornou responsável pelo acervo brasileiro e acabou sendo integrada à equipe constituída pela Dra. Maria Camilla de Palma, coordenadora geral do projeto e também diretora do Museu das Culturas do Mundo Castelo D'Albertis, em Gênova, e Dra. Silvia Forni, responsável pelo acervo da Áfri- ca. Segundo a professora brasileira, o trio seria responsável pela radical reformulação do espaço museológico salesiano.

> Assim, as culturas indígenas passaram a ser ordenadas segundo critérios
> estéticos e temáticos, em vez de serem organizadas quantitativamente, ou
> seja, reunidas de acordo com o maior número de peças coletadas. Dessa

---

15   Segundo Aivone, Darcy Ribeiro torna-se referência para ela pelo fato de o antropólogo fazer da sua produção intelectual plataforma para atuação social. O argumento é fundamental para compreendermos a percepção que esse agente tem de si e de sua prática intelectual.

forma, as vitrines tornaram-se mais comunicativas, uma vez que textos explicativos e fotografias proporcionaram aos visitantes a oportunidade de apreender a riqueza e a variedade operativa das diversas culturas ali representadas. (2003, p. 27)

Em relação especificamente à reorganização das vitrines dos grupos étnicos situados em território brasileiro, tarefa que coube à Aivone, em texto de 2004 a professora, em parceria com outros autores, retoma a avaliação que já tinha feito sobre o seu próprio trabalho no Colle em sua tese. Segundo o texto, os espaços expositivos passaram a estar comprometidos em reproduzir em escala, na medida do possível, múltiplos de "complexos comunicativos" articulados por meio de uma série de objetos etnográficos e inseridos em determinados "sistemas sígnicos". Seria tarefa do museu compreendê-los, representá-los e apresentá-los ao público.

Na vitrine bororo, sem querer reduzir a comunicação expográfica à apresentação de qualquer técnica curiosa ou tradição, optou-se pela apresentação, em primeiro lugar, das técnicas relativas à tecedura de fibras vegetais e à produção de utensílios domésticos de cerâmica (artes e ofícios exclusivamente femininos), e pelas técnicas utilizadas na caça e na pesca (exclusivamente masculinos), para, só então, apresentar a esfera ritual voltada para os rituais. (CARVALHO et al., 2004, p. 281)

Assim como mais tarde seria feito no museu de Meruri, o funeral bororo foi acionado para operar como o grande texto cultural a dar sentido ao mundo nativo. É em função dele que se apresenta a tecnologia de um grupo social e é esse rito que fornece a estrutura narrativa subjacente que dá inteligibilidade à miscelânea de peças posta em cena. Pois, como argumentam os autores, é durante esse ritual que uma enorme quantidade de objetos "são usados pelos chefes cerimoniais e participantes dos ritos" (Ibidem). Justifica o artigo que é nesse momento que são utilizados inúmeros instrumentos musicais, múltiplos enfeites corporais passam a adornar os corpos e são feitos usos de série de itens que "representam os espíritos da natureza circundante" (Ibidem). Mas se é a produção etnológica que fornece subsídios para a professora Aivone situar essas peças no interior dessa narrativa, é a semiótica, especificamente uma subdivisão chamada de semiótica da cultura, que lhe dá o aparato conceitual para cosmologizar essas narrativas. Essa operação de cosmologização, baseada numa sobreposição de um arcabouço científico sobre uma dita cultura nativa tomada como um dado do real é vital para compreendermos a afinidade do projeto da professora com a empreitada espiritualista salesiana.

MAPA DE VIAGEM DE UMA COLEÇÃO ETNOGRÁFICA

Os projetos de museu executados por essa agente museal, seja na Itália, Meruri ou em Campo Grande, podem ser entendidos como materializações visuais do aparato conceitual que a faz enxergar os povos nativos e os mundos que os cercam. Todavia, na sua tese de doutorado, *O museu na aldeia: comunicação e transculturalismo (o Museo Missionario Etnologico Colle Don Bosco e a aldeia bobo de Meruri em diálogo)*, defendida em 2003, também na Pontifícia Universidade Católica de São Paulo, ela formula textualmente quais são as ideias que lhes servem de guia para o estabelecimento de suas relações com os povos indígenas, no caso da tese, ainda restrita aos Bororo.

Escrito para registrar e analisar o "diálogo" entre aldeia e o museu italiano que ela própria trata de promover ao assumir a função de agente catalizador, o trabalho de doutorado desse agente toma os Bororo como uma expressão particular do "homem simbólico", aquele que, diferentemente do animal, "não vive mais preso às fronteiras do universo físico, mas reserva para si e para as gerações futuras o sem-fim do universo simbólico" (2003, p. 15). Assim, antes de olhar para os Bororo como homens e mulheres históricos (e circunstanciais), Aivone os vê primeiro como sujeitos metafísicos para, posteriormente, compreendê-los como um coletivo homogêneo, que se particulariza pela produção socialmente partilhada (e idealizada) da linguagem. Segundo ela, a instância, enfim, do simbólico, na qual o social, encharcado de fenomenologia, suplanta a natureza em seu contínuo trabalho de construção (significação) do real.

Em sua concepção, para cada grupo social, uma produção específica do real mediada por um universo semântico partilhado, isto é, uma cultura. Assim, transformando cultura e sociedade/comunidade em termos homólogos, o primeiro termo caracteriza-se, segundo esse agente, por ser herança, "transmitida através de ensinamentos, sendo que se aplicam sanções aos que se recusam a seguir seus padrões; por ser aprendida, também por imitação; por ser cumulativa e por ser um *continuum* histórico, em que traços acumulados são interpretados e reinterpretados" (2003, p. 16). Culturas seriam então "soluções para a vida humana associativa", estabelecendo um conjunto de regras de condutas e assegurando "segurança emocional aos indivíduos ao oferecer a eles o conjunto de explicações filosóficas, religiosas ou científicas" (*Ibidem*).

E com tímidas citações, a autora coloca em diálogo a escola semioticista eslava[16] e o antropólogo norte-americano Clifford Geertz para definir as feições exatas do seu conceito de cultura. Isto é, de que modo cultura pode ser entendida enquanto texto social. E inspirada pela clássica citação weberiana de Geertz, na qual o autor

---

16   A atenção teórica da professora está direcionada prioritariamente a Ivan Bystrina, semioticista tcheco.

usa a imagem da teia de significados para situar aquilo que ele chama de conceito semiótico de cultura,[17] que essa agente aqui posta em observação encontra a ponte necessária para transformar o rito fúnebre bororo (enquanto um texto cultural) em porta de entrada para o "universo semântico bororo". E em uma nova guinada geertziana faz equivaler os conceitos "religião" e "cultura", quando entende a segunda como uma expressão variável de uma mesma manifestação do espírito humano, que estaria marcado pelo impulso universal de "compreender os mistérios que envolvem a vida e a morte" (*Ibidem*, p. 34). Segundo ela, se qualquer que seja um universo semântico particular "é um conjunto de sistemas de valores, ele é formado de estruturas semânticas elementares (como vida/morte; natureza/cultura) que possibilitariam sua descrição". Uma vez inseridas em um arcabouço narrativo, a expressão por excelência da cultura, essas estruturas seriam tematizadas e figurativizadas, num esforço coletivo de compreensão cosmológica do real, argumenta a agente. Na sequência, arremata:

> Do ponto de vista semiótico, uma cultura é, pois, a maneira particular de uma sociedade assumir, interpretar e articular as estruturas elementares, bem como os temas e as figuras que representam sua concretização no nível da superfície. (2003, p. 16)

Eis o ponto de vista que encontra no "homem simbólico" a base da universalidade humana e, a partir dela, poder equalizar toda a experiência sociossimbólica como expressão de um entre outros textos culturais reescritos continuamente por específicos coletivos humanos. Posta como uma ciência totalizadora e transcendente que observa as regras gerais de escritura de múltiplas e particulares versões textuais, a semiótica da cultura encontra na literatura antropológica sobre os Bororo os subsídios para fazer do ritual fúnebre nativo um objeto de reflexão por excelência. E nesse trânsito disciplinar conduzido pelos interesses particulares desse agente particular, condicionados pelas suas posições sociais, a cultura material museológica salesiana e o museu enquanto espaço comuniticativo ganham relevo. A primeira torna-se conjunto de "rastros, pistas, sinais, índices deixados pelos ancestrais no longo texto do mundo bororo" sob guarda de uma missão religiosa (2003, p. 20) e o segundo numa arena para se colocar em prática aquilo que poderia ser descrito como um experimento semiótico: restituir a esses objetos uma aura que havia sido perdida ao

---

17 "O conceito de cultura que eu defendo é essencialmente semiótico. Acreditando como Max Weber, que o homem é como um animal amarrado a teias de significado que ele mesmo teceu, assumo a cultura como sendo essas teias e a sua análise; portanto não como uma ciência experimental em busca de leis, mas como uma ciência interpretativa, a procura do significado" (1989, p. 15).

MAPA DE VIAGEM DE UMA COLEÇÃO ETNOGRÁFICA

serem retirados dos seus contextos originais, fazendo-os "signos comunicadores de uma história cultural" e "ativadores de uma memória mítica" (*Ibidem*).

Do projeto à prática: construindo redes diacrônicas e sincrônicas

Até então vinculado a um projeto de extensão universitária da Universidade Católica Dom Bosco, órgão de ensino superior da Missão Salesiana de Mato Grosso, o Museu Comunitário de Meruri, antes de ser encarado como uma instituição cultural, precisa ser compreendido como um processo social que se processa em rede. Diriam os museólogos, como um processo museal, pois é dentro de um museu, a partir de uma prática museológica e em torno de uma coleção etnográfica museal que o "fenômeno" merurense começa e a sua rede interssocietária se articula.

Aivone Carvalho conta em sua tese de doutorado que foi durante o trabalho de restauro das coleções etnográficas "brasileiras" do Museu do Colle que ela teve ideia de "duplicar as fotos para que pudessem ser trazidas ao Brasil, a fim de testar em campo etnográfico as possibilidades de um trabalho de comunicação entre o museu italiano e a aldeia bororo de Meruri, onde vivem hoje os descendentes dos primeiros donos daqueles objetos" (2003, p. 34). É em torno das imagens da coleção bororo do Museu do Colle, e não das peças em si, que o projeto começa.

De todo modo, como de certa maneira havia previsto Darcy Ribeiro, foram os objetos bororo sob guarda italiana que serviram para essa agente estabelecer conexões com esse universo nativo que até aquele momento só existia enquanto uma abstração bibliograficamente. Em entrevista concedida em 2004, a professora rememora seu trabalho de uma forma reveladora. Vale voltarmos a esse trecho, publicado em 2006.

> Eu me dediquei muito para contribuir com meus conhecimentos na catalogação científica do acervo bororo. Cada objeto para mim era um Bororo. Porque eu sabia que cada objeto tinha seu distintivo clânico que, às vezes, era construído para ser usado uma única vez. Eu podia ver quantos tinham nascido e quantos morrido através dos objetos. Era tudo muito vivo pra mim. E foi muito triste. Porque eu fui conhecer os Bororo lá (na Itália). E começaram a crise e as indagações. Como eles estão hoje? Como é que essa cultura tão maravilhosa está toda aqui? O que será que tem lá?[18]

---

18 Entrevista gravada com Aivone Carvalho. Fevereiro de 2004.

A agente curiosamente objetivou a relação subjetiva que manteve com esses objetos no museu italiano ao considerar tal relação como um fenômeno, nomeado por ela de "presentificação da cultura". Mais que rastros humanos, a professora e doutora em semiótica viu tais peças como indícios de significações. A coleção bororo lhe servira de prova histórica da existência de uma sociedade e da operacionalidade de sua cultura. Recontextualizadas, as peças etnográficas seriam capazes de recompor visualmente a narrativa cultural bororo. Segundo ela, por meio da transformação dessas peças em agentes comunicadores da história da "cultura bororo", essa mesma cultura teria começado ali mesmo naquele museu salesiano ser "pressentida e ressignificada". Sem ter lido até aquele momento a influente e controversa obra de Alfred Gell, *Art and Agency* (1998), na qual o autor postula que os objetos (de arte) equivalem a pessoas, e dessa maneira "agem" e a arte precisa ser entendida como um sistema de ação composto por múltilplos agentes em relação, Aivone esboça o seu próprio e bem particular sistema etnomuseológico: "Podemos imaginar o depósito do museu invadido pelo mistério da novidade aurática emanada dos objetos ao sentirem que poderiam voltar à sua terra de origem pelo fio da narrativa que relembrava suas histórias" (2003, p. 28), escreve a professora. "Eis então que os objetos deixam de ser apenas representantes materiais de uma cultura e adquirem voz própria", complementa a autora e realizadora museal.

Para a nossa agente, os objetos seriam os portadores da memória mítica bororo. E frente a essa condição, ela defendia que o museu tinha como desafio a recontextualização do seu acervo, tarefa que o transformaria em depósito de peças em uma biblioteca visual de culturas. Segundo ela, o museu precisava ser humanizado, "e o trabalho conjunto da equipe de profissionais do Museu do Colle cada vez mais se aproxima da certeza de poder pensar aquela instituição como uma estrutura aberta" (2003, p. 33).

Na prática, isso implicaria para o espaço museológico salesiano uma mudança de perspectiva substancial: sua "riqueza não reside apenas na diversidade do seu patrimônio, mas na capacidade de um diálogo eficaz com o público e com as atuais realidades dos povos indígenas" (*Ibidem*). Como se pode observar, tratava-se de reformular, via museu, o velho projeto de comunicação das missões: agir entre as populações nativas (local) e representar e exibir publicamente os frutos dessa ação (global). Obviamente que o trabalho realizado no Colle e o projeto desenvolvido no mesmo museu eram apenas o prenúncio de uma extrema afinidade entre os interesses intelectuais/sociais da professora Aivone e os interesses religiosos da Congregação Missionária. Todavia, da perspectiva missionária, ali já estava posto de forma explícita o principal ponto de convergência entre ambos os projetos: se aquela agente compreendia que uma ação de educação patrimonial poderia funcionar como um mecanismo de atuação pelo qual indígenas "redefinem sua própria cultura para resistir social e politicamente aos impactos sofridos através do contato interétnico" (2003, p. 12), os salesianos viam com satisfação que esse trabalho teria como subsídio o acervo organizado ao longo de quase cem anos de missão. Num franco diálogo histórico interno, a Missão Salesiana enxergava em novos termos funções e usos do seu trabalho científico, reconhecido contemporaneamente como um elemento de sua tradição histórica institucional (SILVA, 2009).

Assim, com o respaldo das relações estabelecidas entre os salesianos da Itália, ou seja, do poder central congregacional, essa agente museal em formação volta ao Brasil com a missão de aplicar seu projeto na prática em um dos pontos da extensa rede missionária dos padres de Turim. Quando chega à aldeia de Meruri em 1999, um dos principais desafios enfrentados por ela foi conquistar uma posição de agência no interior de uma trama relacional já secular entre missionários salesianos e índios Bororo. Trama, por sua vez, que diz respeito a redes históricas mais amplas, relacionadas ao processo de incorporação da população Bororo ao marco legal do Estado brasileiro. Como bem lembra Manuel Ignácio Quiles (2000), a instalação das missões salesianas entre os Bororo precisa ser compreendida na chave do estabelecimento da "Pax Salesiana", aliança entre padres missionários e índios missionados, na qual, em nosso entender, a "conversão religiosa" é uma moeda simbólica manejada por atores referidos a distintas redes de procedência para fazer valer seus interesses e estratégias conjunturais: enquanto o processo de conversão à religião/civilização cristã era a razão de ser da missão, participar dele tornou-se para parte do contingente bororo garantia de sobrevivência frente às violentas frentes de expansão colonial nacional.

Rede em diacronia

Dentro dessa trama histórica, a atual aldeia de Meruri, surgida em 1902 em torno da missão do Sagrado Coração de Jesus, estabelece conexões com as colônias militares de pacificação indígena criadas no fim do século XIX na então Província de Mato Grosso no contexto da intensificação da violência entre populações indígenas e frentes de ocupação colonial. Foi uma dessas colônias, Teresa Cristina (e também inicialmente a Colônia Princesa Isabel, na foz do Rio Piquiri), que recebeu parte do contingente populacional bororo que, após o longo e sangrento conflito com garimpeiros e fazendeiros locais, decidiu depor armas em 16 de junho de 1886. Esgotadas as estratégias e recursos para "pacificar" os Bororo, o governo de Mato Grosso teria conseguido convencer mulheres indígenas escravizadas a colaborar em um novo plano, conta Mário Bordignon. "Encabeçadas pela famosa Rosa Bororo,[19] ajuntaram-se aos militares comandados pelo alferes antônio José duarte e subiram o Rio Lourenço, enquanto os filhos delas ficaram como reféns em Cuiabá" (2001, p. 35). Na proximidade das aldeias, prossegue o autor, as mulheres mandaram a tropa aguardar e seguiram sozinhas ao encontro dos seus parentes. "Após dias de festa, conseguiram convencer aos Bororo a entregarem as armas", a serem batizados e seguirem para as colônias militares dedicadas à integração dos índios do estado nacional (*Ibidem*).

Após cerca de oito anos de controversas e ineficientes atividades tuteladas pela administração dos militares, o padre salesiano José Solari ("o cenógrafo que encheu de esplêndidos cenários os colégios salesianos do Brasil")[20], o irmão coadjutor Tiago Grosso e três irmãs de Maria Auxiliadora, chefiados pelo padre João Balzola, assumiram o comando do projeto de "pacificação" visando a "moralização dos "costumes bárbaros" que vigoravam nas relações entre brancos e Bororo da Colônia Teresa Cristina (VIERTLER, 1990, p. 65). Além de os Bororo se negarem ao trabalho e imperar na colônia um sistema de troca de favores que conferia ganhos indevidos a certos "brancos", "havia o abuso das mulheres" indígenas por parte dos soldados e era frequente o consumo de álcool, acrescenta Bordignon (2001, p. 35), fazendo referência aos registros de Karl Von Den Steinen. No documento, o viajante e explorador alemão conta que o alferes Antônio José Duarte, então diretor da colônia, era uma espécie de deus dos Coroados.[21] A boa relação foi explicada pela historiografia, acionada tanto por Viertler como Bordignon. Mello Rego (*Apud* VIERTLER, 1990), por exemplo, demonstra que havia sido instaurado em Teresa Cristina um sistema vicioso, do ponto de vista da eficiência da administração pública: a colônia existia para integrar os Bororo à nação (e à economia) brasileira. Os cofres públicos injetavam verbas para manter a máquina em funcionamento e garantir que seus operadores executassem a tarefa. Todavia, estes só conseguiam assegurar a permanência dos Bororo na colônia – em outra instância, a razão de ser da máquina – ao garantir aos índios certa margem para eles não se integrarem a essa dita nação, ou pelo menos, se integrarem pelos sseus próprios termos. Contabilizados por Steinen em 3.595 pessoas, sem contar os das cerca de 30 aldeias já pacificadas, os Bororo daquela região

---

19   *Cibáe modojebádo*, a Rosa Bororo, é tema da dissertação *Cibáe Modojebádo – a Rosa Bororo e a "Pacificação dos Bororo Coroado (1845-1887)*, defendida na Universidade Federal de Mato Grosso, em Almeida, 2002.

20   Padre Balzola. "Os salesianos defuntos", p. 89-98. Publicação da Missão Salesiana do Mato grosso. Documento também disponível na internet: http://www.missaosalesiana.org.br/falecidos. php?id=152.

21   Coroados é um dos etnônimos aplicados aos Bororo.

se colocavam no "jogo da pacificação", a partir de todos os revezes sofridos, para fazer valer seus interesses e perspectivas de compreensão de todo o processo. Segundo os analistas, qualquer medida menos refletida podia comprometer o trabalho já consolidado da pacificação, já que "as correrias" e ataques bororo haviam cessado nas imediações. O contexto pedia cautela e maleabilidade, e como registra Mello Rego, seria preciso contar sempre aguardar o auxílio do tempo.

Aos olhos do governo, os salesianos teriam sido esse "auxílio do tempo". Mas para os religiosos, além de ter sido o início do relacionamento com os Bororo, foi também uma embaraçosa e curta missão (um triênio). Isto porque, na interpretação dos padres italianos, "os Bororos daquela colônia, antes de serem educados pelos salesianos, tinham estado em contacto por vários anos com os civilizados e com os militares que os viciaram miseravelmente", explica o texto necrológico referente ao padre Balzola, da *Coleção Salesianos Defuntos*.[22] Para atestar a veracidade da afirmação, o texto salesiano sem autoria declarada lembra que essa "é a queixa de todos os missionários, em todos os tempos". De Anchieta, passando por Nóbrega até Vieira, sustenta o argumento, teriam preenchido "páginas candentes sobre os vícios dos civilizados que sempre foram a pedra de escândalo dos índios". Enfim, fazendo referência a um dito caráter atávico dos ditos nativos, o texto sentencia: "Estes, preguiçosos e indolentes por natureza, não tinham costume de trabalhar, tanto é verdade que quando Pe. Balzola distribuiu aos mais robustos Bororos os instrumentos da lavoura, depois de meia hora eles se queixavam que... as mãos doiam!". Os salesianos, interessados em replicar junto aos Bororo a tecnologia pedagógica desenvolvida para o trato dos meninos e jovens provenientes das zonas rurais que afluíam às cidades europeias, como vimos na Parte II deste livro, entendiam que nos trópicos a catequização pela pedagogia do trabalho era a mais eficiente arma civilizacional.

Interessante destacar que o desfecho dessa primeira experiência missionária salesiana junto aos Bororo está relacionado à Exposição Católica de Turim, de 1898, uma nota histórica pouco trabalhada pela historiografia dedicada sobre os Bororo, a evidenciar de forma eloquente de que modo a história das missões está visceralmente associada a determinadas trajetórias pessoais e como elas precisaram se ajustar às agências nativas. Em função dessa agenda expositiva católica, o diretor da colônia padre Balzola, "benquisto dos índios" (AZZI, 2000, p. 203), partiu em viagem para a Itália acompanhado de três índios Bororo a fim de divulgar o trabalho missionário salesiano desenvolvido no Mato Grosso. Segundo informa o texto dedicado ao padre na coleção *Salesianos Defuntos*, "o acontecimento marcou época".

---

22 "Padre Balzola. Os salesianos defuntos", p. 89-98. Publicação da Missão Salesiana do Mato Grosso. Documento também disponível na internet: http://www.missaosalesiana.org.br/falecidos.php?id=152.

Em Turim estava aberta uma exposição de arte sacra para a qual Pe. Balzola levou muito material de grande interêsse. Dos quatro indios escolhidos para acompanhá-lo, um fugiu durante a viagem da colônia Teresa Crstina para cuiabá. De lá embarcaram a 2 de abril de 1898 e sem grandes novidades chegaram a Assunção, Buenos Aires, Montevidéo, Rio de Janeiro. Aí houve um grande aborrecimento e perda de tempo por causa do passaporte e porque a Polícia negava deixar viajar os três Indios. Providencialmente os homens políticos de Mato Grosso, que Pe. Balzola encontrou no Rio, facilitaram tudo e a viagem continuou regular. A 7 de maio a comitiva chegou a Turim. Mas um mês de tempo não é suficiente para ambientar três selvagens à plena civilização e numa cidade como Turim. Já no local da exposição, e na Procissão da Consolata, onde eram apresentados muitos indígenas de tôdas as partes, os bororos deram o que fazer. Pior foi uns dias depois, quando durante o retiro espiritual em Valsalice, estando presentes muitos salesianos de tôda a Itália e o Superior Geral Pe.Rua, os três indios que tinham bebido e estavam irritados por terem apanhado da polícia, durante um passeio desordeiro, apareceram no refeitório armados de espadas e trepando nas mesas gritavam contra os pretensos inimigos, e para ficarem mais livres para a luta, despiram-se, como se estivessem nas florestas de Mato Grosso! Por grande sorte apareceu Pe. Balzola que conseguiu acalmá-los, induzindo-os a se vestirem. Episódios hilariantes aconteceram também na visita ao s. Padre no Vaticano e pelas ruas de Roma. A 16 de outubro de 1898 no santuário de M. A. apinhado por uma multidão enorme de povo, os três bororos foram solenemente batizados pelo Revmo. Pe. Rua.[23]

Mas, enquanto a Itália conhecia os Bororo e aqueles três índios Bororo conheciam a Itália, no Brasil, a direção interina da colônia passou a ser exercida pelo Angelo Cavatorta, padre cuja biografia missionária ficou marcada nos anais da memória salesiana como aquele que "faltou gravemente à adaptação requerida, à prudência, à calma, comportando-se como uma criança que pensa ser capaz de renovar a face da terra antes de conhecê-la" (DUROURE, 1977, p. 136). E essa mudança do comando colocou a colônia em crise. O historiador Riolando Azzi retoma a crônica

---

23 "Padre Balzola. Os salesianos defuntos", p. 89-98. Publicação da Missão Salesiana do Mato Gros- so. documento também disponível na internet: http://www.missaosalesiana.org.br/falecidos.php?id=152.

das Filhas de Nossa Senhora Auxiliadora para ilustrar a imposição de uma nova sistemática disciplinar aos índios da colônia, que segundo as religiosas, foi fatal para o aldeamento, pois "os Bororo recusaram a obedecer, retirando-se no mato por tempo indeterminado. Em poucos dias despovoou-se a Colônia" (2000, p. 203). Em posse de informações publicadas pelo periódico *O Republicano*, de Cuiabá, de 15 de julho de 1898, Azzi nos dá mais elementos para compreendermos a desastrosa ação de Cavatorta. Conta o jornal, segundo o historiador, que os Bororo, afeitos a uma "dança a que chamam de *bacururu*, que é um misto de gritos guerreiros e cantos religiosos" (*Ibidem*), foram proibidos de executá-la. Informa a reportagem que Cavatorta também entendeu que deveria ser rebaixado o capitão Cândido Mariano, um dos chefes bororo mais quistos pelos Bororo. Azzi informa também que foi desastrosa a opção de colocar soldados armados para acompanhar os Bororo durante a colheita. "Como os pobres selvagens tentaram repelir a afronta, retorquiu-lhes que podiam retirar-se, visto que nenhuma falta faziam" (*Ibidem*).

Atuação desarticuladora do substituto do Padre Balzola levou Antônio Correia da Costa, sucessor de Manoel Murtinho na presidência da Província de Mato Grosso, a destituir os salesianos do comando de Teresa Cristina. Quando Balzola e os três Bororo retornam ao Brasil, trazendo junto o então jovem missionário Antonio Colbacchini, o então ex-diretor recebeu a notícia da perda de comando e encerramento da primeira experiência salesiana junto a populações indígenas situadas em território brasileiro. Mas na avaliação de Azzi, apesar da curta duração da missão em Colônia Teresa Cristina, ela teria sido uma experiência importante para os salesianos, pois teria possibilitado o primeiro contato com os Bororo e com a sua língua. "Essa convivência com os índios ajudou o padre Balzola em seus futuros empreendimentos missionários" (2000, p. 203). Assim endossa o texto necrológico dedicado a Balzola:

> Nos anos de 1899 e 1900 Pe. Balzola com sede em Cuiabá, empreendeu várias excursões entre os terríveis indios Kayabis; mas não era êste o setor da nossa missão. Quando em 1901 passou como visitador extraordinário o Revmo. Pe. Paulo Albera, insistiu para que se voltasse à tribo dos Bororos; foi assim que o inspetor D. Malan orientou o nosso campo para o Araguaia onde os Bororos faziam correrias no planalto.[24]

---

24 "Padre Balzola. Os salesianos defuntos", p. 89-98. Publicação da Missão Salesiana do Mato Grosso. Documento também disponível na internet: http://www.missaosalesiana.org.br/falecidos.php?id=152. O mesmo texto registra interessante leitura dos salesianos sobre os acontecimentos: "os salesianos que lá não tinham encontrado nada, em três anos encheram campos e roças de milho, cana de assucar, mandioca. E todavia, apesar deste prodígio de ati-

Já falante da língua bororo, padre Balzola iniciou uma série de incursões na região da Bacia do Garças e do Araguaia. Mapeando territórios de caça e pesca e identificando os principais pontos de passagem de grupos bororo, o missionário decidiu se estabelecer na região dos Tachos, próximo ao Rio Garça, para edificar a Missão Sagrado Coração de Jesus, a primeira missão independente salesiana entre as populações indígenas no Brasil, com a qual eles poderiam replicar seu projeto de construção de cidadelas civilizacionais ideais. Todavia, a leitura de uma série de autores pode demonstrar de que modo o estabelecimento do Padre Balzola e demais salesianos na região em 1902, após a primeira e malsucedida experiência entre os Bororo na Colônia Militar de Teresa Cristina, só ocorreu por meio da anexação dos missionários por parte de um segmento de uma rede nativa e a partir de uma tensa adaptação desses salesianos às suas estratégias, quando uma fração de um coletivo bororo maior enxergou naqueles agentes católicos aliados potenciais frente à violência crescente do sistema colonial estabelecido (BORDIGNON, 1986; VIERTLER,1990; NOVAES, 1993; AGUILERA, 2011; MONTERO, 2007 e 2012).

A historiografia da congregação e sua produção etnográfica religiosa, porém, ocultam o desenho dessa rede nativa por estar comprometida em produzir a imagem de um coletivo étnico único, opção com forte impacto na sua produção museológica no presente e no passado, como pudemos observar na Parte II e veremos adiante. Além disso, transformaram a chegada dos primeiros Bororo aos Tachos em um tema mitológico. Pois, conta a tradição salesiana, que se vale das falas do chefe bororo Uké Wagúu transcritas e adaptadas pelo padre Antonio Colbacchini e mais tarde reeditadas pelo padre Tomás Ghirardelli "para demonstrar que foi nossa senhora aquela que salvou os missionários da morte já decretada por um grupo de Bororo",[25] que os Bororo fizeram a primeira visita aos salesianos para decidir que fim dariam àqueles *braidos* instalados em meio aos seus caminhos. Mas, segundo Uké Wagúu conta no livro de Colbacchini, um *baire*, xamã bororo que teria seguido o grupo encarnado em um pássaro para ajudá-los a deliberar sobre o destino dos padres, teria reconhecido que os missionários controlavam forças sobrenaturais muito mais poderosas do que aquelas que os Bororo estavam habituados a lidar. Uké Wagúu, aconselhado pelo *baire* e a contragosto das intenções dos demais chefes, poupou a vida dos missionários. E emocionado diante do quadro da virgem exibido pelos salesianos, imagem que o seguia com os olhos para qual direção ele andasse, o

---

vidade e trabalho, se exigia dêles que em três anos mudassem os Bororos em cariocas do Rio de Janeiro! A política foi sempre assim; muda com o soprar do vento e dos interesses."

25 Padre Tomás Ghirardelli. "Os salesianos defuntos". Publicação da Missão Salesiana do Mato Grosso. Documento também disponível na internet: http://www.missaosalesiana.org.br/falecidos.php?id=234.

chefe bororo se pôs em joelhos e anunciou a decisão de trazer famílias bororo para ajudar os padres a construírem o novo aldeamento. É inscrevendo na historiografia congregacional a narrativa Uké, que, enquanto um chefe bororo, passa a simbolizar toda uma etnia, que os salesianos totalizam e generalizam essa experiência com uma facção para todo um povo.

No entanto, Montero (2012) nos lembra que a chegada da primeira leva de 140 índios Bororo na fase inicial de instalação da colônia salesiana dos Tachos representava uma aldeia dividida. Somente uma metade clânica (*Tugarege*), e sem a adesão de um de seus clãs (*Páiowe*), aceitou viver junto aos padres salesianos conforme havia sido anunciando por Uké Wagúu. A outra metade (*Ecerae*), desconfiada e propensa a atacar os padres salesianos, dirigiu-se a uma aldeia a montante do alto do Rio Araguaia.

> A maior parte dos grupos vivia fora das missões e estabelecia com elas relações políticas e estratégicas que os missionários não eram capazes de controlar inteiramente. Em suas cartas ao ministro da congregação em Roma, por exemplo, Padre Balzola, primeiro diretor de Tachos, queixava-se que os Bororo, quando recebiam visitas de outros índios, davam de presente tudo o que haviam recebido dos missionários, depois pediam insistentemente aos missionários novos bens, deixando a missão em estado permanente de carência. (MONTERO, 2007, p. 55-56)

Dito isso, se a Missão de Meruri, como evidenciamos na Parte II do livro, integra uma rede de pontos relacionais salesianos (espaços para ação social da congregação), ela também pode ser compreendida como uma posição numa rede de territórios bororo que se distingue pela especificidade das relações que esses índios podem estabelecer dentro dela com o dito mundo branco, ou *braido*, como preferem os Bororo. Desse modo, é em um nó de redes, salesiana e dos Bororo, que a experiência semiótica e museal do museu comunitário será instalada. Um espaço relacional interssocietário que se projeta e se desdobra no tempo.

Antônio Hilário Aguilera, ex-salesiano e antropólogo "converso",[26] em estudo sobre o projeto educacional salesiano em Meruri (2001), construiu uma tipologia histórica para localizar a escola indígena de Meruri no tempo. Dividida em três períodos – de 1902 a 1930; 1930 a 1970 e 1970 em diante –, essa marcação temporal,

---

26 Antônio Hilário Aguilera, atualmente professor de Universidade Federal de do Mato Grosso do Sul, abandonou o sacerdócio durante a sua formação como antropólogo.

enriquecida com informações de outras fontes, nos ajudará a situar esquematicamente as principais transformações desse espaço relacional. Vejamos.

Em uma primeira fase, de 1902 a 1930, como observa Montero, que também toma para si a periodização proposta por Aguilera, os Bororo desfrutaram de relativa autonomia comprovada pela mobilidade em um território ainda preservado e vinculado a determinadas práticas rituais, reproduzindo, ao lado das missões, formas tradicionais e organização da vida nativa. Em apresentação histórica do desenvolvimento do trabalho religioso da Paróquia Sagrado Coração de Jesus – Meruri, os salesianos informam na internet que entre 1902 e 1919 ela se caracterizava pela "assistência exclusiva aos Bororos, pois não consta nos registros paroquiais a presença de fiéis não índios na região".[27] Data desses primeiros anos de missão a forte captação de recursos provenientes da França, graças à bem-sucedida ação do Padre Antônio Malan, inspetor da Missão Salesiana do Mato Grosso. É nesse período que ocorre também a aquisição pelos missionários de várias áreas que mais tarde foram integradas a atual Terra Indígena de Meruri. Mas seria no início da década de 30, segundo leitura de Montero, que o modelo intercultural no qual a missão se ajustava e/ou legitimava elementos da vida indígena chegava ao fim (MONTERO, 2012). Em relação à parte financeira, a virada para a progressiva penúria estaria associada à transferência do Padre Malan da inspetoria do Mato Grosso. Montero conta que já em 1923 Colbacchini expressava desânimo diante da grave situação das missões ao Reitor-Mor da Congregação, reclamando da escassez de meios materiais e de pessoal. Segundo a mesma autora, o período inspetorial do Pe. Hermenegildo Carra (1921-1927) foi marcado por uma importante reorientação institucional: a congregação passou a dar prioridade às paróquias dos núcleos urbanos em expansão por todo o estado em detrimento das frentes de missões entre populações indígenas.

O período posterior, de 1930 a 1970, foi marcado pela migração intensiva de colonos e fazendeiros para o Sudeste de Mato Grosso, levando ao afunilamento do território Bororo, desaparecimento de aldeias, aumento da taxa de mortalidade e dispersão do contingente populacional pelas fazendas e pequenas cidades regionais. Segundo informações da paróquia de Meruri, "dos 70 Bororos batizados entre 1941 e 1960, 38 não existiam mais em 1960".[28] Segundo os mesmos padres, as migrações entre aldeias se acentuam neste período. Montero lembra que os colonos passam a fixar-se nas terras das missões e a escola passou a ser frequentada pelos não-índios, tornando-se a maioria dos alunos. Logo a língua Bororo desapareceria da escola (AGUILERA, 2001, p. 67-70). É na década de 50, durante a direção do Padre Bru-

---

27 Trecho extraído do site http://www.missaosalesiana.org.br/resap.php?tipo=obras&id=47.

28 *Ibidem.*

no Mariano, conforme informam os salesianos, que essa instituição escolar ganha instalações de alvenaria. Entre 1963 e 1964 foram construídas as casas de material semelhante para as famílias Bororo da aldeia. Entre 1956 e 1957 chega à Meruri os Xavantes, tradicionais inimigos dos Bororo, que são recolhidos pela Missão em Meruri, até translado definitivo para São Marcos, atual Terra Indígena Xavante vizinha a Meruri. É também entre as décadas de 50 e 60 que se tem início ao acirramento das questões fundiárias.

Em relação ao último período, uma série de eventos pós-70 foram tomados, tanto pelos próprios religiosos como por alguns intelectuais (NOVAES, 1993, p. 196 – 217), como marcos de mudanças "do sistema (salesiano) de atendimento aos índios": retirada dos colonos brancos do território e da escola indígena sob o comando do novo diretor da missão Padre João Falco[29] (BORDIGNON, 2001, p. 42); processo de demarcação da Terra indígena, que culminou no episódio conhecido como Chacina do Meruri em 1976;[30] e a emergência de processos de "recuperação da cultura indígena" (AGUILERA, 2001, p. 72). Como já apontamos em trabalho anterior, é nesse contexto que eclode a emergência do termo "cultura" como código de comunicação no interior de "um novo aparato discursivo, tanto estritamente missionário", como também organizador de um novo paradigma de ação política que diz respeito a várias redes sociais (SILVA, 2006). Lembram os salesianos que data desta época a criação do Conselho Indigenista Missionário – CIMI (1973), com o qual o dito compromisso missionário torna-se também o apoio aos índios na conservação da cultura, da língua e ao direito a um território. No ano seguinte à fundação do órgão indigenista católica, em 1974, acontece a primeira assembleia do CIMI Regional de Mato Grosso em Meruri. Ainda na periodização salesiana, uma informação significativa: os anos entre 1965 e 1980 foram marcados pela chegada dos Bororo de Pobojari, os índios que se retiraram da Jarudore invadida pelos posseiros. Além do aumento populacional da aldeia, o novo contingente representava o incremento de moradores falantes da língua e conhecedores das "tradições bororo".

Rede em sincronia

Essa revisão temporal esquemática serve para dar densidade histórica às contemporâneas conexões de rede que serão postas pelo projeto museológico do museu comunitário de Meruri. Ao contrário do "Bororo etnográfico" com a qual lidara

---

29 Lembrados por muitos em Meruri até hoje como o incentivador do artesanato local.

30 Na ocasião, foram assassinados por fazendeiros no pátio da missão o Padre Rodolfo Lunkenbein e o Bororo Simão Cristiano Koge Ekudugodu.

até então os museus italianos via coleções museais, o museu de Meruri precisa lidar com sujeitos históricos situados numa específica trama relacional que extrapola os limites de um universo cultural bororo modelarmente construído. Indo além, com homens e mulheres representantes de um grupo nativos instalados em torno de uma missão católica devido a diferentes circunstâncias, levando-se em conta os diferentes ciclos migratórios que constituíram a atual população de Meruri.

A professora Aivone informa em sua tese de doutorado que sabia, "através de estudos bibliográficos e das experiências vividas [...] no Colle, da deterioração das culturas indígenas com a participação de missionários que receberam a incumbência de catequizá-los" (2003, p. 34). Em seu trabalho, ela dedica parte de um capítulo (A morada do signo) para elencar os principais alvos de intervenções da ação missionária, considerados por ela como expressões de uma violência simbólica historicamente situada. Segundo essa agente, o sucesso da catequese dependia da superação de "obstáculos", entre eles, acabar com a vida nômade tradicional. E fixar os Bororo sobre um determinado território significava incutir junto a esse grupo uma nova forma de organização econômica, introduzindo a agricultura de subsistência e, em um segundo momento, comercial, a fim de gerar recursos para o autossustento da missão.

Em sua lista, que acaba por oferecer razões práticas para as ações e estratégias missionárias, nossa agente em observação menciona a existência dos internatos de crianças, instituição apontada pela bibliografia etnológica como uma das principais causas de desestruturação da organização nativa por obliterar mecanismos sociais de transmissão de memória. "Os missionários perceberam rapidamente que converter os índios adultos era tarefa quase impossível. No entanto, acreditavam que as crianças poderiam ser facilmente reeducadas" (2003, p. 47), informa. Sobre as ações direcionadas à alteração das práticas culturais, Aivone inclui o esforço missionário para "substituição" dos funerais, encarados pelos missionários da época como "um rito bárbaro, por um sepultamento cristão" (*Ibidem*). Mais adiante informa que a construção de um cemitério cristão não havia sido suficiente para a desarticulação dessa prática cultural.

> Foi preciso eliminar a choupana central (casa dos homens/*baito*), local de reunião dos homens e espaço de celebrações, que caracterizava o restante da estrutura original da aldeia, e o grande obstáculo que impedia a consolidação da vitória do sagrado sobre aquilo que julgavam profano. (2003, p. 48)

Assunto abordado em crônicas históricas do Boletim Salesiano e transformado em tema analítico por Novaes (1993, p. 177-178), essa agente museal faz referência ao momento em que o missionário Antônio Colbacchini, na antevéspera da Festa de Nossa Senhora da Conceição, de 1914, convence um grupo de Bororo a atear fogo à casa dos homens, espaço por excelência dos *baire* (xamã bororo), para no local ser erguida uma cruz e, na sequência, serem batizados os ainda pagãos da aldeia, episódio na época narrado pela missão como marco da vitória salesiana sobre o paganismo nativo e sobre o próprio diabo. A autora concorda com a leitura de Novaes, que vira naquela cruz a expressão de um simulacro, ou seja, a operação de um signo desreferencializado. De fato, sustenta a antropóloga, a cruz permaneceu sobre o solo da antiga casa dos homens e determinados valores associados a ela passaram a ser gradativamente incorporados. Todavia, não da forma ou mesma escala suposta pelos missionários, argumenta Novaes, pois a casa dos homens acabou sendo construída em um local mais afastado da missão, longe dos padres, e alguns dos seus rituais (por um certo tempo) continuaram a ser praticados. Mas sobre esse processo simbólico instaurado pelas missões, Aivone traça suas próprias considerações semióticas, que são significativas para compreendermos de que modo ela pensa a utilidade social do seu projeto museal.

> Toda assimilação de cultura que não acontece de maneira espontânea e que envolve valores humanos referentes à cultura do homem, à sua relação com Deus ou com os deuses, à ânsia por dar significado à vida ou por compreender a morte, portanto não é simplesmente uma assimilação, mas uma troca, uma desmontagem de todo o arcabouço ideológico capaz de mexer com a estrutura social, com o cosmo mítico e com a própria concepção de indivíduo, e podem gerar grandes problemas, como o enfraquecimento da identidade cultural. Afinal, o que confere identidade a um povo são certas marcas essenciais, que sustentam e dão sentido ao indivíduo, ao coletivo e à própria realidade. Em outras palavras, o que identifica um povo é a sua forma específica de ler, explicar, construir e reconstruir o cosmos, a sociedade e o próprio indivíduo. (2003, p. 49)

A agente sustenta que essa perda da estrutura tradicional relacionada à ação missionária salesiana teria marcado também "um momento de perda cultural para os Bororo". Porém, quando ela finalmente vai ao encontro dos índios de Meruri, a primeira conexão a ser feita é justamente com essa rede de missionários salesianos locais. Chancelada pelo poder congregacional central, a hospedagem na Missão Sagrado Coração de Jesus de Meruri e a infraestrutura básica para a realização de sua pesquisa já estavam garantidas de antemão.[31] Mas, é a partir daquilo que estamos chamando de "conversão salesiana" de Aivone que se efetivam as pontes simbólicas que viabilizarão, mais que uma hospitalidade, uma possível parceria entre a professora e os padres de Dom Bosco.

Segundo ela, até a chegada a Meruri, era certo que a cultura Bororo estava esfacelada, e os padres talvez nem tivessem interesse em reavivá-la. Mas ao confrontar-se com o então atual contexto local de missionação reorientado por novos quadros teoideológicos, a agente reconsidera suas posições tomando o enorme painel do Jesus Bororo pintado na paróquia Sagrado Coração de Jesus como símbolo de sua mudança de percepção, conforme conta na sua tese de doutorado, na qual, vale mencionar, cita na lista de agradecimentos o *Aroe Eimejera*, Jesus Cristo, conforme foi traduzido para a língua bororo:[32]

> O Cristo ocidental de olhos azuis e pele clara já havia assumido ali, no painel ao fundo do altar da pequena igreja de Meruri, a imagem de um índio ornamentado segundo as tradições bororo. Ficava claro, então, que a igreja tinha compreendido que a verdadeira catequese não reside na exclusão de hábitos e valores culturais, mas no reconhecimento e valorização daquilo que é universal, embora específico de cada cultura, isto é, a constante busca de compreender os mistérios que envolvem a vida e a morte. (2003, p. 34)

Imagem 35: Painel pintado no altar da capela de Meruri. Foto: ALS.

---

31   Assim como uma série de outros pesquisadores que fizeram de Meruri um campo etnográfico, a professora pôde desfrutar de quarto com roupas de cama lavadas, banheiro privativo, instalação elétrica para uso de equipamentos, serviços telefônicos e saborosas refeições salesianas.

32   O que equivale a algo como "chefe dos espíritos".

A professora Aivone situa essa mudança no marco das transformações ideológicas católicas associadas ao Concílio Vaticano II (1961-1965) e a II Conferência Geral do Episcopado Latino Americano em Medellin (1968). "O Concílio Vaticano II repensou a ação da Igreja no mundo, enquadrando na categoria do 'Povo de Deus' várias frentes populacionais", argumenta em sua tese (2003, p. 50), acrescentando que em Medellin, pelas mãos dos prelados do "Terceiro Mundo", a primeira categoria passaria a englobar também os "Povos Oprimidos". Reconhecendo que mesmo estando ausente a questão indígena do debate religioso daquele momento, ali seriam abertas possibilidades para novas reorientações da pastoral indígena. E informada sobre a crítica que intelectuais e antropólogos formulavam sobre as missões, contundentemente sintetizadas em documentos como a *Declaração de Barbados*, Aivone sensibiliza-se com a resposta oficialmente dada pela Igreja, antevendo nela a construção de um novo marco relacional da instituição com os povos indígenas e também com os próprios intelectuais.

Já em sua tese de doutorado Aivone anuncia uma via alternativa para uma avaliação histórica do trabalho missionário. Apesar de reconhecer que o processo de missionação impôs aos povos missionados aquilo que foi descrito por ela como "perdas", enfatiza que o "aspecto cultural" foi apenas um dos "ângulos" da história dos salesianos junto aos Bororo. Segundo ela, se os missionários contribuíram por longos anos para impor a cultura ocidental, seguindo à política da igreja e do Estado brasileiro vigente naquela época, por outro, "protegeram os Bororo de um mal ainda maior, preservando aquilo que está acima de qualquer valor cultural, isto é, suas próprias vidas" (2003, p.49). Além disso, ela destaca o trabalho de pesquisa e registro etnográfico realizado pelos salesianos, que teriam servido de fonte de reflexão para autores das mais diversas áreas do conhecimento. Adiante, usa a história do Padre Rodolfo Lukenbein, o primeiro missionário "que morreria em defesa da terra dos índios" (BORDIGNOM, 1987, p. 36), como um símbolo do novo relacionamento da Missão como os Bororo. Aivone encerra suas considerações históricas da relação dos salesianos com esses índios citando que após 70 anos da destruição da casa dos homens, os missionários e os Bororo estariam unidos, como expressaria o evento de construção de uma nova casa central para servir "de esteio central das tradicionais aldeias circulares e da sociedade bororo" (2003, p. 53).

> Podemos dizer, então, que a reconstrução da choupana central marcou o início de um processo de revigoração cultural, que ganhou continuidade na visão transformada dos missionários que passaram a ver "Deus agindo na história deste povo". A morte do padre Rodolfo, por sua vez, aliada a outros acontecimentos, uniu os Bororo e missionários

> numa relação de respeito, solidariedade e cumplicidade, em que índio passa a ser convidado a participar dos ritos cristão, assim como os cristãos são convidados a participar dos ritos indígenas, aproximando as duas metades de um mesmo círculo que se tenta refazer. (*Ibidem*)

Mas, ao mesmo tempo em que essa agente em seu trabalho de compatibilização reformula a imagem geral do "missionário", a transição do espaço de convivência com a Congregação Salesiana do Museu do Colle para uma de suas missões lhe permitiu escalonar os diferentes personagens salesianos em três diferentes planos: local (missionários pertencentes à missão), regional (instalados junto à Inspetoria da Missão Salesiana de Mato Grosso) e internacional (atrelados ao comando central). Mesmo estando os agentes salesianos integrados em uma mesma rede institucional, a habilidade da professora em transitar entre as três instâncias mediante o estabelecimento de diferentes relações com determinados agentes referidos a distintas posições dessa rede será fundamental para o desenvolvimento do processo museal merurense. E em cada uma dessas instâncias, a professora é reconhecida como detentora de um *status* intelectual especial: a especialista em cultura bororo, ou seja, aquela que estaria habilitada a dizer quem são e por que são os Bororo.

É na condição de pesquisadora que esse agente museal constrói a relação triádica que permite sua inserção e circulação no campo merurense entre salesianos e os Bororo. E é em nome do seu projeto, primeiramente acadêmico e, posteriormente, museal, que tece sua rede de relações junto a esses dois segmentos. Com o beneplácito missionário central e apoio dos religiosos locais e regionais, Aivone chegava à aldeia de Meruri em 1999 munida de fotografias das peças do acervo do Museu do Colle para testar os potenciais de comunicação desse acervo imagético junto aos descendentes dos seus supostos antigos proprietários. Como registra em sua tese, o primeiro procedimento realizado ao se instalar na aldeia foi conquistar a confiança dos alunos da Escola de Meruri, na época ainda sob direção dos missionários, dos professores e da própria comunidade, como ela formula.

Aqui é importante destacar uma informação crucial. O *locus* privilegiado de interação dessa agente se deu num lugar simbólico e estratégico, tanto do ponto de vista dos salesianos, em relação à sua tradição escolar, como dos Bororo, que faziam dali um espaço para seu empoderamento e garantia de participação em redes para além da escala nativa: a Escola Indígena de Meruri. Integrada à rede pública do Estado do Mato Grosso e com missionários ainda no comando da direção, essa instituição passava a ser na época animada por professores bororo em vias de formação pelos programas especiais de formação indígena de professores com titulação universitária da Universidade Católica Dom Bosco (UCDB) e a da Universidade do

Estado do Mato Grosso (Unemat). Eram esses agentes que, transportando das redes pan-indígenas ou indigenistas associadas aos seus centros de formação universitária, colocavam em circulação no campo merurense uma série de formulações sobre o protagonismo indígena e os modos de relacionamento entre populações indígenas e sociedade branca. Em Meruri, por exemplo, no que diz respeito a um desses agentes da dita sociedade dos brancos, "os pesquisadores", quando nos aproximamos dos professores indígenas, podemos ouvir quase como mantras discursos como: "Hoje nós somos produtores do nosso conhecimento"; "Somos nós que vamos fazer as pesquisa sobre nosso povo e cultura e não alguém que vem de fora"; "Acabou-se o tempo que vinha pesquisador levar nossas riquezas e não nos dava nada em troca".

Os professores indígenas de Meruri, em processo de autoconstrução enquanto novas lideranças locais, exigem diálogos e o estabelecimento de relações simétricas com "os pesquisadores", figura que acabou por se tornar uma espécie de personagem facilmente reconhecido. "Ah, você é pesquisador!", exclamam alguns Bororo como se tivessem encontrado uma chave de sentido para nos localizar socialmente. E é desse modo que Aivone se inscreve e é percebida no campo, acabando por se transformar em um modelo de pesquisador ideal.[33] Afinal, quando chegou à aldeia para "testar" o potencial de comunicação do acervo do Colle como um revitalizador da memória mítica nativa, como expressou em sua tese, ela foi percebida como a pesquisadora que vinha, diferentemente dos inúmeros que por ali já tinham passado, para dar cabo de um projeto que estava necessariamente comprometido com resultados práticos que beneficiariam os Bororo. E seu projeto, indo além, só aconteceu quando ele se tornou a expressão das próprias redes que colocou em cena, ratificando ao público merurense

---

33 Cheguei à Meruri na época do mestrado por intermédio de um colega de Aivone. Ambos tinham lecionado numa mesma faculdade em São José dos Campos (SP). Cursando com ele a disciplina de Antropologia Urbana ministrada pelo professor Heitor Frugoli, na Universidade de São Paulo, onde meu colega era aluno ouvinte, decidimos ir juntos a Meruri para cada um tocar seu próprio projeto. Desde o primeiro momento fui identificado, à revelia, como um pesquisador que fazia parte da equipe da professora Aivone. Fui orientado enfaticamente a sempre me apresentar vinculando-me à professora, como uma espécie de referência-garantia para um bom trânsito na aldeia. De fato, bastava mencionar o nome de Aivone para ouvir os tradicionais *Uuuuu* bororo, em expressão de aprovação e consentimento à minha presença. Nesta mesma viagem, após estadia em Meruri, viajamos eu e esse colega de disciplina para Campo Grande (MS), onde fui apresentado formalmente à professora. Todas as demais visitas que eu realizei a Meruri foram em companhia da professora. Em uma dessas viagens, ouvi interessante comentário missionário, que denota posições do campo: que eu tinha tido a sorte de ter sido "apadrinhado" pela professora. Todavia, ao longo de todo o processo, tentei construir uma relação de respeitosa independência e gratidão. Cada vez mais interessado no processo museal merurense, todavia, meu projeto jamais se confundiu, para o bem e para o mal da pesquisa, com o mesmo processo museal.

a ideia de engajamento e comprometimento com o grupo local, de um lado, e de participação nativa, do outro.

Aivone, que acabou sendo incorporada ritualmente à comunidade merurense como uma mulher pertencente à metade *Ecerae*, no clã dos *Bokodori*, sob o nome de *Kogebo Jokiudo* (Rio de Peixe Dourado),[34] recapitula sinteticamente em sua tese de doutorado os principais passos iniciais do processo acadêmico e museal. Neste trabalho, ela conta que a interação inicial foi baseada em conversas espontâneas. "Sem qualquer roteiro determinado, ou qualquer questionário, os índios falaram sobre a vida, sobre casos acontecidos, sobre sua história, sobre modos de compreender o mundo, sobre diferenças culturais e semelhanças do espírito humano". Na prática, foi a fase de se alicerçar alianças e identificar possíveis parceiros dentro da rede indígena.

Na sequência, as fotografias dos objetos relacionadas ao rito de nominação bororo, que não era mais praticado na aldeia, foram apresentadas aos alunos e professores, que puderam manuseá-las, e também transformadas em ferramentas didáticas. Em sala de aula, as imagens passaram a ser usadas para fomentar debates, serviram de inspiração para desenhos e para organizar exercícios que estimulavam os alunos a descobrirem os nomes e significações das peças fotografadas, contando – atenção para as três fontes de memória – com o auxílio dos "anciões" bororo, da Enciclopédia Bororo e do velho e ilustrado padre Ochoa. Nas turmas "mais adiantadas", detalha a professora, as fotografias foram usadas para promoção de conversas sobre a história dos Bororo, identidade e sociedade de forma mais ampla. Em maio de 2000, acrescenta a professora, foram produzidos textos bilíngues que contextualizaram esses objetos no interior de uma narrativa mítica.

Mas foi a reação de um núcleo familiar bororo que desencadeou o aprofundamento da experiência semiótica desse agente musel focal: pais e padrinhos de duas crianças, bisnetos do velho Antônio Kanajó Brame, considerado a "memória viva da cultura" em Meruri por índios e missionários, sendo um deles neto de sua nora, Leonida Maria, que mais tarde seria contratada como funcionária do Centro e se tornaria "comadre" da professora, decidiram nominá-las segundo os ditos padrões tradicionais. O processo comunicativo parecia que começava a fazer efeito, para além das salas de aula.

---

34 Mitologicamente, todas as coisas do cosmos foram divididas entre as duas metades exogâmicas bororo e cada clã detém prerrogativas sobre coisas e seres do universo. Os brancos caberiam aos Bokodori. Ao longo da história da relação dos Bororo com a sociedade envolvente, os rituais de nominação de pessoas alheias do mundo bororo acabaram sendo empregados como recursos diplomáticos, que conferiam às pessoas incorporadas prestígio e ao mesmo tempo as inseria numa rede de trocas.

Segundo leitura da própria agente, a ação pedagógica em torno dos objetos, envolvendo alunos, missionários e professores, acabou por se disseminar pela aldeia. "Assim, os alunos viram os objetos ressurgindo para a vida pelo fio da narrativa de suas próprias histórias, em meio ao ritual de nominação" (2003, p. 41). Pela ótica de Aivone, leitora do filósofo e historiador das religiões romeno Mircea Eliade, "era a ressureição, o eterno retorno" (*Ibidem*). Assim, entre o pôr do sol de um dia e o nascer de outro, em meio a cantos bororo e com pais, padrinhos e crianças paramentados com alguns dos objetos rituais associados ao rito de nominação, alguns deles especialmente produzidos para a ocasião, foi realizado o ritual, assistido pela comunidade merurense, ou seja, por índios e missionários.

Como já havíamos pontuado no trabalho anterior (SILVA, 2009), a interpretação dada pela professora ao evento confirmaria a sua primeira hipótese: as peças, muito mais que meros objetos da cultura material, seriam signos capazes de articular uma narrativa cosmológica desencadeadora de ações históricas. Por meio desses objetos etnográficos, uma memória poderia ser reativada, salvando uma cosmologia que corria o risco de ser apagada pelos revezes de uma ocidentalização marcada pela violência das injustiças sociais. Mitos e ritos, aos quais esses objetos reivindicavam a sua contextualização, segundo a agente museal, poderiam ser os meios de acesso a essa cosmologia, expressão única de uma dada cultura que, em última instância, organiza sua forma particular de se relacionar com o "sagrado e o profano".

Como já havíamos pontuado, na proporção em que o tal ritual de nominação comprovava a sua capacidade de mobilização dos Bororo, para Aivone, a possibilidade de materializar a ideia de "um diálogo entre o museu salesiano e a aldeia" se confirmava enquanto um bom meio para atingir a "revitalização da cultura". Em contrapartida, a Missão Salesiana se sentia estimulada a aprofundar tal experiência. Isto porque, para ela, era bem-vindo o projeto que fazia dela (do seu acervo, do conhecimento coletado, organizado e produzido pelos missionários) o instrumento dessa missão.

Aivone, que conhecia pessoalmente Don Pierluigi Zuffetti, diretor da Missioni Don Bosco, autarquia salesiana responsável pela captação de recursos e financiamento de obras missionárias ao redor do mundo, levou até ele um projeto escrito em parceria com o padre Francisco Ribeiro de Lima, então diretor da missão, e padre Gonçalo Camargo Ochoa. A ideia partiu de uma simples sala para ser usada como oficina pedagógica e evoluiu para um centro de pesquisa de valorização da cultura, no qual os Bororo de Meruri pudessem não só ter contato com peças etnográficas como também produzi-las. Em torno dessa ideia, foi estabelecida uma aliança, na qual, cada um dos respectivos agentes envolvidos, escalonados em específicas posições de uma rede, se beneficiariam das competências, saberes e poderes dos seus aliados (SILVA, 2009).

É por meio desse modo de enquadrar a trama de relações envolta da experiência museal posta curso no Meruri que podemos compreender a força que Aivone assumiu nesse campo. Como demonstramos em trabalho acima citado, essa agente, que contava com expressivo financiamento das autoridades salesianas da Itália, representava sangue novo no campo missionário e no quadro de alianças entre esses agentes no contexto merurense. Ela foi tanto a ponte para novos compromissos entre missionários e índios estabelecidos sob novo código (civilização cede espaço para cultura), como elo entre o mundo religioso e o mundo laico, aproximando o ideário religioso de uma linguagem leiga e de uma dada ciência. Como já havia feito no passado, quando se dedicaram ao conhecimento sistemático das línguas e costumes nativos, os salesianos retomam seu diálogo com os produtores de conhecimento para além dos muros da Igreja (SILVA, 2009).

Foi a partir dessa rede de alianças que o projeto do museu ganhou forma até atingir sua composição básica: três unidades distintas e contíguas divididas em uma sala de multimeios aparelhada com televisão, videocassete, aparelho DVD, mesa de som e painéis fotográficos com imagens de rituais, que vão do rito de nominação ao rito fúnebre bororo; a Biblioteca Simão Bororo,[35] que abriga ainda um arquivo multimeios onde são arquivados os registros audiovisuais realizados por alguns índios Bororo; e a sala Koge Ekureu,[36] o espaço expositivo de Meruri.

Segundo Aivone, o "texto mais envolvente" deveria ser construído nesse espaço (2003, p. 57), pois ele teria como missão "comunicar a operatividade da cultura bororo". Para tanto foi construída nesse ambiente a metáfora da aldeia circular para onde mais tarde foram trazidos, no dia da inauguração do espaço cultural, os objetos repatriados do Museu do Colle. No centro dessa aldeia expográfica foi instalada a vitrine onde ficariam depositadas as peças históricas sustentada por quatro toras de aroeira e atravessada por um mastro representando o esteio situado no centro das casas dos homens, no modelo etnológico bororo, o ponto axial dos cosmos bororo. Por

---

35 Simão Bororo foi morto durante o mesmo episódio que vitimou Pe. Rodolfo, em 1976. Ambos foram fatalmente feridos diante do pátio central da missão, local onde foi erguido um cruzeiro que se tornou para os católicos de Meruri a lembrança do martírio humano e divino. Importante apresentar a explicação institucional da simbologia: o nome de Simão na biblioteca remete também ao fato de 18 Bororo terem entrado na universidade no mesmo ano da criação do museu.

36 *Koge Ekureu* foi o nome bororo dado ao padre Rodolfo Lunkenbein quando foi introduzido ritualmente como um membro do grupo, fato que os missionários tomam como um símbolo de uma aliança transcultural. O nome significa peixe dourado.

este esteio, lembra nossa agente sob observação, desceriam à aldeia os *aroe*, "as almas" de antepassados e herói míticos, durante os ritos fúnebres. Nessa estrutura foram colocados "alguns objetos sagrados indicando a maneira como a aldeia é dividida" (2003, p. 62). No lado leste, um *pana*, instrumento musical de sopro, uma insígnia do herói mítico *Itutore*, regente do lado oriental do mundo dos mortos (EB, p. 671). No lado oeste, um *íka*, outro instrumental musical, desta vez, referido a *Bakororo*, outro herói mítico chefe do lado ocidental do mundo dos mortos (EB, p. 207). No alto, um *pariko*, adorno confeccionado a partir de penas de arara, "como símbolo da beleza de um povo que precisa mostrar que vive e que é dono de uma cultura que ainda pode ser operante" (*Ibidem*). O discurso museal fazia equivaler, enfim, "religião" e "cultura", mensagem muito bem compreendida tanto pelos missionários e alguns Bororo, principalmente os professores indígenas, como demonstramos anteriormente (SILVA, 2009).

Ao redor da vitrine, os oito clãs que compõem as duas metades exogâmicas bororo na dita aldeia tradicional foram evocados por casas clânicas, representadas por trançados de fibras que se transformaram em vitrines nas quais eram exibidos os conjuntos de objetos que cada um dos clãs teria sobre eles primazia. E para a formação do acervo exposto, foi promovida uma série de oficinas, baseadas nas informações fornecidas pelas fotografias e balizadas por homens e mulheres mais velhos, alguns deles recém-chegados de aldeias onde ainda se mantém práticas rituais ditas tradicionais. Estava posto ali o prenúncio de um conceito: mais que um museu de peças, um museu-oficina da técnica, que colocaria parte do seu acervo para uso ritual em Meruri ou tomado de empréstimo por outras aldeias.

Por fim, finalizando a composição cênica, a posição dessas casas na sala foi definida pelos velhos Kanajó e o Colbacchini (Bororo que leva o nome do missionário), levando-se em conta os pontos cardeais e o percurso solar, outorgando status mitológico nativo a um novo mito híbrido local, o mito museal merurense, capaz de recriar em novos termos "a cultura tradicional bororo" e simbolizar uma suposta nova forma católica de fazer missão, ou seja, "revitalizar" a cultura de um povo, expressão última de sua religiosidade original.

Foi, aliás, por meio de uma série de eventos rituais associados à inauguração do museu comunitário, que se sucederam por três dias, que missionários, intelectuais e Bororo colocaram, em parceria, esse mito museal em ação pela primeira vez. Recorrendo a uma breve descrição dessa agenda de inauguração, poderemos ver de que modo esse mito museal pode ser compreendido como o rastro simbólico por excelência da rede plurissocietária que o engendra. Vejamos.

A inauguração

De acordo com os registros da tese de Aivone, assim que a sala de *Koge Ekureu* ficou pronta iniciaram-se os preparativos para um outro ritual de nominação coletivo programado para a véspera da inauguração do museu comunitário, lembrando a autora que este estava previsto para coincidir com a cerimônia em homenagem aos 25 anos da morte do Padre Rodolfo Lunkenbein e de Simão Bororo e um ano antes dos comemorativos do centenário da presença salesiana junto aos índios de Meruri. Segundo informou o site da congregação na época, "o maior rito realizado coletivamente na história desse povo".

A professora conta que dentro e fora da sala do novo espaço cultural, no alpendre do prédio, tios, padrinhos e mães de mais de 20 crianças se dedicaram à confecção de enfeites tradicionais para uso ritual. Em uma versão inédita, a comunidade merurense reproduziu as marcações principais do rito de nominação. Para os mais jovens, informações aprendidas como um conteúdo didático absorvido após a conexão de uma doutoranda em semiótica com a escola indígena de Meruri. Assim, já na tarde da antevéspera da inauguração do museu, os cantos anunciando o ritual de nominação começaram a ser entoados às portas das casas dos padrinhos. Em cortejos, os grupos partiram em direção à casa central de alvenaria, a mesma construída anos antes em parceria entre índios e missionários. Diante da casa dos homens, as crianças foram apresentadas para *Bakororo*, representado pelo sol poente. Na sequência, os Bororo entraram na casa dos homens e cantaram durante toda a noite sobre os enfeites dispostos em bandejas de palhas (*baku*). Cantores (provavelmente vindos da aldeia Garças, tendo em vista a escassez de mestres de cantos de Meruri) se revezaram durante à noite, "enquanto as mulheres enrolavam cigarros e respondiam os cantos" (2003, p. 64). De madrugada chegou a hora de as crianças serem enfeitadas com as pinturas corporais do seu clã.

Quando amanheceu, todos foram para a porção ocidental do pátio em frente à casa. Virados para o oeste, ponto cardeal de *Bakororo*, os cantos voltaram a ser entoados e os ornamentos como o *boe-et-aobu*, espécie de toucas feitas a partir das penas menores de arara, foram colocados nas crianças. Os padrinhos, paramentados com *parikos*, vieram do centro da aldeia para tomá-las em seus braços e erguê-las para poderem proclamar um a um os seus nomes. "No final da festa, serviram *aroekuru*, bebida feita com arroz e açúcar, celebrando a entrada dos novos Bororo na cultura, numa espécie de comunhão. À tarde, os índios iniciaram os preparativos para a inauguração do Centro de Cultura", conta a agente museal, lembrando que ela ocorreria em meio a várias cerimônias, entre elas, uma "missa inculturada".

Em nota de pé de página, Aivone descreve e interpreta o evento litúrgico. Sem informar quem foram os responsáveis pela organização de todo o aparato festivo, o encontro dos padres e Bororos, agora mediados por um centro de cultura, transparece como um balé simbólico que brota naturalmente na aldeia:

> Um espetáculo deslumbrante para os não índios, que pisavam o Meruri pela primeira vez. Com seus adornos tradicionais de festas, os índios, em procissão, desceram da aldeia, rumo ao altar que havia sido preparado próximo ao Centro de Cultura, sob uma enorme mangueira, belíssima como toda a natureza ao redor: Os índios dançavam e cantavam seus cantos rituais que se misturavam aos cantos sacros dos padres, à magia da música das aves que não estranharam tamanha movimentação [...]. Assim, o ritual da missa aconteceu, com os índios respondendo aos padres em língua bororo e dançando em sinal de oferenda. No final, o Cacique discursou agradecendo a construção do Centro e comentando o valor do padre Rodolfo e de Simão Bororo. Houve, ainda, depois da missa, o lançamento de importantes obras: Meruri na visão de um ancião Bororo – memórias de Frederico coqueiro, escrita pelo pesquisador Padre Uchoa, e Róia e Baile – mudança cultural Bororo, escrita pelo Mestre Mário Bordignon. (2003, p. 67)

É em meio a essa suntuosidade cerimonial que as peças trazidas do Museu do Colle foram introduzidas na aldeia e entronizadas na então novíssima instituição cultural de Meruri sob o olhar dos índios Bororo, missionários locais e demais religiosos e "especialistas da cultura"[37] convidados para prestigiarem o evento. Interessantemente, em nome de um passado, tais peças passariam a viver daquele momento em diante em função da projeção de um futuro, que só se realiza na medida em que a "nova didática museológica" posta em operação em Meruri, a razão de ser da máquina museal montada na aldeia, passa a tecer novas realidades etnográficas, como o próprio rito museal que estava sendo posto em cena. Realidades, no caso, na qual aquilo que é entendido como "cultura bororo" aparece como elemento codificado e partilhado nessa rede plurissocial.

Na ocasião, por exemplo, Betinho, um dos filhos do velho Kanajó e marido de Leonida, a futura curadora do centro, confeccionou um *bokodori*, colar criado a partir

---

37 Pesquisadores que tiveram a cultura bororo como foco de suas atenções também foram convidados a doar cópias dos seus trabalhos ou "restituir" peças para ajudar a fortalecer o acervo do recém-inaugurado museu comunitário.

de unha de tatu-canastra para ser entregue à Aivone, que representou na cerimônia o Museu do Colle. O gesto, o quanto de espontâneo ou coreografado não sabemos, foi explicado como sendo uma retribuição "dos Bororo", sempre tomados como um coletivo indistinto, ao feito do museu italiano. Mas ali, inserido no novíssimo mito museal merurense, ação tornava-se a expressão do *mori*,[38] pois, "de acordo com a ética bororo, todo e qualquer presente exige uma indispensável retribuição" (2003, p. 67). Desse modo, são justapostas ações bororo e salesianas, como se elas não integrassem a execução ritual de um mesmo mito museal: Bororo, intelectuais e missionários, juntos, em nome da cultura tradicional, produzindo em parceria uma novíssima forma de expressão cultural – a cultura bororo objetivada.

Processo museal como "objeto" de exposição

Sob o ponto de vista dos intelectuais então engajados com o processo museal de Meruri, o centro comunitário poderia ser descrito como uma espécie de laboratório fenomenológico husserliano. Isto é, um espaço onde a "memória bororo", estimulada pela experiência visual proporcionada pelos objetos etnográficos do acervo do Museu do Colle fotografados, poderia "recuperar a sua história pela ação cultural da redescoberta" dos sentidos mitológicos e sociais dessas peças, itens portadores de uma "essência fenomenológica" transformada continuamente em matéria-prima para sucessivas significações (CARVALHO, 2003, p. 74). Respaldada pela leitura de Renate Brigitte Viertler, assim registra a Aivone:

> Cada objeto pertencente à cultura material bororo, bem como a matéria-
> -prima com a qual é feito, estão intimamente ligados ao mundo mítico
> ritual deste povo, por esse mesmo motivo, não podem ser dissociados de
> seu mundo espiritual. Falar em cultura material bororo significa, princi-
> palmente, relembrar os mitos. A maior parte dos mitos bororo pode ser
> considerada mitos de origem, isto é, mitos que revelam a condição atual
> dos homens, da morte, das instituições religiosas, das regras de conduta
> e da natureza circundante, como as plantas alimentícias, os animais e os
> acidentes geográficos. (CARVALHO, 2003, p. 75)

Para a efetivação desse processo de reativação de uma memória mítica codificada em uma dada cultura material, tal laboratório teria como principal método as

---

38   Entre as várias acepções para *mori*, a Enciclopédia Bororo registra também recompensa e/ou retribuição "por um favor ou por um objeto recebido" (ALBISETTI & VENTURELLIB, 1962, p. 803).

"oficinas culturais", sessões coletivas de ensino/aprendizado de técnicas de confecção de artigos da dita cultura material bororo tradicional a partir das informações fotográficas e bibliográficas, respaldadas pela memória dos mais velhos. As primeiras ocorreram no período de formação e consolidação do museu (1999-2002) e tiveram forte associação com o conteúdo programático da escola indígena de Meruri, tendo como seu principal público-alvo os alunos dessa instituição. As atividades escolares foram fundamentais como complemento de uma série de dinâmicas proporcionadas pelas oficinas. Na sala de aula, por exemplo, os temas trabalhados tornavam-se alvos de discussões orientadas para as suas contextualizações e forneciam motes para outras atividades, como a promoção de redação bilíngue.

Para cada oficina era definido um foco, um grupo de monitores e as inscrições eram livres. Entre os temas trabalhados estiveram o *akigu* (técnicas de tecelagem bororo à base de algodão), *parikiboto* (espécie de leque usado para aplacar o calor, espantar insetos ou atiçar o fogo), *boe e-kudawu* (esteira usada para dormir ou sentar-se ao chão)[39], *ba atugo* (adorno de cabeça masculino feito com folíolo da folha de babaçu), *bapo* (instrumento de percussão acionado pelas mãos feito a partir de cabaças), *kiagoaro* e *boe-et-aobu* (enfeites plumários aplicados em meninos e meninas durante ritual de nominação), *boe kiga* (adorno plumário usado por homens e mulheres), *pariko* (os tradicionais e exuberantes cocares bororo), *boeiga* e *tugo* (arco e flecha), *arago* (borduna que é carregada pendurada no pescoço caída sobre as costas), *akigo iwoga* (espátula usada como instrumento para tear bororo), *ato* (conchas com múltiplas aplicações, de colheres até a confecção de adornos). Além da produção de artefatos materiais, a programação inicial do museu de Meruri contou com oficinas de fotografia (ensino de técnicas fotográficas), canto (foco no *cibae etawadu*, o canto da arara vermelha entoado em diversos rituais) e com o mutirão clânico.[40]

Promovidas em tempos e para turmas independentes, as oficinas tornaram-se a materialização do projeto conceitual do museu: fazer "cultura", ou seja, agir culturalmente, em nome da "Cultura Bororo". Indo além, do ponto de vista interno, inscreveram a instituição na vida da "comunidade merurense", e do ponto de vista externo, projetaram o museu como representante não só da dita comunidade local

---

39 Aivone registra uma informação interessante. A maioria das casas bororo contam com colchões de espumas. Todavia, alguns conservam o uso das esteiras, colocando-as entre os colchões e estrados.

40 Tratou-se do projeto de reforma (parcialmente concluída ainda em 2004) das 67 casas bororo da aldeia de Meruri elaborada para "testar a existência de algum tipo de troca de serviço entre os *Ecerae* e *Tugarege* ou, em caso contrário, estimular o resgate desse valor" (CARVALHO, 2003).

como de toda a etnia Bororo. Como veremos a seguir, essa segunda operação só acontece como corolário da primeira.

São durante as oficinas que museu comunitário – que existe em função de uma dita comunidade étnica homogênea e se representa como expressão desta – tece sua rede de relações junto a determinados índios Bororo que aderem às atividades da instituição; identifica e arregimenta colaboradores indígenas que contribuem para a sua animação; e oferece a esse coletivo indígena uma nova perspectiva de avaliação do trabalho religioso salesiano: o de conservadores da tradição, mediante o trabalho de inscrição etnográfica missionária.

Nas oficinas, o registro visual das fotografias das peças bororo do acervo do Museu do Colle (divulgado como ação de conservação missionária) pode ser confrontado com os saberes dos velhos indígenas que se prontificam a atuar como monitores ou formando outros monitores mais novos que multiplicam seus conhecimentos. Em outra instância, são por meio dessas oficinas que os saberes dos velhos também são postos em diálogo com as informações organizadas pela *Enciclopédia Bororo*, divulgado como o fruto do comprometimento salesiano com a conservação da "cultura bororo". Nas oficinas de *akigu*, por exemplo, iniciadas em agosto de 2001, os 22 índios Bororo participantes escolheram as peças que iriam aprender confeccionar a partir da coleção de fotos trazidas pela professora Aivone da Itália. Na *Enciclopédia* e/ou junto ao velho Kanajó, consultaram quais eram as cores correspondentes a cada clã e também como deveriam ser preparados os teares para serem produzidas suas respectivas tramas. Já nas oficinas de cestaria, foi preciso recorrer aos conhecimentos de Maria Cigui, índia Bororo que havia há pouco tempo trocado a aldeia de Córrego Grande por Meruri. Essa primeira é tida em Meruri como uma das mais tradicionais aldeias bororo, sendo sempre ressaltada pelos moradores de Meruri como uma espécie de contra-modelo local.[41] Maria, vendo as fotografias e folheando a *Enciclopédia*, conta Aivone em sua tese de doutorado, determinou qual seria a sequência de peças que as aprendizes de Meruri seriam capazes de aprender. As oficinas de cestaria foram abertas apenas paras as meninas e mulheres de Meruri, por se tratar de uma prática tradicionalmente feminina.

Alguns objetos tornaram-se alvo de oficinas por iniciativa dos próprios Bororo. O *ba atugo*, o adorno de cabeça feito com folíolo da folha de babaçu, não fazia parte do acervo do Museu do Colle e, logo, não estava entre as peças fotografadas e trazidas para as oficinas. Todavia, por decisão de dois monitores indígenas

---

41   Da perspectiva de alguns moradores de Meruri, a aldeia seria percebida pelos demais Bororo como a mais distante das práticas tradicionais. Sendo chamada jocosamente por alguns Bororo de fora de Meruri "de vila de padres", o questionamento daquilo que podemos chamar de uma "bororidade" é assunto delicado e alvo de mágoas.

(Agostinho e Tolinho, ambos personagens do nosso Entreato) que se valeram de suas pesquisas na *Enciclopédia* dos salesianos, o artefato foi incluído na programação de oficinas do museu. Já as oficinas de produção de *boeiga* e *tugo* também foram convergentes aos interesses particulares dos jovens bororo participantes dos Jogos indígenas. Tendo a aldeia a sua própria comitiva de atletas que participava regularmente dos jogos, um grupo de jovens viu ali a oportunidade de se aprimorar em mais uma de suas modalidades do evento: arco e flecha.

Mas para além de instaurar uma agenda de atividades pedagógicas de ensino e aprendizagem em Meruri, o museu comunitário com as suas oficinas acabou por vincular-se a uma série de eventos coletivos na aldeia e para além dela. Toda a produção das oficinas de cestaria, por exemplo, foi exposta em uma mostra especial organizada em homenagem aos 26 anos de morte de Padre Rodolfo e Simão Bororo e aniversário de primeiro ano do museu comunitário. Amadurecidas enquanto expressões de uma instituição comprometida com um projeto social, mais do que um conjunto de objetos, mas com a memória de técnicas em função de um determinado contexto ritual e mitológico, as oficinas também precisavam ir além da prática do ensino e aprendizado. Era necessário fomentar iniciativas que colocassem o patrimônio material – e imaterial – em ação. As oficinas do canto *Cibae Etawadu* ilustram a complexa engenharia simbólica das oficinas e o funcionamento da rede que viabiliza o desdobramento das oficinas em novos eventos culturais.

Para ensinar os jovens bororo, o museu de Meruri se vale do registro musical em *compact disc* (CD). Junto com o Padre Ochoa, que desde os anos 60 dedica-se ao laborioso trabalho de registro e transcrição dos cantos em fitas cassetes, "a letra da música" foi transcrita pelos alunos da escola em cadernos para ser usada em aulas promovidas em salas da escola indígena de Meruri.[42] Ritmado pelo *bapo*, instrumento de percussão semelhante ao chocalho produzido em oficinas anteriores, o canto passou a ser alvo de ensaios coletivos entre crianças e adolescentes do sexo masculino. Para efetivá-los, foi necessário trazer para participar das atividades em Meruri, Helinho, Bororo residente na aldeia Garças, que aprendeu a tocar *bapo* e entoar cantos com velhos mestres bororo, como José Carlos.

Após duas semanas de ensaios, havia chegado a hora de desdobrar a atividade didática numa outra experiência cultural. E para que isso acontecesse, foi pro-

---

42   O museu de Meruri conta com um rico acervo musical em áudio compilado há décadas pelo padre Ochoa. Tendo usado Meruri e Garças como campo de pesquisa, o maestro Roberto Vitório, em 2002, como forma de agradecimento aos salesianos e aos Bororo, levou ao espaço cultural da aldeia o engenheiro de som Pauxi Nunes, que programou os computadores do museu para traduzir em linguagem digital todos os registros de Ochoa (CARVALHO, 2003).

movida uma festa para contar para a comunidade que os rapazes dessa nova geração de Meruri haviam aprendido a "tocar *bapo* e cantar um canto completo, ainda mais por ser o *cibae etawadu* que se canta também a fim de devolver a alegria para aldeia depois de um período de luto", conta Aivone (2003, p. 109). Para realizá-la, o museu comunitário, junto ao grupo de Bororo que se despontaram como seus principais colaboradores, promoveram a dança do couro da onça e parte do novíssimo acervo do centro foi mobilizado para simular o rito a fim de dar sentido à execução do *Cibae Etawadu*. Nessa ocasião, saíram do espaço expositivo itens como *pariko*, *bapo* e couros de onça (comprados pela professora Aivone dos índios Rikbaktsa nas margens do Rio Juruena) para se transformarem naquele momento em objetos cênicos.

Mas o museu comunitário também é produtor de agendas que escapam da lógica das oficinas culturais. Um exemplo disso foi a promoção entre os dias 25 e 28 de setembro de 2006 do "I Seminário de História Bororo para Bororo". Aberta para toda a comunidade local, o evento congregou em seus quatro dias de atividades uma média de 40 pessoas, entre jovens e adultos, que afluíram ao Centro para ouvir as palestras dos acadêmicos e padres convidados. Na lista de palestrantes, além dos salesianos Gonçalo Ochoa Camargo, que falou sobre a tradição mítica bororo, e mestre Mário Bordignon, que tratou sobre a situação fundiária dos Bororo como um todo, com especial ênfase à questão de Jarudore, marcaram presença as antropólogas Renate Brigitte Viertler, docente aposentada pela Universidade de São Paulo, e Edir Pina de Barros, da Universidade Federal do Mato Grosso.

Novamente a evidenciar as conexões do museu local com o calendário religioso/litúrgico de Meruri, o seminário, animado pelo slogan "O Lugar da História Bororo na História", integrava a agenda cerimonial, que na época celebrava o 30º aniversário da morte do Padre Rodolfo e de Simão Bororo. No dia 29, encerrando a semana cultural, Dom Protógenes José Luft, bispo diocesano de Barra das Garças (MT), presidiu uma missa inculturada, da qual participaram diversos salesianos e salesianas, como o padre Filiberto Rodríguez, conselheiro geral da Região Salesiana Europa Oeste, e inúmeros Bororo e Xavante, grupo também convidado para a ocasião. Durante a cerimônia, os Bororo, agora organizados pelos representantes locais do museu comunitário, colocaram em cena cantos e danças nativos além, obviamente, não só parte do acervo da instituição, como a sua nova *expertise* cerimonial. O museu, por meio do grupo de índios Bororo que acabou sendo incorporado como membros permanentes do seu *staff* mediante relação mediada também por salário, assumiu a função de organizar dos demais Bororo para a participação de eventos dentro e fora da aldeia. A apresentação coletiva dos índios Bororo de Meruri, ou seja, o que dançam, o que cantam, etc, passa a ser alvo das tratativas dos demais indígenas junto à instituição.

Assim, a inserção do museu na vida cultural bororo vai além das ações que ele mesmo põe em cena ou acaba sendo envolvido por conta das demandas cerimoniais da missão salesiana. A função de representação dos Bororo para o universo externo também acontece quando eventualmente algum outro agente do dito mundo branco vai a Meruri em busca "da tribo Bororo" para participar de algum evento ou festividade regional. Já no âmbito interno, sendo as oficinas direcionas à produção de artefatos que acabam integrados ao acervo de Meruri, elas produzem conjuntos de peças que são eventualmente tomadas de empréstimos para a realização de rituais/festividades organizadas pelos próprios Bororo. Frente à escassez de matérias-primas para a confecção de novos artefatos ou à desorganização da estrutura social que inviabilizaria a consumação completa de grandes ciclos ritualísticos, como a da caçada de onças, recorrer ao acervo de Meruri tornou-se uma alternativa prática.

Em um ritual fúnebre realizado na aldeia Garça em 2006, por exemplo, Helinho, o mestre de canto das oficinas culturais realizado em Meruri, foi até o prédio da missão pedir apoio dos missionários e/ou do centro de cultura para a realização do rito. No dia do evento, tendo vindo junto com os parentes de Meruri convidados para o funeral, lá estava aberto sobre o *bororo* (o pátio central) uma lona repleta de objetos confeccionados pelas oficinas culturais merurenses a disposição para serem escolhidos e usados noite adentro no *baito* em meio a cantos e danças.[43]

Todavia, é importante ressaltar que o pedido de ajuda e o que fora oferecido extrapolava os ditos recursos museológicos, informação que nos ajuda a situar o museu no interior de uma rede mais ampla de prestação e contraprestação de favores. No pacote de auxílio, constavam combustível para o caminhão que ficou encarregado de fazer o transporte dos "parentes" de Meruri e verba para ajudar a custear a alimentação dos presentes. Essa capacidade do museu de se inscrever na vida dos homens e mulheres de Meruri e produzir automaticamente uma representação autoral do processo que põe em curso tornam-se os principais trunfos da instituição, principalmente no que diz respeito à sua circulação pelos canais de comunicação pública. Muito mais que exibir objetos bororo referidos a uma dita tradição cultural, o museu habilita-se a exibir uma tecnologia sociocultural – e o mais interessante – em construção. Pois, uma característica marcante deste espaço cultural e da agenda que ele implementa é que eles estabelecem uma relação simbiótica entre construir uma instituição e a promoção de uma educação patrimonial generalizada, tanto do público

---

43   Ter presenciado o canto entoado em parceria por Kanajó e José Carlos foi uma das cenas mais marcantes desta pesquisa. O hoje finado Kanajó, na época de fala mansa e marota, de *bapo* na mão e paramentado com enorme *pariko*, surpreendeu ao parecer rugir como um leão, imprimindo tamanha emoção e energia em seu canto bororo.

alvo para o qual se destina como também dos agentes museais que se produzem ao longo desse processo.

Quando o museu Meruri foi convidado a expor entre outubro de 2004 e janeiro de 2005 no Museu da Cultura do Mundo – Castelo D'Albertis, em Gênova, Itália, a intenção da curadora Maria Camilla de Palma, a coordenadora da reforma do museu do Colle, foi justamente transformar a instituição genovesa em um palco para os agentes merurenses contarem ao público local o processo museal instaurado na aldeia. No lugar de levar para a Itália parte do seu novíssimo acervo, o museu merurense viu a oportunidade de promover sua segunda bateria intensa de oficinas, novamente patrocinada pela Associazone Missioni Don Bosco, de Turim, agora estimulada a exibir os resultados desse trabalho científico e social. [44] A experiência genovesa marca o início das conexões do Centro de Cultura de Meruri com uma série de instituições acadêmico-museais internacionais que o toma como um objeto metalinguístico: a instituição-museu transformada em "objeto" de exposição/reflexão.

Em outubro de 2006, por exemplo, a experiência museal de Meruri foi incluída na pauta de discussões da Jornada de Cooperação Cultural ao Desenvolvimento, agenda promovida na Casa América Catalunya, em Barcelona, Espanha, a fim de serem apresentados e debatidos casos nos quais atividades culturais estariam sendo postas a serviço do desenvolvimento de comunidades locais. A professora Aivone, então já com sua tese transformada em livro, embarcou novamente para a Europa, desta vez acompanhada apenas por Gerson Mário Enogureu, o professor da Escola Estadual Indígena Sagrado Coração de Jesus, que já havia participado da comitiva merurense que circulou por Gênova, Turim, Roma e Paris, onde visitaram Claude Lévi-Strauss.

Na ocasião, Aivone e Gerson repetiram a fórmula de uma parceria que se tornaria constante ao longo das apresentações públicas do centro, quando sua rede plurissocial entra em cena em arenas nas quais estão presentes outros agentes interessados em conhecer a distância o projeto que se desdobra na aldeia. Aivone se punha como uma apoiadora coadjuvante discreta e um Bororo (ou um grupo de), que não é sempre Gerson, encarna o papel da representação não só dos índios de Meruri, mas de toda a etnia Bororo. Segundo sites nacionais que replicaram notícias de uma fonte de informação comum, Gerson apresentou para a plateia o museu comunitário de Meruri e tratou de promover pequenas oficinas. "Algumas tradições e costumes se perderam com o tempo e com a presença do homem branco na aldeia. Agora estamos

---

44   A exposição *Io Sono Bororo – Um popolo indigeno del Brasile tra riti e "futebol*, assim como o circuito realizado pela Europa, foi tratada com mais detalhes em trabalho precedente (SILVA, 2009).

MAPA DE VIAGEM DE UMA COLEÇÃO ETNOGRÁFICA

desenvolvendo projetos voltados para o resgate da nossa cultura",[45] disse o professor durante a viagem, que se concretizou como mais um passo do seu processo de construção enquanto uma nova liderança local.[46]

Ao falar em nome dos Bororo e, em cascata, em nome do museu, os representantes indígenas que seguem em viagem com as comitivas plurissociais organizadas pela novíssima instituição cultural merurense, tal qual num efeito de magia de contágio, vão gradualmente transformando o espaço cultural de Meruri no Centro de Cultura "dos índios Bororo", aqui entendidos como um coletivo extenso e homogêneo. Novamente o foco. A força da instituição é a sua capacidade de se tornar o museu dos índios Bororo. Vale registrar uma passagem significativa e ilustrativa desse processo de representação que estamos tentando aqui apreender. A viagem ao Xingu do grupo de pessoas ligados ao projeto de Meruri pode elucidar o argumento.

Interessados na possível construção de uma aldeia museu no Parque Indígena do Xingu, as chefias kalapalo, por meio de Faremá Kalapalo, convidou Aivone a participar de um *Quarup* a ser realizado na aldeia de Ayha em 2006. Em resposta, a professora organizou uma equipe, agora já vinculada ao Museu Dom Bosco (futuro Museu das Culturas Dom Bosco), e partiu em viagem em direção ao Xingu. Com Aivone, apenas um indígena de Meruri, Paulinho Ecerae Kadojeba, descendente do velho Kanajó, e *videomarker* formado pelas oficinas de audiovisual promovidas pelo museu e sucessivas gravações em vídeo realizadas durante eventos dos quais o centro cultural foi participante. Ele, representante oficial do Centro, iria ajudar no Xingu

---

45   Trecho extraído do texto jornalístico publicado no site http://portalamazonia.globo.com/new-structu-re/view/scripts/noticias/noticia.php?id=44580.

46   Ex-aluno da Unimat, Gerson Mário Enogureu era então um dos 12 primeiros professores graduados de Meruri. O perfil de Gerson é trabalhado em texto anterior (Silva, 2009). Importante mencionar aqui que seu engajamento com o museu é mediado diretamente pela escola indígena. Gerson é um fervoroso defensor dos então ditos "processos de revitalização cultural" e do uso do museu como uma ferramenta pedagógica escolar, tema que não é consensual entre alunos, pais e mesmo professores. Gerson tem como opositores aqueles que defendem que a escola é um aparelho que deve ser usado pelos Bororo para eles adquirirem conhecimentos relativos àquilo que é descrito como o mundo dos brancos. Gerson, que aporta à rede merurense informações e discursos que circulam por outras redes pan-indigenistas (do Centro de Formação Universitária da Unimat, por exemplo), encontrou no grupo articulado em torno de centro de cultura privilegiados aliados. Outro dado importante é a autoconsciência de Gerson de estar inserido num processo de se construir enquanto liderança, contemporaneamente ancorada em um novo perfil: o líder cultural. Em 2015, Gerson estava cursando pedagogia, a sua segunda faculdade, agora na Universidade Federal do Mato Grosso, em Barra do Garças.

nas filmagens e registros fotográficos realizados pela equipe organizada pela professora Aivone.[47]

Por conta do *Quarup*, Ayha, tal qual Meruri durante as suas festas inculturadas, parecia a própria encenação de um nó de uma rede plurissocial. Além obviamente da afluência dos agentes indígenas xinguanos, as casas da aldeia ficaram abarrotadas de convidados que chegavam à localidade de voadeiras (aquáticas) e aviões monomotores.[48] No dia 20 de agosto, no dia em que aconteceram as lutas intergrupais, lá estava presente uma miscelânea de agentes organizados em grupos. Entre eles, a comitiva da Fundação Nacional do Índio (Funai) com sua estrutura de campo montada; antropólogos da Universidade Estadual de Campinas[49] e da Universidade de Brasília em pesquisa de campo; a artista plástica especializada em motivos indígenas Deuseni Félix, acompanhada pela equipe da Secretaria de Desenvolvimento do Turismo do Estado de Mato Grosso; a comitiva do Museu Dom Bosco, entre eles, um fotógrafo italiano da Associação Missionária italiana; fazendeiros amigos dos xinguanos; garotas de programa que teriam vindo como acompanhantes de um grupo de convidados; representantes de empresas nacionais patrocinadoras de projetos culturais; comitiva de imprensa de jornais impressos e redes de televisões nacionais e regionais; equipe de filmagem da TV Nacional do Chile, que estava gravando documentário sobre a cultura local; e a produtora carioca contratada pela BBC de Londres, que gravava na aldeia *reality show* que levava grupo de superatletas americanos e europeus para desafiar "atletas-guerreiros" indígenas ao redor do mundo. Como uma espécie de coroamento da implosão pós-moderna de todos os romantismos associados à imagem do Xingu, o último monomotor a pousar na aldeia trouxe a equipe de filmagem do agora veterano Washington Novaes, o documentarista que produziu a série *Xingu*, produção que certamente ficou marcada na memória de uma geração de jornalistas e antropólogos nascida pós-meados dos anos 70. Novaes voltava ao parque para produzir novo documentário, agora interessado nas transformações ocorridas no Xingu.

Todos tinham um interesse e um problema comum: presenciar e registrar o *Quarup*, mas tentar aprendê-lo em sua unidade cultural original, independentemente de toda aquela movimentação exógena que, imageticamente, maculava o espetáculo. Entre as equipes de TV, produtores de documentários, jornalistas, pesquisadores

---

47 Aproveito o momento para registrar meu agradecimento ao convite da professora Aivone para integrar essa comitiva.

48 Minha presença foi garantida mediante pagamento de R$ 1.500,00.

49 Registro aqui meus agradecimentos a João Veridiano, que na época era um pós-graduando da Unicamp, e à Karla Bento Carvalho, da Funai, duas pessoas amigas e generosas.

e demais "turistas culturais", o desafio posto era coordenar lentes fotográficas e filmadoras de modo que um grupo não atrapalhasse o trabalho do outro. Isso implicava, na prática, não sujar as imagens com a presença dos brancos em meio ao ritual indígena. Do ponto de vista dos demais xinguanos (não kalapalo), um elemento complicador. Aqueles brancos ali estavam por conta de relações de trocas que não os contemplavam, pelo menos diretamente. Logo, tais brancos passavam a ser vistos como figuras não gratas e a captura de imagens realizava-se sobre campo minado: onde posso filmar de modo que um branco não borre a autenticidade indígena? Qual indígena não se aborrecerá com a mira das minhas lentes? Interessantemente, em meio a esse fuzuê, apenas um grupo/instituição ganhou carta branca de trânsito e registro de imagem. "O Centro de Cultura dos Bororo", personificado por Paulinho com equipamento em punho. Pois, aos olhos dos xinguanos e dos brancos ele era a pura manifestação de um "parente indígena" (para os xinguanos) ou de um "índio" (para os brancos) trabalhando pela comunicação intercultural.

O processo de transformação do Museu de Meruri em um ícone de uma identidade também pode ser observado por meio de algumas das vitrines do recém-inaugurado Museu de História do Pantanal, instituição que consumiu mais de R$ 4,2 milhões para ser erguida em um antigo casarão de Corumbá, Mato Grosso do Sul. Montado pela Fundação Barbosa Rodrigues e supervisionado pelo Instituto do Patrimônio Histórico e Artístico Nacional (Iphan)[50] com o objetivo de "resgatar a história do Pantanal e estimular o envolvimento da população nas questões de preservação e valorização cultural",[51] o museu pantaneiro convidou "os Bororo" para participar do seu processo construtivo. Assim, para criar o espaço cenográfico reservado à representação dos índios Bororo,[52] Agostinho e Leonida, os dois moradores de Meruri que se tornaram curadores indígenas, foram enviados para a missão. No museu, usando bonecos como suporte, exibem "a pintura corporal bororo".

Mas é novamente em parceria que a imagem do que é ser Bororo é produzida. Pois, para o texto representacional, emergir no espaço museal, a rede pluris-

---

50 O projeto museal foi concebido pelo arqueólogo Carlos Etchevarne, da Universidade Federal da Bahia, e executado pelo estúdio paulista Votupoca, do arquiteto Nivaldo Vitorino. O projeto contou com recursos da Lei Rouanet e foi patrocinado pela Petrobras e Votorantim. Parte do seu acervo foi proveniente de doações do Departamento de Arqueologia da Universidade Federal de Mato Grosso do Sul e do Museu das Culturas Dom Bosco, dos padres salesianos.

51 Trecho extraído de texto de apresentação do museu publicado pelo portal monumenta: http://www.monumenta.gov.br/site/?p=497.

52 A referência aos Bororo no Museu da História do Pantanal nos remete à Perigara, a única aldeia bororo atualmente existente neste nesse bioma.

social merurense, agora fora do seu eixo espacial inicial, precisou se mobilizar para fabricar sentidos metonímicos. Leonida e Agostinho tornaram-se "os Bororo". E suas "memórias culturais", que idealmente deveriam servir de matrizes para o texto a ser apresentado na instituição de Corumbá, surgem como uma projeção de um texto etnográfico, que numa dimensão os ultrapassa e noutra os remete a uma hiper-realidade bororo na qual os dois curadores indígenas tornam-se elementos de referência.

Para aquele espaço, a estratégia expográfica a fim de capturar e comunicar "a essência" da pintura corporal bororo e o seu sentido social resultou numa instalação cenográfica criada com o auxílio de um artista plástico chamado Filipelli e de uma escultora, Alejandra Conte. Numa tática que lembra a já secular prática dos bonecos de cera dos museus europeus, figuras humanas inanimadas recriam cenas ideais da vida bororo. A professora Aivone e sua parceira de escrita Dulcília descrevem em texto postado no site do museu a narrativa imagética criada por Agostinho e Leonida, que nada faz lembrar o mundo bororo dos homens e mulheres que vivem em Meruri:

> Considerando o espaço museal um lugar de celebração, os Bororos decidiram que o casal estaria preparado para participar de uma festa, representando a mulher do clã *Apiborege*, da metade *Tugarege* e o homem do clã *Bokodori*, da metade *Ecerae*. Acomodadas no chão, avó e neta, representantes do clã *Apiboregi*, pertencente à metade *Tugarege*, simbolizam uma ação comum entre os índios Bororos mais velhos e as crianças: o ato de narrar seus mitos para educar e aconselhar. Agostinho e Leonida decidiram que o Bororo solitário que empunha uma lança deveria representar um caçador do clã *Paiwoe*, pertencente à metade *Ecerae*. Com o corpo espalmado de urucum, ele parte para a caçada, sentindo que sua vida será resguardada. Esta é uma atitude da qual as mulheres participam, demonstrando o desejo de que o caçador retorne vitorioso para a alegria da comunidade.[53]

Levando adiante a vocação à metalinguística do museu de Meruri, o ato de produção da representação da cultura bororo foi registrado pelo cinegrafista bororo Paulinho Ecerae Kadojeba. Além de ser um importante registro para o acervo documental de Meruri, é também uma expressiva assinatura marcante dessa experiência intercultural em curso.

---

53   Trecho extraído do portal Monumenta: http://www.monumenta.gov.br/site/?p=497.

Capítulo 2

Da etnografia ao museu de história natural e do museu de ciência ao museu das culturas

Neste capítulo, entra em foco o museu salesiano de Campo Grande, o terceiro e último vértice do sistema museal salesiano construído neste livro à luz das ditas coleções bororo. Trata-se de compreender essa instituição como resultante de um processo museal em contínua transformação, encarando-a por meio de dois grande ciclos de sua história organizada esquematicamente pelos eixos "Da etnografia ao museu de história natural" e "Do museu de ciência ao museu das culturas".

No primeiro, o interesse recairá sobre a formação desse museu, referendando essa narrativa a um quadro institucional e discursivo que evidencia o lugar que a ciência e seus museus ocupam para essa organização religiosa e, consequentemente, na biografia de alguns de seus membros. Mais do que contar um processo histórico institucional, a serventia desse primeiro esforço capitular é a demonstração de que modo museus podem ser encarados com a materialização de ideias em ação. Isto é, adiante, pretende-se mostrar de que modo esse museu surge, tal qual a ponta de um iceberg, como a visualização material de um projeto científico maior, mesmo que difuso.

No segundo eixo, nossa atenção volta-se para a etapa final dese processo museal posto em oberservação (até meados de 2011). Uma vez que foi apresentada a história que deu origem ao antigo Museu Dom Bosco, essa segunda parte estará basicamente concentrada em fazer a leitura do novo discurso expositivo da instituição que se pensa e representa como uma instituição remodelada e pronta para novos diálogos. Diálogos além de científicos, políticos, agora assumidamente, e religiosos, novamente de maneira subliminar.

I

Vimos na Parte II deste livro que os objetos levados para a Itália compuseram uma representação simplificada dos Bororo e aplicável para duas situações históricas definidas pela ótica missionária: pré e durante a missão. Primeiramente, trataram de delimitar suas fronteiras étnicas "naturais" e a-históricas, exibindo por meio de objetos elementos exclusivos que os distinguiriam dos demais povos, ação vinculada a um processo de etnificação derivado de um específico caso de "territorialização eclesiástica". A esse grupo foi conferido um "etno" e sumariamente atribuído um conjunto de costumes, ritos e crenças, organizado pela grade de leitura dada pela cosmologia cristã. Numa junção de religião e ciência a serviço de um projeto político, aos Bororo foram conferidos simultaneamente (1) uma identidade coletiva para indexá-los ao quadro de uma humanidade que começava a se pensar enquanto global e (2) um *status* que justificaria um modelo de relacionamento estabelecido frente a esse povo: "incivilizados", isto é, grupo passível de ações catequéticas (entendidas aqui como civilizatórias). Exibia-se do Bororo selvagem (por meio da cultura material) ao Bororo civilizado (pelas fotografias das missões)[1], esse último, trunfo do poder civilizador da religião.

As exposições missionárias, como vimos anteriormente, estiveram vinculadas ao programa propagandístico católico. Essas mostras, por sua vez, estão entre as expressões simbólicas daquilo que Fernando Tacca chamou de "momento sígnico indicial" da construção ambivalente da imagem do índio como "selvagem" a ser aniquilado e/ou modificado, ou de um personagem social dotado "de uma cultura" fundada em práticas tradicionais a serem estudadas, respeitadas e preservadas (2002). Ambivalência semelhante fora identificada por Sylvia Caiuby Novaes (1993) em sua análise da textualidade salesiana e por Montero, quando ela examina a tecitura das etnografias desses missionários (2012). Especificamente em relação à produção do discurso etnográfico do padre Antonio Colbacchini, autor da primeira etnografia de

---

1   Não temos registros exatos de quais foram as fotografias usadas nas exposições de Roma e Turim. Podemos deduzir que fazem parte do conjunto imagético atualmente pertencente aos arquivos ricos salesianos, tanto os brasileiros como o de Roma. Sylvia Caiuby Novaes utilizou centena de fotos dos arquivos salesianos para a produção de sua tese de doutorado, *Jogo de Espelho* (1993). Parte desse acervo também foi mobilizado em novas análises *Etnografia e Imagem* (2006). Paula Montero, valendo-se de um banco de imagens formado a partir da pesquisa realizada por mim, Cinthia Nakata e Daniela Medalla nos arquivos de Campo Grande (MS), Barbacena (MG), São Paulo (SP) e Manaus (AM) e complementado com suas pesquisas em Roma, incorpora esses registros tanto como fontes de informações históricas para sua análise sobre as etnografias salesianas, como suportes para específicos textos para análise de mediação (2012).

fôlego sobre os Bororo, *Os Bororo orientais*, publicada em italiano em 1925 para ser enviada à Biblioteca da Exposição Vaticana e um ano mais tarde dada como presente ao príncipe italiano em Turim, Montero destaca que o texto emerge da "confluência de interesses contraditórios" contextuais entre múltiplos agentes:

> ...O desejo de eliminar o índio e tomar-lhes o território e a necessidade de conservá-lo como mão-de-obra, guerreiro, conhecedor da paisagem e agente de povoamento pela mestiçagem e aldeamento; o desejo de domesticar os índios e a necessidade de conservá-los naturais, donos da terra contra a ocupação metropolitana. (MONTERO, 2007, p. 58)

É tensionado e posicionado no interior dessa específica situação interssocietária que os missionários buscaram legitimidade para sua função de mediação entre os índios missionados (representados) e a sociedade envolvente (para qual era produzida as representações). Os padres salesianos – importante lembrar, em constante disputa com o serviço indigenista laico ou em confronto com determinados agentes da frente de expansão econômica – reivindicavam a tarefa de civilizar os Bororo porque seriam eles os agentes capazes de fornecer uma perspectiva factível e compreensível "sobre seu modo de vida e sobre o que poderia ser entendido como sua 'cultura'" (*Ibidem*).

Essa conjuntura relacional estruturante nos permite compreender a configuração e reconfiguração dos espaços expositivos salesianos em duas chaves: (1) como espaços de mediação, ou seja, *loci* onde múltiplos e específicos agentes convergem para produzir a representação do que seria a "sociedade" ou "cultura bororo"; e (2) como espaços para exibição e representação pública desses específicos processos de mediação. Afinal, no passado e contemporaneamente, as instituições museais salesianas não podem deixar de ser encaradas como peças de publicização do seu projeto religioso, social e intelectual, nas quais a produção da representação simbólica do que é o Bororo ou a sua "cultura" está associada à transformação das relações práticas entre determinados agentes referidos a distintas redes sociais e a específicos engajamentos biográficos. Mudando a chave argumentativa, frente a essas instituições salesianas postas aqui sob observação, trata-se de observar a invenção e contínua transformação de um dito mito museal comprometido, em um momento, em objetivar aquilo que é entendido com uma "cultura", e, posteriormente, subjetivá-la como, sugestivamente formulou Montero em sua análise sobre Colbacchini, epílogo de um processo de "conversão" dos Bororo de aldeiados em Meruri à cultura bororo.

Na Parte II deste trabalho, em virtude da limitação da documentação disponível, pudemos apenas enquadrar parcialmente as exposições missionárias nessa segunda chave, isto é, exposições missionárias como mídias para exibição e representação pública de um dado processo de mediação. Realizando uma etnografia dos eventos expositivos que ainda estava para ser feita por meio da leitura de memorandos, guias e registros jornalísticos, tratamos nesse primeiro momento de evidenciar quais foram as então novas funções sociais (e comunicativas) que os objetos dos Bororo assumiram ao serem deslocados dos seus contextos nativos.

Todavia, a narrativa expositiva salesiana torna invisível, assim como Montero já havia apontado em relação à narrativa etnográfica, as reais condições de sua produção textual (museal) quando ela está comprometida em apresentar a "sociedade" e/ou "cultura bororo" como o produto de uma observação impessoal e científica originada de uma experiência empírica com a vida comum entre os Bororo em seus ditos contextos originais. Mas, ao contrário disso, pontua Montero, as primeiras descrições etnográficas salesianas, as mesmas que serviram de subsídio para as primeiras contextualizações das coleções durante as suas exibições públicas, não estavam apoiadas na observação "sistemática da vida nas aldeias, uma vez que a organização social que a colônia agrícola engendrava colocava em relação unidades culturais em um novo sistema de relações" (2007). Quando a antropóloga se debruça sobre a montagem textual salesiana, ela nos informa que essa construção informacional é resultante de privilegiadas relações estabelecidas entre específicos autores salesianos com determinados agentes indígenas tornados informantes – xamãs ou lideranças vinculados em relações de troca com os missionários (2007; 2012). Além deles, acrescenta a autora, existem personagens como Akírio Bororo Kejéwu, que escapou de um infanticídio ordenado por um chefe indígena e foi educado na Missão do Sagrado Coração. Figuras sociais capazes "de um certo distanciamento em relação ao seu próprio mundo, tornando-o comunicável" (2007, p. 59).

> A narrativa etnográfica, no entanto, torna invisível este ponto de vista e apresenta o relato da cultura indígena como produto de uma vida em comum com o nativo em geral, abstração esta expressa com toda clareza nas legendas das fotos de apoio: "índios Bororo com o pariko"; "jovens Bororo"; "índio Bororo na pesca com flecha" etc. Lévi-Strauss já havia observado esse efeito de discurso quando afirma em *Cru e o cozido* que as descrições salesianas eliminam as divergências nos testemunhos de seus informantes. 'Educadamente', conta Lévi-Strauss, mas com decisão, 'pedia-se que os índios formassem um concílio e se pusessem de acordo sobre o que deveria se tornar a unicidade do dogma' (1971, p. 48). Esta padronização da cultura em termos de *doxa* apresenta-se como uma tradução literal da narrativa

de um 'sábio' nativo. Assim, ainda que o próprio informante algumas vezes modifique o mito para ajustá-lo ao que, na sua opinião, seria a realidade etnográfica, [...] esse discurso adquire uma tripla natureza de verdade: é verdadeiro porque se constrói fora das relações de contato – o nativo fala diretamente ao leitor; é verdadeiro porque é a expressão original, primordial, da voz desse povo, para a qual o missionário é apenas o tradutor invisível e silencioso; e, finalmente, porque constitui a transmissão de um saber tradicional que corre o risco de desaparecer para sempre – o chefe ou o xamã contam como se ensinassem. O registro aqui se torna um ritual iniciático. (*Ibidem*)

Montero nos oferece pistas que nos levam, vendo na perspectiva da qual se enxerga a coleção bororo, até a matriz gerativa do mito museal salesiano, ou seja, a "crença", cientificamente ratificada, de que seus museus expressam a "cultura bororo"; isto é, captam e podem comunicar os termos imateriais definidores de uma coletividade, seja ela compreendida no passado como um conjunto homogêneo e a-histórico, seja contemporaneamente, ao som da cantinela da transformação cultural de Marshall Sahlins entoada atualmente pelos agentes museais envolvidos nesses museus como uma coletividade que se reinventa a partir dos seus próprios termos culturais.

No passado e no presente, a atuação da missão cobria e cobre apenas uma parcela de um contingente populacional bororo. Mas seu trabalho etnográfico e/ou museoetnográfico sempre esteve comprometido em reconstruir uma totalidade étnica. E para isso, como também demonstra Montero, precisou mobilizar determinados agentes posicionados numa rede nativa que se conectavam nas missões com as redes missionárias. Porém, como vimos acima, é no quadro da "PAX Salesiana" (QUILES, 2001) instaurada, ou seja, quando o pequeno contingente Bororo em função de seus próprios cálculos estratégicos depõe suas armas contra os missionários e decidem estabelecer com eles relações de aliança, que as condições de produção etnográfica, e, por consequência, etnomuseológicas são estabelecidas.

No âmbito das exposições missionárias europeias, a documentação e a autorrepresentação do trabalho de coleta etnográfica missionária fez difundir a imagem de inúmeros missionários em campo abastecendo os centros expositores como um exército indistinto trabalhando entre coletivos étnicos igualmente indistintos. Mas quando a observação desloca-se para o plano local, especificamente no caso de Mato Grosso, pode-se deduzir da pouca documentação que a coleta encaminhada para a Itália já era resultante de um trabalho regional etnográfico e museal precedente às duas grandes exposições articulado em torno dessas relações pontuais de alianças entre específicos missionários e determinados índios Bororo missionados. Razão, como já havíamos sugerido na Parte II deste livro, do destaque e reconhecimento dado à participação salesiana na Exposição Vaticana e à qualidade etnográfica da coleção bororo durante as duas mostras italianas. Ou seja, foi o trabalho de inscrição etnográfica realizado junto a esse conjunto de aliados informantes que garantiu à coleção bororo sua dita qualidade científica para representar um grupo indígena.

No volume dedicado ao padre Ângelo Venturelli da coleção de opúsculos sobre salesianos falecidos, editada pela Missão Salesiano de Mato Grosso e assinado em julho de 2006 pelo então inspetor Afonso de Castro, está registrada uma informação significativa sobre a vocação museológica salesiana local, visceralmente associada ao valor dado à ciência no contexto de formação da congregação religiosa, como vimos na Parte II deste livro. Informa o texto que Padre Félix Zavattaro, então diretor do recém-fundado Ateneu Dom Bosco, na novíssima capital do Estado de Goiás, pretendeu nesse estabelecimento "refundar o Museu Indígena em terras goianas", ressuscitando no início dos anos 40 "os ideais dos antigos missionários" na época ainda vivos, Padre Antonio Colbacchini e Padre César Albisetti, e mais anteriormente, dos Padre João Bálzola e Padre José Pessina. Acrescenta o texto "que a primeira experiência de Museu Indígena existira até 1927 sediado na casa do Coxipó da Ponte", o ponto salesiano usado como centro logístico e o primeiro noviciado da Inspetoria.

O autor arremata dizendo que as peças "desse incipiente museu etnológico foram levadas para a exposição missionária no Vaticano em 1925 [...] e por lá ficaram; simplesmente a inspetoria deixou de ter o seu museu missionário". Essa informação nos serve de pista para compreendermos porque as fichas catalográficas do Museu do Colle registram na "cronologia específica" (relacionada à coleta das peças) a data de 1910. Isto é, 14 anos antes do início da organização das duas exposições missionárias aqui em questão. No nome do coletor consta o religioso Dom Carrá.

Vimos na Parte II que o Museu do Colle (da Itália) surge como resultado do trabalho de coleta de peças realizada pela rede missionária em fase de expansão pelo globo vinculado diretamente ao programa propagandístico da congregação ou da Igreja Católica. Porém, em Mato Grosso, uma das pontas dessa rede, assim como em algumas outras partes da América do Sul, especialmente, o surgimento dos projetos museais está vinculado a um programa científico e pedagógico salesiano na qual a etnografia é apenas um dos vários capítulos desse projeto museal. E não é mero acaso que após a breve experiência museológica de Coxipó da Ponte, fomentada ainda sob a iniciativa do Padre Antônio Malan, o primeiro inspetor regional, que o Museu da Missão Salesiana de Mato Grosso vingaria junto a uma instituição escolar.

Em depoimento registrado pelo jornalista Lúcio Gazal, transcrito pelo padre Afonso de Castro no texto acima citado, Zavattaro conta que a ideia de criação de um museu indígena germinou em 1948, fomentada por suas lembranças infantis.

Nelas, importantíssimo destacar, o mundo dos homens para além do mundo europeu lhe havia sido apresentado por meio de um museu escolar salesiano e pelas exposições missionárias.

> Na Rua Três, no centro de Goiânia, havia a loja Allencastro que expunha objetos indígenas em suas vitrines. Ali comprei três flechas da tribo Carajá e as levei para o Ateneu e lá iniciei a coletar o material para o incipiente museu. Essa ideia eu a tinha comigo desde os tempos de aluno do Curso Primário no Colégio São Carlos de Borgo San Martino onde havia um museu que eu costumava visitar. E aos doze anos de idade, por dois meses tomei conta de uma exposição de objetos indígenas da América do Sul, uma exposição missionária. Este fato ficou em minha memória e quando vim para o Brasil tornou-se o principal germe da ideia de se fundar aqui um museu, pois os salesianos trabalhavam com os indígenas..!' [...] Nesse ano de 1948 eu era o diretor do Ateneu e comigo estava o clérigo João Falco que era especialista em insetos e outros animais... ele se interessou pelo museu e foi o meu primeiro auxiliar!.[2]

Em entrevistas sobre o projeto de criação de um museu missionário salesiano no Estado do Amazonas[3] realizadas em São Gabriel da Cachoeira, com o então bispo emérito regional salesiano José Song Sui-Wan,[4] e com o seu pre-

---

2   Trecho extraído da coleção editada pelos salesianos para registrar memória dos seus membros falecidos. Na época da pesquisa, o texto também estava disponível na internet no site: http://www.missaosalesiana.org.br/falecidos.php?id=90. Na última tentativa de acesso, em janeiro de 2015, ele se encontrava fora do ar.

3   Importante lembrar que o Museu do Índio de Manaus, apesar de ter sido formado a partir das missões fundadas pelos padres salesianos, se encontra atualmente sob responsabilidade das Filhas de Maria Auxiliadora. Segundo o padre salesiano Casimiro Beksta, a curadoria é exclusivamente das freiras. Visivelmente contrariado, informa ainda que todo um trabalho de "organização científica" organizado por ele acabou sendo preterido pelas parceiras salesianas.

4   Dom Song Sui-Wan, ou Dom José Song, nasceu em Xangai em maio de 1941 e estudou nos colégios salesianos de Hong Kong na década de 50 e foi aluno da Universidade Salesiana de Roma na transição dos anos 60 para os 70. Sua saída do país está associada a uma fuga do regime comunista local, conta. Foi ordenado padre pela inspetoria de São Paulo em 1971, e em 2002 tornou-se bispo de São Gabriel até 2009, quando foi substituído por conta de seu estado de saúde por Dom Edson Tachetto Damian. Dom Song faleceu dia 15 de novembro de 2012, vitimado, além do Parkinson, por um tumor no fígado. Aproveito essa nota para registrar minha gratidão pela sua gentileza durante todo o passeio de apresentação de parte de sua diocese.

decessor, Dom Walter Ivan de Azevedo,[5] também salesiano afastado das funções religiosas por limite de idade e então residente em Manaus, os dois religiosos com passagem pela mesma inspetoria e com vivências no Liceu Coração Sagrado Coração de Jesus, no bairro dos Campos Elíseos, nos oferecem pistas valiosas para compreendermos de que modo as experiências precedentes junto aos espaços de educação salesianos forneceram a esses missionários modelos para a sua "imaginação museológica".

Ambos relembram a influência que um museu didático instalado no liceu paulista teve sobre suas formações e sobre suas percepções sobre a importância de uma educação museal. Inspirados nos moldes dos antigos museus de história natural, os salesianos, presentes no Estado de São Paulo desde 1885, passaram a receber dos pais dos seus alunos, muitos deles fazendeiros donos de terra no Oeste Paulista, Mato Grosso, Goiás e bacias do Paraná e Paranapanema, peças para organização de coleções de ciências naturais, sobretudo museológicas. Hoje, enquanto alguns museus talhados sob o modelo da ciência naturalista encontram-se em pleno período de reformulação, como o ocorrido com o Museu do Homem, de Paris, Dom Walter, especialmente, presta um tributo ao velho modelo ao considerá-lo uma instituição capaz não só de salvaguardar um patrimônio científico mas também de servir de veículo para a educação científica das crianças e jovens atendidos pelos salesianos. Dom Song Sui-Wan, inclusive, já mantinha em uma sala-depósito no prédio da diocese de São Gabriel, uma miscelânea de peças indígenas que iam sendo recolhidas em suas viagens de desobriga pelas aldeias ribeirinhas da bacia do negro.

Matriz museal para alguns dos velhos missionários salesianos ainda em atividade, o museu salesiano de São Paulo ficou sempre à sombra do liceu. Isto é, longe do grande público paulistano, funcionando mais como um laboratório didático onde eventualmente o corpo docente da escola podia incluí-lo na programação de suas aulas. Na década de 80, os velhos laboratórios de Física, Química e Biologia da instituição escolar foram incorporados ao acervo do museu, que na prática foi se tornando uma espécie de depósito do patrimônio didático salesiano, segundo informam os funcionários da inspetoria paulista. O museu ficou aberto para visitação de alunos, familiares e eventuais visitantes até 2005, quando faleceu o Padre José Geraldo de Souza. Não fugindo à regra que assola os inúmeros museus brasileiros, essas

---

5   Filho do escritor e radialista Manoel Victor, Dom Walter Ivan nasceu em maio de 1926 em São Paulo. Ingressou na Congregação Salesiana paulista em 1944 e foi ordenado sacerdote em 1953. Formou-se em pedagogia e filosofia pela Faculdade Salesiana de Lorena e obteve láurea de Missiologia na Pontifícia Universidade Urbaniana de Roma. Atua como missionário na Amazônia há 40 anos. Faço aqui meus agradecimentos a sua hospitalidade e gentileza, durante entrevista concedida em Manaus.

instituições têm sua vida e vitalidade fortemente associada a determinadas biografias pessoais. Como parte do fenômeno museal observado nesta tese, o agora museu salesiano de São Paulo passou por reforma e organização do acervo, sendo inaugurado em 2011 para o grande público sob novo projeto museal. Com o trabalho de reformulação desenvolvido por parte da equipe de intelectuais que se engajaram no projeto merurense, a instituição tem como objetivo contar parte da história do Brasil e de São Paulo, principalmente educacional, dispondo em seu acervo de coleções etnográficas (acervo em que estava em fase constituição a partir do intercâmbio com o Museu das Culturas Dom Bosco); arqueologia; mineralogia; comunicação; música; arquitetura; religioso; mobiliário e pedagógico.

Todavia, seguiu por caminho diferente o Museu da Missão Salesiana de Mato Grosso, cujo surgimento também se deu em torno de uma instituição escolar, mas dela ganhou relativa autonomia, chegando a se transformar em um dos principais pontos de atração turística de Campo Grande, cidade para qual a organização transferiu sua sede em virtude da posição estratégia em meio ao Oeste Paulista e o Estado de Mato Grosso. Tendo sido idealizado pelo padre italiano Félix Zavatarro quando era ainda diretor do Ginásio Anchieta de Silvânia, Estado de Goiás, o projeto de construção do Museu Dom Bosco – Museu Salesiano de História Natural começou a ser implementado nos moldes dos museus escolares salesianos no Ateneu Dom Bosco, de Goiânia, para onde Zavatarro e demais salesianos foram transferidos em 1941 para participar do processo de construção da nova capital do Estado.

Como dito acima, a ideia original era ressuscitar o antigo projeto de museu indígena que teria sido ambicionado pelos padres João Bálzola, José Pessina e, mais tarde, pelos padres Antônio Colbacchini e César Albisetti. Como informa o inspetor Afonso de Castro em texto sobre o padre Venturelli, a questão indígena já se fazia presente na cidade, onde os Karajá da Ilha do Bananal e os Javaé circulavam temporariamente. "Mas a memória da inspetoria estava voltada para os Bororo em especial onde o padre César já iniciava seus estudos e o padre Colbacchini publicava o livro 'I Bororo Orientali' em sua língua materna", destaca o padre Alfonso.

O inspetor registra também que a história de formação do museu é coetânea da geração de outra a entidade: a Universidade Católica Dom Bosco. "Ao lado do Museu Dom Bosco, como realização do ideal salesiano de lutar pelo avanço da cultura e da pesquisa, surgiu a ideia de se fundar uma faculdade, ir além dos bacharéis, instituir uma instituição de Ensino Superior". Todavia, ressalta o padre, mudanças na geopolítica inspetorial salesiana levaram os religiosos da Missão Salesiana de Mato Grosso ceder espaço para os padres da inspetoria de Belo Horizonte, que tinham acabado de assumir esse antigo território dos missionários de Mato Grosso, o Estado de Goiás. Saindo de Silvânia e Goiânia em direção a Lins (AP) e Campo Grande (MS), os missionários de Mato Grosso que estavam em Goiás levaram consigo o germe do Museu Dom Bosco e de uma faculdade que, a partir da década de 1961, se tornaria uma realidade: a Faculdade Dom Aquino de Ciências e Letras, núcleo histórico da formação da Universidade Católica Dom Bosco.

Será na capital de Mato Grosso do Sul[6] que os projetos museal e acadêmico de Zavattaro irão florescer paralelamente. No que diz respeito ao museu, oficialmente inaugurado em 1951 no prédio do respeitado Colégio Dom Bosco, então sob administração do padre italiano, a instituição se desenvolveu a partir da conexão com as biografias (e projetos intelectuais) de missionários como os padres César Albisetti, Ângelo Venturelli, João Falco e Alcionílio Alves Bruzzi da Silva. Serão esses os principais formadores do atual acervo do museu salesiano de Campo Grande.

Venturelli, parceiro de Albisetti na produção dos três volumes da *Enciclopédia Bororo*, sucedeu Zavattaro no comando do museu, ocupando o cargo de diretor até 1975 (COBERLINO, 2005, p. 42), em plena época de produção da famosa obra, cujo primeiro volume pode ser considerado uma espécie de catálogo científico da velha seção de etnologia do museu ou esta uma espécie de versão ilustrada tridimensional da obra.[7] Sobre a atuação de Venturelli, assim registra o padre Cometti no livro comemorativo dos Salesianos *Cinquenta Anos de Brasil*: "Durante mais de vinte anos foi o 'encarregado' do Museu [...]. Nessa função não realizou muita coisa, a não ser organizar milhares de fichas descritivas do acervo do museu, preservar e numerar todos os objetos e coletar peças bororo, xavante, tucano e aharaíbo".

Sobre seu parceiro, registram as crônicas da época que o museu se tornou uma espécie de oficina de produção intelectual de Albisetti, o principal autor da *Enciclopédia*. Sobre a formação do acervo indígena do Rio Negro, segundo padre Alfonso de Castro, padre Zavattaro teria relatado que estando em viagem a Niterói, Rio de Janeiro, encontrou-se com o Padre Alcionílio Alves Bruzzi da Silva, egresso de uma expedição de pesquisa no alto Rio Negro, estando na época institucionalmente ligado à Universidade de São Paulo. Assim teria contado Zavattaro:

---

6   Assim registra o padre Afonso de Castro: "Nessa época Campo Grande dependia administrativamente de Cuiabá; era uma promessa regional, aglutinadora das tendências do sul do Estado. Principalmente bem servida pela NOB (Ferrovia Noroeste do Brasil), interligava-se com a Bolívia e com o Paraguai. Depois da decadência do transporte fluvial de Corumbá, de Miranda e de Aquidauana, Campo Grande polarizava as atenções dos grandes fazendeiros do Pantanal e das planícies de Ponta Porã, de Bela Vista. A NOB fazia uma interligação muito importante com o interior de S. Paulo. Como região especial surgia o mundo da reforma agrária federal na região de Dourados".

7   Venturelli também exerceu, entre 1963 e 1973, a direção das Faculdades de Filosofia, Ciências e Letras de Campo Grande.

Pe. Alcionílio me dissera que os recursos da USP não foram suficientes e que tivera que contrair dívidas para encerrar o trabalho e retomar. Então eu me ofereci para pagar suas dívidas e, em troca, ele me cederia os seus três volumes, suas três pastas de pesquisa. E ele aceitou e eu as trouxe para o Museu como início da possibilidade de um acervo indígena do Rio Negro!

Venturelli foi sucedido na direção do museu pelo padre João Falco, salesiano especializado em entomologia e também ex-diretor da Missão do Sagrado Coração de Meruri.[8] No comando da instituição entre 1977 a 1996, o religioso foi responsável pelo considerável aumento do acervo. "A coleção de moluscos foi a primeira a ser ampliada por meio de esforços do padre, que catalogava e promovia trocas de peças com outros colecionadores de diversas partes do mundo", informa Corberlino (2005, p. 41). O aluno da Universidade Católica Dom Bosco, relendo a biografia do missionário, relembra o episódio da compra de mais de 2 mil animais taxidermizados realizada por João Falco, coleção que se tornou um dos principais atrativos do museu. Sabendo do fracasso do biólogo Giovanni Magrin em viabilizar a construção de um museu de zoologia em Franca (SP) para abrigar a coleção que detinha em sua residência, o padre tratou de mobilizar recursos da Fundação de Apoio à Pesquisa, ao Ensaio e à Cultura do Estado para levar tal coleção ao museu. Mesmo após o seu processo de transferência e remodelação museológica – ainda incompleto –, até hoje o público cativo do museu indaga os organizadores sobre onde estão os animais empalhados do museu, que fizeram sua fama no passado.

Assim, de 1951 até 1996, o museu ficou sob a administração direta da Missão Salesiana de Mato Grosso, vivendo com um típico museu missionário. Só a partir de 1997 ele passaria a ser um órgão de extensão da Universidade Católica Dom Bosco, dirigido e animado por representante do corpo docente da universidade, e seu acervo sendo alvo de pesquisas acadêmicas empreendidas pelo corpo discente. De 1998 a 2001, ficou sob a direção do doutor em biologia Antônio Carlos Marini. De 2001 a 2004, o cargo foi exercido pela também doutora em biologia Lidimar Barbosa de Albu-

---

8   Padre João Falco foi designado diretor da Colônia Indígena Sagrado Coração de Jesus em 1966. Os Bororo mais antigos associam Falco com um período de transição dos salesianos em relação à cultura bororo. Os Bakororo, que até então só podiam ser realizados longe dos missionários, passou a ser permitido pelo missionário. Conta Benjamim Tugure Etúe, em fala registrada por Bordignon, que "ele animava, incentivava as danças, assobios, a gente fazia o Jure Paru, O Manu Paru, tudo isso aí" (2001, p. 46). Falco também se notabilizou pela posição radical contra a crescente presença dos brancos em Meruri e pelo engajamento pioneiro em questões fundiárias.

querque. A partir de 2004, já no contexto de reformulação do museu, a direção voltou para as mãos dos salesianos, desta vez, o Padre Francisco de Lima Ribeiro, o diretor da Missão de Meruri, que ajudou a professora Aivone a implementar o Centro Cultural de Meruri. Padre Francisco foi então substituído na época da mudança do museu por Aivone, que assumiu a direção do museu com a missão de levar adiante o projeto de transferência da instituição, previsto em projeto desde 1993.

Referente à gestão de Lidimar, foi publicado em 2005 o livro *Descobrindo o museu – Experiência de pesquisa e extensão no Museu Dom Bosco*, organizado pela bióloga em parceria com Maria Aparecida de Souza Pirelli e Elaine Aparecida Carvalho dos Anjos-Aquino. Tal obra nos serve como janela para observamos quais eram até então as serventias científicas desse acervo constituído pelos salesianos. Dividido em três seções – Zoologia, Etnobiologia e Educação –, o livro traz 25 artigos, em sua maioria de graduandos do curso de Biologia, versando sobre temas como inventários da coleção malacológica e de aves; reflexões sobre o uso do museu como um espaço de educação ambiental; e a relação da coleção mineralógica do museu com atividades lúdicas, entre outros. A coleção etnológica, como podemos observar pela seção de etnobiologia, serve de plataforma documental para análises biológicas e/ou ambientais. Analisando a coleção de artefatos bororo, por exemplo, Maria Aparecida de Souza Pirrelli identifica elementos da fauna regional para traçar considerações sobre as relações de sustentabilidade entre meio ambiente e práticas culturais. Já Maikel da Silva Ferreira Luiz, Esther Campagna Bertazzoni, Jaqueline Cabral Vilas-Boas e, novamente, Pirelli examinaram as fichas de catalogação de aproximadamente 700 peças xavante a fim de identificar quais eram os itens confeccionados a partir de animais e quais eram eles.

II

Na noite de segunda-feira do dia 28 de agosto de 2009, o Museu Dom Bosco – Museu Salesiano de História Natural foi oficialmente transformado no Museu das Culturas Dom Bosco. Depois de ser transferido do velho e apertado prédio da Missão Salesiana de Mato Grosso, na Rua Barão do Rio Branco, região central de Campo Grande (MS), para sua nova e espaçosa sede no Parque das Nações Indígenas, a instituição voltava a público deixando para trás seu velho modelo enciclopédico de museu de ciência para lançar-se como porta-voz das culturas indígenas.

Imagem 36: Vista parcial do Museu das Culturas Dom Bosco. Foto ALS.

O museu, que há anos está vinculado ao "calendário das escolas de ensino fundamental e médio da rede pública e particular" local (VALERIO; CUNHA, 2005, p. 4), assim se redefine em seu site, aspirando novos desafios intelectuais e políticos:

> O museu [...] constitui-se como uma unidade de memória, pesquisa e intercâmbio científico, com os objetivos de promover e integrar estudos e pesquisas interdisciplinares voltados à reconstrução da memória histórica e sociocultural; constituir acervos documentais e bibliográficos, cuidando de sua restauração, organização, conservação e divulgação; desenvolver atividades relativas à produção, preservação, divulgação e discussão da memória histórica e sociocultural; dar apoio técnico e científico, no âmbito de suas finalidades; desenvolver programas, projetos e ações que utilizem o patrimônio cultural como recurso educacional e de inclusão social; e conservar, documentar, investigar, preservar os patrimônios material e imaterial sob sua guarda.[9]

Sua cerimônia de inauguração foi a ratificação pública de seu prestígio regional. Na ocasião da abertura definitiva da sua nova sede e na presença do Reitor--Mor da Sociedade São Francisco de Sales, Dom Pascual Chávez, lotavam a lista de presentes: o prefeito de Campo Grande, Nelson Trad Filho; o governador do Estado, André Puccinell; de deputados; vereadores; autoridades eclesiásticas; personalidades locais e docentes da universidade; e demais padres e irmãs salesianos.

---

9   Trecho extraído do site: http://www.mcdb.org.br/

Diante deles, o reitor da Universidade Católica Dom Bosco, o padre salesiano José Marinoni, proclamou que esse novo espaço representava um grande sonho que ali se concretizava. "Foi construído com muito trabalho, dedicação e apresenta características diferentes dos outros (museus). A nossa cultura não deve morrer. Público pode interagir com estas peças que fazem parte de nossa história", disse o reitor,[10] destacando uma das funções sociais da instituição que estava então academicamente vinculada à Pró-Reitoria de Pós-graduação e Pesquisa da Universidade, instituição cuja história é indissociável do museu.

Tendo até aquele momento consumido R$ 3,6 milhões provenientes dos cofres salesianos, a transferência do museu para o parque colocava um ponto final em uma novela iniciada no início dos anos 90, quando os governos do Estado e do Município iniciaram as tratativas, junto aos padres salesianos, dos termos de transferência e modernização do Museu Dom Bosco, já considerado pela opinião pública local como um patrimônio regional e uma referência cultural e turística do Estado.

Mesmo que ainda incompleto, já que ainda faltava a construção do pavilhão de exposição permanente de História Natural e o espaço para a área técnica, o desenlace das pendengas administrativas e financeiras garantiu à cidade de Campo Grande a entrega de um projeto museal de 4.179 metros quadrados, assinado pelos arquitetos Eduardo Fachini e Elvio Garabine e executado por Apolinário Ramos, formado por quatro blocos interligados, com varanda e um grande pátio.

Naquele momento, estavam prontos o pavilhão de exposição permanente de Arqueologia e Etnologia; de exposições temporárias; as salas administrativas; o anfiteatro, no qual são promovidas as atividades de educação patrimonial destinadas principalmente às escolas; e o vasto saguão principal, onde os visitantes são recepcionados, eventuais cerimoniais realizados e a loja de *souvenirs* e livros foi instalada. Devido aos constantes pedidos do público, que se decepcionava ao saber que a coleção de história natural, particularmente de zoologia, não estava exposta, foi montada parte dessa coleção no espaço dedicado às exposições temporárias.

Segundo textos jornalísticos divulgados no período de inauguração do museu, 50% do núcleo expositivo já havia sido entregue. No pavilhão de exposição permanente estava "toda parte arqueológica e etnográfica trazida do museu antigo e adaptada à nova estrutura", contou em reportagem publicada pela Unifolha,[11] em outubro de 2009, Dirceu Mauricio Van Lonkhuijzen, o curador da seção de arqueologia e técnico

---

10   Trecho   extraído   do   Portal: http://www.portalms.com.br/noticias/detalhe.asp?cod=959558575.

11   Unifolha é um jornal laboratório do curso de Jornalismo da Uniderp, instituição universitária incorporada pela Universidade Anhanguera. O texto consta no Arquivo Municipal de Campo Grande.

em museologia especializado em educação ambiental. É nesse espaço mencionado por Lonkhuijzen que foi escrito o discurso expográfico que justifica o novo nome do museu, apresentado ao público como o reforço de um *slogan*: "existem muitos museus para o objeto. Este será para o homem".

Pouco acima do nível do saguão de entrada, o pavilhão de exposição permanente encontra-se separado dos demais ambientes por um enorme portal translúcido que deveria se abrir automaticamente quando sensores detectam a presença de novos visitantes. Ingrediente fundamental da nova instalação museal, a tecnologia dá ali suas boas-vindas ao público, permite-o ter acesso a uma área de 1.200 metros quadrados onde as coleções arqueológica e etnográfica compõem unidades expográficas autônomas.[12] Modulado por uma iluminação desenvolvida a partir de um sistema de fibras óticas com pontos de luzes que surgem do chão ao teto, o olhar convida a um novo regime de imaginação e de percepção. O pavilhão faz valer a ideia de que estamos adentrando o espaço "das culturas", isto é, em criações derivadas de novas formas particulares de dar sentido ao real para fazermos referência à discussão sobre o lugar da semiótica da cultura para o desenvolvimento desses novos espaços museais.

Logo na entrada do pavilhão, uma interessante e bem-executada homenagem visual ao antigo museu e sua fonte germinativa, a *Enciclopédia Bororo*, escrita pelos missionários Padres César Albisetti e Ângelo Venturelli. Para além de fotos evocativas da história pregressa da instituição, elementos tipográficos incrustados nas paredes fazendo parecer que a construção civil emana de textos escritos prestam homenagem ao processo de intertextualidade que constitui o museu, como veremos a seguir. É desse modo que o público é sutilmente informado de que o que será visto é tributário da história do trabalho de inscrição missionária salesiana.

---

12 Em nossa última visita ao MCDB, realizada em 2014, a porta encontrava-se quebrada. Devido ao seu alto custo de manutenção, a opção pela sua instalação já foi questionada.

Imagem 37: Instalação serve como uma homenagem à Enciclopédia Bororo. Foto: ALS.

Com museografia assinada pelo artista italiano Massimo Chiappetta, balizada pela assessoria científica de Aivone Carvalho,[13] o discurso do pavilhão precisa ser decomposto em unidades textuais autônomas. Para a coleção de arqueologia, a simulação. Por meio da representação de escavações arqueológicas, para além das peças em si, coloca-se em cena o processo prático (e braçal) de construção do conhecimento em função daqueles objetos (pedaços de cerâmica) que naquele ambiente tornam-se elementos cenográficos para contarem uma história não sobre si, mas sobre aquilo que genericamente representam.

Mas destinos diferentes têm as coleções etnográficas. Transparecendo figurar em um grande salão de bienal de artes plásticas, as coleções Bororo, Xavante, Karajá e das populações do Alto Rio Negro funcionam como unidades semânticas no interior de espécies de instalações orientadas a metaforizar plasticamente cada uma dessas unidades, apresentadas ali como "culturas".

Segundo a curadoria a ideia foi desenvolver um projeto que fosse "capaz de harmonizar arte e ciência, lógica e poesia, diacronia e sincronia, tese e antítese para determinar o esplendor da novidade de espíritos criadores".[14] A riqueza do acervo etnológico do Museu Dom Bosco, o mesmo texto curatorial, precisou ser organizada para viabilizar um "processo comunicacional" entre expografia e expectador, maior

---

13   Em entrevista realizada em janeiro de 2011, Aivone fala sobre a parceria criativa. Segundo ela, seu desafio foi explicar a Chiappetta "a operacionalidade" de cada "cultura", respaldada pelos seus conhecimentos bibliográficos e, no caso dos espaços expográficos bororo e xavante, em diálogos com agentes dos centros culturais em formação de Meruri e Sangradouro. Chiappetta, por sua vez, teve como missão encontrar as soluções plásticas capazes de traduzir esses conteúdos.

14   Trecho extraído do texto "Museu das Culturas Dom Bosco: o caminho das almas" (CARVALHO & DULCÍLIA, sem data). Artigo foi publicado no site do museu.

MAPA DE VIAGEM DE UMA COLEÇÃO ETNOGRÁFICA   299

abertura para os pesquisadores e "atender as escolas com um grande laboratório didático-pedagógico". Vejamos a planta do pavilhão de exposição Permanente – arqueologia e etnologia.

 Exposição Permanente Arqueologia e Etnologia

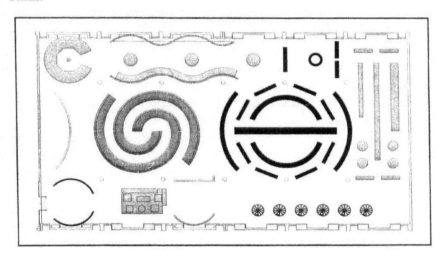

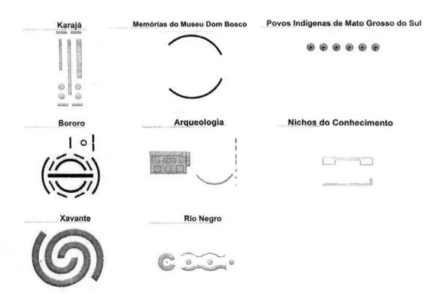

Imagem 38 e 39: Planta do museu em mapa estilizado. Reprodução.

Em relação aos Karajá, a gigantesca coleção de bonecos de barro coletada pelos missionários Ângelo Venturelli e João Falco foi usada numa instalação destinada a recriar "o mito de origem do povo representando cenas de sua vida cotidiana", explica o museu em site já citado. Organizada em famílias de bonecos que se sucedem em uma plataforma ascendente, a narrativa visual oferece ao expectador a sensação de um sobrevoo não sobre uma aldeia específica, mas sobre "a vida karajá". Incursões mitológicas mediadas por objetos etnográficos, assim pode ser traduzida a proposta curatorial para toda seção de etnologia.

Frente às coleções do Rio Negro, a busca dessa perspectiva totalizadora, que seria proporcionada por uma experiência sensitiva e intelectual junto a um mito imanente aos objetos que os coloca em cena, leva o visitante a embarcar numa viagem por um grande rio (e/ou sobre uma grande cobra) simbolizado graficamente no museu. Assim, desconsiderando as múltiplas e possíveis variações mitológicas rionegrinas, contatas e recontadas em funções dos contextos políticos nativos, "o mito de origem" dos "povos do Rio Uaupés", neste caso, os Tukano, Desana, Tariano, Piratapuia, Tuiuka, Paracanã, Taiwano e Wanana, foi "iconizado na arquitetura e pelos objetos utilizados em seu cotidiano", informa a curatoria.

Os textos dos Bororo e Xavante ganham maior densidade, respaldados sem dúvida pelo maior volume e variedade de tipos de artefatos disponíveis no acervo. Mais que *iconizar* culturas (ou mitos/ritos), a curadoria se lançou no desafio de iconizar formulações cosmológica destas ditas culturas. Além disso, tais textos contam com marcas em suas escrituras que funcionam como *pedigrees* fundamentais para o modo como o museu se concebe e também se representa: são duas criações expográficas elaboradas em parceria com as ditas "comunidades indígenas". Completamente oculto naquele espaço, tendo em vista que sua representação é erigida em função de um etno e não de uma aldeia ou grupo específico, o feixe de relações estabelecidas nas missões salesianas de Sangradouro e de Meruri, envolvendo índios, intelectuais leigos e missionários, foi crucial para a formatação dos dois núcleos expositivos.

No espaço expositivo xavante, o público é visualmente incitado a adentrar em um labirinto espiralado. Todavia, ao invés de paredes a nortear um percurso a ser transcorrido, o visitante assim o fará se olhar para baixo e caminhar sobre as tampas acrílicas das vitrines escavadas no chão, onde está depositado, por sugestão de Valeriano Rãiwi'a Wéréhité, o diretor do Museu Comunitário de Sangradouro, o conjunto de artefatos mobilizados durante o rito de iniciação xavante. Rito, nunca é demais lembrar, interpretado pelo museu como uma das expressões da religiosidade original nativa. E quando o visitante olha para o alto, enxerga sobre sua cabeça o mesmo percurso labiríntico projetado no teto, com se fosse uma sombra daquilo que está aos seus pés. Mas no lugar de peças, ou seja, rastros de cultura, imagens fotográficas de homens e mulheres xavantes ampliadas em grandes painéis.

Assim o museu descreve o núcleo xavante em *folder*: "A chave do espaço expográfico xavante está com o espectador que será imerso em um labirinto unicursal espelhado, do qual só poderá sair quando descobrir o enigma proposto. Quem são os Xavante? Qual segredo está embutido em sua cultura? Em que ponto se tocam? Parecem estar diante do mapa de um inconsciente mais profundo...", encerra o texto.

Imagem 40: Espaço expositivo Xavante. Foto ALS.

No espaço expográfico bororo, o diálogo com Meruri e o seu centro de cultura é ainda mais explícito para aqueles que estão minimamente informados sobre o fenômeno museal em curso e em rede iniciado na aldeia. Assim como na sala de exposição do espaço cultural onde está guardada a coleção repatriada do Colle, os visitantes lá encontrarão refeita a aldeia bororo tradicional, organizada em suas duas metades (*Tugarege* e *Ecerae*) e cercadas por oito vitrines forradas de objetos a simbolizar as oito casas clânicas bororo e suas respectivas primazias. Para traçar os limites "do *bororo*" (palavra que na língua nativa significa pátio central da aldeia), também foi usado como recurso a vitrine escavada no chão pela qual se pode caminhar sobre objetos etnográficos. Essa vitrine representa "o caminho das almas", a linha divisória que cruza a aldeia no centro. Mas como o *folder* institucional indica, a aldeia estilizada do museu de Campo Grande engloba ainda mais elementos do microcosmo bororo comparada à aldeia-museu construída em Meruri. "Além do círculo, no recôndito da terra, o espaço de evocação das almas e a simbologia de preparação para do *mori*" também estão contemplados nesta criação expográfica.[15] Novamente aqui o rito fúnebre bororo se impõe como código privilegiado de comunicação e os objetos etnográficos se desdobram como subcódigos que se prestam como marcadores de sua existência. O prospecto do museu torna isso explícito quando informa que "nascimento e morte fazem fundo para a contextualização metafórica do espaço".

Foto 41: Espaço expositivo bororo. Foto: ALS.

Vimos em páginas anteriores que a rede plurissocial que sustenta a experiência museal merurense em nome de um corpo mitológico e ritualístico nativo acaba por produzir aquilo que chamamos de "mito museal merurense", no qual a dita mitologia original vive enquanto elemento codificado. Foi justamente a unidade expográfica bororo que reproduziu essa lógica no museu de Campo Grande, ao executar sua proposta de espaço de comunicação intercultural, isto é, pôr em cena um discurso produzido e significado em parceria.

Em 2006, na época da transferência do acervo do antigo museu para a nova sede, Aivone, visando restituir um dito valor original dos três crânios e um conjunto de pequenas peças ósseas ornadas de penas, restos mortais de antigos funerais coletados por Albisetti e catalogados por Venturelli, então diretor do museu, acionou sua rede bororo de Meruri. A professora convidou um grupo de índios para participar do processo de desmontagem, acondicionamento, transferência e reinstalação desses objetos chamados por ela de "objetos sagrados". Aivone argumenta em artigo

---

15   O museu está fazendo referência aqui ao *aije muga*, as tradicionais clareiras abertas próximas às aldeias. Situada fora do espaço concêntrico da vida cotidiana bororo, o *aije muga*, como espaço ritual extra-aldeia, é indissociável do mapa cosmológico bororo projetado sobre o espaço.

MAPA DE VIAGEM DE UMA COLEÇÃO ETNOGRÁFICA

acima citado que o museu "não poderia deixar de considerar que, para os Bororo (novamente tomados como sujeitos genéricos), os mortos ali representados pelos ossos e crânios transformaram-se em Aroe". Agora na forma de almas, aqueles Bororo visualizados na forma de ossos adornados poderiam circular pelos três céus bororo e visitar a aldeia, premiando ou castigando os vivos. Segundo ela, seria tarefa do museu, compromissado com uma "abertura democrática para a diversidade cultural humana (tanto no sentido do tratamento com seu objeto quanto no tratamento com os seus diferentes públicos), buscar e experimentar outras lógicas culturais de articulação de sentido para a realidade". Na prática isso significou coreografar no tempo e no espaço, agora museal de Campo Grande, um novo rito, que vive em função de uma ritualidade ancestral, na qual tanto o museu, como parte dos índios de Meruri, só podem ter acesso enquanto elemento codificado.

Registra a curadoria que para a retirada dos ossos vieram ao museu um grupo de rapazes bororo de Meruri, a aldeia onde não se promovem mais rituais fúnebres bororo e, "com manda a tradição, prepara-se para a manipulação dos ossos, usando em seus corpos sumo de folhas de um vegetal próprio da região do cerrado denominado por eles de 'algodãozinho'". Assim se deu início ao novo rito museal. "Cantaram diante da vitrine aberta, retiraram e transportaram, gradativamente, os ossos em vários Baku (bandejas) depositando-os em mesas de restauro". Com o auxílio de uma conservadora do museu, Agostinho Eibajiwu ficou encarregado do trabalho de higienização das peças e identificação clânica. Durante essa atividade, pôde colocar em prática os conhecimentos adquiridos no curso de conversação promovido no próprio museu salesiano por Gedley Braga, então do Museu de Arqueologia e Etnologia da Universidade de São Paulo.[16] "O silêncio e os olhares de compaixão diante dos ossos/almas formavam uma atmosfera de emoção e respeito, como em seus funerais", descreve a professora, nos remetendo à imagem do funeral modelar.

Em novembro de 2006, quando foi promovida festividade para marcar a transferência do acervo para nova sede,[17] os Bororo estiveram representados por um

---

16   Gedley Braga havia promovido anteriormente no Museu Dom Bosco, no contexto de uma bolsa *Vitae* concedida à instituição, workshop sobre conversação e restauro aos estagiários e funcionários do museu. Informada pela Dra. Emília Kashimoto, na época coordenadora do Laboratório de Pesquisas Arqueológicas, sobre o evento, Aivone, em artigo escrito em parceria com Gedley e Dulcília (2004), conta que tratou de fazer contato com o profissional visando à promoção de novo workshop, desta vez direcionado aos curadores indígenas em formação. Além de Agostinho e Leonida, participaram o Rikbatsa Aristóteles e o índio Xavante Dario.

17   O evento foi anunciado na época com festa de inauguração. Todavia, o museu permaneceu fechado à visitação pública até 2009, quando foi promovida nova cerimônia de inauguração.

grupo de índios de Meruri, incluindo chefes cerimoniais, convidados para participar da cerimônia pública executando dança ritual. Chegando a Campo Grande com dois dias de antecedência à festa, a comitiva se encarregou de desembalar os restos mortais das caixas e, por meio de nova ação ritual, marcado por cantos e cortejos, inseri-los nas vitrines do novíssimo museu. As peças foram depositadas no caminho das almas, a vitrine central que divide a aldeia modelar bororo reconstruída no novo museu de Campo Grande.

Na época da sua inauguração, o Museu das Culturas Dom Bosco ainda aguardava a eventual chegada das coleções dos índios Terena, Kadiweu, Guarani Kaiowá, Kinikinawa, Guato e Ofaie. Para esses grupos étnicos do Mato Grosso do Sul, que até 2011 ainda não estavam representados no museu, já tinham sido instaladas as "ocas de cobre, signo da pós-modernidade, estética capaz de traduzir a vida contemporânea desses povos", informa o museu no mesmo site. Em uma suposta fase de aquisição do acervo, a ausência de coleções é explicada pelo fato de a presença missionária entre os indígenas ter se concentrado ao norte do antigo Estado de Mato Grosso, que seria dividido apenas em 1977. Em reportagem publicada dia 29 de novembro de 2006 no Correio do Estado, um dos jornais de maior circulação no Mato Grosso do Sul, Aivone já justificava o fato informando que "o Estado não possui muitas peças locais, até porque estes acervos estão em museus fora do País, como em Milão, Berlim e Roma, por que foram levados pelos colonizadores".[18] Numa solução bastante elementar, talvez por conta da distância da professora Aivone em relação a esses povos, pretendia-se colocar os objetos no interior das tais "ocas pós-modernas".[19]

Na exposição permanente como um todo, há um peculiar diálogo entre dois elementos que marcam as discussões etnomuseológicas contemporâneas: estetização e contextualização etnográfica. No entanto, no projeto do Museu Dom Bosco reformulado, curiosamente, antes dos termos figurarem como pares de oposição, eles surgem como elementos complementares. Isto porque, ao longo de todo o percurso

---

18   Trecho extraído do site: http://www.mcdb.org.br/materias.php?subcategoriaId=18.

19   Aqui é interessante registrar uma observação para adensarmos a percepção do leitor em relação ao nosso campo de observação. Antes da chegada da professora Aivone à Universidade Católica Dom Bosco, a instituição já contava com um núcleo de Ciências Humanas com grupo de docentes que desenvolviam projetos relacionados a populações indígenas. Antônio Jacó Brandt, por exemplo, coordenava na época o Programa Kaiowá/Guarani. Marta Regina Brostolin comandava o Grupo de Estudos e Pesquisas Sobre Políticas de Educação Superior. Ao longo do processo de acomodação e divisão de espaços institucionais ao longo desse processo museal, observou-se uma divisão de trabalho sobreposta a uma divisão geográfica e histórica. O grupo docente precedente vinculou-se a grupos de indígenas do Mato Grosso do Sul não atendidos pelas missões e o grupo de Aivone, principalmente, com os grupos historicamente vinculados às missões.

entre "as culturas" em exposição, as peças se encontram livres de plaquetas e legendas. Segundo Aivone, a ideia seria livrar o olhar e a atenção do expectador de outros elementos que os façam se desviar das peças e dos diálogos estabelecidos entre elas no interior de cada "instalação etnográfica". Está posta a crença que esses diálogos funcionariam como a própria contextualização dos objetos. Além do mais, os interessados em detalhamentos sobre o acervo contariam ao longo do percurso com estações digitais *touch-screen*, batizadas pelo museu de Nichos do Conhecimento.[20] Desse modo, o projeto do museu propõe dois planos de relação com os objetos: o primeiro, experiencial/sensorial, no qual o público se põe como participante de um diálogo entre as peças organizado pelas estações expográficas, e o segundo, "bibliográfico", no qual o registro das estruturas elementares da exposição pode ser consultado.

Recursos expositivos diferenciados também se fazem presentes no projeto arquitetônico, funcionando como marcas do museu e expressamente destacados em inúmeras falas sobre a instituição.[21] São esses recursos, aliás, que servem de sinais para o grande público perceber a nova instituição de Campo Grande como estando à altura dos grandes museus internacionais, como destacaram alguns jornalistas na mídia impressa e televisiva regional. Ao caminhar pela exposição permanente, por exemplo, em seu projeto original, projetores podem lançar sobre o chão imagens de homens e mulheres indígenas que circulam pelo espaço e depois desaparecem. Telas cinematográficas estão prontas para exibir versões editadas de antigos documentários com cenas de rituais que impregnam o ambiente com ares solenes. Em um dos pontos da exposição, próxima à "mandala" expográfica bororo, está um dos charmes da interculturalidade museal do novo museu sustentado pelo seu requinte tecnológico: numa vitrine, também enterrada no piso de concreto, estão expostos *aijes*, os zunidores que representam os espíritos/monstros das águas bororo, instrumentos/entidades interditos às mulheres e crianças do sexo masculino não iniciados ao grupo adulto.[22] Informados sobre a presença de mulheres e crianças Bororo no ambiente, os mantenedores do museu acionariam um dispositivo ótico que torna os conteúdos das vitrines invisíveis.

---

20 Apesar dos espaços reservados no museu a esses equipamentos, infelizmente, eles nunca entraram em funcionamento.

21 Importante destacar que no dia a dia do museu essa gama tecnológica não é acionada. Além de equipamentos caros, que demandam alto custo de manutenção e de consumo de energia, a baixa visitação nos dias sem agendamento escolar justifica a economia de recursos.

22 Segundo notas etnológicas, a não observância da interdição por parte das mulheres poderia representar pena capital. Até hoje, mesmo em Meruri, aldeia onde a maior parte do sistema ritualístico bororo encontra-se desarticulado, as mulheres tremem diante da possibilidade de ver o *aije*.

Mesmo estando o museu como um todo inacabado, o que estava sendo ali oferecido ao público em nada lembrava o antigo Museu Dom Bosco, aquele no qual o público era entorpecido por um bombardeio visual de uma espécie de enciclopédia tridimensional mal paginada, enquanto ziguezagueava num circuito trançado em um único e espremido pavimento do prédio da administração da Missão Salesiana de Mato Grosso. Aberto à exibição até agosto de 2005, o velho museu detinha até aquela época um acervo de aproximadamente 40 mil peças, distribuídas entre as seções de arqueologia (458 objetos, divididos entre as coleções dos caçadores/coletores e dos agricultores ceramistas), Paleontologia (2.519 itens, inclusive de outros países; entre eles, um dente e uma mandíbula de mamute), Zoologia (30 mil peças, com destaque para as coleções Giovanni Magrin, com 2 mil animais taxidermizados), Mineralogia (783 minerais de dezenas de países) e Etnologia, nomeada no velho folder da instituição como Etnografia (mais de 6 mil objetos).

A coleção de etnologia, especialmente, voltou a ser enriquecida após a conexão da Missão Salesiana com a professora Aivone Carvalho. Por sua vez, graças às suas conexões com uma série de agentes indígenas após a sua inserção no campo indigenista por conta da sua experiência museológica em Meruri, suas viagens por territórios indígenas redundaram em novas aquisições para o museu. Entre elas, estão peças dos Enawenê-nawê, Rikbaktsa e Kalapalo. A amizade entre Aivone e o chefe xinguano Faremá Kalapalo, por exemplo, rendeu ao museu um machado pertencente ao avô de Faremá e troncos fúnebres adornados do Quarup.

Uma das razões para a superlotação do espaço que havia se tornado exíguo frente ao volume do acervo tão rico e variado era a impossibilidade de salvaguardar o material em uma reserva técnica adequada. Conta Paulo Vitor Guimarães Corbelino (2005) que até 2003 a instituição dispunha apenas de uma pequena reserva técnica onde eram guardadas juntas todas as coleções. Incidindo muita luz no ambiente, suas janelas foram pintadas de vermelho, o que prejudicava ainda mais as condições térmicas as quais as coleções ficam submetidas. A melhor alternativa encontrada foi deixar a maior quantidade possível de peças no circuito de exposição, espaço mais arejado e termicamente mais controlado.[23]

Expressando a história que o construiu, o Museu Dom Bosco, antes mesmo de se tornar o Museu das Culturas, tinha como seu carro-chefe expositivo as ditas coleções etnográficas. No circuito museal salesiano de Campo Grande, após adentrar no recinto e ultrapassar a recepção e a lojinha de artesanato, bastaria ao público dar poucos passos entre as seções de Arqueologia e Paleontologia para poder che-

---

23   A partir do segundo semestre de 2003, na gestão da Dra. Lidimar Barbosa de Albuquerque e no contexto do financiamento de uma Bolsa Vitae, a coleção etnográfica, especialmente a Xavante, passa a ganhar melhores condições de acondicionamento.

gar ao "labirinto de imagens etnológicas", construído por séries justapostas de peças bororo, xavante, karajá, moro, tukano, desana, piratapuia e tariana, entre outras. E nesse mosaico de formas explícitas e de sentidos ocultos, os Bororo eram as estrelas do museu. Possuindo em seu acervo 1,6 mil artefatos bororo, a instituição já era detentora da maior coleção de objetos desse povo no mundo.

Mas em meio às antigas vitrines com objetos seriados que estranhamente faziam o Museu Dom Bosco parecer um museu de ciências fossilizado em exposição, os olhos dos visitantes apenas encontrariam descanso da enxurrada etnográfica no núcleo central ou nas laterais do circuito museal com a exibição de parte do acervo zoológico. À mostra, lobos-guarás, tamanduás, onças pintadas, tatus-canastras e uma miscelânea de pássaros, entre outras tantas espécimes taxidermizadas apinhadas ou emolduradas por dioramas que reconstituíam seus *habitats*. Só para os insetos eram 27 vitrines. Mas no gosto do público, palhas e penas cediam espaço para couros estufados com serragem de olhos de vidro encenando a vida selvagem brasileira, particularmente do centro-oeste. Como atesta a pesquisa promovida em 2005 por Coberlino, que infelizmente não nos informa o tamanho da sua amostragem, 77% das pessoas que visitaram o museu no período consideraram a coleção zoológica a mais interessante, seguida pela coleção etnográfica, com 11%. Parecia que a cidade, conhecida como porta de entrada do Pantanal e até então eixo de conexão com o Parque Aquático de Bonito e Serra do Bodoquena, transformava aquele museu, listado inclusive em guias internacionais como o *Lonely Planet*, entre as principais atrações da região, no zoológico que ela ainda não possuía.[24] Encerrando o percurso do velho museu salesiano, o público caminhava por um corredor em direção à saída emparedado de cada lado pelas peças da coleção de mineralogia.

Assim, dono de um acervo respeitável, o velho Museu Dom Bosco carecia mais do que espaço. Precisava de um projeto que fosse capaz de reinventá-lo museologicamente e, ao mesmo tempo, que reafirmasse, mesmo que em novos termos, o compromisso da missão salesiana com a "ciência" e "a civilização", este último termo, travestido em "desenvolvimento social". É justamente isso que o velho museu consegue quando os salesianos tomam para si, de maneira mais radical, a experiência museal em curso na aldeia bororo de Meruri. De apoiadora e parceira da empreitada merurense, a Congregação Salesiana passaria a ser institucionalmente responsável por ela tornando-a um projeto modelo a ser replicado e um dos braços de sua estru-

---

24 Segundo outra pesquisa, a de Valéria e Cunha (2005), realizada entre março de 2003 e março de 2004, a partir do levantamento do livro de visitantes do Museu Dom Bosco, dos 19.389 visitantes, 95,06% eram brasileiros e 4,93% estrangeiros, de 52 países diferentes. Dos brasileiros, 72% eram do Centro-Oeste, 15% do Sudeste, 10% do Sul, 2% do Nordeste e 1% do Norte.

tura organizacional do seu museu: uma experiência prática da área de Etnologia, uma das cinco subdivisões do setor de Conservação e Pesquisa.

Todavia, o que há de mais interessante nesse processo museal é o fato de não se tratar de uma instituição maior que engolfa e submete uma instituição menor aos seus desígnios. Pelo contrário. É uma instituição menor que reinventa a maior para poder caber dentro dela.

Considerações finais

À medida que a etnologia se afunda na sua instituição clássica, ela persiste numa antietnologia cuja tarefa consiste em reinjectar por toda parte diferença-ficção, selvagem-ficção, para esconder que este mundo, o nosso, que voltou a tornar-se selvagem à sua maneira, isto é, devastado pela diferença e pela morte. Jean Baudrillard

Nas páginas precedentes, assumimos a coleção bororo repatriada do museu salesiano da Itália para o museu comunitário como o nosso código intercultural a ser observado em seu trânsito histórico e geográfico. Para tanto, mapeamos seu percurso físico e conceitual no intuito de representar suas sucessivas posições e significações no interior de uma rede intersociétaria para além das redes nativas que essas peças foram postas em trânsito para representar. E nesse percurso, evidenciamos de que modo esses objetos estão associados à história de outros específicos artefatos culturais surgidos no contexto das relações interculturais posto pelas missões salesianas: os museus etnográficos missionários. Foi por meio dessas plataformas de comunicação que observamos os objetos em ação, pois elas são traduções institucionais dessas redes que produzem e/ou reatualizam nosso código de comunicação em questão.

Como bem sentenciou Manuela Carneiro da Cunha, a cultura global não existe (1988). Todavia, a comunicação intercultural é um fenômeno de dimensão planetária que continua a nos desafiar analítica e politicamente. Sem dúvida, a antropologia, por meio de estudos monográficos e de análise de casos particulares, vem contribuindo para evidenciar que a emergência de línguas que circulam em escala transnacional, como a língua do "patrimônio cultural", por exemplo, não implica na operacionalidade de nenhuma dita cultura global. Ao mesmo tempo, estudos antropológicos desmentem que os fenômenos a elas (às línguas) associados estejam comprometidos com os velhos e limitados motes da perda ou da homogeneização cultural. Por onde tais linguagens circulam, quem por tradição disciplinar volta--se para as ditas instâncias locais, pode observar como proliferam situacionalmente múltiplos sentidos que lhes são atribuídos. Como bem assinalam Regina Abreu e Mário Chagas (2009), não podemos mais falar em museu e patrimônio no singular. A despeito de toda a variação tipológica dos dois termos, trata-se de observar quais os múltiplos projetos que eles são capazes de portar, assim como já formularam uma série de autores.

Mas nesse âmbito, a análise da experiência museal multifocal salesiana em curso nos aponta para uma questão especialmente delicada e significativa: para conhecermos em profundidade tais projetos, é necessário ir além da forma que essas instituições os representam. Dito de maneira mais enfática, não é mais suficiente traduzir e sofisticar para os jargões acadêmicos as plataformas políticas assumidas por essas instituições. É preciso agora compreender quais são os mecanismos sociossimbólicos que as sustentam. E essa tarefa compreende – num esforço de uma simetria, poderíamos assim afirmar – também etnografar a prática intelectual dos agentes acadêmicos posicionados nos bastidores ou no entorno dessas instituições.

Ao traçarmos a genealogia das redes que sustentam as instituições salesianas, pudemos observar conexões contemporâneas e compreender de que modo elas se realizam como transformações ou reatualizações de antigas conexões. Desse modo, foi possível, por exemplo, demonstrar a operacionalidade da versão semiótica do conceito cultura em nosso campo de pesquisa, tanto frente ao cabedal teórico oferecido por uma antropologia católica que organiza cultura na chave do rito e da crença, como para um grupo nativo, cuja organização social é marcada pela ritualidade. Aqui, não se tratou de dar conta do modo como cada um pensa, mas como cada um, situacionalmente, aciona seu repertório para entrar num jogo cujas regras são definidas no momento em que se joga. Trata-se de compreender as regras do museu, que produzem seus agentes museais.

Do ponto de vista da etnologia, essa escolha analítica pode parecer óbvia em relação à experiência museal de Meruri por ela estar implicada com a estrutura secular de uma missão religiosa, algo que já foi entendido como um dos tradicionais agentes da ação colonizadora. Todavia, quando a observação muda para a escala microscópica, deparamo-nos com agentes intelectuais laicos e lideranças nativas que fazem dessa velha estrutura um trampolim criativo para o desenvolvimento da sua própria versão do que seria um "museu comunitário autônomo". Assim, no campo de pesquisa posto em cena neste livro, a autonomia é, antes de uma prática, uma performance. A encenação de um ideal, o qual se pretende atingir.

Como já havia observado Paula Montero para o caso das etnografias salesianas (2012), a experiência museal dessa congregação missionária se realiza como metadiscurso, originado do agenciamento de uma série de proposições científicas, religiosas e políticas enunciadas por múltiplos agentes atrelados em um jogo de comunicação. A representação nativa dos projetos museais, seja missionária, intelectual ou dos curadores indígenas, será sempre a expressão pontual e circunstancial de uma determinada articulação prática dessas interações discursivas. Enunciações nativas em relação aos projetos, diria Bourdieu, seriam fontes para conhecermos as regras que norteiam a organização do trabalho desses agentes. Todavia, a despeito de todas as variações das formulações nativas (dos missionários, intelectuais leigos e curadores indígenas) e de suas significações não necessariamente coincidentes, é preciso dirigir nossa atenção para as práticas, que em, ação, reformulam os sentidos dessas regras.

É preciso decompor as múltiplas camadas de representações dos museus salesianos para se poder enxergar o que eles têm de mais interessante. Em uma ponta, precisam impor sua presença e firmar sua legitimidade frente ao campo intelectual, tarefa contemporaneamente indissociável de uma avaliação de sua responsabilidade social. Noutra, precisam apagar a sua presença para comprovar o sucesso de uma experiência museal que se diz nativa, indígena. Na esteira desse processo, intelectuais e lideranças indígenas engajadas nos processos museais em curso fazem valer seus interesses e fazem desses espaços de mediação estruturas práticas para o seu empoderamento social.

O que falam, registram e ratificam sobre as culturas é o que há de menos interessante nesses museus. Quando os seus múltiplos agentes convergem ao "fetichismo das tradições", são também tentados a partilharem a um enfadonho e antiquado discurso antropológico. Tony Bennett, em arguto apontamento sobre fetichismos do gênero (do passado, no seu caso), lembra que eles só podem existir enquanto efeito de discurso. Nos museus, sejam eles tradicionais ou comunitários, nenhum visitante pode ter acesso às tradições. Na sua chave de argumentação, Bennett defende, afinal, que a aparente concretude dos artefatos de museu só existe em virtude da familiaridade do seu posicionamento em um sistema interpretativo que tem ressonâncias com outras interpretações ancoradas em representações de um passado que circulam por redes sociais ampliadas. Espaços de perpétua criação e recriação, museus vocalizam, potencializam e chancelam o que já está posto na rede social. Assim como o Cristo Salesiano, a tradição Bororo em Meruri, tal qual aquela que os museus visam representar, está morta. Mas, tanto num caso como no noutro, trata-se de observar o que esses agentes fazem em nome dessas entidades que vivem em igrejas e museus, interessantemente, dois lugares sacralizados. É aí que a experiência museal merurense transborda em vitalidade. Livre do compromisso de representar ao visitante da cidade, seja em Campo Grande, seja no Colle, na Itália, o que é "a cultura bororo", que nos museus citadinos, mesmo que semiotizada, vive fossilizada numa narrativa *ad eternum*, a agência museal pode dedicar-se àquilo que pode fazer com maior potência: projetar sua presença no futuro, fazendo-se de motor da história de um grupo.

Obviamente que a configuração do campo impõe desafio para todos os agentes e suscitam naqueles que os assistem uma série de questões. A autonomia indígena implica na desvinculação com o projeto evangelista da Missão Salesiana? De outro modo, haveria lugar para um cristianismo indígena em Meruri? Em que medida a aproximação dos acadêmicos com a instituição missionária interfere na formatação dos seus projetos? A matriz intelectualista ocidental focada em intervenções sociais é tão distante assim do projeto evangelista? As respostas, porém, fogem das nossas responsabilidades. Cabem, certamente, a esses agentes esclarecer tais questionamentos.

Bibliografia

ABREU, Regina Maria do Rego Monteiro. "Memória, história e coleção". *Anais do MHR/RJ*. v. 28, 1996.

_____. *A fabricação do imortal: memória, história e estratégias de consagração no Brasil*. Rio de Janeiro: Rocco, 1996.

_____."Museus etnográficos e práticas de colecionamento: antropologia dos sentidos". *Revista do Patrimônio Histórico e artístico nacional*, n.º 31, 2005, p. 100-125.

_____."A emergência do 'outro' no campo do Patrimônio Cultural". *Revista do Museu de Arqueologia e Etnologia, Universidade de São Paulo. Museus, identidades e patrimônio cultural*. Suplemento 7, São Paulo, 2008, p. 9-20.

ABREU, Regina Maria do Rego Monteiro e CHAGAS, Mário. "Museu da Maré: Memórias e narrativas a favor da dignidade social". *Musas* (IPHAN), v. 3, 2007, p. 130-152.

_____. *Memória e Patrimônio: ensaios contemporâneos*. Rio de Janeiro: Lamparina, 2009. p. 316.

ADRI, Pedro. *O "meu" colégio Dom Bosco*. Campo Grande, s/d.

AGNOLIN, Adone. "Gramática cultural, religiosa e linguística do encontro catequético e ritual nos séculos XVI-XVII". In: *Deus na aldeia: missionários, índios e mediação cultural*. São Paulo: Globo, 2006.

_____. *Jesuítas e selvagens: a negociação da fé no encontro catequético-ritual americano-tupi (Séc. XVI-XVII)*. São Paulo: Humanitas, 2007.

AGUILERA, Antonio Hilário. *Currículo e cultura entre os Bororo de Meruri*. Campo Grande: Editora da UCDB, 2001.

ALBISETTI, César & VENTURELLI, Ângelo. *Enciclopédia Bororo: Vocabulários e etnografia*. Campo Grande: UCDB, 1962, v. I.

_____. *Enciclopédia Bororo: Lendas e Antropônimos*. Campo Grande: Museu Regional Dom Bosco, 1969, vol I.

_____. *Enciclopédia Bororo: Textos dos cantos de caça e pesca*. Campo Grande: Museu Regional Dom Bosco, 1976, vol II, parte I.

_____. *Enciclopédia Bororo: Textos dos cantos festivos*. Campo Grande: Museu Regional Dom Bosco, 2002, volII, parte II.

ALBUQUERQUE, Lidimar Barbosa & PIRELLI, Maria Aparecida de Souza & ANJOS-AQUINO, Elaine Aparecida Carvalho. *Descobrindo o museu: experiência de pesquisa e extensão no Museu Dom Bosco*. Campo Grande: Editora UCDB, 2005.

ALMEIDA, Marli Auxiliadora de. *Cibáe Modojebádo – a rosa Bororo e a "pacificação" dos Bororo Coroado (1845-1887)*. Dissertação de mestrado. Programa de Pós-Graduação em História. UFMT, 2002.

ALVES, Ana Maria de Alencar. *Redutos da ciência na "era dos museus": Inglaterra, França, Estados Unidos e Brasil*. Tese de doutorado em História Social, FFLCH-USP, São Paulo, 2004.

AMES, Michel. *Cannibal tours and glass Boxes: the anthropology of museums*. Vancouver: University Britist Columbia Press, 1994.

ANGOTTI-SALGUEIRO, Heliana. "Reseña de 'la magicien des vitrine. Le muséolaogue George-Henri Rivière' de Nina Gorgus". *Anais do Museu Paulista, junho-dezembro, año/v.14, número 002*. São Paulo: USP, 2006, p. 317-322.

APPADURAI, Arjun. *Dimensões culturais da globalização: a modernidade sem peia*. Lisboa: Teorema, 2004.

_____. *A vida social das coisas: as mercadorias sob uma perspectiva cultural*. Niterói: Eduff, 2008.

APPADURAI, Arjun & BRECKENRIDGE, Carol. "Museus são bons para pensar: pa- trimônio em cena na Índia". *Musas – Revista Brasileira de Museus e Museologia, n. 3*. Rio de Janeiro: Instituto do Patrimônio Histórico e Artístico Nacional, Departamento de Museus e Centros Culturais, 20007, p. 27-26.

ARANTES, Otília B.F. "Os Novos Museus". *Novos Estudos Cebrap*, n.º 31, out. 1991, p. 143-160.

ARAÚJO, Melvina Afra Mendes de. "Isso é da Cultura deles?". In MONTERO, Paula (org.). *Deus na Aldeia: missionários, índios e mediação cultural*. São Paulo, Globo, 2006a.

_____. *Do corpo à alma: missionários da consolata e índios macuxi em Roraima*. São Paulo: Humanitas/Fapesp, 2006b.

ARGAÑARAZ, Silvina Bustos. Das trevas da floresta: práticas missionárias dos ca- puchinhos da Úmbria no alto solimões. Dissertação de mestrado em Antropologia Social do Museu Nacional, Rio de Janeiro, 2004.

_____."Modalidades missionárias de conhecimento: o os capuchinhos da Úmbria no alto solimões, 1910-1960". Paper apresentado na 25ª reunião Brasileira de Antropologia (Goiânia GO – 11 a 14 de junho de 2006), 2006.

ARRUTI, José Maurício P."A produção da alteridade: O toré como código das conversões missionárias e indígenas". In MONTERO, Paulo (org.). *Deus na Aldeia*. Editora Globo, 2006.

AUFFRAY, Agostinho. *Dom Bosco*. 1969, Mimeo.

AZZI, Riolando. *Os salesianos no Rio de Janeiro. v. 1. Os primórdios da obra salesiana (1875-1884)*. São Paulo: Ed. Salesiana Dom Bosco, 1982.

_____. *Os salesianos no Brasil: à luz da História*. São Paulo: Ed. Salesiana Dom Bosco, 1982.

_____. *A obra de Dom Bosco no Brasil: cem anos de história*. v.1 A implementação da obras salesiana. Barbacena: Centro de documentação e Pesquisa, 2000.

_____. *A obra de Dom Bosco no Brasil: cem anos de história. v. 2. A consolidação da obra salesiana*. São Paulo: Editora Salesiana, 2002.

_____. *A obra de Dom Bosco no Brasil: cem anos de história. v. 3. A expansão da obra salesiana*. São Paulo: Editora Salesiana, 2003.

BÁEZ, Christian & MANSON, Peter. *Zoológicos Humanos – Fotografías de fueguinos y mapuche en el Jardin D'Acclimatation de Paris, siglo XIX*. Santiago: Pehuén Editores, 2006.

BAKHTIN, M. *Marxismo e Filosofia da Linguagem*. 6. Ed. São Paulo: Hucitec, 1992.

BALANDIER, Georges. *Antropologia Política*. Lisboa: Editorial Presença, 1987.

_____. "A noção de situação colonial". *Cadernos de campo*, n.º 3, 1994, p. 107-131.

BANCEL, Nicolas; BLANCHARD Pascal; e GERVEREAU, Laurent. *Images et colonies*. Paris: Ed. Achac-Bdic, 1993.

BANCEL, Nicolas. *et al* (org.). *Zoos Humains, XiXe. et XXè Siècles*, Paris: Éditions la Découverte, 2002.

BARCELOS NETO, Aristóteles. *A arte dos sonhos – uma iconografia ameríndia*, Lisboa: Museu Nacional de Etnologia/Assírio & Alvim, 2002, p. 276.

_____. *Apapaatai: rituais de máscaras no Alto Xingu*. 1. ed. São Paulo: Editora da Universidade de São Paulo, 2008, p. 310.

_____. "Choses (in)visibles et (im)périssable: temporalité et matérialité des objets rituels dans les Andes et en Amazonie". *Gradhiva. Revue d'Anthropologie et de Histoire des Arts*, v. 8, 2008, p. 112-129.

BARTHES, Roland. "A mensagem foto fotográfica". In BARTHES, Roland. *O óbvio e o obtuso – Ensaios críticos*. Rio de Janeiro: Editora Nova Fronteira, 1990, p. 11-24.

_____. *A câmara clara*. Lisboa: Edições 70, 2008.

BAUDRILLARD, Jean. *Le Systéme des objets*. Paris: Gonthier/Denõel, 1968.

_____. *Simulacros e simulação*. Lisboa: Relógio d'Água,1991.

BENJAMIN, Walter. "Pequena história da fotografia". In BENJAMIN, Walter. *Magia e técnica, arte e política: ensaios sobre literatura e história da cultura*. 7ª ed. São Paulo: Brasiliense, 1994, p. 91-07.

_____. "A obra de arte na era de sua reprodutibilidade técnica". In BENJAMIN, Walter. *Magia e técnica, arte e política: ensaios sobre literatura e história da cultura*. 7ª ed. São Paulo: Brasiliense, 1994, p. 165-196.

BELK, Russel. "Collectors and collecting". In PEARCE, S. (Org). *Interpreting objects and collections*. London: Routledge, 1994.

_____. *Collecting in a consumer society*. London: Routledge, 1995.

BENNETT, Tony. *The Birth of the museum: History, Theory, Politics*. Londres: Routledge, 1995.

BENSA, Alban. "Da micro-história a uma antropologia crítica". In: REVEL, Jacques (org.). *Jogos de Escalas. A experiência da microanálise*. Rio de Janeiro: Editora FGV. 1998 [1996].

_____. "O antropólogo e o arquiteto: a construção do Centro Cultural Tjibaou". In L'ESTOILE, BENOIT; NEIBURG, Federico; e SIGAUD, Lygia (org.). *Antropologia, impérios e estados nacionais*. Rio de Janeiro: Relume Dumará, 2002.

BORDIGNON, Mário Enawuréu. *Os Bororo na história do Centro-Oeste brasileiro*. Campo Grande: Missão Salesiana de Mato Grosso, 1986.

_____. *Róia e Baile – mudança cultural Bororo*. Campo Grande: Editora UCDB, 2001.

BORGES, Carlos Nazareno Ferreira. "A Casa Giocosa, Oratório São Girolamo, Oratório de São Francisco de Sales. Experiência que se refazem e se aprimoram". *Anais do V Congresso Brasileiro da História da Educação*: O Ensino e a Pesquisa em História da Educação. Sergipe, 2005.

BORGES, Davi Coura. "Arquitetura, fé e poder no vale do Paraíba: o Gymnásio São Joaquim de Lorena e o sermão das paredes (1890 -1913)". Disponível em: http://www.fatea.br/seer/index.php/eccom/article/viewFile/236/188. Acesso em: 22 de agosto de 2011.

BOSCO, João. *Memória do oratório de São Francisco de Sales de 1815 a 1855*. São Paulo: Editora Salesiana, 1999.

BOURDIEU, Pierre. *Esboço para uma auto-análise*. Lisboa: Edições 70, 2003.

_____. *A economia das trocas simbólicas*. São Paulo: Perspectiva, 2005.

_____. *O poder simbólico*. Rio de Janeiro: Bertrand Brasil, 2006.

BOURDIEU, Pierre e DARBEL, Alain. *O amor pela arte: os museus de arte na Europa e seu público*. 2ª ed. São Paulo: Editora da Universidade de São Paulo; Porto Alegre: Zouk, 2007.

BRUMANA, Fernando Diobellina. *Antropologia dos sentidos – introdução às ideias de Marcel Mauss*. São Paulo: Brasiliense, 1983.

BRUZZI, Alcionílio. *A civilização do Uaupés. Observações antropológicas, etnográficas e sociológicas*. 2. ed. Roma: LAS, 1977.

CAMPOS, Sandra Maria Christiani de La Torre Lacerda. *Bonecas Karajá: modelando tradições, transmitindo tradições.* Tese de doutorado em Ciências Sociais – antropologia, PUC-SP, São Paulo, 2007.

CARRARA, Ana Regina. *Prêmio Cultura Viva: um prêmio à cidadania.* São Paulo: Cenpec, 2007.

CARVALHO, Aivone. *O museu na aldeia: comunicação e transculturalismo – o Museu Missionário Etnológico Colle Don Bosco e a aldeia bororo de Meruri em diálogo.* Tese de doutorado em Semiótica, PUC-SP. São Paulo, 2003.

CARVALHO, Aivone; OLIVEIRA SILVA, Dulcília Lúcia; BRAGA, Gedley Belchior. "Perspectivas recentes para curadoria de coleções etnográficas". *Revista do Museu de Arqueologia e Etnologia*, São Paulo, 14, 2004, p. 279-289.

CARVALHO, Aivone; OLIVEIRA SILVA, Dulcília Lúcia; SATO, Sérgio. "A importância da cultura material na revitalização das culturas indígenas: o caso Meruri". *Multitemas*, n.º 37, out. 2009.

CARVALHO, Aivone; OLIVEIRA SILVA, Dulcília Lúcia. "Museu das Culturas Dom Bosco: o caminho das almas". S/d. Disponível em http://mcdb. web283.uni5.net/materias.php?subcategoriaId=12&id=96&. Acesso em dezembro de 2014.

CASTELLS, Manuel. *A sociedade em rede. Coleção. A era da informação: economia, sociedade e cultura.* v. 1. São Paulo: Paz e Terra, 1999.

_____. *O Poder da identidade: economia, sociedade e cultura.* v. 2. São Paulo: Paz e Terra, 2000.

CASTILHO, Maria Augusta de. *Os índios e os salesianos na Missão dos Tachos.* Campo Grande: Editora da UCDB, 2000.

CASTRO, Esther de. *O cesto Kaipó dos Krahó: uma abordagem visual.* Dissertação de mestrado em Antropologia Social, FFLCH-USP, 1994.

CHAGAS, Mário Souza. "Memória e poder: contribuição para e a prática nos ecomu- seus". Disponível em http://www.quarteirao.com.br/pdf/mchagas.pdf. Acesso em 31/05/2011.

_____. "A escola de samba como lição de processo museal". *Caderno Virtual de turismo*, v. 2, n.º 2, 2002, p. 15-18.

_____. *Há uma gota de sangue em cada museu: a ótica museológica de Mário de Andrade.* Chapecó: Argos, 2006.

CLIFFORD, James. Routes: "Objects as selves. An aferword". In: STOCKING Jr., George W., (ed). *Objects and others: essays on museums and material culture*. Madison: The University of Wisconsin Press, 1985, p. 236-246.

_____. *The predicamento of culture*. Cambridge, Mass: Havard University Press, 1988.

_____. "Les musées comme zones de contact". Dédale, Paris, n. 5-6, 1997, p. 251.

_____. *A experiência etnográfica: antropologia e literatura no século XX*. 3ª edição. Rio de Janeiro: Editora UFRJ, 2008.

_____. *Itinerarios transculturales (travel and translation in the late twentieth century)*. Barcelona: Editora Gedisa, 2008.

_____. "Museologia e contra-História: viagens pela costa noroeste". Disponível em http://www.proin- dio.uerj.br/promlg.htm. Acesso em 23/12/2009.

COLBACHINI, Antonio. *A tribo dos bororo*. Rio de Janeiro: Papelaria Americana, 1919.

COMAROFF, Jean & COMAROFF, John. *Of revelation and revolution. Christianity, colonialism and consciousness in South Africa*. Chicago: University of Chicago Press, 1991.

_____. "Etnografia e imaginação histórica". Tradução de Iracema Dulley e Olivia Janequine. *Proa – Revista de Antropologia e Arte* [on-line]. Ano 02, v.01, n. 02, nov. 2010. Disponível em: http://www.ifch.unicamp.br/proa/TraducoesII/comaroff.html.

CORBELINO, Paulo Vitor Guimarães. *O Museu Dom Bosco como atrativo turístico de Campo Grande*. Monografia para bacharelamento em Turismo, Campo Grande, UCDB, 2005.

CORTÉS, Ana Esther Guevara. "Conceptos claves: museo comunitario, patrimonio-identidad local, turismo cultural, gestión cultural". Disponível em http://rehue.csociales.uchile.cl/antropologia/congreso/s1101.html. Acesso em novembro de 2010.

CROCKER, Jon C. *The social organization of the Eastern Bororo*. Tese de PhD., Cambridge, Universidade de Havard, 1967 (mimeo).

CURY, Marília Xavier. *Comunicação museológica – Uma perspectiva teórica e metodológica de recepção*. Tese de doutorado em Ciências da Comunicação, Escola de Comunicações e Artes da Universidade, USP, São Paulo, 2005.

DEBORD, Guy. *A sociedade do espetáculo*. Rio de Janeiro: Contraponto, 1997.

DEBRAY, Octave. "Segunda mão e segunda vida. Objetos, lembranças e fotografias". Revista Memória em Rede. Pelotas, v.2, ago.-nov. de 2010, p. 27-45.

DESMARAUT, Francis. *Dom Bosco en son temps: 1815-1888*. Turim: Societé Editrice Internazionale, 1996.

DORTA, Sonia Teresinha Ferraro. *Pariko – Etnografia de um artefato plumário*. Dissertação de mestrado em Antropologia Social, FFLCH-USP, São Paulo, 1978.

DUARTE, Alice. "O museu como lugar de representação do outro". Disponível em http://ceaa.ufp.pt/museus2.htm. Acesso em 21/05/2010.

DUPAIGNE, Bernard. *Le scandale des arts premiers. La véritable histoire du musée du quai Branly*. Paris: Mille et Une Nuits, 2006.

_____. "Au musée de l'Homme: disparition des ethnologues". *Ethologia française – l' europe et sés ethologies*. Press Universitaires de France, Octobre 2008/4, p. 645 – 647.

DUPAIGNE, Bernard e GUTWIRTH, Jacques. "Quel role pour l'ethologie dans nos musées?" *Ethologia française – L' Europe et sés ethologies*. Press Universitaires de France, octobre 2008/4, p. 627 – 630.

DURAND, Jean-Yves. "Este obscuro objeto de desejo etnográfico: o museu. etnográfica". Nov. 2007. Disponível em http://www.scielo.oces.mctes.pt/ pdf/etn/v11n2/v1. Acesso em 1 de dezembro de 2014.

DUROURE, João Batista. *Dom Bosco em Mato Grosso*. Campo Grande: MSTM, 1977.

ERTHAL, Regina de Carvalho. "Museu indígenas: articuladores locais'de tradições e projetos politicos". In SAMPAIO, Patrícia Melo & ERTHAL, Regina de Carvalho (org.). *Rastros da memória – Histórias e trajetórias das populações indígenas na Amazônia*. Manaus: EDUA, 2006, p. 218-236.

FAVERO, Luigi. *Francisco de Aquino Corrêa. O religioso que foi testemunha de conciliação e trabalho na atuação política*. Personalidades: coletânea de textos/ Organização: Funcesp/Arca. Campo Grande, MS: A Fundação, 2002, p. 43-47.

FENTON, W. "The advancement of material culture studies in modern anthropological research". In RICHARDSON, M. (ed.). *The human mirror*. Lousiana: Lousiana University Press, 1974, p. 15-36.

FERREIRA, Antonio Silva. "La Missione fra gli ingigeni Del Mato Grosso". *Lettere di Don Michele Rua, 1891 – 1909*. Roma: LAS, 1993.

FERREIRA, Juca. "A cultura e a dignidade do povo brasileiro". In CARRARA, Ana Regina (Coord.) & GARCIA, Mariana (Org.) *Prêmio Cultura Viva: um prêmio à cidadania*. São Paulo: Cenpec, 2007, p. 68-69.

FIERRO, Rodolfo e Bosco João. *Biografía y escritos de San Juan Bosco*. Madri: Biblioteca de Autores Cristianos, 1955.

FORNI, Silvia. "Il Museo Etnologico Missionario Del Colle Don Bosco". *Ricerche Storiche Salesiane*, anno XX, n. 1 (38), mai./jun. 2001, p. 199-132.

FORNO, Mario. "La raccolta di ornamenti cerimoniali ghivaro (ecuador e Peru) del mu- seo Missionario Salesiano di Colle Don Bosco (Asti)". *Annali del Pontificio Museo Missionario Etnologico*. Citta del Vaticano, v. XXX, 1966.

FORTUNA, Vania oliveira. "Das exposições universais aos Jogos Pan-americanos de 2007: os envolventes legados arquitetônicos dos megaeventos". *Contemporânea*, Rio de Janeiro, ed. 14, v. 8, n. 1, 2010.

FOUCAULT, Michael. *As palavras e as coisas*. São Paulo: Editora Martins Fontes, 1966.

FRANÇOZO, Mariana de Campos. *De Olinda a Holanda – O gabinete de curiosidades de Nassau*. Campinas: Editora da Unicamp, 2014.

FREIRE, José Ribamar. Bessa. "A descoberta do museu pelos índios. Terra das Águas". *Revista Semestral do Núcleo de Estudos Amazônicos*. Brasília, Universidade de Brasília, ano 1, n.1,.1999.

GALLOIS, Dominique Tilkin. "O acervo etnográfico como centro de comunicação inter-Cultural". *Ciência em MUSEUS*, 1 (2), 1989, p.137-42.

_____. "Sociedades Indígenas em novo perfil: alguns desafios". *Revista do Migrante – Travessia*, ano XIII/36, 2000, p. 5-10.

GASBARRO, Nicola. "Missões: a civilização cristã em ação". In: MONTERO, Paula (Org.). *Deus na aldeia*: missionários, índios e mediação cultural. São Paulo: Ed. Globo, 2006.

GEERTZ, Clifford. *A Interpretação das culturas*. Rio de Janeiro: Guanabara/Koogan, 1989.

_____. "Arte como sistema cultural". In: *O Saber Local: novos ensaios em antropologia interpretativa*. 8ª edição. Petrópolis: Vozes, 2006.

GIL, Gilberto. "Um prêmio à cidadania". In CARRARA, Ana Regina (Coord.) & GARCIA, Mariana (Org.). *Prêmio Cultura Viva: um prêmio à cidadania*. São Paulo: Cenpec, 2007, p. 5.

GIOVANNI, Zampetti. "Le Pontificie Opere Missionarie". In *Sacrae Congregationis de Propaganda Fide*. Memoria Rerum 1622-1972. v. III/2, 1815-1972, Alemanha, 1976.

GIRAUDO, Aldo e BIANCARDI, Giuseppe. *Qui è vissuto Don Bosco – Itinerari storico-geografici e spirituli*. Turim: Elledici, 2004.

GOFFMAN, Erving. *Manicômios, Prisões e Conventos*. São Paulo: Perspectiva, 1974.

GONÇALVES, José Reginaldo Santos. *A retórica da perda – discursos do patrimônio cultural no Brasil*. Rio de Janeiro: Editora UFRJ; IPHAN, 1996.

_____. "Ressonância, materialidade e subjetividade: as culturas como patrimônio". *Horizontes Antropológicos*, Porto Alegre, ano 11, n. 23, jan./jun. 2005, p. 15-36.

GORDON, Cesar & SILVA, Fabíola Andréa. "Objetos vivos: a curadoria da coleção etnográfica xikrin-kayapó". *Estudos Históricos*, Rio de Janeiro, n. 36, jul./dez. 2005, p. 93 – 110.

GRUPIONI, Luís Donisete Benzi. *Coleções e expedições vigiadas: Os etnólogos no Conselho de Fiscalização das Expedições Artísticas e Científicas no Brasil*. São Paulo, Hucitec/ANPOCS,1988.

_____. "Levantamento de coleções bororo em museus brasileiros". *Ciência em Museus*, Belém, n. 2, v. 1, out. de 1989, p. 123-136.

_____. "Os museus etnográficos, os povos indígenas e a antropologia: reflexões sobre a trajetória de um campo de relações". *Revista do Museu de Aqueologia e Etnologia*, São Paulo, suplemento 7. 2008, p. 21-33.

HABERMAS, Jürgen. *Entre naturalismo e religião: estudos filosóficos*. Rio de Janeiro: Tempo Brasileiro, 2007, p. 400.

HALL, Stuart. *Da Diáspora. Identidades e mediações culturais*. São Paulo: Humanitas, 2003.

HANDLER, Richard. "On having a culture: nationalism and the preservation of quebec's patrimoine". In STOCKING, George. *Objects and Others. Essays on museums and material culture*. Wisconsin: University of Wisconsin Press, 1985.

_____. "On the Valuing of Museum Objects". *Museum Anthropology*, v. 16, n. 1, 1992, p. 21-28.

HOBSBAWM, Eric. *A era dos impérios – 1875-1914*. Rio de Janeiro: Paz e Terra,1988.

HODDER, Ian. *The meanings of things; material culture and symbolic expression*. London:, Unwin Hyman, 1889.

HOOPER, Steven. "La collecte comme iconoclasme. La London Missionary Society en Polynésie". *Gradhiva. Revue d' Anthropologie et Muséologie*, Paris, 2008 – 7.

HORNE, Donald. *The great museums.The representation of history*. London: Pluto Press, 1984.

ISAÚ, Manoel. *O ensino profissional nos estabelecimentos de ensino dos salesianos*. Dissertação de mestrado, PUC-RJ, Rio de Janeiro, 1976.

_____. "Educação salesiana no Brasil sudeste de 1880 a 1922: dimensões e atuação em diversos contextos". São Paulo, 2006. Disponível em http://www. histedbr.fae.unicamp.br/navegando/artigos_pdf/manoel_isau_artigo.pdf. Acesso em: 16 de janeiro 2011.

KOPYTOFF, Igor. "A biografia cultural das coisas: a mercantilização como processo". In: APPADURAI, Arjun (org.). *A vida social das coisas*. Niterói: EDU-FF, 2008.

LARA FILHO, Durval. *Museu: de espelho do mundo a espaço relacional*. Dissertação de mestrado em Ciência da Informação e Documentação. ECA-USP, 2006.

LATOUR, Bruno. *Jamais fomos modernos: ensaio de antropologia simétrica*. Rio de Janeiro: Editora 34, 1994.

_____. *Ciência em ação: como seguir cientistas e engenheiros sociedade afora*. São Paulo: Unesp, 2000.

_____. *Reflexão sobre o culto moderno dos deuses fe(i)tiches*. Bauru: Edusc, 2002.

_____. *Reassembling the social – An introduction to actor-network-theory*. Oxford: Oxford University Press, 2005.

LE GOFF, Jaques. *História e memória*. Campinas: Unicamp, 1992.

LEMOYNE, Giovanni Battista di Genova. *Memorie Biografiche*. Turim: Scuola Tip. e Libr. Salesiane, 1905.

L'ESTOILE, Benoît de. "O Arquivo total da humanidade: utopia enciclopédica e divisão do trabalho na etnologia francesa". *Horizontes Antropológicos*, Porto Alegre, v.9 n.º 20, oct. 2003.

_____. *Le goût des autres: de l'exposition coloniale aux arts premiers*. Paris: Flammarion, 2007. p. 454.

_____. "L'anthropologie après les muséss?". *Ethologie française*. Paris: Presses Universitaires de France. Paris, out. 2008, p. 665-670.

LÉVI-STRAUSSS, Claude, "Estado atual dos estudos bororo". In *Minhas Palavras*. São Paulo: Brasiliense, 2.ª edição, 1991.

_____. *Triste trópicos*. São Paulo: Cia das letras, 1996.

_____. *O Cru e o Cozido* (Mitológicas 1). São Paulo: Cosac & Naify, 2004.

LÉVY, Pierre. *As tecnologias da inteligência – o futuro do pensamento na era da informática*. Rio de Janeiro: Editora 34, 1993.

LIMA, Eliane Oliveira. *Guia de museus e outras instituições culturais de Campo Grande, MS*. Campo Grande: Letra Livre, 2006.

LIMA, Maria do Socorro Reis. *A máscara e a esteira: a sociabilidade timbira expressa nos artefatos*. Dissertação de mestrado em Antropologia Social, FFLCH-USP, São Paulo, 2003.

LIRA, Sérgio. "Coleções etnográficas e museus etnográficos: objectos e memórias da cultura popular". Comunicação apresentada ao Congresso de Cultura Popular na Secção Etnografia e Patrimônio Etnográfico, Maia, dez. 1999.

LOPES, Maria Margaret. *As ciências naturais e os museus no Brasil no século XIX*. Tese de doutorada em História Social do, FFLCH-USP, São Paulo, 1993.

LURIE, Nancy. "Museumland Revisited". *Human Organ.*, 40, 1981, p. 180-187.

LYOTARD, Jean-François. *A condição pós-moderna*. Rio de Janeiro: José Olympio, 1986.

MAFFIOLI, Natale. "Le Missioni al Colle". In *Guia do museu do Colle Don Bosco*. Turim.

MARCIGAGLIA, Luiz. *Os salesianos no Brasil, Ensaio de Crônicas dos Primeiros Vinte Anos da Obra de Dom Bosco no Brasil (1883 – 1903)*. São Paulo, SDB, 1955.

_____. *A obra salesiana no Brasil Cincoentenário 1833 – 1933*. Edição Salesiana, 1958.

MARQUES, Rubens Moraes da Costa. *Trilogia do patrimônio histórico e cultural sul--mato-grossense*. Campo Grande: Editora da UFMS, 2001.

MASSA, Lorenzo. *Monografia de Magallanes. Sesenta años de accion salesiana em el sur. 1886 – 1964*. Punta Arenas: Escuela Tipografica Del Instituto Don Bosco, 1945.

MATTELART, Armand. *História da sociedade da informação*. São Paulo: Loyola, 2002.

MATTELART, Armand & MATTELART, Michèle. *História das teorias da comunicação*. São Paulo: Loyola, 1999.

MAUSS, Marcel. *Manuel d'ethnographie. Organisation Denise Paulme*. Paris: Payot, 1989.

MAUZÉ, Marie. "Trois destinées, un destin Biographie d'une coiffure kwakwaka'wakw". In: *Gradhiva 7*, pag. 100-119, 2008.

MENESES, Ulpiano T. Bezerra. "Memória e Cultura material: documentos pessoais no espaço publico". *Revista Estudos Históricos*. Rio de Janeiro: ED. FGV, n.21, 1998.

_____. "A cultura material no estudo das sociedades antigas". *Revista de História da USP.* nova ser., (115). Disponível em: www.revistas.usp.br/revhistoria/article/viewFile/61796/64659. Acesso em: 07/07/2015.

_____. "Do teatro da memória ao laboratório da História: A exposição museológica e o conhecimento historico". *Anais do Museu Paulista*. Nova Série, São Paulo, v. 2, jan./dez. 1994.

_____. "A paisagem como fato cultural". In YÁZIGI, Eduardo (org.). *Turismo e Paisagem*. São Paulo: Contexto, 2002, p. 29-64.

_____. "Rumo a um 'história visual'. In MARTINS; José de Souza; ECKERT, Cornélia e NOVAES, Sylvia Caiuby (orgs). *O imaginário e o poético nas Ciências Sociais*. Bauru, SP: Edusc, 2005, p. 33-56.

MENEZES, Cláudia. "Museu do Índio: novas perspectivas e possibilidades para a participação estudantil e das populações indígenas". *Ciência em Museus*, Belém, v. 1, n.º 1, 1989, p. 31-38.

MONTERO, Paula. *Modernidade e cultura – para uma antropologia das sociedades Complexas*. Texto de sistematização crítica para obtenção do título de Livre--docência em Antropologia, FFLCH-USP, São Paulo, 1992.

_____. "Utopias missionárias na América". *Revista Sexta-Feira*. n.º 6. Utopias. São Paulo, Editora 34, 2001.

_____. *Deus na aldeia: missionários, índios e mediação cultural*. São Paulo: Globo, 2006.

_____. "Antonio Colbacchini e a Etnografia Salesiana". *Revista Brasileira de Ciências Sociais*, v. 22, 2007, p. 49-64.

_____. *Selvagens, civilizados e autênticos – A produção das diferenças nas etnografias salesianas no Brasil (1920-1970)*. São Paulo: Edusp, 2012.

MONTERO, Paula & ARRUTI, José Maurício & POMPA, Cristina. "Para uma antropologia do politico". In: LAVALLE, Adrian G. Lavalle (org.). *O horizonte da política: questões emergentes e agenda de pesquisa*. São Paulo: Unesp, 2012.

MURA, Claudia. *Uma 'tradição de glória': o papel da experiência para capuchinhos e leigos úmbrios na Amazônia*. Dissertação de mestrado em Antropologia Social do Museu Nacionalda Universidade Federal do Rio de Janeiro, 2007.

NAKATA, Cinthia. *Civilizar e educar: o projeto escolar indígena da Missão Salesiana entre os Bororo de Mato Grosso*. Dissertação de mestrado em Antropologia Social, FFLCH-USP, São Paulo, 2008.

NICOLAU, Fabiana. "O Homem Virtuoso – uma análise do 'Regulamento para as casas salesianas'". Paper apresentado em *Fazendo Gênero 8 – Corpo, Violência e Poder*. Florianópolis, de 25 a 28 de agosto de 2008.

_____. *Para o bem da juventude e para o progresso da nossa cidade*. Dissertação de mestrado, Faculdade de Educação da Universidade-USP. São Paulo, 2010.

NORA, Pierre. Mémoire et Histoire – la problematique des lieux. Les lieux de mémoire. v.1. Larepublique. Paris: Gallimar, 1984.

NOVAES, Sylvia Caiuby. "As Casas na Organização Social do Espaço Bororo". In NOVAES, Sylvia Caiuby (org.). *Habitações indígenas*. São Paulo: Nobel/Edusp, 1983.

_____. "A Épica Salvacionista e as Artimanhas de Resistência: as Missões Salesianas e os Bororo de Mato Grosso". In: WRIGHT, Robin (Org.). *Transfor-

mando os deuses: os múltiplos sentidos da conversão entre os povos indígenas no Brasil. Campinas: Unicamp, 1999.

_____. *Jogos de espelhos – imagens da representação de si através dos outros.* São Paulo: Edusp, 1993.

_____. "Imagem, magia e imaginação: desafios ao texto antropológico". In *Mana,* 14(2): 2008, p. 455-475.

OCHOA, Gonçalo Camargo. *Padre Rodolfo Lukenbein: uma vida pelos índios de Mato Grosso.* Campo Grande: Missão Salesiana de Mato Grosso, 1995.

_____. (org.) *Meruri na visão de um ancião bororo. Memórias de Frederico Coqueiro.* Campo Grande: Editora da UCDB, 2001.

ODDONE, Francesco. "L'Esposizione Misionaria". *Torino – Vista Mensile.* Anno VI, n° 2, giugno, 1926.

OLIVEIRA, João Pacheco de. *Ensaios em antropologia Histórica.* Rio de Janeiro: Editora UFRJ, 1999.

_____. "O retrato de um menino Bororo: narrativas sobre o destino dos índios e o horizonte político dos museus, séculos XIX e XXI". *Tempo,* Niterói, v.12, n.º 23, 2007.

PASSETTI, Dorothea Voegeli. "Objetos na estética lévi-straussiana". In: SILVA, Ana Amélia; CHAIA, Miguel. (org.). *Sociedade, cultura e política: ensaios críticos.* São Paulo: Educ, 2004, p. 117-128.

_____. *Lévi-strauss, antropologia e arte – minúsculo e incomensurável.* São Paulo: Edusc, 2008.

PEARCE, Susan. "Objects as meaning; or narrating the past". In PEARCE, S. (Org). *Interpreting objects and collections.* London: Routledge, 1994.

PESAVENTO, Sandra Jatahy. *Exposições Universais: espetáculos da modernidade do século XIX.* São Paulo: Editora Hucitec, 1997.

PIUM, Werner. *Exposições mundiais no século XIX: espetáculos de transformação sócio-cultural.* Bonn: Friedrich Ebert Stiftung, 1979.

POMIAN, Krzysztof. "Colecção". In: ROMANO, Ruggiero (org.). *Enciclopedia Einaudi.* v. 1. Memória-História. Lisboa: Imprensa Nacional-Casa da Moeda, v.1, 1984.

POMPA, Cristina. *Religião como tradução: missionários, Tupi e Tapuia no Brasil colonial.* Bauru, SP: Edusc/ANPOCS, 2003.

_____. "Para uma antropologia histórica das missões". In: *Deus na aldeia: missionários, índios e mediação cultural.* São Paulo: Globo, 2006.

PORTO, Nuno. *Modos de objectificação da dominação colonial: o caso do Museu do Dundo, 1940-1970.* Lisboa: Fundação Calouste Gulbenkian, 2009.

POSSAS, Helga Cristina Gonçalves. "Classificar e ordenar: os gabinetes de curiosidades e a história natural". In FIGUEIREDO, Betânia Gonçalves & VIDAL, Diana Gonçalves (org.). *Museus: dos gabinetes de curiosidades à mu-seologia moderna,* Belo Horizonte: Argvmentvm, DF: CNPq, 2006, p.. 151-162.

PRICE, Sally. *A arte primitiva em centros civilizados.* Rio de Janeiro: Editora UFRJ, 2000.

QUILES, Manual Ignácio. *Um estudo etnopsicológico do comportamento alcóolico entre os índios Bororo de Meruri, Mato Grosso.* Dissertação apresentada ao Programa de Pós-Graduação em Saúde e Ambiente da Universidade Federal do Mato Grosso, 2000.

REZENDE, Justino Sarmento. "As aventuras de um índio". *Tellus,* n.º 11, ano 6, 2006.

RIBEIRO, Berta Gleizer. "Artesanato indígena: para que, para quem?" In: *O artesanato tradicional e seu papel na sociedade contemporânea.* Rio de Janeiro: Funarte/Instituto Nacional do Folclore, 1983, p. 11-48.

_____. "Os estudos de cultura material; propósitos e métodos". Águas de São Pedro, Anpocs (Comunicação apresentada no GT História indígena e indigenismo), out. 1984.

_____. *Dicionário do artesanato indígena.* São Paulo: Itatiaia/Edusp, 1988.

_____. "Museu e Memória. Reflexões sobre o colecionismo". *Ciência em Museus,* Belém, v. 1, n.º 2, out. de 1989, p. 109-122.

_____. *Arte indígena, linguagem visual/Indigenous arts, Visual language.* Belo Horizonte: Itatiaia; São Paulo: Ed. da Universidade de São Paulo, 1989.

RIBEIRO, Darcy. *Uirá sai à procura de Deus.* Rio de Janeiro: Paz e terra, 1976.

RIBEIRO, Darcy e RIBEIRO, Berta. *Arte plumária dos índios Kaapor,* 1952.

RIBEIRO, Francisco de Lima. *Centro de cultura bororo – reconstrução das práticas de ensino e aprendizagem*. Dissertação em Educação – PUC-SP, 2005.

SANDBERG, Mark. "Efígie e narrativa: examinando o museu do folclore do século XIX". In CHARNEY, L & SCHWARTZ, R. *O cinema e a invenção da vida moderna*. São Paulo: Cosac & Naif, 2001, p. 441 – 496.

SANTOS, C.T.M. "O papel dos museus na construção de uma 'identidade nacional'". *Anais do Museu Histórico Nacional*, Rio de Janeiro, v.28, 1996.

SATO, Sergio Henrique Ossamu. *A tensão dialógica entre auto e heterorrepresentação no funeral Bororo na Terra Indígena de Meruri*. Dissertação de mestrado em Comunicação e Semiótica – PUC-SP, 2009.

SCARAFFIA, Lucetta. *Musei misionari*. Bologna: EMI, 2007.

SEGALEN, Martine. *La vie d'un musée, 1937 – 2005*. Paris: Stock, 2005.

_____. "Des ATP au MuCEM: exposer le social". *Ethologie Française*. Paris: Presses Universitaires de France, out. 2008/4.

SHELTON, Anthony A. "Museums and Anthropologies: Practices and Narratives". In MACDONALD, Sharon (org.). *A Companion to Museum Studies*, Oxford: Blackwell Publishing, 2006, p. 65-80.

SHOHAT, Ella e STAM, Robert. *A crítica da imagem eurocêntrica*. São Paulo: Cosac & Naify, 2006.

SILVA, Antenor de Andrade. "Brasil: os salesianos na tebaida – uma história que durou 20 anos (1902-1922)". *Ricerche Storiche Salesiane*. Ano XVII, n. 2, 35, 1999, p. 259-288.

SILVA, Aramis Luis. "A cultura como um caminho para as almas". In: MONTERO, Paula (org.) *Deus na aldeia: missionários, índios e mediação cultural.*. São Paulo, Globo, 2006.

_____. *Deus e o Bope na terra do sol: culturalismos na história de um processo de mediação*. São Paulo: Humanitas, 2009.

SILVA, Fabíola Andréa & GORDON, Cesar. "Os objetos vivos de uma coleção etnográfica: a curadoria da coleção etnográfica xikrin-kayapó no Museu de Arqueologia e Etnologia da Universidade de São Paulo". *Revista do Museu de Arqueologia e Etnologia. Museu, Identidades e Patrimônio Cultural*. Suplemento 7, 2008.

SNOEP, Nanette Jacominjn. "Jeux de Miroirs". In *D'un Regard L'autre – Histoire des regards européens sur l'Afrique, l'Amérique et l'Océanie*. Paris: Musée Du Quai Branly, 2006.

SOLIMEO, Plínio Maria. "São José Cafasso: diretor espiritual e mestre de Dom Bosco". *Catolicismo – revista de cultura e atualidades*. Disponível em http://www. catolicismo.com.br/materia/materia.cfm/idmat/8283F938-c2B7-46B4-ca- de849FeFB9e522/mes/Junho2004. Acesso em 14 de junho de 2011.

STOCKING, George. "Philanthropoids and vanishing cultures: Rockefeller funding and the end of the museum era in Anglo-American anthropology." In STOCKING, G. (org.).*Objects and Others: Essays on Museums and Material Culture*. (v. 3 in the *History of Anthropology* Series). Madison: University of Wisconsin Press.

TACCA, Fernando de. "'Rituais e Festas Bororo'. A construção do índio como 'selvagem' na Comissão Rondon". *Revista de Antropologia*, São Paulo, v.45, n.º 1, 2002.

VALERIO, Luciana Mendes & CUNHA, Afonso Celso Nunes da. *Museu Dom Bosco – Museu Salesiano de História Natural e o desenvolvimento local*. Monografia de Especialização em Turismo e Meio Ambiente da Universidade Católica Dom Bosco, 2005.

VAN VELTHEM, Lucia Hussak (cood,). "A Coleção etnográfica do Museu Goeldi: memória e conservação". In: *Musas – Revista Brasileira de Museus e Museologia*: Instituto do Patrimônio Histórico e Artístico Nacional, Departamento de Museus e Centros Culturais, Rio de Janeiro, Iphan, v. 1, n.º1., 2004.

_____. *A pele de" tuluperê*. Estudo dos trançados Wayana-Apalai. Dissertação de mestrado. USP, São Paulo, 1984.

VANGELISTA, Chiara. "Missões católicas e políticas tribais na frente de expansão: os Bororo entre o século XX e XIX". *Revista de Antropologia*, São Paulo, v. 39, n. 2, 1996, p. 141-164.

VIAL, Andréa Dias. *O colecionismo no período entre guerras: a contribuição da sociedade de Etnografia e Folclore para a formação de coleções etnográficas*. Dissertação de mestrado em História Social, FFLCH-USP, São Paulo, 2009.

VIDAL, Lux. *Grafismo indígena*. São Paulo: Studio Nobel, 2ª ed, 2000.

MAPA DE VIAGEM DE UMA COLEÇÃO ETNOGRÁFICA 331

_____."Apresentação do Museu dos Povos Indígenas do Oiapoque durante o seminário encontros museológicos: arquitetura, comunicação visual, limites e reciprocidades". De 11 a 15 de março. Pinacoteca do estado de são Paulo, 2002.

_____. Encontro internacional "cultura aborígene australiana e tradição indígena Brasileira: o diálogo multicultural na era da globalização" – Exposição na Pinacoteca do Estado de 152 obras pertencentes à coleção de Raminging do Museu de Arte Contemporânea de Sidney/Austrália. De 03 a 07/2002. São Paulo, 2002.

_____. *Museu dos povos Indígenas do Oiapoque – Kuahi.* Mimeo, 2005.

VIDAL, Lux e SILVA, Araci. "O sistema de objetos. As sociedades indígenas: arte e cultura material". In: SILVA e GRUPIONI (org.). *A temática indígena na escola: novos subsídeos para o professores de 1º e 2º graus.* Brasília: MEC/MARE/Unesco.

VIERTLER, Renate Brigitte. *A refeição das almas. Um interpretação etnológica do funeral dos índios Bororo – Mato Grosso.* São Paulo: Hucitec, 1991.

_____. *As duras penas. Um histórico das relações entre civilizados e índios Bororo do Mato Grosso.* São Paulo: FFLCH/USP, 1990.

WAGNER, Roy. *A invenção da cultura.* São Paulo: Cosac Naify, 2010.

WITTGENSTEIN, Ludwig. *Investigações filosóficas.* São Paulo: Editora Nova Cultural, 1999.

Agradecimentos

Ao mosaico de contribuições, dos vários tamanhos, tons e intenções, minha enorme gratidão aos amigos, familiares e instituições. Dentre todas as pessoas, fica o registro explícito à Ana Beatriz de Barros Leal Saraiva, Alessandra Ribeiro, César Augusto de Assis Silva, Cristiane Hirata, Dominique Normand, Jacqueline Moraes Teixeira, José Santana Filho, Ivanete Ramos, Iracema Dulley, Maria do Carmo Marques da Silva, Michaella Pivetti, Odair Paiva e Tânia Gonçalves, uma grande amiga. Um agradecimento especial à minha orientadora Paula Montero e aos integrantes do Grupo de Estudos de Mediação e Alteridade (Gema). À Melvina Araújo pela longa parceria e carinho. Marcos Paulo Vieira Cunha, Nina e Amy pelo amor, companheirismo e família. Fabiana Beltramin pelo empurrão para essa pulicação.

Entre as instituições, à Faculdade de Filosofia, Letras e Ciências Humanas da Universidade de São Paulo e, especialmente, ao Departamento de Antropologia e ao seu corpo docente e funcionários, pela minha formação desde a graduação. À Fundação de Amparo à Pesquisa do Estado de São Paulo (Fapesp) pelo fundamental apoio, ao Centro Brasileiro de Análise e Planejamento (Cebrap) pelo duradouro abrigo institucional e, também agora, à Universidade Federal de São Paulo, minha nova casa.

Reforço aqui a gratidão a todos os profissionais das bibliotecas, arquivos e museus visitados e consultados no Brasil, França e Itália. Graças ao profissionalismo desses personagens capitais, que encheriam esta folha de nomes, esta pesquisa foi possível. Agradeço também à Congregação Salesiana.

Aos meus primeiros leitores e comentadores, os membros da banca de defesa da tese que gerou este livro, José Maurício Arruti (Unicamp), Júlio Assis Simões (USP), Marília Xavier Cury (MAE-USP) e Patrícia Teixeira Santos (Unifesp), agradeço pela leitura atenta e produtiva arguição. Em relação às duas últimas professoras, gostaria de registrar um afago especial. Uma vez saída do ovo, a tese para ter a coragem de se transformar em livro precisou circular por novas paragens. Foi pelas mãos delas que fui iniciado nessa jornada.

Enfim, agradeço à paciência e à confiança de toda a rede museal em observação, particularmente à professora Aivone Carvalho, na época da pesquisa a diretora de algumas das instituições que aqui foram postas em análise, e aos curadores Agostinho Eibajiwu e Leonida Akiri Kurireudo. À Carla Fabiana Costa Calarge, que conheci após minha volta ao museu em 2014, pelo espírito livre e generoso.

Alameda nas redes sociais:
Site: www.alamedaeditorial.com.br
Facebook.com/alamedaeditorial/
Twitter.com/editoraalameda
Instagram.com/editora_alameda/

Esta obra foi impressa em São Paulo
no outono de 2018. No texto foi uti-
lizada a fonte Adobe Jenson Pro em
corpo 11 e entrelinha de 14 pontos.